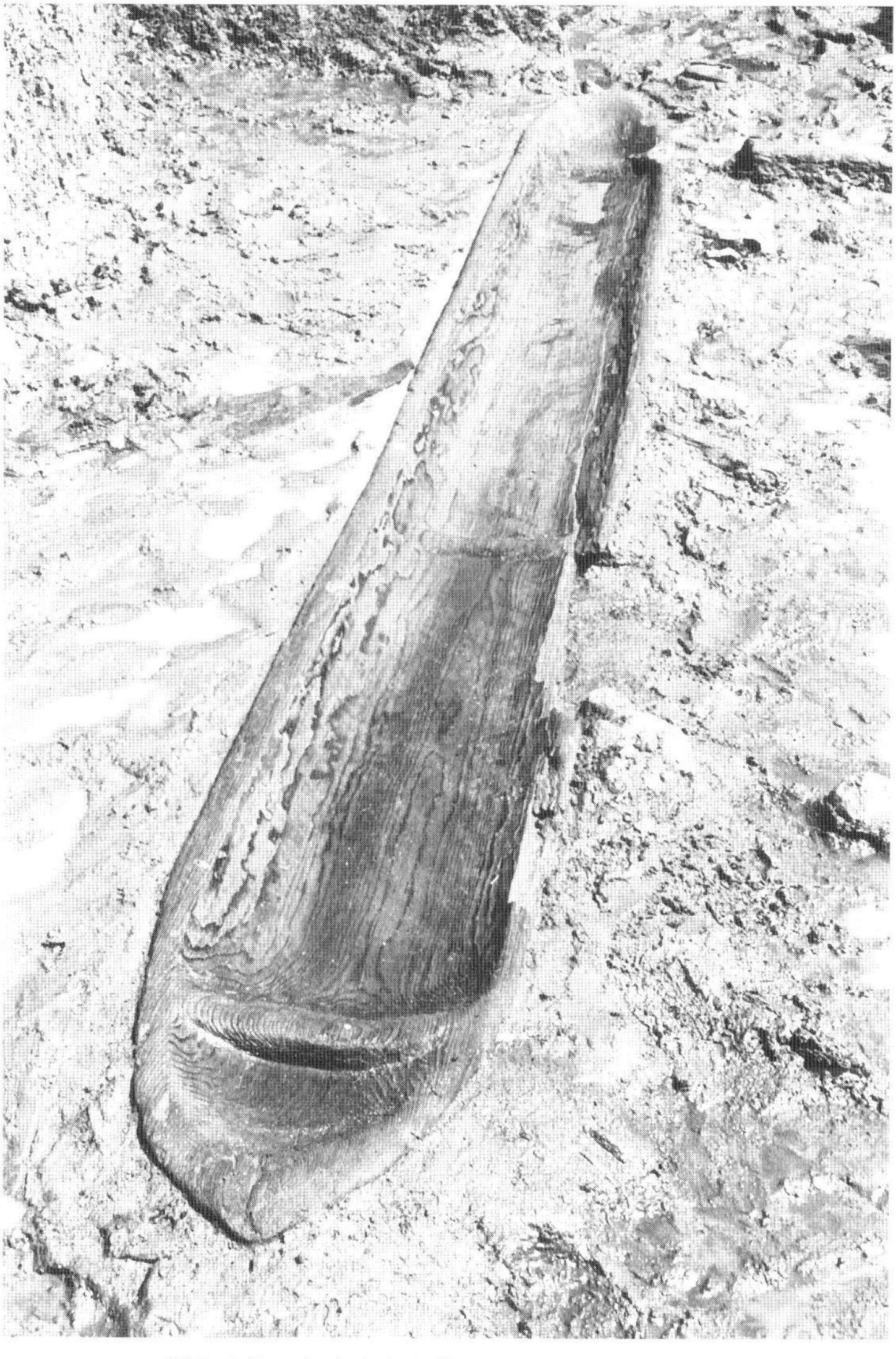

縄文時代の丸木舟出土状況（長さ 5.22 m, 幅 51 cm）
（福井県三方町ユリ遺跡，三方町立郷土資料館提供）

『北野天神縁起絵巻』承久本（13世紀，京都市 北野天満宮蔵）

中 世 の 大 形 船

「中山道　本庄宿　神流川(かんながわ)渡場」(英泉画，埼玉県立博物館蔵)

「中山道　蕨之駅　戸田川渡場」(渓斎画，埼玉県立博物館蔵)

新装版

日本交通史

児玉幸多［編］

吉川弘文館

序

交通が人間社会の発達のために重要な役割を果たしてきたことは言うまでもない。政治面では支配統治のために、時には軍事戦略のために、産業経済では情報・物資の流通のために、文化面では相互交流のために、あらゆる面で欠くことの出来ないものである。

したがって歴史研究のために、交通史の考究が大きな比重を占めているのは当然と言える。そうは言っても日本における交通史研究の歴史が古いとは言えない。明治初年に駅逓寮によって編纂された『駅逓志稿』が長い間その生命を保ってきたことによっても推測出来ることである。

明治・大正期においては交通史を専攻する学者も少なく、したがって諸論考をまとめたものとしては、大正五年に日本歴史地理学会で発行した『日本交通史論』など僅かなものであった。大正末期から昭和にかけて社会経済史が発達するにつれて、交通運輸あるいは情報の持つ意義が認識されて、交通史の研究が急速に進んだ。古代の駅制、戦国大名の伝馬制度、近世の五街道、それらの制度面に限らず、社寺信仰による交通路の開発、観光を伴う庶民の旅行など、研究対象は次第に拡がりをみせた。

第二次大戦後は研究者も増加し、研究は一段と深まりをみせた。一つには史料の発掘が急速に進んだことも原因であろう。個々の研究者の努力のほかに県史や市町村史の編集に際して多くの史料が公刊されて、陸上交通ばかりでなく、河川交通や海上交通の研究でも一段の進歩をみた。

それにつれて、交通史研究でも専門分野が細かくなり、あるいは通信、あるいは助郷、あるいは関所、また脇街道、河川の河岸、造船技術など、それぞれの専門研究者が現われた。それにつれて著書・論文も数多く発表されている。今日それらをまとめて理解することは困難である。何らかの形で綜合された交通史研究書を望む声は高い。先に昭和四十五年に、山川出版社から、「体系日本史叢書」の一つとして『交通史』が出版されて、広く歓迎されたことがある。しかしそれからの年月の間に研究は著しく進歩しており、その成果をまとめる必要が生じた。

その機に、丹治健蔵氏が項目等に関する素案を示されたので、私もその案に添って執筆者の選定などの相談に加わり、全時代にわたり、また各分野に応じた専門研究者の協力を得ることができた。それによって綜合的な観点に立つ本書が出来上った。今日の交通史について、近世までのものとしては、これ以上のものは出来ないであろうと自負している次第である。この間、企画より編集に至るまで最も力を注がれた丹治氏に深く感謝したい。

広く多くの方に利用して頂いて、これを足場にして、さらに交通史が一層の発展することを念願している次第である。

平成四年七月

児玉幸多

目次

口絵

縄文時代の丸木舟出土状況（福井県三方町ユリ遺跡、三方町立郷土資料館提供）
中世の大形船、『北野天神縁起絵巻』承久本（京都市、北野天満宮蔵）
「中山道　本庄宿　神流川渡場」（英泉画、埼玉県立博物館蔵）
「中山道　蕨之駅　戸田川渡場」（渓斎画、埼玉県立博物館蔵）

挿図目次

挿表目次

第一編　古代の交通

はじめに

交通というのは、遠隔地間の人の往復であるが、前近代では、貨物の運送や通信も含まれる。交通は、政治、対外関係、社会・経済、文化の発達を要因としておこなわれる社会現象である。古代の交通は、政治的要因が最も主要なもので、その他の要因は微弱で、政治的要因に付随するに過ぎない。このことは、古代の交通の最も大きな特色である。

古代の交通は、陸上では、道路による徒歩と馬が一般的である。水上では、内陸の河川・湖沼の徒渉、渡橋・渡船があり、海洋では、船による沿岸航行のほか、朝鮮半島・大陸との間では、大船による航行もみられた。

こうした交通の形態は、前近代では、中世以降の車、近世の駕籠《かご》のほかは大きな変化はなかった。古代の交通は、前近代の交通の原型をつくったというところに大きな意味がある。

一　原始時代の交通――古代の交通の序曲

先土器・縄文時代　この時代は、狩猟・漁撈・採集の自給自足の自然経済の段階で、生活圏はきわめて狭く、集落の移動や近隣への往来はあっても、交通という社会現象はみられないといってよい。

弥生時代　この時代になると、稲作の普及と金属器の伝来によって、急速に政治的社会の出現をみた。紀元前後ごろになると、中・西部日本には、百余国といわれる原始小国が群在した。さらに、三世紀には邪馬台国《やまたいこく》が三十ほどの小国を統合した。

一般的には、稲作の普及によって集落の定住性は強まり、生活圏は依然として狭く、一般的な交通現象はほとんどみられない。

しかし、弥生文化圏の中心が北九州と畿内にあったことは、瀬戸内沿岸および内陸部に交通現象がみられるようになったことを示している。

奴国《なこく》をはじめ小国が、楽浪郡《らくろうぐん》を通して前漢・後漢に使いを送り朝貢したことは、朝鮮半島への航行によるものである。

邪馬台国も、帯方郡《たいほうぐん》を通して魏《ぎ》に使いを送り朝貢しているし、魏の使者も来ている。

邪馬台国は、伊都国《いとこく》には「一大率」を置いて諸国を検察させた。役人の往来も見られるようになったであろう。

『魏志倭人伝《ぎしわじんでん》』は、対馬については、「道路は禽鹿の径《こみち》の如し」、「舟に乗りて南北に市糴《してき》す」と記し、末盧国《まつらこく》については、「草木茂盛し、行くに前人を見ず」、「倭の地は温暖、冬夏生菜を食す、皆徒跣《はだし》」、「下戸、大人と道路に相逢えば、逡巡して草に入り」などとある。

道といっても、造成された道ではなく「毛もの道」を多く出るものではなかった。

『魏志倭人伝』に見える倭の大乱、狗奴国との戦い、吉野ケ里遺跡の首を斬られた人骨、矢を射抜けられた人骨、多くの鉄鏃・銅鏃の出土、高く聳える物見やぐら、深くめぐらした内濠・外濠など、部族や小国間の戦闘の激しさを物語る。しかしそれは野戦であって、交通ということには関係するものではない。

この時代の沿海航行の舟についてみると、出土の例は少ないが、割竹型や鰹節型の刳《くり》舟で、長さは五メートル前後、幅は一メートル前後、深さは三〇センチメートルほどのものもあった。用材は楠《くす》か榧《かや》が多い。外洋を航海する場合は、刳舟を二艘以上つなぎ合わせたり、浮木や波よけ板をつけたりしたらしい。帆の使用は大和時代にみられるが、この時代は、櫂《かい》で漕いだ。

帯方郡から、魏の使いが乗った船は、先年角川事務所で推定復元を試みたが、刳舟とは比較にならない大きなもので、水手《かこ》も十数人におよんだものと思われる。

二　大和時代の交通

大和王権の地方支配と交通　大和王権の国土統一のこの時代は、大和からおこった皇室の祖先にあたるとみられている部族が国土の統一をすすめ、大和王権を樹立した四世紀から六世紀にいたる間で、考古学上では古墳時代にあたる。この時代は、大和王権の政治的支配のもとで、ささやかではあるが公的な交通圏は、九州南部、東北を除いてほぼ全国的に拡大された。

大和王権の国土統一と地方支配については、イワレヒコの東征、四道将軍の派遣、大王の九州征討、武内宿禰《たけのうちのすくね》の東国巡察、ヤマトタケルの熊襲《くまそ》・蝦夷《えみし》の征討などの物語・伝承（『日本書紀』『古事記』）があり、倭王武《わおうぶ》（雄略天皇）の毛人・衆夷と海北（朝鮮半島）の征討（『宋書倭国伝』）がある。国土支配については、豊城命《とよきのみこと》の東国統治、彦狭嶋王《ひこさしまおう》の東山道《ひがしのやまみち》十五国の都督、御諸別王《みもろわけおう》の東国支配などの伝承（『記紀』）がある。

これらの物語・伝承は、事実をそのまま伝えたものではないが、国土統一と支配を反映したものであろう。

大和王権と氏姓制度　六世紀ごろになると、大和王権の政治組織・社会組織として氏姓制度が整えられた。

こうして、大王（天皇）のもと、臣《おみ》・連《むらじ》・伴造《とものみやつこ》が中央豪族として連合政権を組み、国造《くにのみやつこ》・県主《あがたぬし》が地方豪族として王権の支配下に組みこまれた。

大王は、課税地区として全国百十数カ所と推定される屯倉《みやけ》を直轄し、田部《たべ》に耕作させた。大王の王族は、子代《こしろ》・名代《なしろ》の民を隷属させた。

豪族は、田荘《たどころ》を私有し、部曲《かきべ》・奴《やっこ》を隷属させた。

玉作部・服部《はとりべ》・土師部《はじべ》・山部・海部《あまべ》など百八十部《ももやそとも》といわれた全国の品部《しなべ（ともべ）》は、大王に手工業品・採集物などの貢物や貢人の義務を負い、屯倉とともに大王権の財政基盤となった。

国造は、全国で百三十前後あったようであるが、「伊甚《いじみ》国造の詣京」「武蔵国造笠原使主《おみ》の詣京」（『安閑紀』）、「信濃国の直丁《よぼろ》」（『雄略紀』）、「信濃国男丁《よぼろ》」（『武烈紀』）、「近江と越の丁《よぼろ》を発す」（『皇極紀』）など、国造から大王への遣使、貢人・貢物の納入など、定期また臨時におこなわれた。

大王から国造・県主への役人の派遣もおこなわれたであろう。

こうして、大和王権の地方支配とともに、公的な交通圏は、東北・九州南部を除いて全国的に拡大されていった。

交通路　道は、律令時代の七道の原型がこの時代につくられた。

この時代では、筑紫・吉備・越・毛野など地域は漠然としたものであり、北陸《くがのみち》・東海《うみつみち》・西道《にしのみち》・東山道《ひがしのやまみち》（『日本書紀』）、東方十二道（『古事記』）などの名がみられる。大宰府の前身ともいうべき儺《なの》県《あがた》・那《な》津官家《つのみやけ》・筑紫大宰は、外交・海防上重要な役所であったから、中央と筑紫を結ぶ西道は、最も重要な交通路となった。

また、蝦夷《えみし》との対決、東国の開拓から、東山道・東海は、これについで重要な交通路であった。そのほかの、出雲方面への道（後の山陰道）、越方面への道（後の北陸道）、四国方面への道（後の南海道）などは、内政上のささやかな交通路であった。

律令時代に、山陽道が大路、東山・東海両道が中路、そのほかは小路とされたのも、すでにこの時代からのものであった。

このような幹線道路のほか、屯倉や国造領などに支路がつくられたと思われる。

道幅は、伝路で六～七メートル、駅路は十数メートルであった。幹線道路といっても、徒歩と馬の通れる道であるから、中央から離れた所や支道に至っては、「けもの道」を多く出ないほどのものもあったであろう。

『日本書紀』に散見するところでは、河内でも「路狭く嶮《けわ》しく人並び行くことを得ず」、熊野《くまの》では、「山中険絶、行くべき道なし」、「道路絶塞、通るべき処なし」、信濃路については、「山高く谷幽《くら》く」、吉野路では、「峯嶮しく谷深くして道路狭く巘《さか》し」など、山岳地帯はことに道らしい道はなかったようである。

山地の多い日本の地勢では、道は海岸に沿って、徒渉の比較的容易な渡河地点を選び、内陸部では、渓谷に沿い、谷間を進み、低い峠を越すなど、地勢にできるだけ順応しなければならなかった。そのため、ひとたび作られた道筋は、近世にいたるまで大きく変ることはなかった。

道路の造成についてみると、『日本書紀』にいくつかの記載がある。「蝦夷を役して厩坂道《うまやさかのみち》を作る」（『応神紀』）、「大道を作りて京中に置く」（『仁徳紀』）、「難波より京に至るまで大道を置く」（後の竹内街道）（『推古紀』）などとある。また、百済《くだら》からの渡来人で、「山岳の形を構える」ことをよくするものがあり、「須弥山《しゅみせん》の形及び呉橋を南庭に構築させ」たが、時の人その人を呼んで「路子匠《みちこのたくみ》」といったという（『推古紀』）。

五世紀以降、朝鮮半島からの渡来人によって進んだ土木技術が伝えられ、道路の造成も皇都を中心として進められたことを反映した記事である。

馬について　『魏志倭人伝』には、倭には馬がいないと記しているが、縄文・弥生時代では、馬の骨や歯の出土例がある。このころの馬は野馬で、小形・中形で、『日本書紀』神話の「天《あめ》の斑駒《ぶちごま》」などの「コマ」は小馬の意であるという。いずれにしても四世紀ごろまでの馬は狩りの対象とされたにとどまり、家畜化されたものではなかった。

このような時、五世紀以降朝鮮半島からの渡来人によって大陸系の大形の馬が伝えられた。神功皇后《じんぐうこうごう》が新羅《しらぎ》を討った時、新羅王は、降伏のあかしとして馬を贈ったという（『神功紀』）。家畜化された大陸系の馬が伝えられたことを反映する物語であろう。『応神紀』には、百済王が「良馬五疋を貢す」とある。応神天皇陵をはじめ五・六世紀の古墳から、埴輪馬《はにわうま》をはじめ、金銅製などの馬具が目だって多く出土している。この事実は、江上波夫氏の、応神・仁徳朝は大陸から渡来の騎馬民族によってたてられた、という説の有力な根拠の一つとなっている。

それはともかくとして、五世紀以降、朝鮮半島から大陸系の大形の馬が伝えられ、渡来人による馬《うま》飼部《かいべ》（品部の一つ）によって飼育・調教され、王族・豪族の間で飾馬《かざりうま》として儀式化され、また乗用として使われるようになった。

車について　『日本書紀』には、「車駕」の語が散見する。天皇が狩をしたとき「車馬を展《かぞ》う」、「天皇が狩の帰路、皇后と車に乗って帰った」（『雄略紀』）、「王《みこ》の青蓋車《みくるま》を宮中に迎えいれしむ」（『清寧紀』）などの記事がある。これらは中国の史書などによって文をなしたものにすぎない。大王の乗物

1　馬形埴輪（埼玉県熊谷市上中条出土）

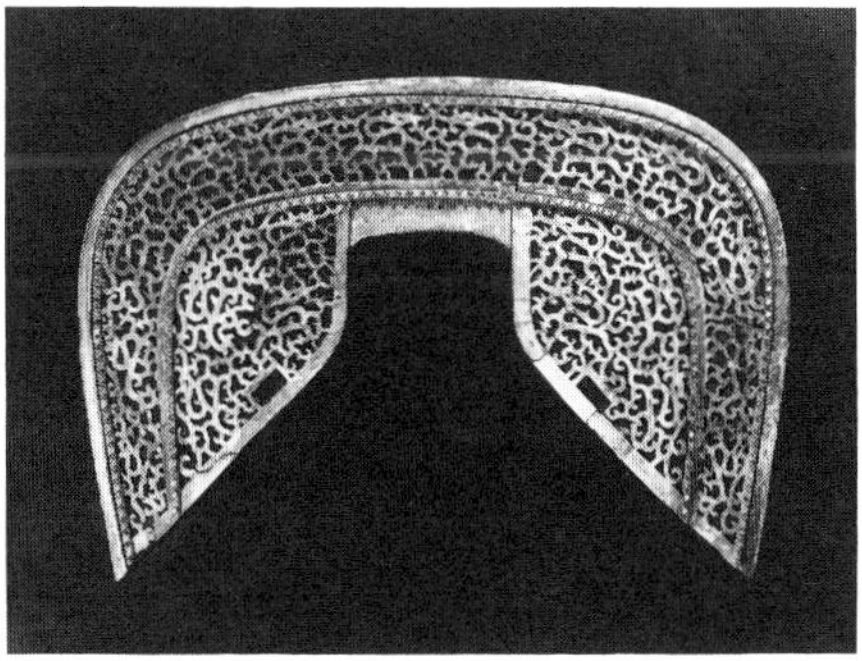

2　金銅製透彫鞍金具（大阪府丸山古墳出土）

は輿《こし》で、狩などの場合は馬が用いられたようである。
品部の一つに車持部《くるまもちべ》というのがある。『新撰姓氏録《しんせんしょうじろく》』には、車持公《くるまもちのきみ》が雄略天皇の時、乗輿《みくるま》を供進して車持公《くるまもちのきみ》の姓《かばね》を賜わったとある。『履中紀』によると、車持君は、渡来人によって編成された車持部を管掌したが、車の使用がなかったため、宗像《むなかた》神社に寄進され、その技術が宮大工として生かされたという。後世車持を名乗るものが貴族から農民にいたるまで少なくないが、車に関係のあるものは皆無である。

中国では古くから車が用いられ、ヨーロッパでは馬車が用いられたが、日本では平坦地が少なく、王朝時代の貴族が京中で牛車《ぎっしゃ》を用いたり、畿内の平坦地で荷車が用いられたに過ぎない。

海上交通と船　イワレヒコの瀬戸内海東航の物語（『神武紀』）は、瀬戸内海の航海が一般化したころの知識によって作られたものである。

船に関しては、『日本書紀』には次のような記事がある。

「船は天下の要用なり、今海辺の民、船無きに由《よ》りて歩運に苦しむ。それ諸国に令して船舶を造らしめよ。冬十月、始めて船舶を造る。」（『崇神紀』）。「伊豆国に科《おお》せて船を造らしむ。船長さ十丈、船既に成り、試に海に浮べたるに便《すなわ》ち軽く浮きて疾《はや》く行くこと馳《は》するが如し。故《か》れ其の船を名づけて枯野と曰《い》う。」（『応神紀』）

『応神紀』にはさらに次のような記事がある。「諸国から貢進された船が五百艘にのぼり、武庫水門《むこのみなと》（後の兵庫）に集められた。たまたま、新羅《しらぎ》からの調使の武庫の宿舎から火災がおこり、船が焼かれた。これを聞いた新羅王は、驚いて能《よ》き匠者《たくみ》を貢進した。これが船をつくる猪名部《いなべ》という品部の始祖である。」

これらの物語は、事実を伝えたものではないが、五世紀ごろからか船が多くつくられるようになり、朝鮮半島からの渡来人によって、造船や航海の技術が進歩したということであろう。

『日本書紀』に散見する水門《みなと》・津など港は、瀬戸内海の難波津・白肩之津《しらかたのつ》（河内）・武庫水門・豊浦津（長門）・沙麼之浦《さばのうら》（周防）・菟狭《うさ》・崗水門《おかのみなと》・那津（筑紫）のほか、角鹿《つぬが》（敦賀）以下二十以上の津があげられている。

このころの船は、古墳時代の出土例からみると、クス（楠）材がおもで、長さは七・八メートル、幅は一・八メートルにおよぶものもある。鉄釘の使用もみられ、割竹型の刳舟が多い。帆の使用を示すものもあるが、帆の材質は不明である。櫂《かい》の出土のみられるところから、一般には櫂を水手《かこ》が漕いだのであろう。

朝鮮半島との交通　朝鮮半島と北九州の交通については、弥生文化の伝来や原始小国の王たちの漢への朝貢でも明らかなように、紀元前三・二世紀以来、かなりさかんにおこなわれた。この時代では、「好太王碑文」にみられるように、大和王権による朝鮮半島出兵は、かなりの大軍が半島に渡ったものと思われる。そのころの船は、刳舟をいくつかつないで船団を組み、水手が櫂で漕いだのであろう。

五世紀にはいると、朝鮮半島からの渡来人によって進んだ造船術・航海術が伝えられた。

朝鮮半島からの使節や貢献物も少なくはなかったし、また日本からの征討軍もしばしば送られたようである。『神功紀』によれば、新羅王は金銀彩色及綾羅縑絹《りょうらけんけん》など、八十艘の船に積んで送り、以後も八十艘の船による朝貢をつづけたという。これはそのまま事実を伝えたものではないが、五、六世紀ごろ朝鮮半島からの朝貢がおこなわれたことを反映している。

五世紀には、いわゆる倭の五王の南朝宋への遣使・朝貢がしきりにおこなわれ、七世紀にはいると遣隋使の派遣をみるようになった。

三　律令時代の交通と通信・輸送

聖徳太子の新政と大化改新を画期とする隋唐帝国を模範とする律令制天皇国家の成立によって、古代の交通はその政治的支配を背景とし、公交通の性格をもって飛躍的な発達をとげた。そればかりではなく、この時代の国内交通は、後世永く江戸時代に至るまで、前近代の国内交通の骨格をつくりあげたのである。

1　五畿七道制と大和の古道

五畿七道の制　律令国家にとって最も重要な政治課題である地方支配のため、まず、中央と地方との交通路の整備が進められた。それは、中央と地方との国司の赴任・帰任、公使の往来、中央からの政令の伝達、地方からの行政上の報告・連絡、調・庸・雑物の中央への輸送などの大動脈となるものである。

大化前代すでに原型が形成されていた要路が、五畿・七道として整備された。大和・山背《やましろ》（山城）・摂津・河内・和泉の五畿、東海・東山・北陸・山陰・山陽・南海・西海の七道がこれである。

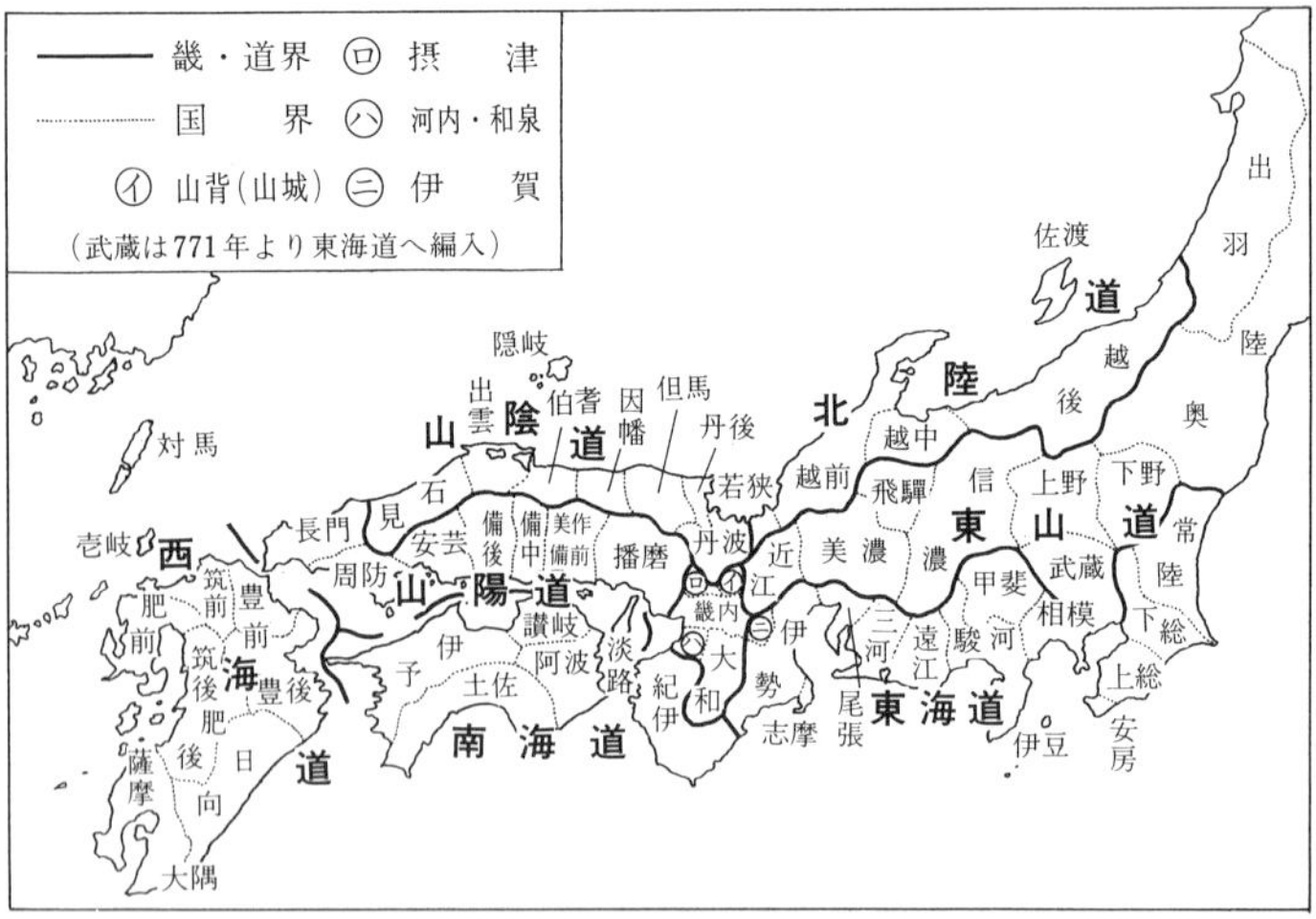

3　五畿・七道・諸国の図（『延喜式』による）

地方行政区画としての国々は、この七道が先行し、七道に付随するものとして定められ、十世紀ごろには、六十六国、二島（壱岐・対馬）となった。七道はそれぞれの国府に通ずるものであった。諸国はいくつかの郡を含むが、郡衙（郡家《ぐうけ》）はそれぞれ七道からの支道で結ばれた。

七道は、複雑な地形の制約に順応し克服して通されたもので、現在の幹線国道の原型となったものであり、鉄道幹線もおおむねこれに沿ったものである。また、諸国が七道に付随するものとされたことは、明治になって蝦夷《えぞ》地《ち》を北海道としたことに名残りをとどめている。

七道は、東海道から時計の針の逆廻りで、東山・北陸・山陰・山陽・南海・西海諸道の順とされた。

東海道は、伊賀・伊勢・志摩（三重県）、尾張・三河（愛知県）、遠江・駿河・伊豆（静岡県）、甲斐（山梨県）、相模（神奈川県）、武蔵（宝亀二年〔七七

一〕、東山道より編入）（東京都・埼玉県・神奈川県東端）、安房・上総・下総（千葉県・茨城県西南）、常陸（茨城県）の諸国が付随する。

東山道は難路の山間地帯が多く、最も距離が長い。近江（滋賀県）、美濃・飛驒（岐阜県）、信濃（長野県）、上野（群馬県）、下野（栃木県）、陸奥（福島・宮城・岩手・青森県）、出羽（山形・秋田県）の諸国が付随する。

北陸道は、若狭・越前（福井県）、加賀・能登（石川県）、越中（富山県）、越後・佐渡（新潟県）の諸国が付随する。

山陰道は、丹波（京都府・兵庫県の一部）、丹後（京都府）、但馬（兵庫県の一部）、因幡《いなば》・伯耆《ほうき》（鳥取県）、出雲・隠岐・石見《いわみ》（島根県）の諸国が付随する。

山陽道は、播磨（兵庫県）、美作《みまさか》・備前・備中（岡山県）、備後・安芸（広島県）、周防《すおう》・長門（山口県）の諸国が付随する。

南海道は、紀伊（和歌山県・三重県の南端）、淡路（兵庫県）、阿波（徳島県）、讃岐（香川県）、伊予（愛媛県）、土佐（高知県）の諸国が付随する。

西海道は、筑前・筑後（福岡県）、豊前（大分県・福岡県の一部）、豊後（大分県）、肥前（佐賀県・長崎県）、肥後（熊本県）、日向（宮崎県）、大隅・薩摩（鹿児島県）の諸国と壱岐・対馬（長崎県）の二島が付随する。

七道では、徒歩と馬による交通であり、道幅は伝路で六〜七メートル、駅路は十数メートルあった。

江戸時代の五街道でも、徒歩・馬・駕籠が通れれば足りたので、七道と大差あるものではなかった。

ローマなどでは、早くから馬車が用いられていたので、ローマのポンペイ遺跡でみられるように、車道と人道が区別されていた。日本では、都市で広く一般に人道・車道が区別されるようになったのは、ようやく戦後自動車が急激に増えてからである。

東山道と東海道　この両道は、東国の経営と奥羽の開拓のうえで重要な交通路であり、駅制ではともに中路とされた。

陸奥・出羽両国が東山道に属したことは、両国への交通路が東山道によったことを示している。東山道は、美濃・信濃両国は険阻な山路が多く、ことに冬期の風雪は交通の大きな障害となった。美濃国の岐蘇（木曾）山道は、大宝二

4　ポンペイ遺跡の道路（車道と人道が区別されている）

年（七〇二）に開通に着手、和銅六年（七一三）、「美濃・信濃二国の堺、径道険阻、往還艱難、仍つて吉蘇路を通ず」（『続日本紀』）とあるように、この年完成したが、きわめて難工事であった。東山道には交通の障害が少なくなかったにもかかわらず、東山道が多くとられたのは、東海道がさらに多くの障害があったからにほかならない。東海道が、おおむね温暖で、海岸に近いという好条件をもちながらも、現在の木曾・大井・天龍・安倍・富士・酒匂《さかわ》・馬入《ばにゅう》・多摩・隅田・江戸などの諸河川を、河口付近で渡河しなければならないという交通障害の決定的な悪条件のもとにおかれていたからである。

江戸幕府が、これらの河川に橋をかけさせなかったのも、江戸防衛のうえから、交通障害をねらったものである。

ところが、天禄二年（九七一）、出羽守橘時舒《ときのぶ》が任国出羽に赴任するとき、従来の東山道によらず、路次を東海道によった。その時の時舒の上申書に、「頃年の間、水陸自ら変じ、遠行の程《てい》、道路嶮《けん》多し」（『朝野群載』）とあるように、東海道の交通事情が好転したためである。その好転した理由は、大きな障害であった河川が、舟や橋などのある程度の整備によって、比較的容易になったからである。

承和二年（八三五）の太政官符《だいじょうかんぷ》（『類聚三代格《るいじゅうさんだいきゃく》』）によれば、駿河富士川、相模鮎河（馬入《ばにゅう》川）では、渡舟を浮橋に代え、尾張草津《かやつ》（萱津）渡《のわたし》、三河飽海《あくみ》（豊川）、矢作《やはぎ》、安倍、下総太日《ふとひ》（江戸川）、武蔵石瀬（多摩川）、住田（隅田）の諸河川や津の渡船を増置した。これは、「渡船数少なく、或は橋梁不備、これによって貢調の担夫等、河辺に来集するに、日を累《かさ》ね旬を経て渡達するを得ず」という

5　山辺の道

状態を緩和するためであった。

こうした橋や道路の構築には、道照や行基《ぎょうき》をはじめ僧侶が関与していた。市聖《いちのひじり》といわれた空也《こうや》は、「嶮路をよぎれば即ちこれをけずり、橋なきに当りてはまたこれをつく」ったという（『日本極楽往生記』）。

なお、東海道については、上総介菅原孝標《たかすえ》の娘が、任期を終えた父とその家族とともに、京へ帰る東海道の旅を回想した『更級《さらしな》日記』の、武蔵野の行路についての一節に、「紫生ふと聞く野も蘆《あし》荻《おぎ》のみ高く生ひて、馬乗りて弓もたるすゑ見えぬまで高く生ひ茂りて、中をわけゆくに竹芝といふ寺（現在の東京都港区三田の済海寺がその遺跡といわれる）あり」とある。

東海道でも都を遠く離れると、このようなものであった。

大和の古道　大和は大和王権の発祥の地であり、

6　山辺の道（遠景は崇神天皇陵と伝えられる前方後円墳）

飛鳥・奈良は、皇都の地で、今にいくつかの古道の面影を残している。

山辺《やまのべ》の道、竹内《たけのうち》街道、飛鳥路、佐保・佐紀路と西ノ京の道、斑鳩《いかるが》の道、吉野路などがそれである。

山辺の道は、磐余《いわれ》（現在の桜井市）を起点として北上し、古代の市場である海石榴市《つばいち》を通り、三輪山の西麓を縫い、石上《いそのかみ》神宮の西に通ずる。沿道には、後漢・魏・晋代にかけての古鏡十数枚を出土した前方後円の茶臼山古墳、大神《おおみわ》神社、崇神《すじん》天皇・景行《けいこう》天皇の陵と伝える前方後円墳などがある。ごく自然の、人間がみずから足で踏み固めた原初の道の面影を残し、大和の国の「曙《あけぼの》の道」といわれる。今に残る最古の道である。

竹内街道は、山辺の道が大和のタテの道であるのに対して、ヨコの古道である。古く、大和と河内の難波《なにわ》（大阪）を結ぶ交通路は、水陸二つの道があった。水路は大和川水系を利用したものであり、陸路は、二上《にじょう（ふたかみ）》山系の峠道をたどって河内に通ずる竹内街道である。弥生文化も北九州・瀬戸内海を経て、このルートで大和におよんだものと思われる。縄文・弥生時代の「けもの道」から、大和王権の成立によって、道として整えられたものである。この道は、仏教文化をもたらした「仏の道」でもあった。

飛鳥《あすか》路。飛鳥の地名については次のような説がある。五・六世紀に朝鮮半島・大陸から多くの渡来人が儒教・漢字・仏教のほか、諸技術を伝えたが、これらの人びとは、玄海灘を乗り越え、北九州から瀬戸内海を経て大阪湾へと長い旅を続け、難波から水路もしくは陸路で大和にはいり、安住の地を見出した。これらの人びとはこの地を「安宿《あんすく》」（あすか）と呼んだ。また、その長い旅路は渡鳥とそっくりであったところから、飛鳥と呼んだというのである。

飛鳥は、最も古く皇都の地であった。飛鳥地方というのは、明日香村を中心とした東西約六キロ、南北約八キロの地域であるが、飛鳥路は一日の行程で歩くことができる。

佐保・佐紀路と西ノ京の道のうち、佐保・佐紀路は、大和と山背の国境に広がる丘陵を奈良山とも佐保・佐紀丘陵とも呼び、この低い山あいと平城京の北端のなだらかな平野部をぬって走る道を佐保・佐紀路と呼んだ。沿道には多くの壮大な古墳群があり、古墳時代における大王や王族の鎮魂の道として開かれたものであろう。

西ノ京の道は、平城京と薬師寺・唐招提寺を結ぶ道であった。

斑鳩《いかるが》の道は、聖徳太子のゆかりの道である。太子は政治の中心である飛鳥を離れ、この地に宮殿を構え、法隆寺を創建した。付近には中宮寺《ちゅうぐうじ》・法輪寺《ほうりんじ》・法起寺《ほっきじ》がある。太子が往き来したであろう里から野への道、飛鳥へ急いだかも知れない道である。政治と文化の道といってよいであろう。

吉野路は、飛鳥から吉野への道である。豊かな水をたたえた吉野の水系は、生命のあふれ出る聖地と考えられていた。傷心の身を、飛鳥から山越えに吉野に急いだであろう大海人《おおあま》皇子（後の天武天皇）はここに隠棲し、半年後に大友皇子と皇位を争い、吉野で挙兵し、伊賀・伊勢を経て美濃にはいり、東国を押え、別働隊は近江瀬多で大友皇子の軍を破り、皇子を自害させ、飛鳥浄御原《きよみはら》宮で即位して天武天皇となった。これが壬申《じんしん》の乱である。

道にまつわる祭祀儀礼　古代では、酒は呪力《じゅりょく》を持つものと考えられていたので、広く神意をうかがうための盟酒《うけいざけ》がおこなわれた。現在の御神酒《おみき》である。

道についても、境界祭祀《さかむかえ》がおこなわれた。「境界《さか》」というのは、国境《くにざかい》のことで、多くの場合峠でおこなわれた。峠は「たむけ」の音便であるといわれる。

悪神・悪霊・疫神などの侵入を防ぐとともに、来る者、行く者など行路者の無事・安全を祈るため、酒を供え、酒を地に注いだりしたのが境界祭祀である。

道路上の悪魔を防ぎ、通行人を守る道祖神（塞《さえ》の神、ふなどの神、道陸神《どうろくじん》）信仰の源流である。

2　駅馬・伝馬の制

駅馬・伝馬制の成立　駅馬・伝馬の制は、律令国家の最も重要な地方支配のための官吏・公使の乗用のための交通・通信の制度である。それは唐の制度を手本としたものである。

大化前代に、「駅使」（『崇神紀』～『推古紀』）、「乗二駅馳一奏」（『清寧紀』）、「駅馬」（『欽明紀』『皇極紀』）、「馳駅」（『皇極紀』）などの語が散見する。しかし、これらは、駅馬・伝馬制の成立後の状態によるもので、大化前代にこの制度が導入されていたとは考え難い。ただ、大化前代でも、馬による官吏や使者が時に臨んでおこなわれたことは容易に考えられる。とくに筑紫大宰（大宰府の前身）が外交・海防の重要な役所であったから、官吏・使者の往来、政令の伝達、大宰からの報告、外国使節の対応と貢物の輸送、渡来人の来日などのために、大和と筑紫との水陸の交通・輸送路は早くから開かれたであろう。駅伝制のもとで、山陽道が大路とされたことでもうかがえる。これについで、東山・東海の両道が、東国の開拓・支配、蝦夷《えみし》との対決などで、重要な交通路であったことは、この両道が中路とされたことによっても知られる。

大化二年（六四六）正月の「改新の詔」の其の二に曰くの条に「初めて京師を脩《つく》り、畿内国司、郡司、関塞《せきそこ》、斥候《やかた》、防人《せきもり》、駅馬伝馬を置け。及び鈴契《すずしるし》を造り、……。凡そ駅馬伝馬を給するは皆鈴伝の符剋《しるしのきざみ》の数に依れ。凡そ諸国及び関には鈴契を給せ」（『孝徳紀』）とある。

改新の詔の文が、浄御原令《きよみはらりょう》もしくは大宝令の条文によって修飾された部分が多いことは、定説となっている。この条文の駅馬・伝馬についての文も、養老令（公式令）の文とほぼ同文である。大宝令でも同様であったと思われる。

したがって、改新の詔では、駅伝制の導入の方針が示されただけで、ただちに実施されたとは考え難い。

『斉明紀』に、都と筑紫を結ぶ「馳《ハユマ（ハヤウマ）》」のことがあり、『天武紀』には、壬申の乱に際して駅制のおこなわれた記事があるが、これも大化前代の場合と同じであろう。

駅伝制は、浄御原令である程度示されたが、大宝令にいたって制度として完成し、ここに至って逐次実施されていったものと考えられる。

駅馬・伝馬の制　駅伝を管轄したのは、兵部省兵馬司であるが、事実上、管理・運営にあたるのは国司である。

(a)　**駅路**　駅《うまや》（駅家）は諸道におかれ、国衙と国衙を結び、また、七道からそれる国衙への支道におかれる。駅路は、駅使往来の重要度と頻度に応じて、大路・中路・小路に区別された。「遠朝廷《とおのみかど》」、「小律令政府」などといわれる大宰府は、大化前代より、外交・海防および九国、二島の支配のうえで要衝であり、この時代ではいっそうその重要性は高まった。そのため、山陽道およびそれにつづく大宰府までを大路とした。また、東国の支配、蝦夷の征討と奥羽の開拓は律令国家の重要な課題であったため、東海・東山の両道は中路とされた。

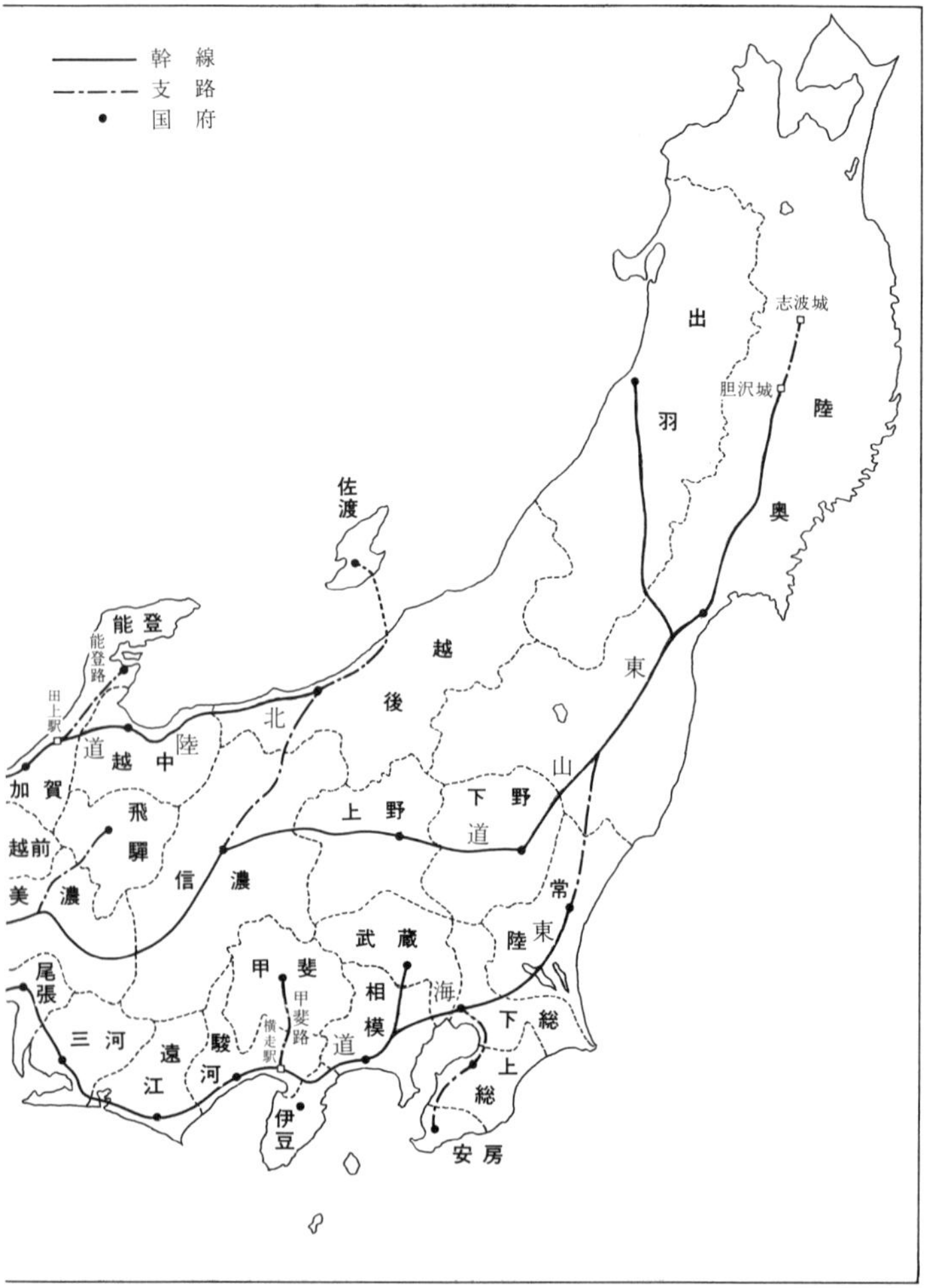
幹　線
支　路
国　府
志波城
胆沢城
出羽
陸奥
佐渡
能登
能登路
田上駅
越後
越中
加賀
越前
飛騨
美濃
信濃
上野
下野
常陸
武蔵
甲斐
甲斐路
横走駅
相模
尾張
三河
遠江
駿河
伊豆
下総
上総
安房
北陸道
東山道
東海道

駅　路　の　図

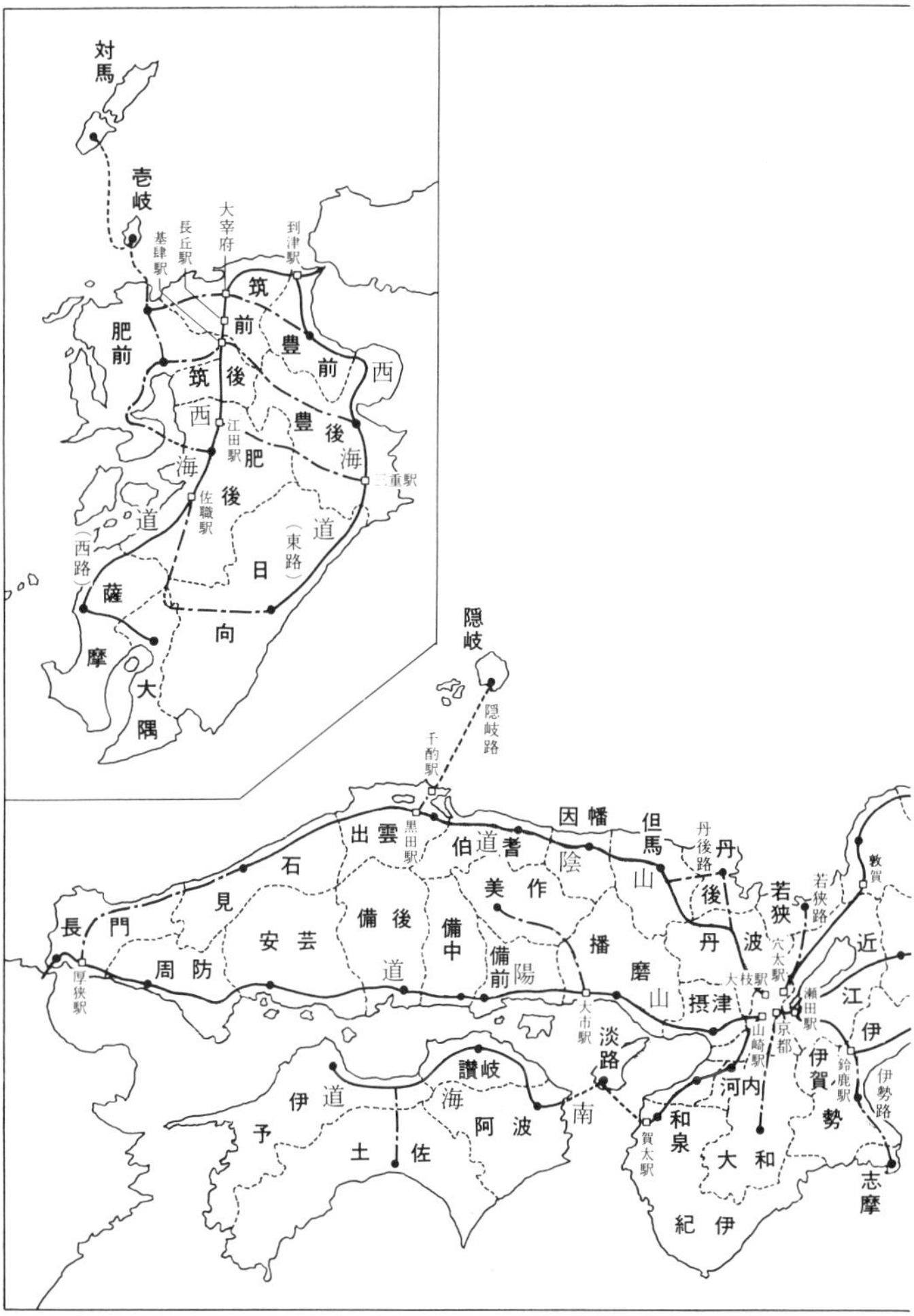
対馬
壱岐
基肄駅
長丘駅
大宰府
到津駅
筑前
肥前
豊前
筑後
豊後
西海道
江田駅
肥後
三重駅
佐職駅
(西路)
(東路)
日向
薩摩
大隅
隠岐
隠岐路
千酌駅
黒田駅
出雲
伯耆
因幡
但馬
山陰道
丹後路
丹後
若狭
若狭路
敦賀
石見
長門
厚狭駅
周防
安芸
備後
備中
美作
備前
播磨
山陽道
丹波
穴太駅
大枝駅
近江
瀬田駅
摂津
山崎駅
京都
大市駅
淡路
伊賀
伊勢
鈴鹿駅
伊勢路
讃岐
伊予
南海道
阿波
土佐
河内
和泉
賀太駅
大和
紀伊
志摩

7　七　道　諸　国

それ以外の北陸・山陰・南海・西海の諸道は、内政上の問題に限られたので、小路とされた。

(b) 駅《えき》(駅家《うまや》)　駅は、原則として三十里ごとにおかれ、地勢が険阻である場合、水や草が得られない所、駅戸の集落が遠い所などでは、適宜その距離を増減してもよいとされた。

当時の一里は、五三三メートルにあたり、三十里は一六キロで、後世の里数は四里にあたる。『出雲国風土記』によれば、六駅のうち、駅間の長いものは三十八里、短いものは十九里で、平均すれば二十八里である。また、美濃坂本駅と信濃阿智駅との間は七十四里という例もある。

駅家の設備についてみると、駅馬のほか乗馬の鞍具、それに駅子の私備とされる蓑笠《みのがさ》を備える。駅は、里長と同じく、有力農民の駅長が国司の助手として管理するので、その執務の室もあったであろう。駅馬をつなぐ場所や水呑場も必要である。「鈴が音のはゆま駅《うまや》の堤井《つつみい》の水を賜へな妹がただ手よ」(『万葉集』)とあるのによれば、駅戸の娘などもいたらしい。駅子の溜り場もあったであろう。そのほか、駅使給与のための稲・酒・塩や、駅馬買替料にあてる駅稲を収納する倉も必要である。駅には駅門もあった。

駅の中には、山陽道の首駅である山崎駅のように、天皇が狩りの際の行宮《あんぐう》となったところもあり、外国使節に備えて「瓦葺粉壁」の駅もあったという(『日本後紀』)。しかし、このような例は特殊なもので、一般には瓦や土台石もなく、遺跡として残るものがないため、これまでは、駅址は地名などによってその所在を推定するにとどまっていた。

水駅については、駅別に船四隻以下二隻以上を配する定めであったが、これは唐令を引用した条文

8　原遺跡掘立柱建物跡(1)（群馬県松井田町教育委員会提供）

9　原遺跡掘立柱建物跡(2)（群馬県松井田町教育委員会提供）

で、日本では水駅というものはほとんどなかった。

しかし、近年遺跡の発掘が各地でさかんに行われているなかで、駅家についても発掘・調査が進められている。

駅家の遺跡ではなかろうかというものは、これまで全国で数カ所にのぼってはいる。なかでも、兵庫県龍野市の山陽道布施駅家の遺跡は、確実性が高いといわれている。

東山道の場合では、岩手県江釣子《えづりこ》村の遺跡は確かとはいえない。

昭和六十三年（一九八八）十一月以降発掘が進められている長野県軽井沢に通ずる上信国境の山なみにつづく台地の原遺跡は、長方形の溝が掘られ、その底に柱穴を掘る「布掘り」の遺構のほか、鍵形に別の柱穴の列が点々とみられ、同類の溝や柱穴もあるが、発掘は完了していないので全貌は不明である。東山道の坂本駅址ではないかといわれるが、豪族の館址とも考えられている。

駅家は規模も小さく、そのプランも明らかではなく、そのうえ国道沿いで開発されていることが多いので、発掘・調査によって駅址を発見することは容易ではない。今後の発掘・調査に期待は残されている。

伝馬については、郡ごとに置かれ、駅にあたるものは、おそらく郡衙におかれたと思われる。

駅馬と伝馬　駅馬は、大路二十疋、中路十疋、小路五疋を原則とした。伝馬は郡ごとに五疋とされた。駅馬は、比較的に富裕な駅戸（駅に奉仕する特定の戸）が飼育する。駅馬ははじめは官馬（軍団の馬など）をあてるが、欠失した場合は駅稲（駅に付属する駅田収穫の稲）をもって民間の馬を買いあてる。

伝馬は、すべて官馬をあて、官馬がない場合は官稲（郡稲）をもって買いあてる。

第1表『延喜式』（新訂増補）国史大系本）による七道諸国の駅および駅馬・伝馬

国名	駅数	駅馬数	駅・駅馬	『延喜式』以前の停廃駅	伝馬（合計数）
畿内	九	九三			
山城	一	二〇	山崎二〇疋	岡田・山本（『続日本紀』）山科（『日本後紀』）	
河内	三	二一	楠葉《クスハ》・槻本《ツキモト》・津積各七疋		
和泉	二	一四	日部・咳唹各七疋		
摂津	三	三八	草《ススキ》野・須磨各一三疋、葦屋一二疋	大原・殖《ヱ》村（『続日本紀』）	
東海道	五五	四六九			（一七〇）
伊賀				新家《ニヒノミ》（『続日本紀』）	
伊勢	七	七八	鈴鹿《スズカ》二〇疋、河曲・朝明《アサケ》・榎撫《ネナツ》各一〇疋、市村・飯高・度会各八疋		朝明・河曲・鈴鹿郡各五疋（一五）
志摩	二	八	鴨部・礒部各四疋		
尾張	三	三〇	馬津《マツ》・新溝《ニヒミゾ》・両村《フタムラ》各一〇疋		海部《アマ》・愛智《アイチ》郡各五疋（一〇）
参河	三	三〇	鳥捕《トトリ》・山綱・渡津《ワタツ》各一〇疋		碧海《アヲミ》・宝《ホ》飫郡各五疋（一〇）

遠江	五	五〇	猪鼻・栗原・引摩・横尾・初倉《ハツクラ》各一〇疋		浜名《ハマナ》・敷智・磐田・佐野《サヤ》・蓁原《ハイハラ》郡各五疋（三五）
駿河	六	七〇	小川・横田・息津《オキツ》・蒲原・長倉各一〇疋、横走《ヨコハシリ》二〇疋	柏原（『三代実録』）	益頭《マシヅ》・安倍・盧《イホ》原《ハラ》・富士・駿河郡、横走駅各五疋（三〇）
甲斐	三	一五	水市・河口・加吉各五疋		
相摸	四	五八	坂本二二疋、小総・箕輪・浜田各一二疋	夷参《イサマ》（『続日本紀』）	足柄上・余綾《ユルギ》・高《タカ》座《クラ》郡各五疋（二五）
武蔵	四	四〇	店屋・小高・大井・豊島各一〇疋	乗潴（『続日本紀』）	原《ハラ》・豊島郡各五疋（二〇）
安房	二	一〇	白浜・川上各五疋		
上総	四	二〇	大前・藤潴・島穴《シマナ》・天羽《アマハ》各五疋		海上《ウナカミ》・望陀・周淮・天羽郡各五疋（二〇）
下総	五	四〇	井上《キカミ》一〇疋、浮島・河曲各五疋、茜津・於賦《オフ》各一〇疋	鳥取・山方・真敷・荒海（『日本後紀』）	葛餝《カツシカ》郡一〇疋、千《チ》葉《ハ》・相馬郡各五疋（二〇）
常陸	七	二〇	榛谷（坂田）五疋、安侯《アコ》二疋、曾祢《ソネ》五疋、河内・田後・山田・雄薩《ヲサカ》	板来・石橋・助川・藻島・棚島・小田（『日本後	河内郡五疋（五）

			（刑部）各二疋	紀』）	
東山道	八六	八四〇 船一〇〇			二一六、船一六
近江	一一	一五八 或は 一六八	勢多三〇（四〇）疋、岡田・甲賀各二〇疋、篠原《シノハラ》・清水・鳥籠・横川《ヨカハ》各一五疋、穴多五疋、和爾・三尾《ミヲ》各七疋、鞆結《トモユヒ》九疋		栗太郡一〇疋、滋賀・甲賀・野洲《ヤス》・神埼・犬上・坂田・高島郡、和邇・鞆結各五疋（五〇）
美濃	一〇	九七	不破一三疋、大野・方県《カタカタ》・各務《カカミ》各六疋、可児《カニ》八疋、土岐《トキ》・大井各一〇疋、坂本三〇疋、武義《ムケ》・加茂各四疋	菅田（『続日本紀』）	不破・方県・各務・可児・武義郡各四疋、大野郡三疋、土岐郡五疋、恵奈郡一〇疋（三八）
飛驒	三	一五	下留《シモツトマリ》・上留《カムツトマリ》・石浦《イシウラ》各五疋	伴有《トマリ》（『続日本紀』）	大野郡五疋
信濃	一五	一六五	阿知三〇疋、育良《ユクラ》・賢錐・宮田・深沢・覚志《カカシ》各一〇疋、錦織・浦野《ウラノ》各一五疋、亘理《ワタリ》・清水《シミツ》各一〇疋、長倉一五疋、麻績《ヲミ》・亘理・多古・沼辺《ヌノヘ》各五疋		伊那郡一〇疋、諏波・筑摩《ツカマ》・小県《チフサカタ》・佐久郡各五疋（三〇）
上野	五	五五	坂本一五疋、野後《ノシリ》・群馬《クルマ》・佐位・	五箇（『続日本紀』）	碓氷《ウスヒ》・群馬・佐

			新田《ニフタ》各一〇疋		位・新田郡各五疋(二〇)
下野	七	七〇	足利・三鴨《ミカホ》・田部《タヘ》・衣川《キヌカハ》・新田・磐上《イハカミ》・黒川各一〇疋		安蘇《アソ》・都賀・芳賀・塩屋・那須郡各五疋(三五)
陸奥	二四	一六九	雄野・松田・磐瀬《イハセ》・葦屋・安達・湯日・岑越《ミネコシ》・伊達《イタチ》・篤借《アツカシ》・柴田・小野各一〇疋、名取・玉前《サイ》・栖《ス》屋《ネヤ》・黒川・色麻《シカマ》・玉造・栗原・磐井・白鳥・胆沢《イサハ》・磐基《イハキ》各五疋、長有《エ》・高野各二疋	嶺基(『続日本紀』)	白河・安積《アサカ》・信《シノ》夫《フ》・刈田・柴田・宮城郡各五疋(三〇)
出羽	一一	一一一 船一〇	最上一五疋、村山・野後《ノシリ》各一〇疋、避翼《サルハネ》一二疋、佐芸《サキ》四疋・船一〇隻、遊佐《ユサ》一〇疋、蚶方《キサカタ》・由理各一二疋、白谷七疋、飽海《アクミ》・秋田《アイタ》各一〇疋	玉野・平戈・横河・雄勝・助河(『続日本紀』)	最上五疋、野後三疋・船五隻、由理六疋、避翼一疋・船六隻、白谷三疋・船五隻(一八、船一六)
北陸道	四〇	一九九 船二九			六六
若狭	二	一〇	弥美・濃飯各五疋		

越前	八	四三	松原八疋、鹿蒜《カヘル》・淑羅・丹生《ニフ》・朝津・阿味《アチマ》・足羽《アス》・三尾各五疋		敦賀・丹生・足羽・坂井郡各五疋(三〇)
加賀	七	三五	朝倉・潮津《ウシホツ》・安宅《アタカ》・比楽《ヒラカ》・田上・深見・横山各五疋		江沼・加賀郡各五疋(一〇)
能登	二	一〇	撰才・越蘇各五疋	穴水・三井・大市・待野・珠洲(『日本後紀』)	
越中	八	四三	坂本・川合・亘理・白城・磐瀬・水橋・布勢各五疋、佐味《サミ》八疋		礪波・射水・婦《ネ》負《ヒ》・新川《ニフカハ》郡各五疋(三〇)
越後	一〇	四三 船二	滄海《アヲウミ》八疋、鶉石《ウツラシ》・名立《ナタチ》・水門《ミト》・佐味・三島・多太・大家《オホヤ》各五疋、伊神《イカミ》二疋、渡戸《ワタリヘ》船二隻		頸城《クヒキ》・古志《コシ》郡各八疋(一六)
佐渡	三	一五	松埼・三川・雑太各五疋		駅馬を通じて伝馬に充てる
山陰道	三七	二三〇			七五
丹波	八	五八	大枝・野口《ノノクチ》・小野・長柄・星角・佐治各八疋、日出・花浪各五疋		桑田・多紀・氷上《ヒカミ》郡各五疋(一五)
丹後	一	五	勾金《マカリカネ》五疋		
但馬	七	五〇	粟鹿《アハカ》・郡部・養耆《ヤキ》各八疋、山前《ヤマサキ》五		朝来・養父《ヤフ》・二

			疋、面治・射添各八疋、春野《カスカノ》五疋		方・七美《シツミ》郡各五疋(三〇)
因幡	四	三二	山埼・佐尉《サヰ》・敷見《シクミ》・柏尾《カシハヲ》各八疋	莫男《マクナマ》・道俣(『日本後紀』)	巨濃《コノ》・高草・気多郡各五疋(二五)
伯耆	五	二五	笏賀《クツカ》・松原・清水《キヨミツ》・和奈・相見《アフミ》各五疋		河村・久米・汗《アセ》入《リ》・会見《アフミ》・八《ヤ》橋《ハシ》郡各五疋(三五)
出雲	六	三〇	野城・黒田・完道・狭結・多仗・千酌《チクミ》各五疋		
石見	六	三〇	波祢《ハネ》・託農《タクノ》・樟道《クスチ》・江東・江西・伊甘《イカミ》各五疋		
山陽道	五六	九五四			
播磨	九	一九〇	明石三〇疋、賀古四〇疋、草上三〇疋、大市《オフチ》・布勢・高田・野磨《ヤマ》各二〇疋、越部《コシヘ》・中川各五疋	佐突《サツチ》(『続日本後紀』)	
備前	四	七四	坂長・珂磨・高月《タカツキ》各二〇疋、津《ツ》高《タカ》一四疋		
備中	四	八〇	津《ツ》峴・河辺《カハノヘ》・小田・後月《シチツキ》各二〇疋		
備後	三	六〇	安那《ヤスナ》・品治《ホムチ》・者度各二〇疋		
安芸	一三	二六〇	真良《ラ》・梨葉《ナシハ》・都宇《ツ》・鹿附《カムツキ》・木綿・		

			大山・荒山・安芸・伴部《トモ》・大町・種篦・濃唹・遠管各二〇疋		
周防	八	一六〇	石国・野口・周防・生屋・平野・勝間・八千・賀宝各二〇疋		
長門	一五	一三〇	阿潭《アタミ》・厚狭・埴生・宅賀・臨門各二〇疋、阿津・鹿野《カノ》・意福《イフキ》・由《ユ》宇・三隅・参美・垣田・阿武・宅佐・小川各三疋		
南海道	二二	一〇二			
紀伊	二	八	荻原・賀太各八疋	名草（『日本後紀』）	
淡路	三	一五	由良・大野・福良各五疋	神本《ミワモト》（『続日本紀』）	
阿波	二	一〇	石隈《イハノクマ》・郡頭各五疋		
讃岐	六	二四	引田《ヒケタ》・松本・三谿・河内・甕井《モタヒヰ》・柞田《クヌタ》各四疋		
伊予	六	三〇	大岡・山背《ヤマシロ》・近井《チカヰ》・新居《ニヒヰ》・周敷・越智《ヲチ》各五疋		
土佐	三	一五	頭駅・吾椅《アハシ》・丹治川《タチカハ》各五疋	吾椅・舟川（『日本後紀』）	
西海道	九七	六〇〇			一六五
筑前	一九	一八〇	独見《ヒトミ》・夜久《ヤク》各一五疋、島門《シマト》二三疋、津日二二疋、席打・夷守《ヒナモリ》・美野《ヨシノ》各	蘆城《アシキ》（『万葉集』）	御笠郡一五疋

			一五疋、久爾一〇疋、佐尉・深江《フカネ》・比菩・額田《ヌカタ》・石瀬《イハセ》・長丘・把伎・広瀬・隈埼・伏見・綱別各五疋	
筑後	三	一五	御井《ミヰ》・葛野《カツラノ》・狩道各五疋	御井・上妻《カムツマ》郡、狩道駅各五疋(一五)
豊前	九	六五	社埼《モニサイ》・到津《イタムツ》各一五疋、田河《タカハ》・多米・刈田・築城《ツイキ》・下毛《シモツミケ》・宇佐・安覆各五疋	
豊後	九	五〇	小野一〇疋、荒田・石井・直入・三重・丹生・高坂・長湯・由布各五疋	日田・球《ク》珠《ス》・大野・海部・大分・速見郡各五疋(三〇)
肥前	一五	八〇	基肄一〇疋、切山・佐嘉・高来《タカク》・磐氷・大村・賀周・逢鹿《アフカ》・登望・杵島《キシマ》・塩田・新分・船越《フナコシ》・山田・野鳥各五疋	基肄駅五疋
肥後	一六	八〇	大水《オホムツ》・江田・坂本・二重・蛟藁・高原・蚕養《コカヒ》・球磨《クマ》・長崎・豊向・高屋・片野・朽網・佐職・水俣・仁主各五疋	大水《オホムツ》・江田・高原・蚕養・球磨・豊向・片野・朽網・佐色・水俣駅各五疋(五〇)

大隅	二	一〇	蒲生・大水各五疋		
薩摩	六	三〇	市来《イチク》・英祢《アクネ》・網津・田後《タシリ》・櫟野《イチヒノ》・高来《タカク》各五疋		市来・英祢・網津・田後駅各五疋（三〇）
日向	一六	八〇	長井・川辺・刈田・美弥・去飛《コヒ》・児湯《コユ》・当磨・広田・救麻・救弐・亜椰・野後・夷守・真斫《マサキ》・水俣《ミニマタ》・島津各五疋		長井・川辺・刈田・美弥・児湯・去飛駅各五疋（三〇）
壱岐島	二	一〇	優通・伊周各五疋		
合計	四〇二	三、四八七	舟数一二		伝馬数六八七、舟数一八

(d) **駅戸と駅子、伝戸と伝子**　駅戸は、駅馬をひいて駅使を次の駅まで送る駅子を出す特定の戸である。

駅戸は、駅に近い特定の戸で、里（霊亀元〔七一五〕、郷と改められる）の五十戸が指定される場合と、五十戸のうちで特定される場合とがある。駅戸の中で比較的富裕な戸は、一戸について一疋の駅馬を飼育し供出する。

伝戸は伝馬（すべて官馬である）をひく伝子を出す戸で、伝馬は郡ごとに五疋と少ないので、それに見合った戸が特定される。

第2表　位階による駅鈴・伝符の剋数

位階	駅鈴	伝符
親王及一位	一〇剋	三〇剋
三位以上	八剋	二〇剋
四位	六剋	一二剋
五位	五剋	一〇剋
八位以上	三剋	四剋
初位以下	二剋	三剋

（注）六位以下は、事情によって増減される。

駅子は、駅戸の課丁（成年の男子）で、駅務について労役に服するので、庸と雑徭《ぞうよう》が免除される。伝子は雑徭が免除されるだけである。

(e) **駅田と駅稲**　駅田は駅に付属する公田で、駅田の収穫稲が駅稲である。

駅田は、駅と駅戸に近くおかれ、大路では四町（長さ三十間、幅十二間の三百六十歩が一段、十段が一町）、中路では三町、小路では二町と定められた。駅田の収穫稲は、上田（田地は、収穫の多寡《たか》によって、上・中・下・下々の四等に区別された）の場合は大路の四町では二千束、中田の場合は一千六百束、中路の三町では、上田で一千五百束、中田で一千二百束、小路の二町では、上田で一千束、中田で八百束である。稲一束は米にして京枡の二升にあたる。

駅田の耕作は駅戸がこれにあたる。駅戸はもちろん口分田の耕作にもあたる。

駅稲は、駅の財源にあてられるもので、駅使一行の食料、および駅馬が欠失した場合の民間馬の買上げ料（上馬は四百束前後、中馬は三百束前後、下馬は二百束前後である）にあてられる。独立採算制である。

伝馬の財源は、正税稲（国衙の官稲）があてられた。

(f) **駅鈴と伝符**　駅馬を乗用する官吏・公使には駅鈴が下付される。駅鈴には乗用できる馬の数が刻まれている。これを剋数という。一剋について馬一疋である。
地方から官使が上京する場合、地方の役所に置かれる駅鈴の口数は次のようである。
大宰府に二十口、三関及び陸奥国に四口
大・上国は三口、下国は二口
大宰府は、外交・海防の要衝で、国の大事を報告する急使（飛駅・馳駅）が頻繁にみられるために、駅鈴の口数が圧倒的に多く置かれた。三関・陸奥国は、主として蝦夷との対決による急使に備えたものである。
駅鈴・伝符は官職によらないで位階によったのは、位階はすべての官人に通ずるもので、差別の基準として最も簡単で便利であったからである。

天平感宝元年（七四九）五月十七日、大伴家持が越中国守として越中にあって作った歌（『万葉集』）に、「左夫流児《さぶるこ》がいつきし殿に鈴かけぬ早馬《はゆま》下れり里もとどろに」の一首がある。

その大意は、「左夫流という女が、妻気取りで仕えている少咋（国司の名）の官舎に、少咋の妻が鈴をつけていない早馬に乗って都から突然やってきたので、里中が大騒ぎになった」というのである。

この早馬は一般に駅馬と解されているが、駅馬は必ず駅鈴をかけていなければならないから、この早馬は私馬で駅馬ではない。


駅鈴・伝符の給付は、厳重な手続きを必要としたが、その管理もまた厳しいものであった。

駅使・伝使が京から地方に行き、任を終えて京に還った時は、二日以内に駅鈴・伝符を返却しなけ

10　隠岐国のものと伝える駅鈴（億岐正彦氏蔵）

ればならなかった。それを怠ると一日について笞《ち》（むちでたたく）五十、十日について徒《ず》（懲役）一年の刑を科した。伝符の場合は三等を減ずる。

新任の国司が任国に赴任した時は、駅鈴・伝符を国衙に返納し、あらためて使いをたてて京に進上しなければならなかった。

駅鈴の現物としては、隠岐国造家伝来の八稜鈴があるだけであるが、その真偽をめぐって古くから論争が続けられている。この駅鈴には剋数が刻まれていないためである。考えられることは、隠岐国という特殊性によるものか、駅制衰退期に便宜的に作られたものか、その他、模造品であるかのいずれかであろう。駅鈴・伝符は、天皇が授けるというたてまえで、天皇留守の場合は、留守の官が授けるというように、きわめて重く扱われた。

(g)　**馳駅**　飛駅ということもあるが、急速を要する駅使である。謀叛（乱をおこすなどの犯罪）以上の犯罪がおこったという急報をする場合、大瑞（国にとって大きな目出度いことがおこったとき）が現われた場合、兵を動かすような事態がおこった場合、災害・疫病などが発生した場合、遣唐使船が遭難した場合、蝦夷との対決の場合など、緊急事態を急報するための駅使である。一例をあげると、承和三年（八三六）七月二十日に、大宰府からの遣唐使船の第三船が遭難したという馳駅の急報が、八月一日に京に到着した。約十日を要したことになる。近世の継飛脚と同じように、駅ごとに人馬を替え、できる限り急速を要した。

3　駅馬・伝馬の制の運営

駅馬・伝馬の制は、官人・公使の赴任・帰任、政令伝達・報告など、国家の地方支配のうえで極めて重要な機関であった。そのため、駅馬・伝馬の乗用には、厳しい制約をもってのぞんだ。

駅馬・伝馬の乗用　中央の役所が地方へ使者を送る場合は、例外を除いてその使者は駅馬に乗用できる。その場合、役所は太政官に上申し、太政官奏（天皇への奏上）をもって駅馬が給せられる。神祇官の幣帛使、宮内省の御贄《にえ》使などがその例である。

国司からの使者に四度使《よどのつかい》の朝集使・税帳使・大帳使も乗用できる。貢調使は、調帳を携えて、農民の調を運ぶ運脚を従え上京するため、駅馬乗用はできなかった。そのほかの三度使は、伊賀・近江・丹波・紀伊などの近国を除いて駅乗が許された。

国司の任国への赴任や、罪人を官馬に乗せた場合は、すべて伝馬に乗用する。

馳駅（飛駅）については前にも述べたが、宝亀二年（七七一）から、寛仁三年（一〇一九）までに、地方から中央への馳駅は九十四件に達している。中央から諸国への馳駅は、大宝二年（七〇二）の大幣を諸国にわかつためと、天平三年（七三一）諸国への神宮増飾の馳駅の二件だけである。

馳駅の最も多いのは、遣唐使船の遭難や新羅・刀伊《とい》の侵寇などの大宰府からの馳駅が三十三件、蝦夷と対決する陸奥・出羽両国からの馳駅が二十三件にのぼっている。

駅馬・馳駅の行程　駅馬・伝馬については、事急なる場合は駅馬に乗り、事緩なる場合は伝馬に乗るという原則がある。これを駅馬についてみると、急を要する場合と、そうでない場合とがある。急を要する馳駅の場合は、一日十駅以上、急を要しない駅馬・伝馬の場合は八駅、帰路は急を要しない場合は六駅以下四駅以上とされている。

駅と駅の間は三十里（一六キロ）を原則とするから、八駅では二百四十里（一二八キロ）、十駅では三百里（一六〇キロ）である。

『吾妻鏡』によれば、京都六波羅からの飛脚が、二十日未の刻に発して、二十三日の申の刻に鎌倉に馳せつけたが、「殆んど飛鳥の如し」とある。二十日の午後二時から、二十三日の午後四時までであるから、三昼夜と二時間である。京都と鎌倉の間を当時の東海道で五〇〇キロ（現在の東海道線では約四七〇キロ）とすれば、一日二十四時間で約一七〇キロである。

江戸時代で最も早い急飛脚は、江戸と京都の間を三日で馳せたという。江戸と京都の間を五五〇キロ（現在の東海道線では約五一三キロ）とすれば、一日二十四時間で一八〇キロである。

以上の例は飛脚で、馬を用いたのではない。平安時代の馳駅について、『続日本後紀』によって、実例をみよう。

承和三年（八三六）七月十五日に、遣唐使船四隻共七月二日に進発したという大宰府からの馳駅が京に到達している。進発の直後に馳駅を発したとすれば十三日を要したことになる。十六日には、第一・第四船の遭難の馳駅による七月六日・九日付の報告が京に達している。それぞれ十一日・八日を要したことになる。

大宰府と京都間を八〇〇キロとすれば、十三日の一日行程は約六二キロ、八日では一〇〇キロとなる。

また、出羽の夷俘《いふ》の叛乱についての元慶二年（八七八）三月十七日付の出羽国守の飛駅が二十九日に京に到達している。さらに、六月二十八日の出羽国からの飛駅は七月十日に京に到達している。さらに、六月二十八日の出羽国からの飛駅は七月十日に京に達している。いずれも十三日を要している。出羽国から京都までを一四〇〇キロとすれば、一日の行程は約一〇〇キロとなる。

これを要するに、馳駅の場合でも一日行程は約一〇〇キロとみてよい。

令制では馳駅は一日十駅以上（一六〇キロ以上）、駅馬・伝馬の場合は、一日八駅（一二八キロ）と定められている。この規定は、唐令を模したものではなく、独自に定められたものである。

おそらく、実情に関りなく机上で作りあげたものであろう。令制には実情に添わない規程もあり、それが令制の衰退の一因でもあった。

4　関所と過所

交通上の施設として関所がある。古代と近世の関所は、軍事・警察的性格のものであり、中世の関所は、関銭・津料を徴収するための財政的性格のものであった。

三関と固関使　大化改新の詔に、「初めて京師を修め、畿内国司、郡司、関塞《せきそく》、斥候《うかみ》、防人、駅馬、伝馬を置け」とある。関塞は、塞《とりで》の性格をもった関である。皇城警固のため関塞を設けることが示されたわけである。

関を設置した初見は、天武天皇の八年（六七九）で、大和の龍田山・大坂山に関が置かれた。壬申の乱の体験によったもので、皇居警固の塞ほどのものであったろう。

蝦夷に対する防衛のため、『大宝令』にみえる東海道鈴鹿（伊勢国）、東山道不破《ふわ》（美濃国）、北陸道愛発《あらち》（越前国）を三関とよび、東国に通ずる要衝として最も重視された。関が畿内から東だけに設けられたのは、東国や蝦夷に対する不安があったことを示している。また、三関が畿内に近く置かれたのは、大化以後でも東国の支配に不安があったからである。

天武天皇元年（六七二）、鈴鹿関司が使いを遣わして奏言したというから、鈴鹿関はこのころ以前に設けられた。

不破関は、関ケ原の地名に名残りをとどめているが、東山道と北陸道の要地である。

愛発関《あらちのせき》は、北陸道の要地で、天平宝字八年（七六四）、恵美押勝《えみのおしかつ》の乱の時、この関を固めた。

三関は当国の国司が警備の任に当たるが、鼓吹・軍器を置き、軍団の兵士を分番させ、警固にあたらせた。また、駅鈴は、大・上国には三口であるのに対して、三関国は陸奥とともに四口が給せられた。馳駅に備えるためである。

11　不破関跡（岐阜県関ケ原町教育委員会提供）

三関に対しては、天皇譲位、天皇・上皇・皇后の崩御、大きな内乱の時などに際しては、勅命によって固関使《こげんし》（関を固める役）が遣わされ、特に警備を厳重にした。

愛発関は、のちに近江国の逢坂《おおさか》関に代えられた。三関のほかでは、後には駿河の横走《よこばしり》、相模の足柄《あしがら》、上野の碓氷《うすい》、陸奥の白河・菊多・衣川、出羽の念珠《ねず》の関などがおかれた。東国・陸奥・出羽に集中しているが、東国に対する不安がなくなり、蝦夷に対応するだけのものとなってからのものである。

長門・摂津には海上交通の関があった。

天平十一年（七三九）、聖武天皇が、関東に往く意志のあることを表明されているが（『続日本紀』）、これは関東の語の初見で、関東とは、伊勢鈴鹿関以東をさしている。要するに、関東とは三関以東の東国地域をさすものであった。

鎌倉時代では、鎌倉幕府を関東といったが、関東とは、碓氷・足柄以東の東国をさすようになった。関西というのは、三関より西方ということで、関東に対応するものである。

延暦八年（七八九）、桓武天皇は、伊勢・美濃・越前等の国に勅して、「関を置くことは元来非常に備えるためであるが、徒らに中外を隔絶させて利を通ずるの便を失う」という理由で、三国の関を停廃した。陸奥の蝦夷の征討が進んだこと、陸奥の白河・菊田・衣川の関、出羽の念珠の関などがその役割を果たすようになったこと、三関は余りに西によりすぎてその存在の意味が失われていたことなどによるものである。

関所と過所　関所とこれを通過する場合の規則についてみよう。

関所の門は、日出とともに開き、日没とともに閉じられる。関を通る者は過所を携帯していなければならない。過所というのは、江戸時代の関所手形にあたる通交許可書である。官使は所属の役所に申請し、京職または国司から下付される。

過所には、関を通る事由や、官人ならば官位姓名、資人（従者）の位・姓名・年齢、無位ならば本貫の国郡里（郷）や姓名・年齢、従者に奴婢《ぬひ》があればその名と年齢など、一行のすべてにわたって身分を明らかにし、さらにその携帯物や乗用の馬牛の毛色・牡牝の別や疋数までも記されている。農民の仕丁および庸調の運脚は、本国の歴名によって、これを引率する部領使（引率の国司や郡司）とともに調べ、相違なきことを確認して通行を許す。

蕃客（外国人）が初めて関を通る場合は、携帯の物や同行の役人をつぶさに記録して治部省に上申する。

禁物（移動禁止の物）の通過は関司が検察するなどである。

5　駅馬・伝馬の制の衰退、崩壊

剋外乗用と濫乗　天平宝字元年（七五七）の勅（『続日本紀』）によれば、このころ、上下の公使がすべて法令を無視して駅馬濫乗が甚しかったことがわかる。同八年（七六四）の勅（『類聚三代格』）には、諸国司が赴任するとき、剋外乗用を禁じ国司・駅長らの駅馬濫乗を戒めている。このような風潮は一向に改められないため、延暦元年（七八二）の太政官符（『類聚三代格』）によって、剋外増乗の駅使に対して、国司は必ず増乗の人を記録して官に上申し処罰することにした。また、これを見逃す国司は、駅門・郡家に掲示して公開することにした。

こうした処置にもかかわらず、諸使の駅伝馬濫乗はやまず、承和五年（八三八）には、濫乗を監視するために、駅ごとに国司の次官以上を置いたが、効果はなく、律令国家の衰退とともにいちじるしくなった。

駅子負担の増大と駅家機能の低下　駅使・伝使の濫乗は、駅子の負担をいちじるしく増大したことは言うを待たない。

美濃国坂本駅は駅路が険阻のうえに、駅間が遠いため、駅子が妻子とともに全員逃亡という破局を招いた。駅子の逃亡を処罰することにしてもあとを断たない有様であった。逃亡した駅子は、農民の逃亡と同様、権門・寺社の荘園を絶好の逃避場とした。

駅子は、駅馬の飼育と駅務につくため、庸と雑徭を免除されたが、田租と調は納めなければならなかった。駅子の負担軽減のため、政府は、時に応じて田租や調を免除したり、また、出挙の利稲を駅子の食料にあてるなどの救済策をとった。しかし、駅子の負担軽減にはほとんど役立たなかった。

駅馬の疲弊もまた年とともに甚しく、駅馬が乗用に堪えなくなったり、欠損しても、国司はその補充を怠った。

駅家の破損も年とともに多くなり、国司はその修理を怠った。

備後・安芸・周防・長門など、山陽道諸国の駅家は、元来、外国からの使節に備えて「互葺粉壁」というりっぱな建物もあったが、大同元年（八〇六）ごろには、百姓疲弊によって修理もできなくなっていた。山城・丹波・播磨・備中では、駅家修理料として、また、安芸では駅子の食料として、それぞれ出挙の利稲があてられたが、それもしだいにおこなわれなくなった。

地方政治の紊乱もまた駅伝制を崩壊に導いた。石見では、仁和二年（八八六）、郡司・百姓等が国守の館を襲い、印・鍵や駅鈴を奪うという事件がおきている。

永延二年（九八八）の「尾張国郡司百姓等解文《げぶみ》」によれば、国守藤原元命《もとなが》は、三カ年にわたって、駅伝馬用の米を着服し、郡司がこれを負担していた。また、駅使が供与の劣悪を言いがかりに、その代償のほか賄賂・土産物まで強要したという。

このように、「解文」は、国守藤原元命の暴政が、駅伝制にもおよび、郡司や駅子・百姓に大きな打撃を与えたことや、駅使の横暴をあますところなく物語っている。律令国家崩壊の末期的現象にほかならない。

なお、東海道では、十世紀末まで駅伝制が行われたことがわかるが、それは東国・奥羽方面の交通路が、東山道から東海道に移っていたためで、東海道が駅伝制の最も遅くまで行われた地域であった。

馳駅についてみると、大宝二年（七〇二）以来、百回近く見られたが、寛仁三年（一〇一九）、大宰府からの馳駅使が刀伊《とい》の入寇を言上してきたのを最後に、史上から消えた。

駅馬・伝馬の制の衰退、崩壊　そのあとを、八世紀半以降十世紀初頭の年表によって示せば左のとおりである。

第3表　駅馬・伝馬の制の変遷

和暦	西暦	事項
天平宝字三年	七五九	○上下諸使の剋外乗馬を禁ず

同　八　年	七六四	○諸国司新たに任所に向う伝剋外増乗を禁ず。また、七道諸国駅馬乗用に堪えざるもの多く、さらに国司・駅長任意乗用を禁ず
延暦元年	七八二	○上下諸使の剋外乗用を禁ず
同　五　年	七八六	○畿内諸国駅戸の調を免ず
同一一年	七九二	○伝馬を停廃す
同一六年	七九七	○阿波国駅家、伊予国十一、土佐国十二を廃し、新に土佐国吾椅・舟川二駅を置く
同一八年	七九九	○信濃国阿智駅駅子、道路険難を以て永く調庸を免ず
同一九年	八〇〇	○駅家破損に対し、早く修理を命ず
同二四年	八〇五	○下総国鳥取駅、山方駅、真敷・荒海等の駅、不要を以て廃す○伊豆国司、使を奉じて上京の途次、伊勢国榎撫《えなつ》・朝明《あさけ》二駅の間の村で毒酒を飲まされ、主従死す○陸奥国部内海道諸郡の伝馬、不要により停む
大同元年	八〇六	○備後・安芸・周防・長門国の駅館破損を修理す○山陽道諸国新任国司等、駅戸の負担軽減のため、西海道に准じてもっぱら海路に従って任所に赴かしむ
同　二　年	八〇七	○山城以下周防九国の五十一駅、駅馬三百四十疋を減省、筑前・豊前の十一駅別五疋を減省
同　三　年	八〇八	○但馬国の三駅、不要により廃す○因幡国莫男《まくなま》駅・道俣駅馬各二疋を省く○能登国越《え》蘇《そ》・穴水・三井・大市・待野・珠洲《すず》等六駅を廃す
弘仁二年	八一一	○陸奥国海道十駅を廃し、常陸に通ずる道に、長有・高野二駅を置く○紀伊国萩原・名草・賀太の三駅を廃す
同　三　年	八一二	○伊勢国桑名郡の伝馬を停止す○常陸国安侯・河内・石橋・助川・藻島・棚島の六駅を廃し、小田・雄薩・田後《たじり》等三駅を建つ

同　六年	八一五	○大宰府、正税・計帳二使の公文、朝集使に使付進上、駅家負担軽減のため
同一三年	八二二	○駅戸に借貸を給し、並びに口分田を一処に授く○駅伝使の傜丁に食を給す、人別一日に米一升（後世の約四合）
承和五年	八三八	○安芸国駅家十一処、駅別駅子百二十人の労苦多きにより、三万一千二百束を出挙、駅子の食に充つ○上・下諸使剋外乗馬を禁ず
同一一年	八四四	○陸奥国計帳公文は朝集使に付して言上せしめ、駅子の肩を息ましむ
嘉祥三年	八五〇	○美濃国土岐・坂本二駅の逃亡駅子を捜索せしむ
斉衡二年	八五五	○美濃国坂本駅・信濃国阿智駅、相去る七十四里、駅子労苦多し、永く駅子の租調を免ず
仁和二年	八八六	○是より先、石見国邇摩《にま》郡・那賀郡大領等、百姓二百七人を発して、国守を囲み、印匙・駅鈴等を奪取す
延喜六年	九〇六	○相摸人等駅馬を奪い乗り駅子を捕縛するの乱暴を禁ず
永延二年	九八八	○尾張国郡司百姓ら、国守藤原元命の暴政を訴える

以上見てきたように、駅伝制は、地域による差はあるが、十一世紀初頭ごろ崩壊したものとみて大過はないであろう。それは当然のことながら律令体制の崩壊の時期であった。

律令国家によって、約三世紀にわたって、交通・通信・輸送の重要な機関であったその組織・駅路・駅家など、駅制の遺産は、宿《しゅく》として中世の私交通へと受け継がれていった。

四　就役民の行旅と調庸物の輸送

交通・輸送の点からみると、農民の私的な交通・通信・輸送は、ほとんど見られず、国家権力の強制による公的なものであった。これがこの時代の交通・運輸の大きな特色である。

班田農民の負担　国民の大多数の農民は、国家から口分田を授けられて農業生産に従事し、国家に対しては賦役労働（労役）と、稲をはじめ、手工業製品や採集物などの現物貢納の義務を負い、国家の財政基盤となった。

賦役労働としては、雑徭《ぞうよう》・仕丁《しちょう》・雇役《こえき》のほか兵役があった。現物の貢納としては、租・庸・調を基本とし、公出挙《くすいこ》や雑物の京進などがあった。

これらのうち、賦役労働は中央と地方で、現物貢納では、租稲はそれぞれの国衙へ、調庸や雑物貢納は京（九国二島では大宰府）に輸納された。

これら、律令国家の収取形態の特色は、現物貢納に対する労役の比重がきわめて高かったことで、農民の奴隷的な性格を認めざるを得ないところにあった。

賦役労働　雑徭は、国司によって徴発され、国内の労役に服するものであるから、交通にはあまり関係しない。

仕丁・雇役や兵役のうち衛士《えじ》・防人《さきもり》は、それぞれ京や北九州に赴くもので、就役民の行旅をともなうものであった。

仕丁は、五十戸ごとに正丁（二十一歳〜六十歳の男子）二人が徴発され、三年交代で京の役所や役人に使役されて雑役に服する。東大寺大仏殿造営には、毎日二百人の仕丁が使役された。

雇役は、功食《こうしょく》（手間賃と食料）が支給されるもので、仕丁の負担が重く、逃亡するものも少なくなく、功食を支給しなければ仕丁の徴発が困難となったため、仕丁はしだいに雇役に代わっていった。しかし、強制された労役であることには変りがなかった。

平城京の造営には、おびただしい役民が諸国から徴発されたが、その大部分は雇役であった。長岡京の造営にあたっては、諸国の百姓三十一万四千人が雇役として徴発された。

兵役では、兵士は食料・食器・生活用具のほか武器までも自弁で、それぞれ諸国の軍団に勤務する。一年を原則とする京の警固の衛士は、諸国の軍団の兵士がその任にあたる。衛士は集団で国司に引率され、京までの食料は自弁であった。

防人の場合は、三年を原則として軍団の兵士が徴発される。防人はだいたいは、遠い東国の兵士があてられた。東国は長い間蝦夷と対決し、純朴・勇敢であり、かつ逃亡を防ぐためであった。防人も集団で国司に引率され、難波津までは食料は自弁で、難波津からは船で、食料は官給で北九州に送られる。

防人の歌四首（『万葉集』）

○畏きや命かがふり明日ゆりやかえがむた寝むいむ無しにして
（勅命で、防人として私は明日からは共に寝る妻もなく、野山の中で草といっしょに寝ることであろう）
○忘らむと野行き山行き我来れど吾が父母は忘れせぬかも
○吾が家ろ《いは》に行かも人もが草枕旅は苦しと告げやらまくも
（私の家へ行く人でもあれば、旅は苦しいものだと家人に告げたいものだ）
○難波津に装ひ装ひて今日の日や出でてまからむ見る母なしに
（難波津で飾りたてた私の船出を見送る母もなく、筑紫に行かなければならない）

これらの就役民は、任を了えて故郷に帰るときは、長途の困難な行旅を余儀なくされた。食料の欠乏、傷害・病気に苦しみ、険阻な悪路、風雪・水害に悩まされ、疲れをやすめる宿泊場所もなく野宿を重ねなければならなかった。

大化二年（六四六）の詔には、役民が帰郷の途中路頭で病死した場合は、近くの家は死者の同行者に祓除《ばつじょ》（死の穢れをお祓いする）させることを命じている。和銅五年（七一二）の詔によれば、諸国の役夫や運脚《うんきゃく》が帰郷する時、食料の欠乏を補うため役夫に銭を所持させて米を買うことができるようにした。銭の効用を知らせるためでもあった。

このような役民の集団行旅は、この時代の大きな特色であった。

調庸物の京進　調・庸は、農民が京の中央政府に直接納入しなければならなかった。調庸の物は、絹・糸・綿・布・鉄・鍬・塩のほか、農産物・海産物や手工業製品などであった。

調庸物の輸送は、戸の負担で、戸からの運脚によっておこなわれた。六道諸国（九国二島は大宰府に輸納する）から民部省に納められ、大蔵省に収納される。調庸物は軽貨物であったから、袋や背負かごで運脚に担われて輸送された。運脚の往復の食料は自弁で、往路は国司が貢調使として引率した。諸国からの調物が京に輸納されたことは、平城宮址出土の木簡（木の荷札）によって知られる。その二、三の例を示せば次のようである。

○周防国大島郡美《み》敢郷《かんごう》凡海《おおしあま》阿耶男《のあやお》
　　御調塩二斗　天平十七年

○尾張国智多郡贄代郷《にえしろごう》朝倉里戸主和尓部《わにべ》色太智《のいろたち》
　　調塩三斗　天平元年

○備前国赤坂郡周《す》逓《てい》郷　調鍬十口　天平十七年

次に、調庸物京進の日程については『延喜式』によって、遠国の場合をみてみよう。上とあるのは、諸国より京に上る日数、下とあるのは、京より帰郷の日数である。上より下の日数が少ないのは、荷物がないからである。

調庸の脚夫（運脚夫）が、帰郷の途中、食料が無くなって餓死したり、病気で死亡したりという惨状は、次の勅などによってうかがわれる。

天平宝字元年（七五七）の勅に、「聞くならく、諸国庸調の脚夫、事畢《おわ》って郷に帰る、路遠く粮絶え、又行路の病人親しく恤養《めぐみやしな》うこと無し、餓死を免れんと欲し、口に餬《のり》し生を仮《か》る、並に途中辛苦し、

第4表　調庸物京輸の運脚の上京・下国の行程

道	国	上	下
東海道	武蔵	上二九日	下一五日
	常陸	上三〇日	下一五日
東山道	信濃	上二一日	下一〇日
	上野	上二九日	下一四日
	陸奥	上五〇日	下二五日
	出羽	上四七日	下二四日
北陸道	加賀	上一二日	下　六日
	越後	上三四日	下一七日
山陰道	出雲	上一五日	下　八日
	隠岐	上三五日	下一八日
山陽道	周防	上一九日	下一〇日
	長門	上二一日	下一一日
南海道	伊予	上一六日	下　八日
	土佐	上三五日	下一八日

遂に横斃《おうへい》（野たれ死）を致す」と。

神護景雲二年（七六八）の陸奥国の奏言には、「此地祁《き》寒《かん》（厳しい寒さ）、積雪消え難し、僅かに初夏に入り、運調上道、山に梯《はしご》し海に帆し、艱苦備え至る。季秋の月、乃《すなわ》ち本郷に還る、民の産を妨げるは此より過ぐるはなし」とある。

延暦二十四年（八〇五）の勅には、「聞くならく、貢調の脚夫、路に在って帯留、或は飢えて横斃する者衆《おお》し、良《まこと》に路次国郡法令を存ぜず、随使の村里撫養に意無きなり。自今以後《いまよりのち》、郡国の官司情《こころ》を存して相救い、其の医療を供給、一に法令に依《よ》れ」とある。

運脚のこのような困苦は、国司や郡司の怠慢によるものばかりではなく、律令権力の奴隷的人民支配によるものである。

承和二年（八三五）には、東海・東山両道の要路にあたる美濃・尾張両国の堺の墨俣《すのまた》川の両岸に布施屋を設け、救急稲を備えたが、それは雨期に渡河することができな

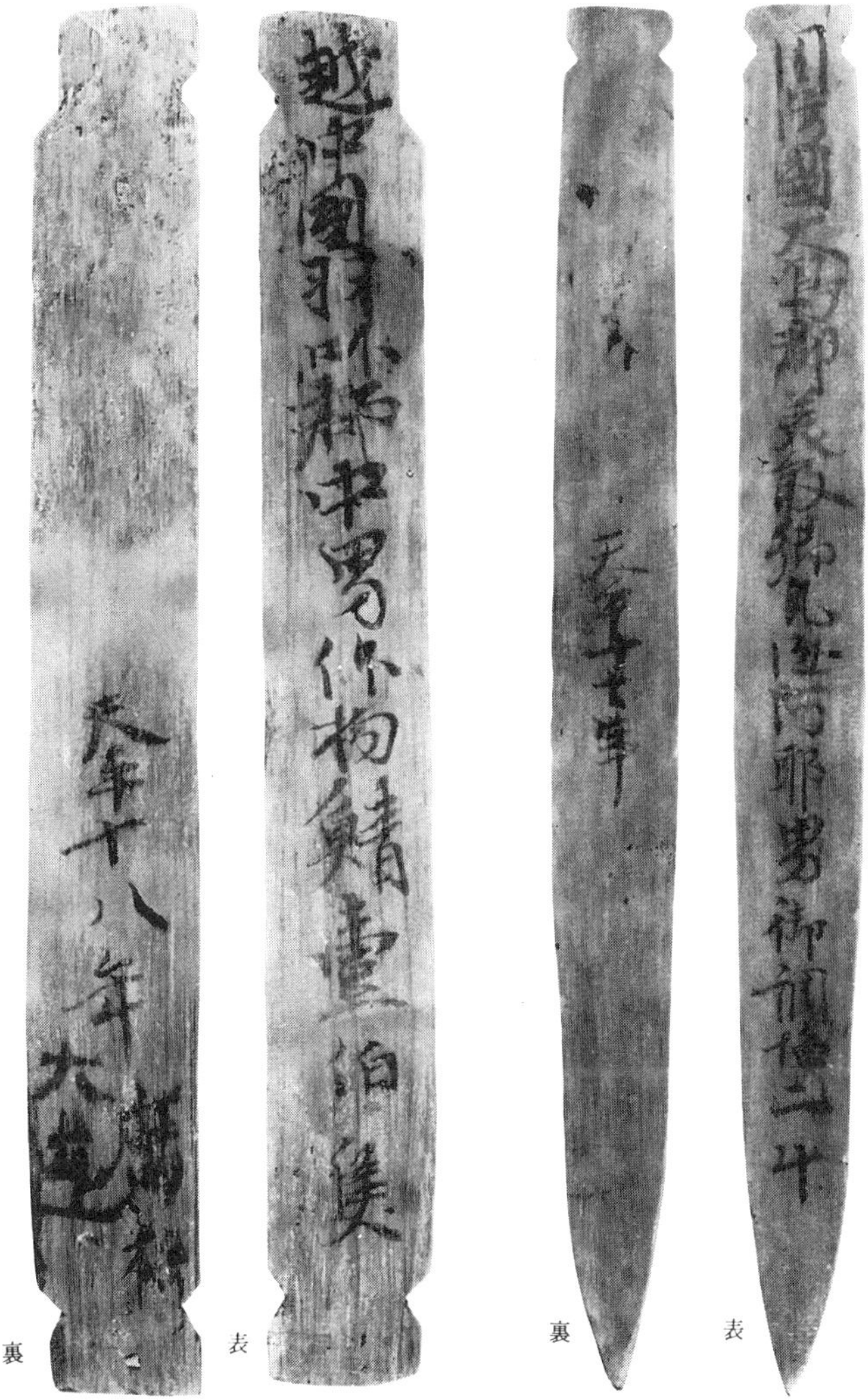

12　調および中男作物の付札（奈良国立文化財研究所蔵）
（右）天平17年周防国大島郡美敢郷の凡海阿耶男（おおしあまのあやお）の調の塩2斗の付札。（左）天平18年越中国羽咋郡の中男作物の鯖100隻の付札。

いことが十日以上におよんだためである。

貢進雑物の輸送　諸国から中央の役所に貢進される雑物は、米を主とし、麦・絹・布、海産物、雑物(臼・杵・紙・墨・筆など)等があった。

京進の雑物は、これを運ぶ担夫《たんぷ》には往復とも食料が支給された。天平十年(七三八)の「但馬国正税帳」によれば、年間の雑物京進の担夫一千六十人の往復の食料として稲三千三百九十二束(京枡で約六十八石)が支給されている。京に向かうときは一日に稲四把(京枡で八合)、帰郷のときは一日に二把であった。その年には、醬大豆《しょうのだいず》二十六石が、牽夫《ひきふ》十六人に口取りされた十六疋の駄馬と、担夫二十人によって輸送された。駄馬は疋別一石、担夫は人別五斗を運んだ。一石は京枡で約四斗で一俵にあたるが、駄馬の輸送力は低いものであった。この担夫は、雑徭による農民であろう。

平安時代になると人担よりも駄馬によることが多くなる。『延喜式』によれば、一駄の荷載量は、絹は七十疋、糸は三百絇《く》、綿は三百屯《とん》、布は三十端《たん》~五十端、銅は百斤、鉄は三十挺《ちょう》、鍬は七百口とされている。絇・屯は三分の一斤、挺は三・三斤で、これらの重量は大体百斤で、約六〇キログラムである。米の場合は、駄馬一疋の荷載量は百五十斤で、九〇キログラムである。米を俵詰めにすることは、稲の根刈が普通となったことと関係がある。

また、人担・駄馬ともに荷載量が少ないのは、担夫や馬の食料を載せなければならなかったことにもよる。

平安時代になると、陸路は駄馬によることが多くなるが、米などは船による水運が主となった。

天平十年（七三八）の「駿河国正税帳」によると、中宮職へ納入する絁《あしぎぬ》の担夫四人に対して、庸賃八十束（人別二十束）が、また、皇后宮へ納入する雑物の担夫十二人に対して三百束（人別二十五束）の稲が支給されている。これは、一般の担夫に支給される稲よりもはるかに多い。この場合の担夫は、雑徭《ぞうよう》や雇役ではなく、特別に雇庸したものである。食料だけを支給される徭夫《ようふ》や功食《こうしょく》（手間賃と食料）を与えられる雇役から、さらに運送に従事する職業的運送業者の出現をみたことになる。徭夫・雇役では、農民を徴発できにくくなったためであろう。

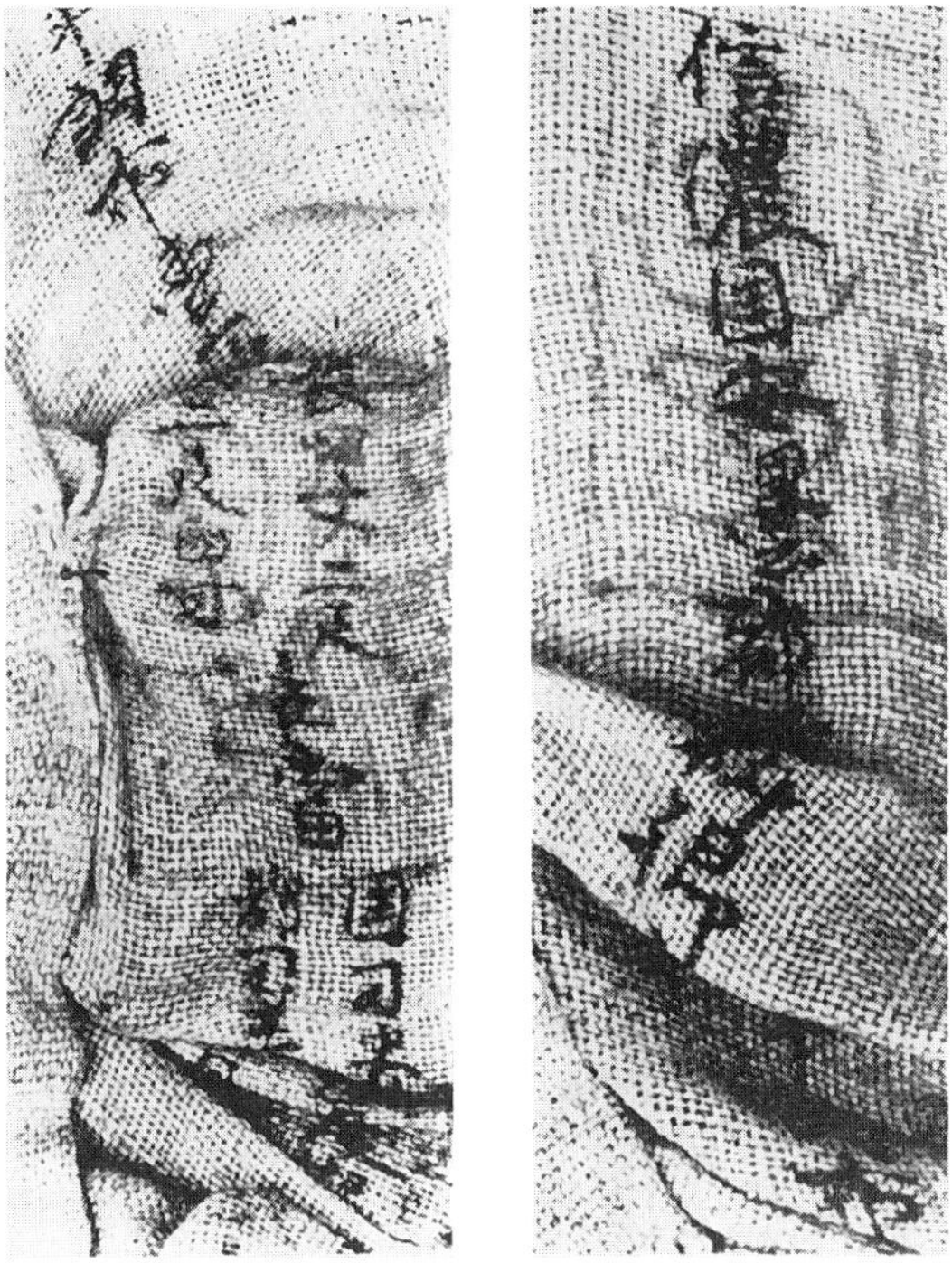

13　調布（信濃国安曇郡前社郷（？）の農民の納めた調布，正倉院宝物）

　また、灘波津から山城の与等津（淀津）までは淀川の舟運によったが、与等津から京までは車によった。車による運送者を、「賃車の徒」といった。車賃は米一石別米五升であった。このような雇庸によ

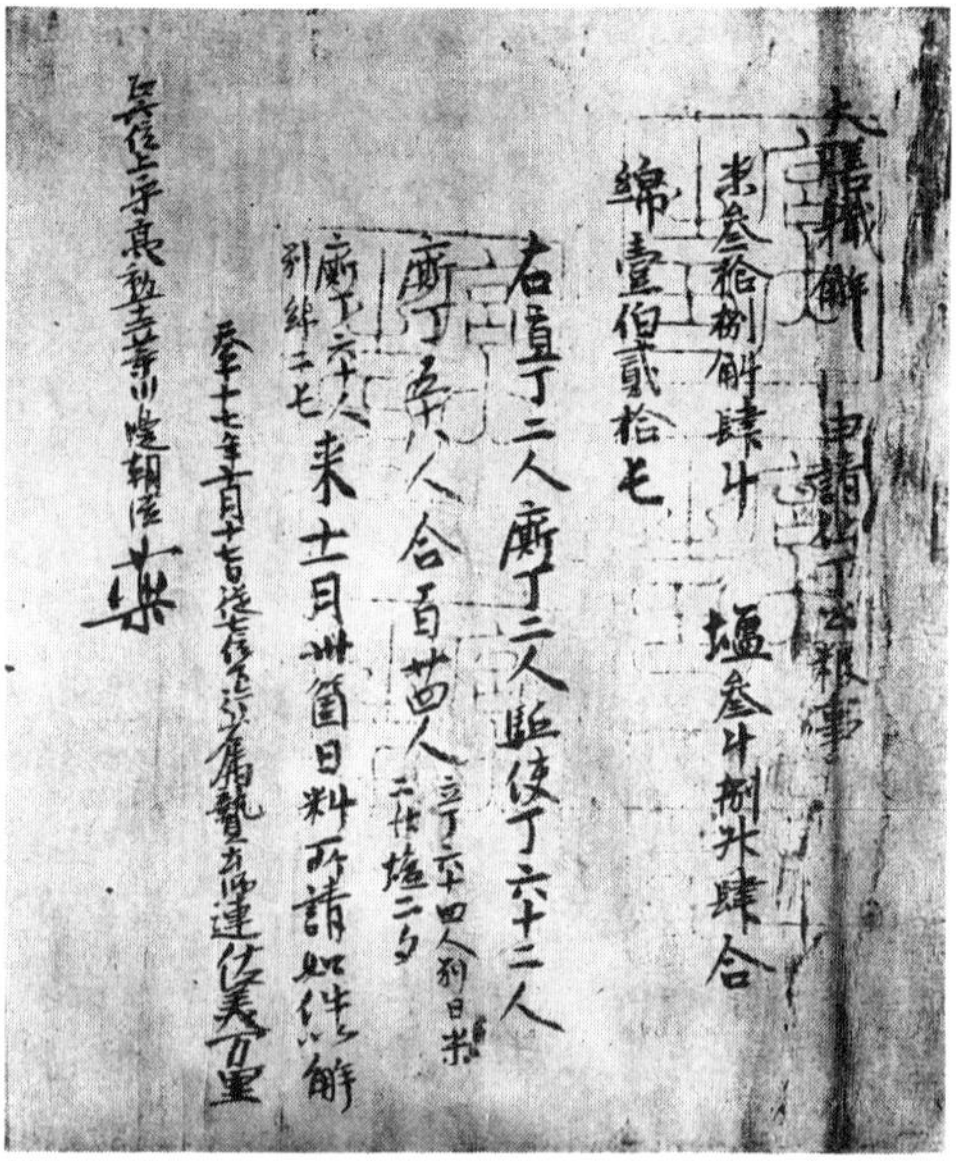

14　大膳職解(『大日本古文書』二より転載)

る運送業者は、中世の馬借《ばしゃく》・車借《しゃしゃく》につながるものである。

水上の交通と輸送　令制では、要路の船着場には、国司・郡司の監督のもとに、人夫を度子《わたしこ》(船頭)とし、二人以上十人以下を置き、二人ごとに船一艘を備えさせるとある。駅使や調庸物の運脚、京進雑物の担夫など、舟による場合、こうした官の施設を利用させた。瀬戸内海をはじめ沿海では、早くから舟航がみられた。東国の防人《さきもり》も難《なに》波《わ》津《つ》から博多津までこの舟航によった。大同元年(八〇六)には、山陽道諸国の新国司は海路をとることになった。貞観十二年(八七〇)には、北陸・山陽・南海・西海諸道の官物を海路京に運んだ際、船が遭難して、半数以上が死に、貨物の大半を失ったという。貞観十八年(八七六)、近江国が大極殿《だいごくでん》に用いる材木九千八百余株を伐採進上するため、百姓に運ばせた。琵琶湖と宇治川の舟運を利用したものであろう。寛平六年(八九四)ごろでは、参河・遠江・越前・越後や瀬戸内沿岸諸国からの官米の輸送も沿海の舟運と陸運によった。運送にあたっては食料の米・塩のほか、運賃が支払われた。たとえば遠江国の場合は、米一石について賃稲二十三束であった。若狭国の場合は、勝野津から大津に至る船賃は、米一石当たり米一升、挟抄《かじとり》（船頭）の功賃四斗、水手《かこ》三斗で、挟抄一人水手四人で米五十石を運んだ。

雑物を船で輸送する場合には、帆料の薦《こも》若干枚の価の稲も支給され、帆船を用いることもあった。帆といっても薦《むしろ》であった。

こうした舟運には、九世紀のころから、職業的運漕業者によっておこなわれるようになった。舟津として栄えたのは、敦賀津・大津・与度津・博多津などである。

舟運がさかんになるにつれて、各地の沿岸に官営の船瀬（港）が修築された。弘仁七年（八一六）には、造船瀬使によって摂津国に大輪田船瀬が完成した。国司が管理・経営にあたり、官私船米の積荷などのことをつかさどった。南海・山陽道各地からの公私船が集まってきた。大輪田船瀬は、のちに平清盛によって修築され、大輪田泊《おおわだのとまり》とよばれた。兵庫・神戸港の前身である。

近江国和邇《わに》船瀬は、九世紀前半ごろ僧侶によって修築された琵琶湖沿岸の船瀬で、北陸道方面から荘園の年貢・公事《くじ》（雑税の物）を琵琶湖の舟運によって京に輸送した。

また、播磨国魚住船瀬は、大輪田船瀬につぐ要港で、同じく山陽・南海道各地から京への物資輸送がさかんであった。

河川の渡船については、駿河国富士河や相模国鮎河（馬入川）の二流は流れが速く、渡船が困難なため、浮橋を架設した。

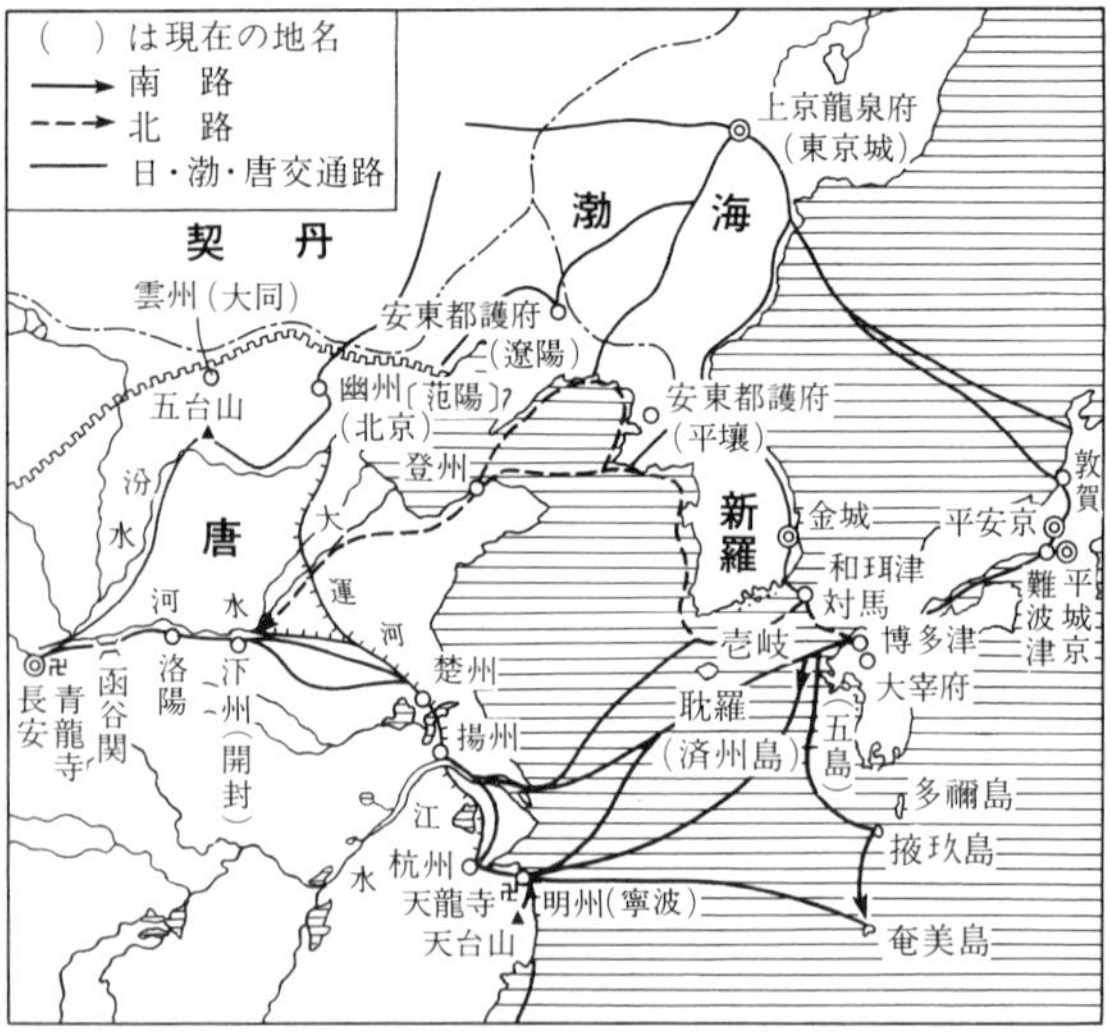

15　遣唐使船の航路

唐使の航路には，黄海を横断して山東半島に上陸する北路と，東シナ海を横断して揚子江口に達する南路とがあった。

16　唐の港についた遣唐使船（『東征伝絵巻』唐招提寺蔵）

また、墨俣《すのまた》河（尾張・美濃両国界）、飽海《あくみ》・矢作《やはぎ》河（参河）、大井河（遠江・駿河両国界）、阿倍川（駿河）・太日河（下総）、住田河（武蔵・下総両国界）など、東海・東山両道の河川には渡船が三、四艘置かれた。これらの渡船場には、僧侶などによって布施屋が設けられた。

遣唐使船　遣隋使の派遣について、六三〇年から八九四年まで、二百六十四年間に十九回の遣唐使の任命があり、十五回の派遣がおこなわれた。遣唐大使・副使・留学生以下従者・水夫《かこ》を含めて、百〜百五十人、時には五百人以上が、四艘の船（四つの船）に分乗した。はじめは、朝鮮半島沿いの北路がとられたが、新羅《しらぎ》との関係が悪化すると、東シナ海を横断する南路がとられた。造船・航海術も未熟で、風浪に堪えず遭難することが多かった。そのため、唐の衰退にもよって、寛平六年（八九四）停廃された。宋の時代には、僧侶が宋にわたることがあったにとどまり、宋船が貿易に来航するようになった。

五　軍旅と集団移民

集団としての移動と物資輸送の大規模な交通・輸送行為は、この時代を特色づけた。軍旅については、奥羽の蝦夷《えみし》の征討と開拓である。

大化三年（六四七）、渟足《ぬたり》の柵《さく》が、翌年には磐舟《いわふね》の柵が設けられ、越《こし》と信濃の農民が柵戸として移された。

斉明天皇の時には、阿倍比羅夫《あべのひらぶ》が、越から船で日本海を北上し、齶田《あきた》・渟代《ぬしろ》から津軽地方の蝦夷を順撫《じゅんぶ》した。

大宝令による軍事組織は、軍団の大毅（長官）は、兵士一千人を統率した。兵士は騎兵と歩兵で、兵士は必要とする糒《ほしいい》六斗、塩二升のほか、武器や生活に必要ないっさいの道具を整えなければならなかった。

和銅二年（七〇九）には、陸奥の征討がおこなわれ、遠江以下東国七カ国の兵士が動員された。その結果出羽国が建置され、和銅七年（七一四）から養老三年（七一九）の間に、東国の農民一千六百戸が奥羽に強制移民された。

養老四年（七二〇）には蝦夷の叛乱がおこり、東国の兵士が征討におもむき、翌々年には、東国の農民一千人が柵戸として陸奥の鎮所に移された。神亀元年（七二四）の陸奥の蝦夷の叛乱には、坂東九カ国の兵士三万が動員され、鎮所には莫大な物資が輸送された。天平九年（七三七）には坂東六カ国の騎兵一千人が動員され、陸奥から出羽に至る脊梁山脈が開通され、陸奥・出羽方面の交通・輸送路が整えられた。

宝亀十一年（七八〇）には、歩騎数万が陸奥に動員された。

平安時代にはいっては、延暦七年（七八八）と同十年（七九一）には数十万人の兵士が動員された。延暦十六年（七九七）には、坂上田村麻呂の征夷によって、胆沢《いざわ》城が置かれ、征夷は大きな成果をあげ、大規模の征夷はほぼ終りをつげた。

一方、渡来人の集団移民もしばしばおこなわれた。これまで、渡来人は畿内およびその周辺に安置されていたが、飽和状態であったことと、渡来人の技術による東国開発のため、東国への集団安置がおこなわれた。

天智天皇の五年（六六六）には、百済から渡来の男女二千余人が東国に、天武天皇の十三年（六八四）には、百済からの渡来僧尼・俗人男女二十三人が武蔵国に、持統天皇の元年（六八七）には、高麗人五十六人が常陸国に、同三、四年には、新羅人が下野国と武蔵国に安置された。さらに霊亀二年（七一六）には、東国に安置されていた高麗人一千七百九十九人を武蔵国に移し、高麗郡を建てた。後進地域であった東国における養蚕・農業・織物・手工業技術の発達に、渡来人が大きな役割を果たした。

六　天皇・貴族の行旅と庶民の旅

天皇の行旅　大化以後の離宮・行宮には、摂津の小郡《おごおり》・大郡・味経《あじふ》、大和の川原・小墾田《おはりだ》・板蓋《いたぶき》・岡本・両槻《もろつき》・吉野・島などがあり、持統天皇の吉野宮行幸は頻繁におこなわれた。

やや遠方の行幸では、孝徳天皇の有間温泉、斉明天皇の紀の温湯があり、また、白村江《はくすきのえ》の唐・新羅軍との戦いに際して天皇は、海路によって、備前の大伯海《おおく》、伊予の熟田津《にぎたつ》石湯の行宮《あんぐう》、筑前の娜《な》大津に至り、やがて朝倉宮に遷った。

天武天皇は信濃の束間温湯へ、持統天皇の紀伊・伊勢の行幸があったが、この時には、近江・美濃・尾張・参河・遠江の諸国から、騎士・荷丁・造行宮の仕丁が徴発された。大宝元年（七〇一）には、文武天皇の紀伊国武漏《むろ》温泉への行幸があった。その翌年の持統太上天皇の参河行幸の際には、伊賀・伊勢・美濃・尾張・参河の五国に行宮が営まれた。

養老元年（七一七）、元明天皇は近江の淡海《あわうみ》（琵琶湖）を観光し、美濃に行幸し、多度山の美泉（養老の滝）を見物した。行在所では、伯耆・備後・讃岐以東の諸国の国司が、それぞれの国の歌舞を、また、相模・信濃・越中以西の諸国の国司は、雑伎を奏したという。

天皇の乗物は、輿《こし》であった。車駕《しゃが》という語が使われているが、中国の用語をそのまま借りたに過ぎない。

天平神護元年（七六五）、称徳天皇が紀伊に行幸した時の鹵簿《ろぼ》の編成は左の如くであった。

御前次第司長官　正三位白壁王
同次官　従五位下多治比乙麻呂
御後次第司長官　正四位下中臣清麻呂
同次官　従五位下藤原小黒麻呂
御前騎兵将軍　正四位下藤原縄麻呂
同副将軍　正五位上阿倍毛人
御後騎兵将軍　従三位百済王敬福
同副将軍　従五位下大蔵麻呂

以上のほか、陪従者は数百人にのぼったと思われる。

奈良時代の行幸は、建前は観光・保養であったが、叙位・租庸調免除・大赦がおこなわれ、天皇の権威を目のあたり示すという政治的意図もあった。

平安時代になると、前代のような行幸はおこなわれなくなり、京近郊への行幸や狩猟が頻りにおこなわれるようになった。

弘仁四年（八一三）、嵯峨天皇が交野《かたの》に遊猟し、山崎駅を行宮とした時は、駕輿丁《かよちょう》（輿をかつぐ人夫）や左右衛士らが供奉した。『延喜式』によれば、十二人が輿をかつぎ、十人が輿の前後の綱を執るとある。狩猟の現地では馬が用いられた。

院政時代になると、法皇の熊野神社への行幸が頻りにおこなわれたに過ぎない。

なお、京の中では牛車《ぎっしゃ》が用いられた。貴族の場合も同様である。

律令国家の興隆・最盛期と、衰退期の姿をここにみることができよう。

皇族・貴族の行旅　天皇の行幸に、皇族や貴族が同行したことはいうまでもないが、皇族や貴族の私的な行旅も少なくはなかった。『万葉集』には、このような場合の歌が収められている。山部赤人の「伊予温泉に至りて作れる歌」「不尽山《ふじさん》を望める歌」、柿本人麻呂の「羇旅歌《きりょか》」、丹比国人《たじひのくにひと》の「筑波岳に登りて作れる歌」などがそれである。

天平十年（七三八）の「駿河国正税帳」によれば、従四位下小野朝臣《あそん》が病気療養の

業平一行（『伊勢物語絵巻』和泉市久保惣記念美術館蔵）

ため、従者十二人を伴ってはるばる下野国那須湯に下ったことがわかる。

平安時代の皇族や貴族は、畿内に別業(別荘)を持ちしばしば赴いた。藤原頼通の宇治平等院はその代表的なものであった。『延喜式』によれば、内親王《ないしんのう》・孫王《そんのう》・女御《にょうご》ならびに参議以上・非参議・三位《さんみ》の嫡妻《ちゃくさい》などは、装車屋形に乗ることができるとしている。また、伊勢神宮の斎王《いつきのきみ》は車に乗り、内侍《ないし》以下蔵人以上は私車に乗り、采女《うねめ》・女《にょ》孺《じゅ》以下は馬寮《めりょう》の車に乗るとしている。

平安貴族の行旅について見逃せないのは、陰陽思想の影響による吉凶の迷信と穢《けがれ》の思想である。

陰陽思想についてみると、天仁三年(一一一〇)の陰陽助《おんみようのすけ》賀茂家栄の「勘文《かんもん》」(陰《おん》陽師《みようじ》が朝廷に、諸事の先例・日時・方角な

17　富士山を仰ぎながら東に下る

どを調べて上申する文書）に次のようにある。

択下可レ被レ赴二向任国一雑事日時上

出門日時

今月廿七日甲午　時戌辰方角

件日時出向者　以二甲乙日一不レ可レ入レ境、又忌二

諸日申酉時一

進発日時

七月一日戊戌　時卯辰

入境日時

五日壬寅　時巳午

着館日時

同日壬寅　時未酉

このように、たとえば国司が任国に赴任する場合の出門・進発・入境・着館などの日時・方角の吉凶を示したものである。

すなわち、家を出るのは、六月二十七日の戌の刻（午後八時）、方角は辰の方角（東南東）で、辰の方角にあたる所に三日ほど方違《かたたがい》をおこない、進発は、七月一日の卯辰の刻（午前六時～八時）、目的地に到着は、五日巳午の刻（午前十時～十二時）、着館は同日の未酉の刻（午後二時～四時）でなければ

18　奇跡を行った童子を求めて旅立ちの用意をする長者とその家族
（『粉河寺縁起絵巻』粉河寺蔵）

ならないとされている。

これは地方官の赴任という公的な場合であるが、私的な行旅の場合ではなおさら日時・方角の吉凶が行旅を大きく制約した。穢《けがれ》の思想については、延喜四年（九〇四）、奉幣大神宮使が、犬の死穢にあって途中から引き返したという。

こうした事例は、貴族の行旅の場合でもみられたであろう。なお、僧侶が修行や布教のため、地方に赴くことが多かったことは、高僧の伝記や、『今昔物語集』によってもうかがえる。

旅行者が携帯すべき身の廻り品について、『和名抄』には次のような記載がある。

篦《すり》（竹べら）　篼《はたこ》（飼馬籠）　樏子《かれひけ》（餉《かれい》を入れる破子《わりご》）　笠（雨よけ）　簦《おおがさ》（柄付きの笠）　雨衣《あまぎぬ》（雨合羽《がっぱ》）　行縢《むかはぎ》（はばきの一種）

行纏《はばき》　杖（竹木の杖）　横首杖《かせつえ》（横首の杖）　鉄杖《かなつえ》　朸《おうご》（てんびん棒）　把幞《ころもつつみ》（衣類を包む風呂敷）　嚢《ふくろ》（物入れ）　幐《おいぶくろ》（背負い袋）

これらの旅行具のなかから、必要に応じて選択されたものであろう。

行旅の実態　律令国家衰退・崩壊期の十世紀以降は、地方政治の紊乱《びんらん》によって、行旅には多くの障害があって、困難を伴った。

紀貫之が、土佐国守の任を終って京に帰るまでの紀行である『土佐日記』についてみよう。紀貫之は、承平四年（九三四）十二月二十一日、土佐国府を出発、二十七日土佐の大津から舟路につき、翌年一月三十日に和泉灘、二月六日に難波津、同十二日に山城の山崎に、十六日に京に着いた。その間実に五十日を要している。『延喜式』によれば、運脚が土佐から海路による場合は往復で二十五日とされている。貫之は、安全を第一とし、風波など気象条件が悪く、途中の津に滞在をしなければならなかったこともあった。また、海賊を警戒しなければならなかった。ことに、貫之は在任中、海賊を度々捕えたので、その報復を恐れた。「海賊報いせむといふなる事を思ふうへに、海の又おそろしければ、頭も皆しらけぬ（白くなる）。七十・八十は、海にあるものなりけり（海の旅で、にわかに七十・八十歳にもなったようだ）。」

「風吹けば出で立たず」、「風浪やまねば、猶同じ所にあり」、「この辺、海賊のおそれありといへば神仏を祈る」、「海賊追ふといへば、夜半ばかりより舟をいだして漕ぎ来る」、「海賊は夜あるきせざるなりと聞きて、夜中ばかりに舟を出して阿波の水門《みなと》を渡る」などとある。

『更級日記《さらしな》』は、当時十三歳であった上総介《かずさのすけ》（国司の次官）菅原孝標《たかすえ》の娘が、寛仁四年（一〇二〇）、任期を終えた父と継母・兄妹に伴われて京に帰った時を回想した紀行である。

上総を出て、下総いかた（現在の千葉市）に泊ったが、庵などが浮きあがるほどの大雨が降り、恐ろしくて眠れなかったという。次は黒戸浜（黒砂であろう）、次は、太井川（江戸川）にのぞむまつさ（松戸市）の渡りの津に泊り、武蔵に入る。武蔵から相模に入り、足柄山を四、五日かかって越えるが、「山の中の恐ろしげなる事いはむ方なし、雲は足の下にふまる」と記している。最大の難所である足柄山の麓に宿った時には、「月もなく暗き夜の闇に惑ふやうなるに、あそび三人（遊女三人）、何処よりともなく出できたり、五十《いそじ》ばかりなる一人、二十《はたち》ばかりなる十四五なるとあり」と記している。足柄を越え、駿河の富士川・大井川を越え、遠江の小夜中山《さやのなかやま》を経て、天龍川を渡り、浜名湖を舟で渡り、尾張・美濃の不破関を越え近江にはいり、「瀬多橋は、皆崩れて渡りわずら」って、ようやく京に入った。出発以来九十日を要した。運脚の場合は三十日とされていた。

旅の珍しさや楽しさは全くなく、恐ろしと難儀だけが印象に残ったものである。

調庸の運脚《うんきゃく》・仕丁《しちょう》・衛士《えじ》・防人《さきもり》などの行路難は察するに余りあるものといえよう。交通・輸送の大きな障害となったものに、盗賊・海賊の横行があった。十世紀ごろから、京をはじめ地方に群盗が横行するようになり、また瀬戸内海や南海には海賊が横行した。

『今昔物語集』には、悪行に関する四十の物語を載せているが、その多くは京をはじめ地方の盗賊に

19　上洛の途，遠江山中で賊に襲われる吉見二郎ら
（『男衾三郎絵巻』東京国立博物館蔵）

関するものである。武士勃興の契機となった律令国家衰退期の社会不安の世相を物語っている。

袴垂《はかまだれ》という盗賊が、関山という所で裸で路傍に伏して死人をよそおい、旅人の来るのを待った。調度を負って一人旅する武者が通りかかり近寄ると、やにわに武者の刀を奪ってこれを殺し、衣類・武器・馬を奪って逃げた。その途中、強盗にあって身ぐるみはがれた二十人ばかりの旅人を手下にして、群盗の首領となったという物語や、妻とともに京から丹波に行く途中、大江山で山賊にあった話、鈴鹿山で水銀商人を襲った八十余人の群盗の話、阿弥陀聖《あみだひじり》と称された僧が、布教のため行脚の途中、道づれになった男を人里離れた所で殺し、その着衣と持物を奪ったが、一夜の宿を求めた女あるじに、着衣と持物から、夫を殺した僧と見破られ、近隣の人びとによって殺された話など、枚挙にいとまがないほどである。

海賊の横行も多く、前伊予掾《さきのいよのじよう》（国司の判官）藤原純友《すみとも》は、瀬戸内海の海賊を率いて叛乱をおこした。さきに述べた海賊を恐れた紀貫之の旅は、純友の乱の数年前のことであった。

『宇治拾遺物語』にも、周防から京へ航行する船が、安芸の海で淡路六郎という海賊に襲われた話が物語られている。

庶民の旅　一般農民の場合は、運脚《うんきやく》・仕丁《しちよう》・雇役《こえき》・衛士《えじ》・防人《さきもり》など、強制されての旅や、浮浪・逃亡などのほかは、自由に本貫を離れて旅することはほとんどなかった。

清水寺・長谷寺などへの参詣も、畿内からのもので、遠方からのものではなかった。

一方、手工業の発達と、交換経済の発展によって、行商人の発生したことは見逃せない。奈良時代には、京には官設の東西市、各地には私設の市が開かれるようになった。大和の海石榴《つばき》市のほか、軽市・三輪市・飛鳥市・高市・磐余《いわれ》市など、河内には餌香《えか》市、摂津には難波市・阿斗桑《あとくわ》市、美濃には小(少)川市、駿河には阿部市、備後には深津市などがあった。

平安時代にはさらに多くの地方の市が開かれていった。淀や瀬戸内海沿岸の津、大寺院の門前、交通・輸送の要路、博多・唐津《からつ》・敦賀《つるが》などの港などである。

すでに天平十八年(七四六)の『太政官符』によれば、「官人百姓商旅の徒が、豊前草野津《かやのつ》・豊後国崎・坂門等の津から、意に任せてほしいままに国物を漕ぐ」とある。

『日本霊異記《にほんりょういき》』には、聖武天皇のころ、大安寺から金を借りて敦賀に赴いて交易した商人、尾張草津川を船に荷を積んで航行した商人、美濃少川市で商人から強奪することを業とする女などの物語が記されている。『今昔物語集』には、京から伊勢へ絹・綿・米を馬の背に積んで通い、巨富を得た話などがある。『宇治拾遺物語』には、越後から鮭を馬に積んで京に売りに来た話が記されている。

むすび

古代の国内交通は、大和王権の発展に伴って、その地方支配のための交通路が形成されていった。これをふまえて、律令国家は、五畿七道制と駅馬・伝馬制によって、その地方支配のための役人の中央と地方との間の往来、政令の伝達、地方からの行政報告、事変に際しての急報など、神経と動脈の役割を果たした。

こうして、駅馬・伝馬制の衰退、崩壊の後は宿《しゅく》として、荘園制下の私交通の段階に入ったとはいえ、後世永く日本の国内交通の原型となった。

このように、政治的支配を背景とする公交通は、古代の交通の大きな特色であった。

（田名網　宏）

第二編　中世の交通

一　中世前期の交通

1　海上交通の発展

列島の外部との交通　十世紀に入るころから新たに活発化してきた日本列島内外の海上交通は、十一世紀から十二世紀にかけて、恒常的な交流となり、体系化される方向に進みはじめた。

朝鮮半島の高麗、中国大陸の宋からの使船、商船の列島各地への来着は、十世紀末から記録に見えはじめるが、十一世紀以降になると、大宰府（博多）、石見、越前（敦賀）、若狭、対馬《つしま》などに、宋や高麗の商人が、ほとんど連年、姿を見せるようになっている。そのころ日本列島の商人も高麗に頻々と渡航しているが、十二世紀後半には、平氏政権の積極的な施策もあって、宋船は瀬戸内海を通って摂津の大輪田泊《おおわだのとまり》に入るまでになり、肥前（神崎《かんざき》・今津《いまづ》）、薩摩など、その寄港地も著しく多様化してきた。十三世紀の初頭、対馬の国司・守護が「唐船」の入港税―「前分」を公式の収入として期待している事実から見て、その来着はこのころまでには恒常化したとしてよかろう（『勘仲記《かんちゅうき》』）。博多・敦賀をはじめ、西日本の各地の津・泊に居住する宋人＝「唐人」も著しくその数を増し、やがて唐人町、大唐町が形成されていくが、なかには列島内を遍歴、交易する「唐人」も見られるようになったのである。

列島側からも、中国大陸へさまざまな人々が渡航しており、こうした交流を通じて、織物、香薬、書籍等をはじめ、厖大な陶磁器が大陸からもたらされただけでなく、新たな宗教、芸能や建築・造船・鋳造・石造等に関わる多様な技術が日本列島に流入した。とくに十二世紀以降、顕著になってきた宋銭の流入は、列島の社会に、やがて大きな影響を与えていくこととなった。

このような列島西南部を中心とした交通だけでなく、オホーツク文化が北海道に流れ込んだ事実からも知られるように、同じころ、北方を通じての大陸との交流が、次第に活発化しつつあったことも見逃すことはできない。

列島沿海の交通　一方、これと並行して、列島周辺の海上、湖川の交通も、十世紀以降、大きく転換した国制の下で、新たに組織化される方向に進みはじめた。諸国の国衙在庁機構—留守所の形成とともに、周防・安芸・隠岐・讃岐・土佐・紀伊・淡路・近江・加賀などで確認されているように、国内の船や梶取を統括する船所が沿海の諸国に置かれ、船所は国内の津々に出入する船の勝載物、それに対する勝載料の賦課《ふか》などを管掌する勝載所と密接に関わりを持ちつつ、諸国の海上交通の中枢の役割を果たすようになったのである。

都と諸国、諸国相互の間の物資の輸送は、このような海上、湖上の交通への依存度を著しく強めたが、十一世紀に入って、一段と活発化した荘園の設定の動きの中で、天皇家、摂関家、大寺社等は、その年貢・公事の輸送のため、それぞれ独自に津や浦を確保することにつとめている。備後国大田荘の倉敷が尾道に置かれ、若狭国西津荘・倉見荘がはるかに離れた多烏浦《たがらすうら》・御賀尾浦を荘内の浦としたのは、その一例に過ぎない。そして、こうした海上交通の掌握をめぐって、国衙、荘園支配者の間の競合も、また激しさを増してきた。

このような海上・湖上の交通を担ったのは、津々浦々の海民たちであったが、その有力者の中には、競合する支配者たちの間をぬって、有勢な権門寺社と関わりを持ちつつ、独自な力を強めるものも現われてくる。そして、そうした動きの中で、遅くとも十二世紀には、各地で廻船が活動しはじめるのである。

元暦年間のころ、筑前国野介荘の百姓が塩を廻船で交易するのを「御庄の習」といい、十二世紀後半に建立された蔵人所燈炉供御人＝鋳物師のうち左方鋳物師が廻船鋳物師といわれ、和泉の堺津を一つの起点とし、廻船によって鉄、鉄器物を広く諸国で交易している事実などによって、その活動をうかがうことができるが、十三世紀初頭になると、和泉・対馬にはかなり恒常的に「廻船の商人」が来着するようになっている。

また、これらの事例が示す北九州、瀬戸内海、日本海西部の廻船だけでなく、日本海東北部や太平洋側においても、同じころ、すでに安定的、恒常的な海上交通が軌道にのっていた。渥美《あつみ》・常滑《とこなめ》・瀬戸《せと》など、東海地域の焼物が、平泉の「柳之御所」跡の発掘成果が示すように、東北中部にまで分布し、能登の珠洲《すず》焼が東北北部から、多少時代が降れば北海道南部にまでひろがっていることは、こうした

20　柳之御所跡出土の常滑焼
（財団法人　岩手県文化振興事業団埋蔵文化財センター提供）

地域間の活発な海上交通の実状をよく物語っている。さらに十一世紀後半以降、伊勢神宮の御厨が東国に多数、設定され、鎌倉幕府を樹立した源頼朝が文治元年（一一八五）三月、兵船三十二艘に兵粮米を積み、伊豆国鯉名奥・妻郎《めら》津から九州の平氏征討軍に向けて派遣し、同二年四月、後白河法皇の灌頂用途として、駿河・上総両国の米を海路で京都に送進した事実（『吾妻鏡』）、同じころ紀伊の久見和太に「東国」「坂東丸」とよばれる船があったことなどからみて、この海上のルートが紀伊半島をこえ、年貢・公事等の輸送をふくめ、東国と西国とを結びつける安定的な道となっていたことは間違いない。文治三年八月二十日、弓百張、魚鳥干物等を積んだ土佐の船が鎌倉に着いた事実によっても知られるように、鎌倉は太平洋の海上交通によって、土佐とも緊密につながっていたのである。

日本列島の各地はこのように海の道で結ばれ、それはさらに西南方、北方で列島外への海上交通に接続しており、この道を通って旅をする人びとも多く、遍歴する職能民、商人によって、多様な物資が各地相互の間を交流するようになった。

廻船人の活動　そしてこの間にあって、有力な海民は天皇家、大寺社等と結びついて供御《くご》人《にん》・神《じ》人《にん》・寄人《よりうど》等の称号を与えられ、諸国の関・渡・津・泊における津料、関料を免除されて自由に海上を航行する特権を保証された、廻船人とよばれる「職人」になっていったのである。

摂津国広田社に属し、「遠国」にまで広く活動した廻船人の存在が確認されるのは建長二年（一二五〇）のことであるが（「狩野亨吉《かのうこうきち》氏所蔵文書」）、瀬戸内海を中心に琵琶湖から北陸にいたる海辺に分布する賀茂・鴨両社の供祭人や、淀川、瀬戸内海から山陰にかけての海辺の石清水八幡宮神人も漁撈だけでなく廻船にも従事したと推定される。また、十二世紀以降、大津を拠点として広域的に動いている日吉大津神人は、十三世紀にかけて北陸道諸国の海民を組織し、北陸道神人とよばれる集団を含む大きな組織に成長していった。この人びとが琵琶湖を通り、短い陸路を経て日本海にいたる湖海の道で活動した廻船人であったことも間違いない。

さらに、伊勢国安濃津御厨《みくりや》の刀禰《とね》、神人が建久七年（一一九六）、諸国を煩いなく渡海、往反《おうへん》する特権を保証され、建仁三年（一二〇三）、志摩国国崎神戸の船が塩木を交易しているように、伊勢・志摩の有力な海民は伊勢神宮の神人となり、東国への海の道を廻船人として往反したものと思われる。また、その実態を十分とらえ得ないとはいえ、紀伊半島西南部に根拠を持ち、海賊＝水軍として知られた熊野神人も、一方では東国へ、他方では土佐・日向、あるいは瀬戸内海への海上交通に従事したことも、推測して間違いなかろう。

東国自体についても、走湯山五堂燈油料船として、文治五年（一一八九）、関・渡・泊を煩いなく航行しうる特権を源頼朝によって保証されたといわれる五十艘の船が各地にあり、文永九年（一二七二)、実際にそのうちの一艘の活動を下総の神崎で確認することができる。また、その神崎津をはじめ霞ケ浦・北浦の津々には、平安末期から香取《かとり》社に属したという「海夫」が広範囲に分布しているが、この人びとも湖川から外海にかけての水上交通の担い手であった。

これと同じく「海夫」とよばれた人びとは、西北九州海辺の領主たち—松浦党の下にもおり、その列島外にまで及ぶ海上活動を支えているが、北九州等に居住した宋人も、建保六年（一二一八）に殺された張光安が延暦寺末寺の大山寺の神人であり、また大仏鋳造に携わり、「唐船」を造った陳和卿が、荘園を与えられたように、寺社の神人、寄人になって貿易に従事していたのである。

このように、十三世紀までに、廻船人、廻船の商人たちは、神人《じにん》・供御人《くごにん》制の下に位置づけられ、天皇・神仏の権威を背景に保証された特権を行使し、列島内外の海上交通を発展させていった。

津・泊の発展　こうした廻船人の根拠地である津・泊・浦・浜は、元来、海民の拠点であり、そこにはしばしば市が立ち、遍歴する多様な職能民をはじめ、多くの人びとが船によって出入する都市的な場になっていった。

たとえば、淀川とその河口にひろがる巨大な江、そこに散在する多くの島々や中洲、神崎・山崎のような崎は、もともと江人、狩取《かりとり》などといわれた海民の活動舞台であったが、十二世紀には、供御人、八幡神人などの根拠地となり、賀島・淀などには市が立ち、山崎宿、豊島宿等の宿も形成され、江口・神崎には遊女がむらがるなど、著しく活気に満ちた水域となっている。

これは決して都の周辺のみに限られた状況ではなく、琵琶湖の大津、北陸の敦賀津、伊勢の安濃津、北九州の博多津等々、程度の差はあれ、東西を問わず列島の海辺に広く見られた動向であった。こうした津・泊の発展に応じて、国衙・守護所はその近辺に国津を確保するとともに、国内の津・泊に対しても天皇・幕府を背景に支配権を及ぼしているが、西園寺家が鎌倉時代、宇治川・淀川から瀬戸内海、伊予国、さらに肥前国宇野御厨までの海上交通の要衝をおさえたように、寺社、貴族、武家もそれぞれの戦略に即して津・泊を掌握し、交通路の独自な把握につとめている。

すでに十二世紀には、これらの津・泊に出入する船から勝載料、津料が徴収されるようになっていたが、廻船人や遍歴する職能民に対し、その免除の特権を保証し、逆に関所を認可しえたのは、鎌倉幕府成立後、モンゴル襲来までは、東日本は幕府、西日本は天皇であったと思われる。

2　陸上交通の整備

海・湖・川の交通との連絡　このように、中世に入ってからの交通は、海上・水上の交通を主たる幹線として体系づけられていったのであり、内陸の交通もそれと不可分の関係を持ちつつ整備されていった。

実際、淀川・宇治川・勢多川によって、瀬戸内海と琵琶湖とはつながり、さらに短い何本かの陸路を間に置いて、琵琶湖・日本海とも結ばれているが、このルートこそ、京都を中心とする西日本の交通路のもっとも重要な幹線であった。そして、山崎・淀・鳥羽、大津・三津浜―坂本から京都にいた

21　馬借の絵（『石山寺縁起絵』石山寺蔵）

る陸路、さらに琵琶湖北辺の古津・今津・海津・塩津等から若狭の小浜《おばま》、越前の敦賀《つるが》にいたる道は、この幹線を幹線たらしめる上で、不可欠の陸路だったのである。

それ故、すでに十一世紀には、「東は大津・三津に馳せ、西は淀の渡、山崎に走る」といわれた馬借《ばしゃく》、車借《しゃしゃく》（『新猿楽記』）が、陸上交通の職能民としてこの地域に姿を現しており、この職能名での史料上の初見はやや降るとはいえ、琵琶湖から北陸への道でも、かなり早くから馬借が活動していたものと思われる。事実、牛に車を曳かせる車借は、天皇家・摂関家等の厩に属した牛飼と関わりがあり、馬借も恐らく院の鳥羽殿御厩《みまや》や摂関家の大津御厩などの厩《うまや》に属した厩舎人・居飼などの厩寄人であったと推測され、やはり一面では、北野社や延暦寺などの神人・寄人であった。こうした人々の活動は、中世を通じて確認することができる。

一方、東日本でも鎌倉は広く海に向かってひらかれており、海上交通に大きく依存していた。また霞ケ浦南辺の古渡津をはじめ各地に残る「鎌倉河岸」の地名から、古利根川等の河川を通り、鎌倉にいたる「水の鎌倉道」を想定することも可能であり、房総から六浦に入り、鎌倉にいたる道も重要な交通路であった。実際、中世においては河川のかなり上流までが交通路として機能していたことを考えると、内陸の交通路はこのような水上交通を網の目のように結ぶところに、その重要な機能の一つがあったと見ることができよう。

宿の形成とその体系化　もとより陸上交通は水上交通の補足的役割にとどまるものではない。唐制にならい、専ら陸上交通を中心に制度化された律令国家の駅制は、十世紀には衰退していたが、本州・四国・九州に、ともあれこうした全国的な交通制度が一時的にせよ形成されたことは、その後の交通体系にも少なからぬ影響を及ぼした。

きわめて直線的であったといわれる古代の諸道に設定された駅家に代り、かつての駅を継承しつつも、川と道の交叉する要衝などを含めて、十二世紀ごろには新たな宿・駅が姿を見せるようになり、鎌倉時代に入ると、こうした宿・駅を体系化する積極的な施策も行われた。とくに幕府成立後、鎌倉と京都とを結ぶ東海道は幕府・王朝双方の使、軍役勤務、訴訟等に伴う多くの人馬の往来により、最も交通量の多い道の一つであり、早くも文治元年（一一八五）十一月、源頼朝は「駅路の法」を定めて伊豆・駿河以西、近江までの諸国で上洛する使、雑色《ぞうしき》が「権門庄々」を論ぜず伝馬を取って騎用すべきこととしたのをはじめ、文治五年十月には駿河国麻利子一色に浪人を招き居《す》え、駅家を建立するなど、新たな宿・駅の設定につとめている。

実朝も新宿の建立に努力しているが、やがて幕府が軌道にのると、宿、駅、橋、渡等の交通路の整備、管理は諸国守護の責任として行われるようになる。このような東海道だけでなく、「奥大道」といわれる奥州への道、京から熊野への道などにも早くから宿が見られるなど、各地域の重要な道―「大道」には多くの宿が見出される。ただ、巨視的に見ると、西日本の方がより海上交通の比重が高く、東日本では陸上の騎馬による交通が、やや優位であったといえよう。

「河原宿」「宿河原」の地名がしばしば見られることから知られるように、宿は河原に立つことが多く、興津・萱《かや》津・下津・金津など、河海の津と重なっており、多くの宿在家、寺院などが集中し、傀《く》儡《ぐつ》、遊女をはじめ多様な非農業民がそこに根拠を置き、宿長者、宿刀禰などに統轄されていた。駿河国興津宿の長者が興津を名字とし、官途を持つ人であったように、宿長者は侍身分であり、美濃国青墓宿の長者大炊のような女性の場合も同様であったと見てよかろう。船で津・泊を遍歴した西日本の遊女に対し、東日本の傀儡女、遊女は宿の在家を根拠にしているが、その長者が宿長者であることもありえたと思われる。

道を旅する人々　十二、三世紀には、こうした宿や津・泊を利用し、多様な男女が旅をするようになっていた。

各地の荘園・公領の勧農・収納等のため、地頭・荘官やその代官たちは、京上夫、鎌倉（坂東）夫などの名目で夫役に動員された百姓を伴い、現地と京・鎌倉の間を恒常的に往来しているが、軍役勤仕やさまざまな使命を帯びた使をはじめ、各種の訴訟のために長途の旅をする各階層の男女も、ときとともにその数を増した。また、年貢・済物の貢納についても、重量のある物資は梶取により、船で輸送されたが、軽量の物や近距離の場合は荘園・公領から動員された兵士の守護する人馬によって運送された。

さらに、天皇・神仏の直属民として供御人・神人・寄人の地位を保証された各種の商工民を含む職能民たちも、自由通行の特権を認められ、広狭の差はあれ海陸の道を遍歴してその業を営んでいた。遊女・傀儡・白拍子《しらびょうし》なども同様であり、女性の遍歴民も少なくなかったのである。

布教や勧進のために旅をする僧侶や山・峰の道を通って修行する山伏の姿も多く、このころになると熊野詣《くまのもうで》をはじめ、各地の寺社への参詣のために旅をする男女も増えてきた。そして弘長二年（一二六二）、「山臥峰を通るの時、便宜によつて宿を定めしむるは先例なり」という「北陸道の習」によって、越中国石黒荘の柿谷寺が宿となったことからも知られるように（「尊経閣古文書纂」）、宿駅だけでなく、各地の大小の寺院や堂・庵なども旅人たちの一時的な宿となったのである。

一方、このような海陸の旅に対し、津料・関料を取る関も次第に多くなりつつあったが、海民・山民の中には河海、山野等の特定の場で道を切り、初尾・上分の手向けを求め、拒否されると海賊、山賊に転ずるものも少なくなかった。こうした旅の障害を切り抜けるために、僧侶は黒衣、山伏は柿色の衣、神人は黄衣を着るなど、職能民たちは神仏に属する「聖」なる人としての独特な衣裳を身に付け、過所を所持して旅をしたのである。掛襷《かけだすき》をし、市女笠《いちめがさ》を深く被った女性の旅姿も、同じ意味を持っていた。

それとともに、市町・浦浜・野山・道路でおこった争いは、その場にいるもののみで処理し、外部には及ぼさないという「関東御式目」があったといわれるように（「猿投神社文書」）、市浜や道路を世俗の縁から切れた「聖」なる場とする慣習は、社会に根強く生きており、旅する人々の「自由」を支えていた。後世、現在にいたるまで「旅の恥はかきすて」などといわれるのは、この慣習の流れをくむものと見てよかろう。

3　海陸交通の新展開

列島外との貿易の発展　十三世紀後半の南宋の滅亡、モンゴルの北九州への襲来は、中国大陸と列島との間の貿易を、一時的に妨げたが、十四世紀以降、両者の交流はむしろそれ以前よりもはるかに活発化し、大量な物資、銭貨が大陸から列島内に流入した。

最近とくに注目を集めている元亨三年（至治三、一三二三）の韓国新安沖沈没船の遺物は、そのことを明白に物語っており、「造東福寺唐船」ともいうべき役割を持っていたと見られるこの船の積荷は、陶磁器一万八千六百余点、銅銭二八トン（八百万枚）、紫檀《したん》材一千余本という厖大な量に及んでいる。それだけでなく、十三世紀後半から「唐船」の発遣の権限を独占的にその手中に収めるようになった北条氏は、知られている限りでも徳治元年（一三〇六）帰着の造称名寺唐船、正中二年（一三二五）発遣の造建長寺・勝長寿院唐船、元徳二年（一三三〇）発遣の造関東大仏唐船を大陸に送ってお

①　②　③　④

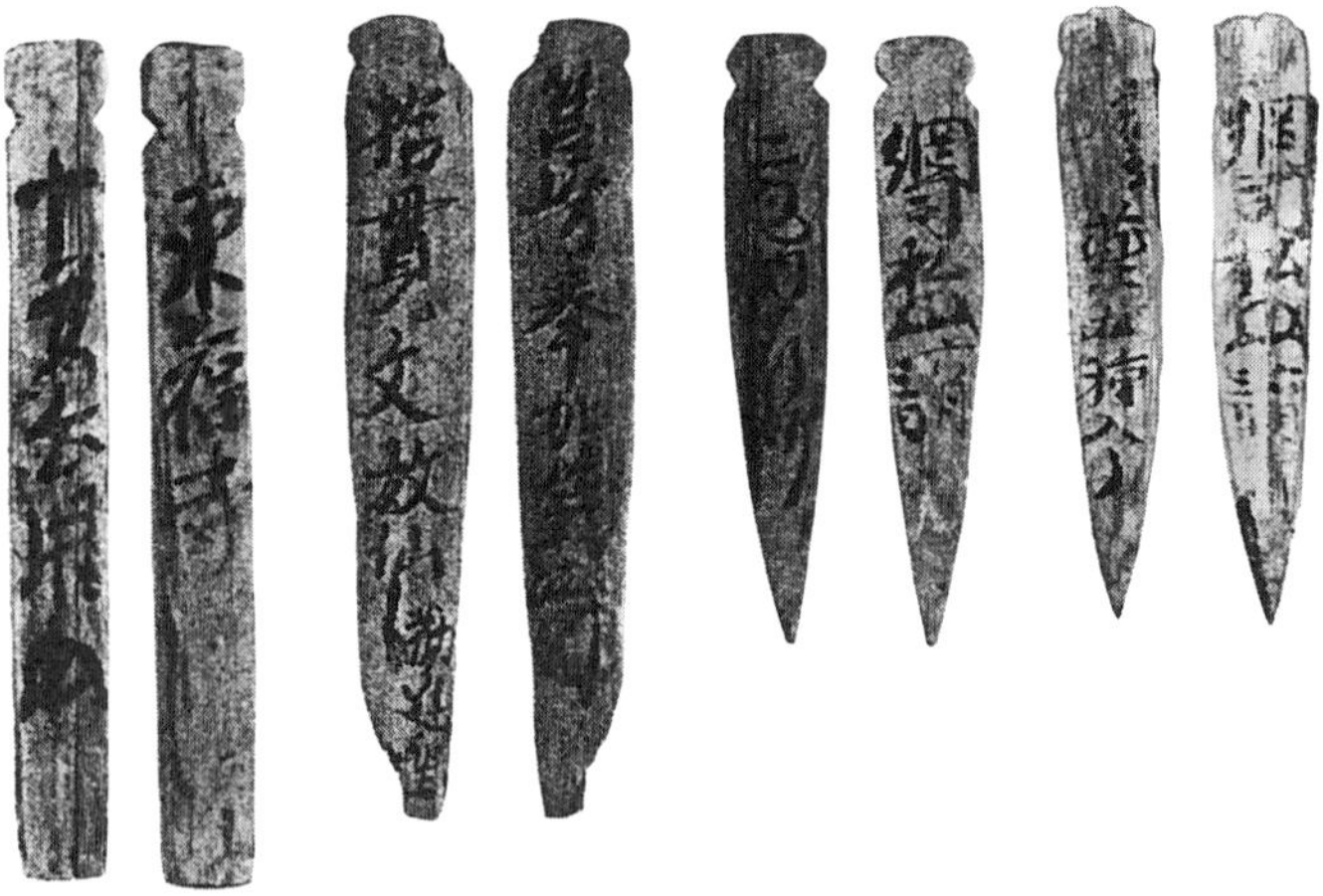

22　新安沖沈没船引揚げ遺物（木簡）（朝日新聞社提供）
①「綱司私」銘（両面・長 12.21cm），②「綱司私」銘（両面・長 12.6cm）
③「教仙」銘（表裏・長 19.81cm），④「東福寺」銘（表裏・長 21cm）

り、それは後醍醐天皇の派遣かと見られる元弘三年（一三三三）帰着の造住吉社、足利氏による康永元年（一三四二）の造天龍寺の「唐船」にうけつがれている。

　これらの「唐船」の中に、列島内で建造されたもののあったことは間違いないところで、大陸や朝鮮半島から来航する多くの船を含めれば、かなりの頻度で貿易が行われたことは確実である。列島の全域から出土する莫大な中国製陶磁や宋元銭はこれらの船によってもたらされたのであり、その窓口も広範囲に及んでいる。

　九州はもとより、「唐船」は太平洋を経て東日本にまで来航する一方、日本海を北上して津軽半島の十三《とさ》湊《みなと》にまで到達したと伝えられており、十三世紀後半のモンゴルによるサハリンへの進攻は北廻りの貿易ルートが本格化する契機になったと推測され、十三世紀後半から十四世紀には沖縄と列島・大陸との交流も活発化しはじめた。

こうした交通を通して列島内にもたらされたのは、銭貨や陶磁器などの物資だけでなく、造船、建築、窯業等の技術、医学を含む学問・宗教から芸能の分野にも及び、社会の構造にまで影響を与えた。人々自身の交流もさらに増大したが、列島社会の側ではとくに律僧・禅僧の果たした役割が大きかった。新安沖沈没船に勧進聖教仙が関わっていたように、北条氏等の発遣した「唐船」には、勧進上人となった禅律僧が主導的な役割を果たしており、こうした貿易商人としてだけでなく、さきの宗教・学問・芸能等の導入についても、これらの僧侶たちが大きな寄与をしたのである。

廻船ルートの安定と拡大　このような列島外との交通の新展開と密接に結びつきつつ、列島周辺の廻船人も全海域で安定した生業を営み、本州・四国・九州はもとより、北海道・沖縄にまでその活動は拡大していった。

十三世紀後半から十四世紀にかけての廻船鋳物師が畿内から竈戸《かまど》、門司、赤間を経て、嶋戸《しまど》、三尾（美保）にいたり、大津・坂本を経て淀河に入るルートを遍歴していること、琵琶湖の堅田《かただ》をはじめ北辺の菅浦供御人までが廻船を業とするようになっている点、さらには後年の兵庫関への船の入津状況などから見て、さきに西日本の幹線といったこの水上の道が、廻船のルートとして繁栄をきわめたことは明らかといってよい。

もとよりこの道は北九州に及んでいるが、九州自体についても、鎌倉中期には五島の青方浦には恒常的に船が入っており、モンゴルの襲来に備えて豊後国津々泊々の廻船が点定、動員され、建武四年(一三三七)にも肥前の「有得(徳)の廻船」が戦闘のために点じ置かれていることなどによって明らかなように、数多くの廻船が津泊で活動していた。

その中には「有得」といわれるほどに富裕な廻船人も多かったのであるが、同じころ、志摩国阿久志島に「蔵本」を持つ阿久志道妙は、四艘の船と千余貫文の財産を遺すほどの「富有の仁」で、その富は駿河国江尻に住む弟定願を中継して行われた東国との交易によって得られたものであった。のちに「関東渡海の神船三十六艘」「伊勢海小廻船」などといわれた廻船の前提は、すでにこのころにはでき上っていたと見てよかろう。

伊勢の大湊を出発し、常陸の霞ケ浦南辺に到着した北畠親房はこの廻船のルートにのったものであり、十四世紀末、武蔵国品河《しながわ》・神奈河《かながわ》の湊に伊勢国大塩屋、馬瀬などからの船が入津している事実もこのことを証明している。品河湊にはこのほか、参河丸、河内丸、鎌倉丸、夷丸などの船が入津しているが、こうした船名はその船籍地あるいは恒常的な入津地を示すことが多く、もしもそれが適用しうるならば、品河湊は「夷」の地とも安定した船の往来があったことになる(「金沢文庫文書」)。すでに早く日蓮が、「夷」の地から鎮西にいたる海の道に言及していることから考えて、これは十分にありうることとしてよかろう。

実際、紀伊半島、土佐を経て九州にいたるルートも、康永三年(一三四四)、紀伊国冷水浦の船がその積荷を薩摩国新田八幡宮執印に奪い取られている事実、貞和三年(一三四七)、熊野海賊が薩摩に攻め寄せていることなどから見て、すでに安定した海の道になっていたといってよい。それはさらに、琉球側からの積極的な動きとも呼応しつつ、沖縄にまでのびていた。

しかしこの当時、こうした太平洋側の海の道よりも日本海の海上交通の方がはるかに交通量も多く、活発であった。さきの廻船鋳物師が山陰から恐らく小浜《おばま》・敦賀《つるが》を経て琵琶湖に入っていることからも知られるように、日本海の海の道は京都方面に吸引され、若狭湾で一応区切られることになっている。とはいえこのルートは、十三世紀末、若狭国汲部浦と出雲国三尾津との間に見られたような地域間の船の往来はもとより、山陰、北九州を結ぶ道として、「唐船」をはじめとする列島外の船の航路であり、十五世紀初頭にはパレンバンからの南蛮船もこのルートを通って小浜に着岸しているのである。

一方、前述した日吉大津神人の活動舞台であった北国への日本海の道は、十三世紀後半以降、北条氏の支配下に入っており、「関東御免津軽船二十艘」といわれる大船が、若狭国多烏浦《たがらすうら》の船徳勝や越中国放生津《ほうじょうづ》の本阿の船などのように、北陸・東北諸国の要津にあって、少なくとも津軽までの航路を往来していた。当時の「蝦夷管領」安藤氏の動向から見て、この航路が「夷島」―北海道南部に及んでいたことは確実で、それは下北半島をこえ、太平洋側からの航路とも結びついていたと考えられる。

交通路をめぐる支配者の動向　宝治元年（一二四七）、太平洋から九州にいたる海上交通に強い影響力を及ぼしていた三浦氏を滅ぼして、この方面の海上交通まで支配し、さらに文永元年（一二六四）の唐船停止令によって、大陸との貿易を独占した北条氏は、モンゴル襲来を契機に文永十二年（一二七五）、西国新関河手停止令を発して天皇による西国交通路の支配権を奪い、それ以後もしばしば文永以後新関停止令を発するとともに、多くの国々の守護として、北陸・東北だけでなく、山陰・九州・瀬戸内海等の海上交通の要津を押え、列島内の海の道を支配した。とくにその一門金沢氏は六浦を拠点として、房総から伊勢・志摩・瀬戸内海から北九州にいたる海上交通に支配を及ぼし、「唐船」の派遣にもきわめて積極的であった。

こうした動きに対し、廻船人たちはなお寺社と結びつき、供御人《くごにん》・神人《じにん》・寄人《よりうど》としての特権に依存することをやめてはいないが、次第にこうした世俗権力による保証にたよるようになっていった。しかし北条氏による海上交通の独占的支配に対する海上勢力の反発は、延慶二年（一三〇九）の熊野海賊の大蜂起となって爆発し、北条氏は十五箇国の軍兵を動員してこれを鎮圧するとともに、海上警固を強化したが、効果をあげぬまま滅亡した。その後、後醍醐天皇は「天下一同の法」として発せられた津料停止令によってその支配権をうけつぎ、海上勢力を組織することにつとめ、また室町幕府も貞和二年（一三四六）に新関停止令を定めているが、全国的な動乱の中で、こうした広域的な海上交通に対する支配は次第に実質を失っていった。

おのずと廻船人たちも、諸国の守護に交通上の保証を求めるとともに、むしろのちの「廻船式目」に見られるように、同じ職能民―船道者として、独自な結びつきを強める方向に進んでいったのである。

勧進上人と関・橋・渡　交通路に対する支配権が新関停止令―関所の設定・停廃の権限の発現として行使されたことが示している通り、十三世紀以降、寺社の修造、港湾の修築、橋の造営等の用途調達―勧進の名目で、勧進上人によって申請され、王朝・幕府によって公認された関が、各地の要津や渡に数多く設定されるようになっていた。

もともと関は「道切り」で、そこで徴収されるものは初尾、上分として神仏に捧げられるべきものであった。それ故、公認された関で、升米（年貢、運上物から約一％を徴収）、置石《おきいし》（船の安定のために積んだ石を徴収したといわれる）、帆別銭、艘別銭、目銭（商船・商品に賦課）などのさまざまな名目で徴収された津料、関料も、やはり神物・仏物として神仏のために用いることが原則とされていたのである。そしてそうした関を設定し、関料を徴収しうる人は、世俗を捨てて仏のみにつかえる上人、聖でなくてはならなかったのであるが、この時期、このような習俗を背景にして、とくに積極的に関を立て、寺社、港湾修造、架橋等の土木工事を推進したのは、西大寺系を中心とする律僧であった。叡尊《えいそん》の宇治橋修造、六浦の関所による忍性《にんしょう》の和賀江《わかえ》の修築、弘安年間の憲静による淀津《よどつ》の関料徴収と東寺の修造、正応元年（一二八八）の播磨国福泊の勧進上人行円による艘別銭の徴収等々、その事例は枚挙に遑《いとま》ないといってよい。元亨四年（一三二四）、遠江国天龍川、下総国高野川の橋の造営、そのための勧進が関東下知状によって称名寺長老劔阿《けんな》に命じられているように、北条氏一門と深く結びついたこれらの西大寺系の律僧は、新関停止令以後も関所建立を公認され、鋳物師、石工などの多様な職能民を組織して土木事業を行うとともに、各地の交通の要衝にその末寺を建立、組織して教線を拡大していった。

これに対し禅僧は街道沿いに接待所を設けており、永仁四年（一二九六）、遠江国相良荘の平田院上人が設立した菊河宿の接待所や、文保二年（一三一八）ごろ、紀伊国和佐荘薬徳寺の空観上人の設けた接待所など、その例が多い。これは古代以来の布施屋の伝統をうけつぎ、寺院・堂・庵が一時的な宿となった慣習を背景にしたものと思われるが、公認された接待所の設定によって、道を往来する男女は多くの便宜を与えられたのである。

また、寺を持つことなく、道・宿・市・寺社等を遍歴して一生を終えた一遍《いっぺん》のあとをうけた時宗《じしゅう》も、諸国の津・泊・宿等にその道場、寺院が分布しており、さきの越中国放生津の廻船人本阿も時衆であったと推定されているように、遍歴する人びとに大きな影響を与えている。

このように、いわゆる鎌倉新仏教の諸宗派は、次第にその質を変えるほどに展開しはじめた海陸の交通と不可分の関係を持ち、交通施設を整備し、僧侶自らも勧進の名目で貿易、交易等に携わるなど、旅する人びととの結びつきを積極的に強めつつ、教線をひろげていった。

津・泊・宿の都市化　こうした海陸交通の新展開の中で、津・泊・宿等もまた新たな発展をとげていく。とくに宋元銭の大量な流入により、貨幣が本格的に社会の深くまで流通するようになったことは、交通のあり方にも大きな変化をよびおこした。

十三世紀後半以降、荘園・公領の年貢・公事《くじ》・夫役《ふやく》等の代銭納が広く行われ、割符が流通するようになるとともに、年貢運上物を輸送する船は減り、廻船とも結びついた商船の活動が著しく増加、活発化し、商人と手工業者との分化も進行していった。この動きの中で「地」といわれた津・泊・宿等の都市的な場には、屋を持つ多様な商工民、金融業者等が集住し、多数の在家の集中する町―小都市が各地に姿を現しはじめた。

たとえば志摩国泊浦江向には、延慶三年（一三一〇）、二四二宇の一〜四平方間から三五平方間までの大小さまざまな在家が集中している。注目すべきはそのうち一〇三宇が女性の家主だったことで、遍歴する職能民の中に女性が少なからず活動しているだけでなく、借上《かしあげ》、土倉《どそう》等の金融業者にも女性が多く見られたことは、十二世紀以前に遡ることができるが、十四世紀初頭の江向における女性家主の高比率はその延長線上にあると見てよかろう（『醍醐寺文書』）。

同じころ、備後国尾道も「船津便を得るにより」「民烟富有」で、仏閣、政所、民屋が千余宇以上もあったといわれており、尾張国富田荘の絵図に描かれた萱津宿《かやつのしゅく》には、多くの寺院が集中して立ち並び、その中の光明寺は時宗の寺院であった。尾道にも時宗の西江寺があり、近年、保存を強く要望されたにも拘らず、すべてが破壊し去られた磐田《いわた》市の一の谷中世墳墓群は遠江国国府の近傍で、今の浦に面して発達した見付の町の墳墓と推定されているが、ここにも時宗の寺院が深く関っていたのである。

また、さきの尾道の浄土寺は西大寺系律宗の寺院として、この津の発達に寄与しているが、最近、発掘を終えた草戸千軒町《くさどせんげんちょう》遺跡の前身と見られる備後の草津も、律宗寺院常福寺との関わりで町としての発展をとげたとされている。草戸には日蓮宗の寺院もあるが、禅宗をふくめて、旅する人々と鎌倉新仏教との関係は、このように新たな小都市に集中する寺院という形を生み出している。

こうした町に成長した津・泊・宿には、尾道のように、「有徳人」といわれた富裕な人々が数多く現れた。尾張の甚目寺での行法に疲れた一遍と時衆たちに、夢想によって施行を行った萱津宿の二人

23　高足駄の男（『一遍聖絵』歓喜光寺蔵）

の「徳人」も、まさしくそうした富裕な人であったが、この二人は「一遍上人絵伝」（『一遍聖絵』）では、総髪、束髪の童形で、高下駄を履き、団扇《うちわ》を持つ、「婆娑羅」ともいうべき異形の姿で描かれており、「悪党」や「非人」ともつながりを持つ人ではなかったかと推測される。このころの町には姿を変えれば「悪党」「海賊」となる人びとがおり、これらの人びとが一方では「有徳人」でもあり、また他方では次第に差別されつつあった「非人」の世界とも関わりを持っていたのである。

町の様相を呈しはじめた津・泊だけでなく、漁撈を生業とする浦・浜などにも、廻船等に携わる富裕な人びとがいた。十四世紀初、若狭国常神浦刀禰の女は米百五十石、銭七十貫文、大船一艘等を父から譲与されており、肥前国青方浦の宗次郎も塩三十二石、銭十二貫五百文を奪われている。さきにあげた志摩国阿久志島の道妙の厖大な財産が物語っているように、海辺の津・泊・浦・浜などの荘官、平民百姓上層が海上交通を通して蓄積した財産は、農村部の同じクラスの人びとと比べ、全体としてはるかに豊かであり、とくに銭の保有量は比較にならぬほど多い。

北海道南部の志《し》苔館《のりたて》の眼下に見下される海辺に埋められていた三十数万枚の銅銭をはじめ、各地の海辺で発掘される厖大な埋銭、豊富な中国製青白磁などの遺物は、そのことを如実に物語っており、海上交通を通じて行われた交易がもたらした富の大きさを実感させてくれる。

このような「有徳人」自身、あるいはこれらの人々を組織した人が、津・泊・浦・浜を見下す台地などに館を構え、海民を駆使する海の領主として姿を現し、いわゆる「倭寇」をふくめ、列島内外の東西南北に活躍する時代はすでにはじまっていた。

こうして、十五世紀以降の海陸の交通は、十三世紀までとは比べものにならないほどの壮大な規模に発展していくことになったのである。

（網野　善彦）

二　中世後期の交通

1　室町幕府の交通政策

王朝権力の権限吸収　天皇を頂点とする王朝権力の側に属していた種々の権限の多くが、南北朝末期の十四世紀末ごろには室町幕府の手に帰したことは、つとに佐藤進一氏が指摘されて以来、学界では周知の事実となっている（「室町幕府論」）。関所の宛行《あてがい》、あるいは過所発給《かしょはっきゅう》といった交通に関わる諸権限も、南北朝初期には依然として、鎌倉幕府同様、室町幕府においても院宣《いんぜん》・綸旨《りんじ》等を受けてこれを施行するという形式を踏んでいたが、十四世紀末ごろの義満治世期には、次第に室町幕府発給の文書に一元化されるようになり、関所の改廃、過所発給について幕府が王朝権力に代ってその権限を行使するようになってくる（小林保夫「南北朝・室町期の過所発給について」）。

油座で有名な大山崎の離宮八幡宮に宛てられた神人《じにん》の自由通行権を保証する室町幕府の将軍発給文書は、義詮の時には「任代々勅裁竝正和三年武家御教書」との文言がみられ、朝廷や鎌倉幕府によって認められてきた油座神人の特権を追認する形で出されているのに対し、次の義満、義持の代になるとこうした文言がみられないのみならず、義教《よしのり》以下の代々の将軍御教書ではいずれも文和三年の義詮を先例としてその特権を保証している（「離宮八幡宮文書」）。このことは義満治世下の十四世紀末には、神人の自由通行権の保証が従来の朝廷から室町幕府に移行していたことを示すものである。

「過書奉行」　王朝権力が保持していた諸権限の委譲とともに、幕府内部でそれに対応する体制が整えられていく。その最も早い例は応永初期より整備されてくる神宮役夫工米等の段銭奉行による段銭徴収にみることができるが、室町幕府の過所発給も、当初の管領発給の下知状から応永末年には「過書奉行」と呼ばれる担当の奉行人発給のものへと変化してくる。

この過所を発給する担当奉行は、現存する奉行人奉書によれば、東山道をはじめとする陸関をその対象とする「過書奉行」と、兵庫あるいは淀川以西の海河上関をその対象とする「河上過書奉行」がすでに永享四年（一四三二）には置かれていたことが知られており、その設置は正長元年（一四二八）以前にさかのぼりうる（小林前掲論文）。

鎌倉時代に、六波羅探題の一機関として、使者や公物を確実に逓送《ていそう》するために配置された宿駅を管掌し、これを利用する早馬などに対して過所を発給する権限を有した「宿次過書奉行」が設けられていた（「建治三年記」）。おそらく、六波羅探題《ろくはらたんだい》より職制分化の著しい鎌倉幕府でも同様の機関が置かれていたことは容易に推測されるところであり、「過書奉行」あるいは「河上過書奉行」もこれら鎌倉幕府の職制を原型とし、さらに従来、王朝権力側が有していた過所発給の権限をも併せて、その成立をみたものと考えられる。

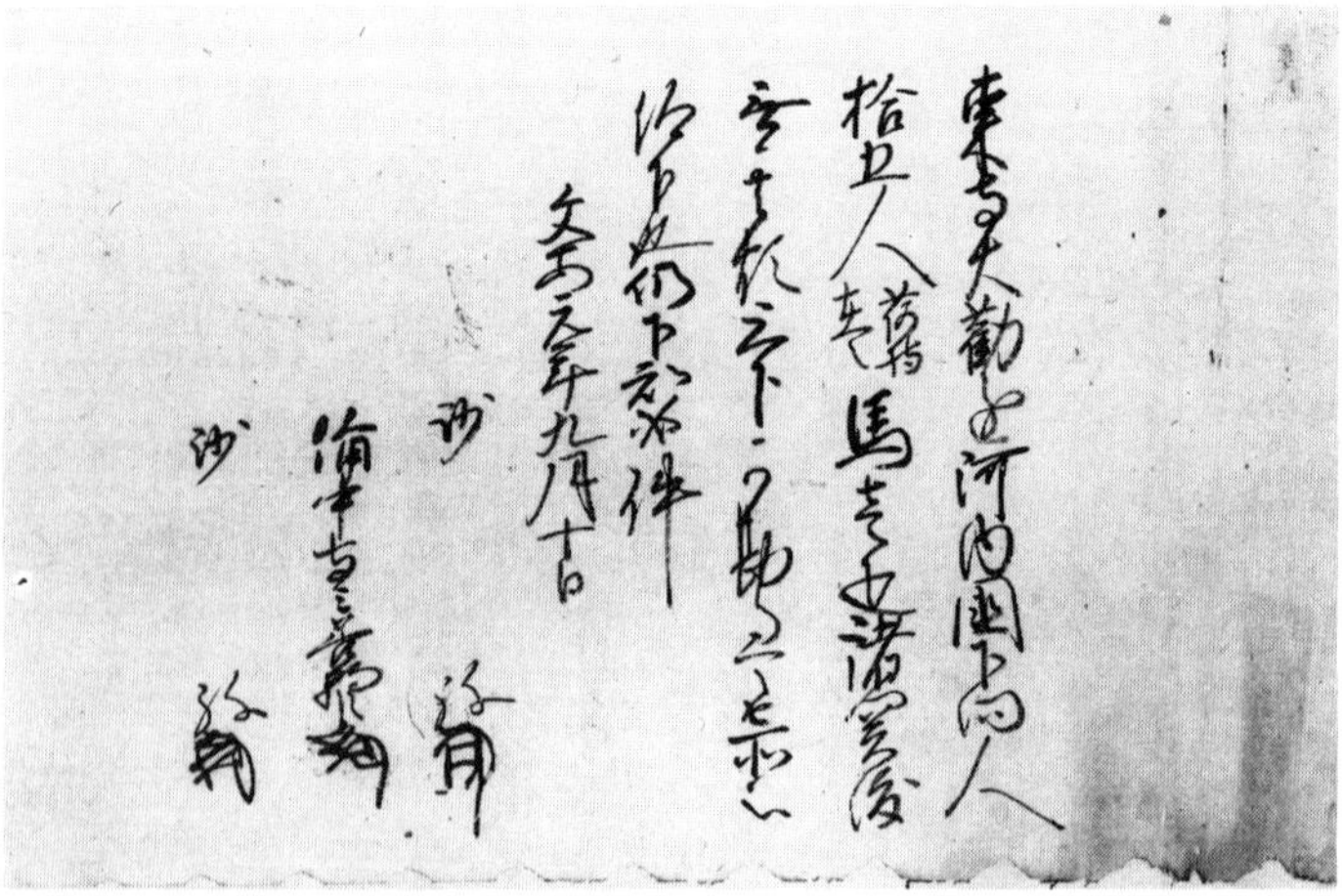

24　室町幕府過所（京都府立総合資料館蔵）

この室町幕府の過所は関銭免除をうけるものに直接宛てて出されたが、時としては関所において紛争が生じることもけっして少なくなかった。このような時には、幕府は関所の所在する地域を支配する守護に宛てて、「過書」の執行を命じている。

また、近江のように守護六角氏の支配が及んでいた地域では幕府の過所は守護六角氏やその守護代に宛てて出されているが、それ以外の、特に山門延暦寺の支配が強力に及んでいた地域では延暦寺の山徒の有力者で、山門の対外的な窓口であった山門使節宛てに発給されている。これをうけて山門使節はさらに「山門関々奉行」や「関務衆徒」に宛てて過所の執行を命じている。たとえば、長禄三年（一四五九）十一月、坂本七カ関・堅田《かただ》関・日吉船木関に対し、鴨社領高島荘の年貢米三百石の通過を命じた山門使節の過所には、「公方（将軍）過書の旨に任せて」関々を煩いなく勘過せよとの文言がみえている

（「南禅寺文書」）。山門使節が幕府の命をうけ、さらに関所の通過を現地に指令していたことがうかがえる。

これら幕府の過所により関銭免除の対象になったものは、地方から京都へ運ばれてくる年貢や寺社造営のための材木などが多かったが、これ以外でも、幕府の使節や、時宗の僧、あるいは東寺大勧進の通行のために、幕府より過所が出されている。

幕府は原則として、商売物には過所を発給しないこととしていた。しかし、年貢や寺社造営の材木のなかに商品をひそかに混在させ、関銭を免れようとする者が後を絶たず、関所ではその対策に苦慮している。

文安五年（一四四八）十一月、南禅寺修造納所と南禅寺役者の両方から、「南禅寺材木船」の「四百五拾石」中に商品を積み込まないことを山門に約束した請文が出されている。その文面中には「万一、船方為る者、私物を上し候はば、寺家相共に其の糾明を致すべし」とか、「万一、商物なんど少事と雖も、これ在らば、仏殿の材木為ると雖も、船・材木共に悉く関所に取られ申すべく候。随而此の過書においては、則ち破られ申すべく候。其の時寺家として一言にも及ぶべからざる者也」との文言がみえ、関所の側の厳しい姿勢がうかがえる（「南禅寺文書」）。

このように関所を領有する側は商売物の関銭逃れを警戒していたが、それでも違反者は絶えず、違反者には過所を没収するなど厳しい措置がとられている。

応永二十九年（一四二二）十一月、「雑具以下」の運送のために、幕府の「過書」をもらった小早川生口因幡入道の船が、兵庫関を「生口船と号し、関務の沙汰を致さず、瀬渡（戸）田等の商船数多馳せ」通ったため、兵庫関を領有していた東大寺などの訴えにより、翌応永三十年三月十七日にその「過書」を没収するとの幕府の命が下っている（「東大寺文書」）。

守護大名と関　過所の発給権が室町幕府に握られるとともに、実際の関の停廃や不法行為の取り締まりには当該国の守護（大名）がこれにあたった。周知の如く、守護は南北朝内乱期を通じて、鎌倉時代以来の職務権限である大犯三箇条《だいぼんさんかじょう》に加えて、刈田狼藉《かりたろうぜき》の取り締まり、半済《はんぜい》の給付権や闕所地の処分権とともに、使節遵行権を獲得し、その権限の拡大をみて、守護大名として領国支配の強化をはかっていた。

こうした守護（大名）にとって、幕府からの命令による関の停廃や不法行為の取り締まりにとどまらず、領国内の交通路支配という点からも、領国内の関の支配統制は強く望まれていた。貞和二年（一三四六）十二月、幕府は「守護人非法の条々」十二条の一つとして、「新関を構へ、津料と号して、山手・河手を取り、旅人の煩ひを成す事」を挙げ、これを禁じており、守護あるいは守護被官による私関の濫設の甚だしかったことがうかがわれる（「建武以来追加」）。

このような守護をはじめとする「自由の新関」の横行については、文和元年（一三五二）十月に丹後国眼代が出雲社上分と号して率分徴収のため立てられた新関や、貞治四年（一三六五）四月に丹波国眼代の宗覚なる人物が同国の保津川沿岸の所々で、率分・河手・関賃といった名目で年貢や材木等を抑留したことなどにみられ、いずれも守護に命じてこれを禁止している（「天龍寺重書目録」）。

このように南北朝内乱期より、室町幕府はしばしば「諸人往来上下の煩ひ」となる関の停廃を命じているが、応永十年代に入ると急に厳しくなり、とりわけ、新関への取り締まりが強化されている。しかし、一方では、公家寺社によって鎌倉時代以来既得権として保有されてきた一部の本関については、むしろこれまで以上にその権利が強まっていくのである（新城常三「南北朝期の関所」）。

2　商品流通と地域経済圏

商品輸送の展開　中世前期（鎌倉期）から中世後期（南北朝・室町期）にかけての交通史上の変化としては、まず荘園の年貢輸送から商品輸送への展開があげられる。

南北朝内乱の間に、守護あるいはそれに臣従する在地の土豪に荘園を浸食され、とりわけ遠隔地荘園の維持が困難となった荘園領主の多くは、膝下荘園の直務支配の強化を図った。このことは、従来の遠隔地からの年貢輸送が必要とされなくなったのみならず、膝下荘園で調達不可能な品目は京都周辺部の市場で獲得されなければならなくなったため、いきおい、大量の商品の需要のたかまりをもたらすこととなった。さらに、これに輪をかけたのが、有力守護が在京することが原則とされたことである。守護ならびに守護被官の在京は、彼らの領国から京都へ恒常的に大量の生活物資の搬入をもたらすとともに、また、京都周辺部の市場からも生活物資の調達が要請された。もちろん、京都へ搬入された生活物資の一部はこれらの市場にもたらされたであろうことは言うまでもない。

つぎに、商品輸送の拡大により、幹線航路（後述するような瀬戸内や北陸道など）に位置する主要港湾を中心とする地域的ネットワークが形成されてくることである。京畿内と主要港湾、さらにはそこを中継点としてそれぞれの地域のセンター的な市場と結びつくだけでなく、これらの市場が主要港湾を中心に相互に結びついて地域経済圏を形成してくる。備後の尾道、安芸の高崎などは、それぞれに当初は太田荘、あるいは沼田荘の荘園年貢積み出しの外港として設けられたが、次第に尾道は山名氏、高崎は小早川氏により領域支配の交通、あるいは流通の拠点として位置づけられてくるのである。

九州の博多、東国の鎌倉が、やはり畿内の京都のような位置を占め、博多、鎌倉がそれぞれ九州・東国の主要港湾、さらにはそこを中継点としてそれぞれの地域のセンター的な市場と結びついていたものとおもわれ、それぞれの地域的経済圏の集合体としての九州ブロック、東国ブロックを形成していたと考える。

瀬戸内航路の展開　令制下の官物輸送、さらに年貢輸送、商品輸送と都へ物資が搬入されるルートとして、米などの重貨物を大量に運送するには陸路より海路が効率的であり、そのため瀬戸内海ないしは北陸・琵琶湖ルートの重要性は議論の余地のないところである。

ここでは、まず南北朝・室町期の紀行文を素材として瀬戸内航路の変遷をみてみたい。

康応元年（一三八九）三月、足利義満は厳島参詣を名目として瀬戸内海の遊覧旅行を行った。中国・九州の諸大名を威圧する政治的意図からなされたものである。この時の様子がうかがわれるものとして、随行の諸大名に加わった九州探題今川貞世の手による「鹿苑院殿厳島参詣記」がある。それ

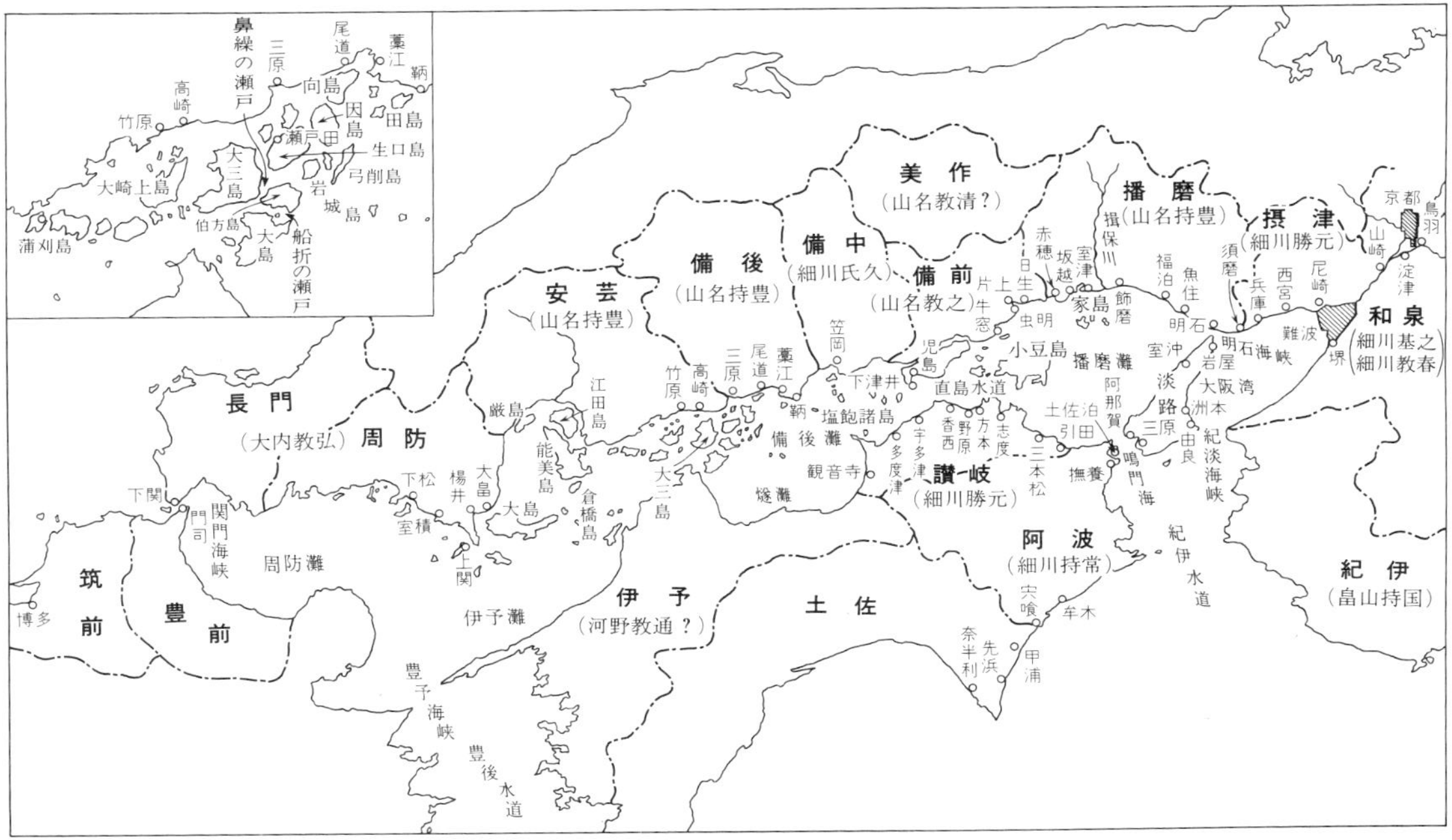

25　瀬戸内海の主要港と守護（守護は文安2年〔1445〕の時点）

によると、義満の行程は三月四日に兵庫で乗船し、明石《あかし》・牛窓をへて、途中、宇多津に立ち寄り、尾道・高崎をへて、三津・風早・内海・広・呉と安芸の諸浦を沿岸沿いに航行し、音戸《おんど》の瀬戸より厳島に同月十日に到着している。さらに西行して九州に渡ろうとしたが、風雨により果たさず三田尻より帰路についている。帰路もほぼ往路と同様の行程をとり、尾道より多々津・宇多津に立ち寄り、屋島より牛窓・室津《むろつ》をへて、三月二十六日に兵庫に帰着した。

それから約三十年後の応永二十七年（一四二〇）に、前年の応永の外寇による日朝間の外交修復のため、日本回礼使として来朝した宋希璟《そうきけい》の瀬戸内海での行程は、往路が三月三十日に赤間関を出発し、田野浦より室積、黒石西関、頭島、高崎をへて、四月四日尾道に立ち寄り、さらに鞆《とも》、室津、魚住、一ノ谷、兵庫、西宮より瀬川の宿をへて、四月二十一日に入京している。また、帰路は六月二十七日に淀を出発し、尼崎、兵庫をへて、牛窓、下津井に泊まり、尾道、高崎、さらに蒲刈、黒石西関、下《くだ》松《まつ》をへて、赤間関には七月二十五日に到着している（『老松堂日本行録』）。

この二つの紀行文は、前者の細川氏の本拠地讃岐への回航の部分を除けば、東より兵庫、明石、室津、下津井、鞆、尾道、高崎、蒲刈、室積、下松ないしは三田尻と停泊港はほぼ一致しており、十四世紀後半から十五世紀前半にかけての瀬戸内海航路のありようがうかがわれる。さらに、これらの紀行文を、平安末期の治承四年（一一八〇）に実施された高倉天皇の厳島参詣に同行した源通親により著された『高倉院厳島行幸記』と比較すると、兵庫から室津までは一致するものの、児島以西は大きく異なっている。ことに、児島の内海コースから外海コースの変化にともなう下津井と、尾道・高崎の名が現れるのが注目されよう。これらの点を踏まえて、さらに別の史料で当時の瀬戸内海の港津の状況を検討してみる。

『兵庫北関入船納帳』にみる瀬戸内海の港津

近年、室町中期の瀬戸内海の交通ならびに商品流通史料として注目を浴びているものに『兵庫北関入船納帳』がある。『兵庫北関入船納帳』の記載はこれまでのところ上から順次、(1)船籍所在地、(2)

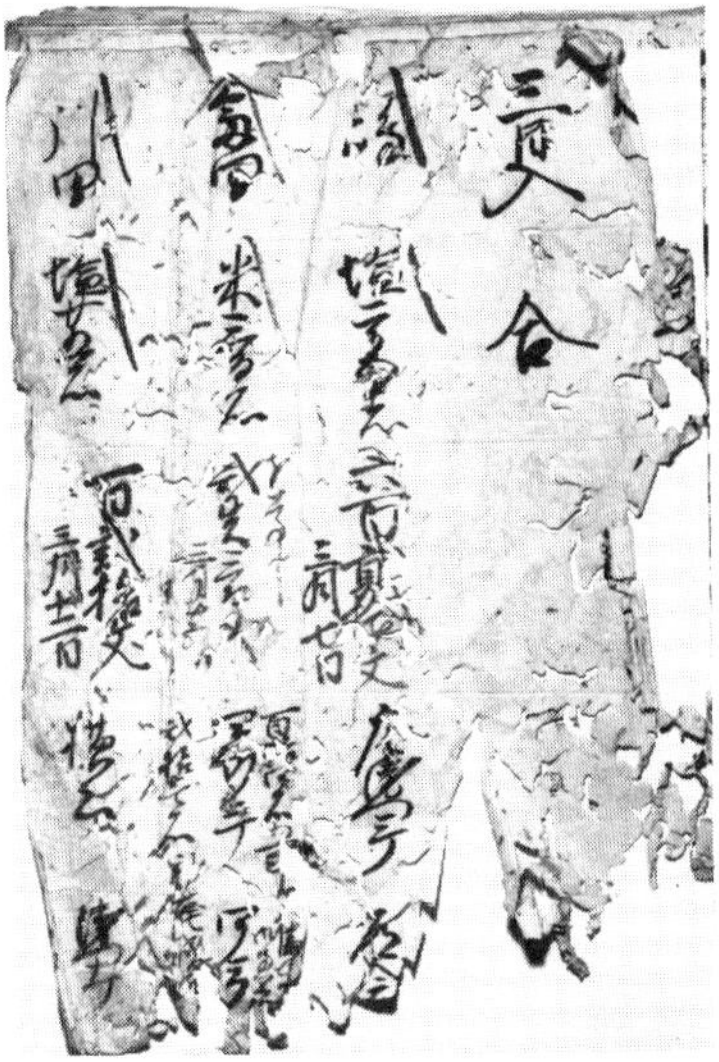

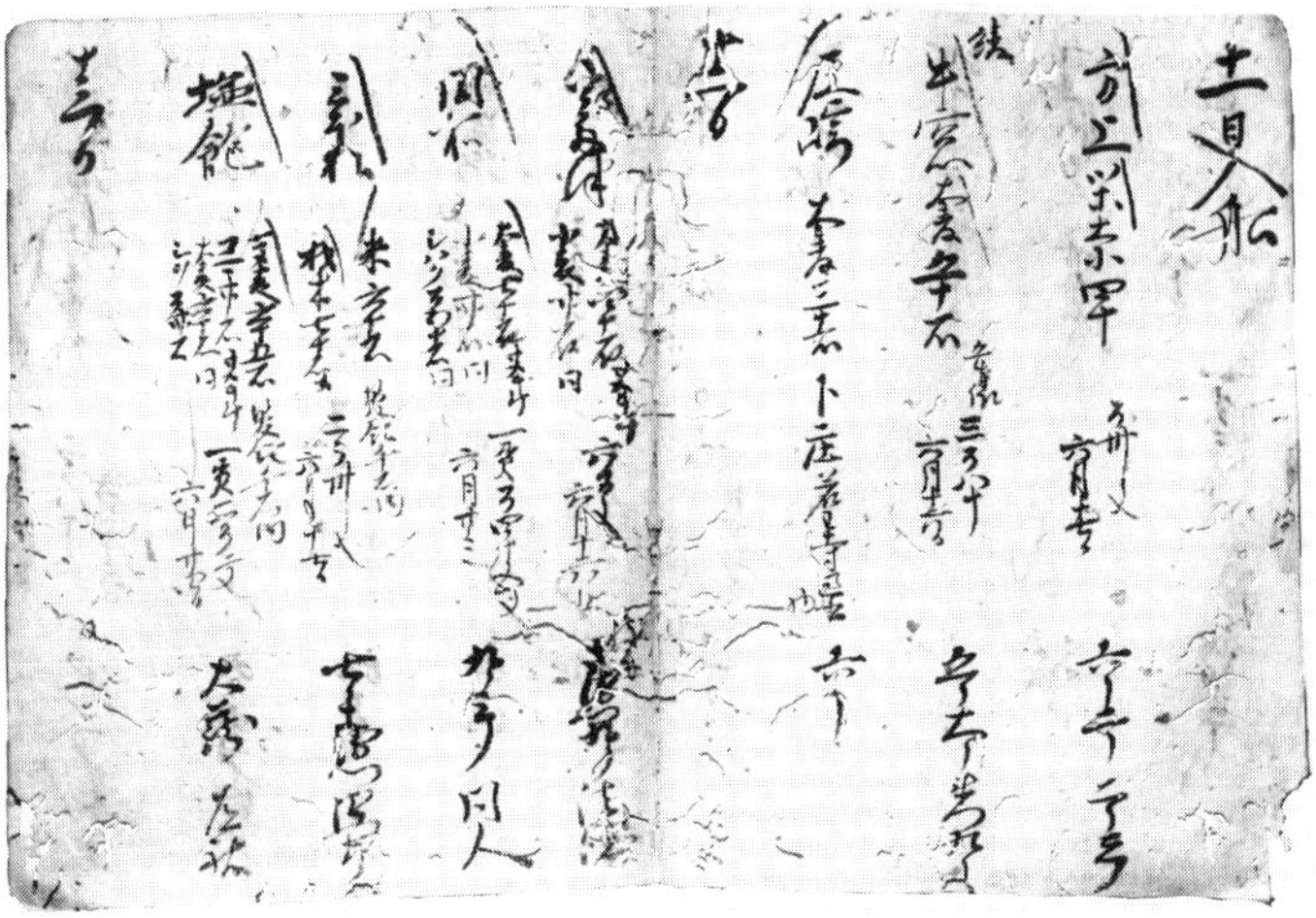

26 『兵庫北関入船納帳』(上は残っている初めの部分，下は史料内容の一部。燈心文庫蔵，中央公論美術出版提供)

積載品目、(3)積載数量、(4)関銭、(5)関銭の納入日、(6)船頭名、(7)問丸《といまる》名が記入されていると解するのが最も一般的なところといえよう。なお(1)を商品の出荷地とする異論もあり、また、(6)の船頭名には、操船者である船頭以外に船主名とおぼしきものもかなり含まれていることが指摘されている。さらに、筆者は(7)を史料の性格上（関銭の納入状況をチェックする）から関銭の支払責任者（無論、その多くが兵庫の問丸であろうが）と考えている。

なかでも、(1)の船籍所在地とされる港津名、(2)の積載品目、(6)、(7)の船頭名、問丸名の分析は当該時期の交通、商品流通の状況を知る上において重要であることは言うまでもない。

(1)の港津名には五畿内の摂津以西の美作《みまさか》を除く山陽道、南海道諸国の港津名と、西海道では豊前の門司（「文字」とも記されている）がみえる。以下、瀬戸内諸国の国別にその傾向を概観する。

摂津国は十港の名がみられ、当然のことながら「地下」と表記される兵庫の船数が二百九十七と圧倒的に多く、次いで尼崎や神崎川河口の杭瀬の船数が多い。しかし、二百石以上の船積みの船舶は兵庫のものに限られており、後述の播磨国同様に近距離輸送に携わる小型船が中心である。

播磨国は十九港と港津数が最も多く、なかでも室津・網干からの入船数がそれぞれ八十二、六十四と最も多い。二百石以上の船積みの船はなく、兵庫への近距離輸送を専らとしていたと思われる小型船の活動が中心である。

なお、この国で注目すべきは、古代から淡路への渡航点として著名な明石の名が『兵庫北関入船納帳』にはみられず、松江・船上・林などの明石近郊の港津名がみえ、なかでも松江の入船数が五十一

第5表 『兵庫北関入船納帳』国別一覧

国名	港　津　名	合計
摂津国	兵庫(＝地下)　尼崎　杭瀬　魚崎　別所　堺　梶嶋　須磨　西宮　今郷	10
播磨国	室津　網干　松江　中庄　今在家　英賀　松原　福泊　営(栄)嶋　那波　伊津　坂越　林　飾万(飾磨)津　伊保角(魚住)　家嶋　垂水　二見　船上	19
備前国	牛窓　下津井　伊部　番田　八浜　日比　虫上　宇野郡　阿津　片上　日成(生)	12
備中国	連嶋　南浦　笠岡　西宛	4
備後国	三原　尾道　田嶋　鞆　犬(因)嶋　三庄　藁江	7
安芸国	瀬戸田　蒲刈　高崎　竹原	4
周防国	上関　富田　野上　楊井　大畠	5
長門国	下関	1
淡路国	由良　室津　岩屋　三原　阿那賀　須(洲)本　与井　竹(炬)口　都志	9
讃岐国	宇多津　塩飽　嶋(小豆島)　引田　平山　三本松　野原　多々津　方本　庵治　香西　観音寺　鶴箸　志度　佐柳島　手島	16
伊予国	弓削　岩木(城)　はか田(伯方)	3
阿波国	海部　平嶋　宍喰　牟木(岐)(＝麦井)　橘　土佐泊　惣寺院　武屋(撫養)　別宮	9
土佐国	甲浦　奈半利　先浜(＝前浜)　安田	4
豊前国	門司	1

例と最も多くみられる。この時期は松江が明石地域の海運の中心であったとみなせなくもないが、古代以来の淡路への渡航地としての明石の重要度からみて、明石に「船持ち」がいなかったとは考えられず、明石のように対岸の岩屋との渡し船の需要が恒常的に多い地域では、その周辺部の松江などに、淡路への渡船機能を補完する一方で、兵庫などの近距離輸送に随時関与していた船主層が存在していたものと思われる。

備前国は十二港と播磨・讃岐に次ぐ港津数である。なかでも牛窓の入船数が百二十一と圧倒的に多く、播磨の室津同様、古代以来の交通の中心的存在としての地位がこの時期もそのままに保持されている。二百石以上の船積みの船数も同国では最も多いが、下津井の三十三例中十五などと比較すると、全船数の二割弱（百二十一例中二十五）にとどまっており、小型船の稼働が中心であったことがうかがわれ、備前国では、牛窓から、細川氏の拠点港たる讃岐の宇多津の対岸に位置する下津井へ、その重要度が移行しつつあったことがうかがわれる。

備中国は四港の名がみえ、そのうち、連嶋の入船数が四十五と最も多く二百石以上の船積み船がみえるのもここだけで、他の港はすべて小型の船舶である。

備後国は七港の名がみられ、なかでも尾道が六十一の入船数をかぞえ、その中心的位置を占めている。田島・藁江《わらえ》も尾道の外港的位置にあり、前述の明石における松江などとの関係に類似した、尾道を中心とした当該地域の交通体系の一翼を担っていたと考えられる。

安芸国は四港の名が見られ、倉橋島と並ぶ伊予の海賊多賀谷氏の拠点で、大内氏の勢力圏にあった蒲刈を除けば、瀬戸田・高崎・竹原といずれも安芸国東部に位置する。四港のなかでは、瀬戸田の入船数が六十八と最も多く、二百石以上の船積みの船数も他国の港津のそれと比較してもきわだって多い。瀬戸田が小早川氏の一族生口氏、竹原が小早川氏の一族竹原氏と、小早川惣領家の支配下にあった高崎ともどもいずれも小早川一族の支配が及んでおり、安芸東部では小早川氏が一族として交通路ならびに流通路を掌握していたことをうかがわせる（なお、安芸西部は大内氏の支配下にあった）。

周防国は五港がみられるが、すべてをあわせた船数が十五と、長門（港は下関のみで、船数は二）、豊前（港は門司のみで、船数は七）とともに少ない。ただし、そのほとんどが二百石以上の船積みの船である。

『兵庫北関入船納帳』でみるかぎり、安芸国西部以西は兵庫との結びつきはさほどではなく、むしろ同じ大内氏の勢力圏内にあった博多との繋がりの強いことがうかがわれ、大内氏が文化的にはともかく、経済的には京都との結びつきをさほど必要とせず、むしろ、博多を中心とした九州全体、さらには壱岐《いき》・対馬《つしま》を媒介にして朝鮮半島南部や、島津氏などとともに琉球までをも含んだ交易圏に依存していたことを物語るものではなかろうか。

淡路国は九港の名がみえ、なかでも榑《くれ》材運搬専用船という性格の強い由良船籍の船数が飛び抜けて多く、入船数でこれに次ぐ三原のほぼ二倍である。二百石以上の船積み船も由良の一例のみで、摂津・播磨同様に小型船の稼働が中心である。

讃岐国は十六港と播磨の十九港に次いで多く、入船数も摂津・播磨・備前に次ぐ四番目である。二百石以上の船積み船も、塩飽《しあく》の十七を筆頭に、十一港で総計六十六隻に及ぶ。

讃岐西部は宇多津・多々津が中心で、それぞれ細川氏の重臣である安富・香川氏の管理下に置かれており、前述した下津井とともに、瀬戸内中部を横断する形で細川氏の瀬戸内海への支配が及んでいる。また、讃岐東部の中心は庵治《あんじ》・方本で、やはり細川氏の重臣であった十河氏の支配するところであった。

伊予国は弓削《ゆげ》・岩木・伯方の三港の名がみえ、いずれも瀬戸内海の島であり、伊予本土の名がみえない。入船数も弓削が圧倒的に多く、二百石以上の船積み船も弓削の三隻と伯方の一隻だけである（『兵庫北関入船納帳』にはこれ以外にも阿波国で九港、土佐国で四港の名がみえる）。

『兵庫北関入船納帳』により各国別の港津の傾向を概観してきたが、入港船舶数では摂津国が当然のことながら一番多く、次いで播磨・備前・讃岐・淡路の順で、また、船籍所在地と考えられる港津数では、播磨国の十九港が最も多く、次いで讃岐・備前の順となっている。これらのうち、播磨・淡路や兵庫を除く摂津国はそのほとんどが百石までの小型船である。これらの船の特徴をよく示していると思われるのが、室津であろう。室津は行基《ぎょうき》によって開かれたと伝えられる五泊の一つ檉生泊《むろうのとまり》にはじまり、前述の『高倉院厳島行幸記』をはじめ、中世の紀行文や絵巻物にもしばしば登場する古代以来の瀬戸内東部の代表的な港である。『兵庫北関入船納帳』では総数八十の入船が確認され、いずれも五十石以下の小型船である。また、そのうち六十七船が小イワシを、九船がナマコの運搬に従事しており、全体の九五％を占める。本来は漁船である小型船が、漁業の合間にその漁獲物を運搬していたことがうかがわれる。

室津に対し、尾道・瀬戸田・宇多津などはその船舶規模も大きく、米以外にも他の品目を混載し、それらの多くが商品として運搬されている。また、いずれも守護、あるいはそれにつながる人物によって支配されているところである。

以上のことから、『兵庫北関入船納帳』によれば、当該期の瀬戸内海は尾道・瀬戸田・宇多津など各国ごとの中心的な港津と兵庫・京都を結びつける中・大型船の活動があり、それらを補う形で、中心的な港津の周辺港で漁船兼用、あるいは近距離輸送を専らとする小型船が稼働していたことが知られる。そして、この中・大型船の多くは各国の守護、ないしは守護に匹敵しうる奉公衆小早川氏などにより運用されていたのである。

前述した博多を中心とした九州ブロック、鎌倉（後には小田原）を中心とした東国ブロックのそれぞれの経済圏も、この瀬戸内海と同様なものであったのではなかろうか。

ここに、戦国末期に大内や毛利氏、さらに後北条氏が京都に対し、政治的に独立的な立場を取りえた原因の一つがあると思われる。

3　交通の障害

関所の濫設　中世後期の交通の発達を阻害するものとしては、すでに戦前より徳田剣一氏が指摘している関所の濫設と海賊の横行があげられる。

室町幕府の新関停止の方針は義持・義教期まではなんとか維持されてきたが、義教の横死による幕府政治の混乱のなかで、その取り締まりも次第に緩和され、以後、関所の濫設時代の到来を迎える。「近畿の諸州路、国俗の強豪は関を置き、以て之を征し、往来悉く難し」（「碧山日録」）との言葉に示されるように、これまでの内蔵寮《くらりょう》などの官衙《かんが》や寺社にとどまらず、国々の土豪、さらには郷村の惣中によっても、関所が立てられた。康正三年（一四五七）には、河内国で土民などに破壊された関所が六百十六にのぼったとされ（「経覚私要鈔」）、また、同時期の淀川沿岸には九十六の本関と共に、新関が三百余設置されていたという（「山科家礼記」）。

また、文明十一年（一四七九）七月、奈良大乗院から美濃明智庄まで溢（酒樽）三荷が運ばれた際、その道中に宇治橋関・法性寺《ほうしょうじ》内裏関・神楽岡関・山中関・坂本七カ関・武佐関・枝林三カ関・四十九院・青木・梓関・柏原三カ関・長比《たけくらべ》関と十二の関があったことが知られている（「大乗院寺社雑事記」）。これらの関銭は十文から百四十文までまちまちで、同じ貨物を運ぶ場合にも、各関によってその徴収額が異なっており、あわせて一貫四百九十六文が支払われている。この時期の関所の濫設ぶりがよくうかがわれるとともに、人びとや荷物の通行には経済的に大きな負担が強いられていたことがわかる。

関銭は鎌倉後期に関所が設置された当初は、運送量の百分の一という割合が一般的であったが、この割合ものちには次第に高くなっており、また各関での割合の変化や、さらには同一の関でも通過する貨物によってその徴収額に違いが生じるなど、けっして一律というわけではなかった。さらに、このような関銭の総額も兵庫関では年間二千貫文（「東大寺文書」）、山城淀関では鎌倉末期の高野山が管理していた時期で千五百貫文（「高野山文書」）、南北朝時期の園城寺《おんじょうじ》の管理のもとでは千百貫文にのぼっている（「園城寺文書」）。これら海河上関は年貢や商品の運送船の往来も頻繁で、また回漕量も多かったために巨額な関銭収入を得たものである。

こうした情況のなかで、関所の撤廃を要求する馬借《ばしゃく》らは、実力によってこれを実現しようとし、文明三年（一四七一）に琵琶湖西岸に設置された真野新関を廃止する（「重胤記」）など部分的な成功をえているが、全国的な関の廃止はさらにのちの時代を待たねばならなかったのである。

海賊の横行　海賊については、古くは承平四年（九三四）に土佐守の任期を終えて帰洛の途についた紀貫之が、その恐ろしさを『土佐日記』に記していることはよく知られた事実であるが、律令国家、鎌倉幕府の厳しい取り締まりにもかかわらず、その活動はやむことがなかった。

南北朝期の康安二年（一三六二）東寺領播磨国矢野荘の年貢を海上輸送中、明石海峡の一ノ谷付近で海賊に襲われ、年貢を奪い取られている（「東寺百合文書」）。また、北陸から京都への物資輸送ルートにある琵琶湖でも延徳三年（一四九一）に興福寺の僧虎松は当時「湖賊」と呼ばれた連中により、貨物を奪われた上、仲間十一人が殺害されている（「経覚私要鈔」）。

室町幕府も当初は鎌倉幕府の方針を継承し、海賊を取り締まったが、やがて幕府や守護大名はこれら海賊衆に所領を与えたり、酒肴料や警固料などの名目で銭貨を海上で徴収する権限を認めることによって、彼らを臣下に組み込んだり、勘合貿易の際の遣明船の海上警固などに利用するようになった。内海海賊衆の有力者である因島村上吉豊は正長元年（一四二八）に赤松氏討伐の功により、尾道近くの要衝である田島（多島）の地頭職を備後守護山名氏より与えられ（「因島村上文書」）、その支配下に加わるとともに、永享六年（一四三四）には勘合貿易船の海上警固を命ぜられている（「満済准后日記」）。

また、これより早く暦応三年（一三四〇）室町幕府は紀伊の泰地・塩崎一族に対し、「凶徒退治」、すなわち南朝勢力との戦いの兵糧米調達のため、周防国竈門関《かまど》から摂津国尼崎までを運航する「西国運送船並びに廻船等」より櫨別銭として百文を兵庫島で徴収することを認めている（「米良文書」）。さらに貞和五年（一三四九）、弓削島《ゆげのしま》荘の権益をめぐって、領家の東寺と小早川一族の小泉氏との間で紛争が生じたとき、その実情を調査に四月から五月にかけて来島した幕府の使節に対して要した費用のなかに、海賊野島衆への酒肴料三貫文やカノ原太夫房に一貫文と右馬三郎へ五百文の中立酒肴料、オキ島六郎への兵士料などがみえる（「東寺百合文書」）。

前節でも述べた応永二十七年に日本を訪れた朝鮮使節宋希璟ら一行が、帰途に蒲刈に差しかかったところで、一行の護衛も兼ねて随行していた博多の豪商宗金によって、銭七貫で海賊が雇い入れられている。その記録『老松堂日本行録』には「其の地に東西の海賊あり。東より来る船は、東賊一人を載せ来れば、即ち西賊害せず。西より来る船は、西賊一人を載せ来れば、即ち東賊害せず」とあり、東西の海賊相互で船舶の通行に対する取り決めのあったことがうかがわれる。さらに、『村上家譜』に

「往来の船にはまねきに定紋付の船験を相渡し」、「大船には家来の者上乗致させ、通路支障これなき」ようはかったとあり、警固料以外にも、上乗料という航路の水先案内名目で通行料が徴収されていた。宋希璟ら一行に雇い入れられた海賊もこのような「上乗」名目で乗り込んできたものであろう。文明十三年（一四八一）大和薬師院が明に二合船を派遣した際に、瀬戸内海の通行に能島の海賊によって「上乗」が行われている（「薬師院文書」）。

また、このような「上乗」は琵琶湖の湖上特権としてもみられる。湖西の一向宗の中心的存在であった本福寺に残る『本福寺由来記』に「昔当所ハ我船ニ乗セタル旅人ダニモ悩マス間、他人ノ船へ海賊ヲカクル事イフニヲヨハス。コレニヨリテ四十九浦ヨリ」「上リ下リノ旅人荷物已下煩イナキヨウニ送リテ給ハレナント、浦々津湊ヨリ」「上乗ト定メ」と述べられているように、湖上を航行する船がしばしば海賊の被害にあったため、湖上の航行安全のために「上乗」が定められた。さらに、「堅田ニヨキ縁ヲ一人ツツ相定モテ、舟ノヘサキ、旗印ノ如ク、ヒラヒラヲ差シ上ケテ、ソンチヤウソコヘマイル舟ト理テ通レハ、相違ナクスルスルト通」したとあり、「上乗」の特権を持っていた堅田住人との間に話のついた船主は、その住人の家紋などの旗を目印として、船の舳に掲げて航行の安全が保証されたのである。

文明三年（一四七一）、加賀に下る途中の蓮如が海津に立ち寄った際に、この地の桶屋浄賢宅を居所としたが、その買得代金二十貫文の内十貫文を堅田の「上乗」であった河村氏が出している。河村氏は辻氏などと共に、後に殿原衆と呼ばれる堅田の有力な地侍であった。

また、「上乗」には多大な経済的特権がともなったため、「ソレヨリソノ浦カラ、ソンチヤウソノ上乗ニテ候トテ、上乗ヲ売買ニシテ、立場立場ヲ相剋シテ、命ヲ果タスコト度々ナリ」と『明誓跡書』に語られているように、売買の対象ともなり、その確保のために身命を賭した争いが行われたのである。文明六年（一四七四）十月、山徒静住房岩千代丸は楞厳院《りょうごんいん》慈恵大師御廟燈明料として永代買得した「今堅田上乗職六頭」を幕府より安堵されている（「政所賦銘引付」）。この上乗職は「六頭」とあるところから、前述の河村氏や辻氏などからなる堅田の有力者六者による分割支配が行われていたのであろう。

なお、この「上乗」はこれまで述べてきた瀬戸内海や琵琶湖以外に、伊勢湾でもみられ、室町期では他の地域でも相当広範囲にわたって成立していたものと思われる。

〔補記〕　本稿で十分言及出来なかった東国については、さしあたり、品川湊を中心に伊勢や房総方面との廻船の存在に言及した綿貫友子氏「『武蔵国品川湊船帳』をめぐって」（『史艸』三〇号）や永原慶二氏「熊野・伊勢商人と中世の東国」（小川信先生古稀記念論集『日本中世政治社会の研究』所収）、峰岸純夫氏「中世東国の水運について」（『国史学』一四一号）を参照されたい。

（小林　保夫）

三　鎌倉幕府の交通政策（陸上交通）

開府以前の鎌倉　治承四年八月伊豆で挙兵した源頼朝は、石橋山の戦いに敗れた後、海路房総半島に渡り、陸路安房・上総・下総・武蔵等の国々を経て、十月鎌倉に入った。この鎌倉は、頼朝の父義朝・兄義平が本拠とした所で、十二世紀の半ばごろ、平治の乱で源氏が没落するまで、南関東の政治・交通の中心地であった。

このことは頼朝が鎌倉に入るまでの諸軍の動きを見てもわかる。三浦半島の衣笠城から頼朝の援軍に向かった三浦勢は、鎌倉から海岸に沿った道を西に向かった。相模の国府は、天養年間—保元三年（一一四四—五八）の間に大住郡内から余綾《ゆるぎ》郡（現神奈川県大磯町）に移転したとされており、三浦軍は当時の東海道を西進したと考えられる。

畠山重忠を中心とした武蔵勢は、頼朝の敗報を聞いて引き返す途中の三浦勢と鎌倉の由比《ゆい》ケ浜《はま》で遭遇戦を展開するが、この時南進してきた道は、武蔵の国府（現東京都府中市）から南下して鎌倉に至る、後の鎌倉街道上道であったろう。頼朝が下総国から武蔵国を経て鎌倉に入った時にもこの道を通ったと考えられる。

また、頼朝は石橋山の合戦後、海路真名鶴《まなづる》から安房国に渡り、三浦氏は三浦半島から同じく安房国に渡るが、これは当時相模湾の制海権を、頼朝方に付いた土肥氏・三浦氏が掌握していたことを示している。三浦半島から安房国に渡り、上総国・下総国を経て北上する道は、奈良時代の宝亀二年（七七一）に武蔵国が東海道に編入されるまでの旧東海道であり、頼朝もこの道に沿って北上したものと考えられる。このように鎌倉は南関東の交通の要衝に位置していたのである。

源頼朝の交通政策　鎌倉に入った頼朝はさっそく鎌倉の町の整備にとりかかった。鶴岡若宮を小林郷に移し、これを中心にその東の大蔵郷に館を構え、同宮からほぼ南に由比ケ浜に向かって若宮大路を設けて、その左右に御家人たちの屋敷が建てられた。こうして政治都市として鎌倉が整備されていった。ただし、鎌倉中の道が整備されるのは、『吾妻鏡』建久五年（一一九四）四月十日条に「鎌倉中の道路を造らる、梶原景時これを奉行す」とあるように、頼朝の晩年にいたるまで続けられたと思われる。

寿永二年（一一八三）十月の宣旨《せんじ》によって頼朝が朝敵の汚名を免じられて以降は、京都と鎌倉との往来が盛んになった。『吾妻鏡』によれば、元暦元年（一一八四）一年間だけを見ても、畿内近国における合戦についての報告をもたらす源範頼・同義経・梶原景時・土肥実平などの武将からの使者、頼朝からの武将に指示を伝え、あるいは朝廷との交渉に当たる使者のほか、頼朝に招かれた絵師藤原為久の往復、頼朝に所領安堵を求めにきた尾藤知宣、一ノ谷の合戦で生虜《いけどり》された平重衡《しげひら》の下向、頼朝に仕えるため下向した源光行・三善康信、前年には鎌倉に下向していたと思われる平頼盛・一条能保《よしやす》の上洛、義経に嫁すために上洛した河越重頼の娘などの記事が見られる。文治元年（一一八五）以降こうした鎌倉と京都の往来は枚挙に遑《いとま》がなくなるのである。

古代の律令制下の交通は、奈良ついで京都が都となったため、また荘園制の展開後も荘園領主が京都あるいはその周辺に集中したため、京都を中心とした交通網であった。だが、源頼朝が鎌倉に本拠をすえると京都と鎌倉の二元的な交通へ、すなわち東海道を機軸とした交通へと変わっていくことになる。頼朝の最初に対処した交通政策も東海道についてのものであった。

文治元年十一月二十九日頼朝は次のような東海道の駅路の法を定めた。

今日、二品（源頼朝）駅路の法を定めらる、此間の重事により、上洛の御使・雑色等、伊豆・駿河以西、近江国にいたるまで、権門庄々を論ぜず、伝馬を取りてこれを騎用すべし、且は到来の所において、其粮を沙汰すべきの由と云々、（『吾妻鏡』）

すなわち、これは東海道の往来が盛んになるに従って、鎌倉から上洛する使者等のために伊豆から近江までの東海道の沿道の荘園から馬や糧食を徴収することを定めたものである。

頼朝は前述した寿永二年の十月宣旨で、東海・東山両道の沙汰権を認められているが、またこの日は、ちょうど京都で北条時政が、守護・地頭の設置と兵糧米について勅許を得た日にあたっている（『吾妻鏡』）。この兵糧米は、全国一律に権門の荘園や公領の区別なく、反別に五升を徴収する権利を認めたものであるが、駅路の法にも「権門庄々を論ぜず」とあるところから考えると、これと軌を一にした政策であったと思われる。とすれば、「権門庄々」は「権門庄公」の誤りとも考えられる。ただし、この漠然とした『吾妻鏡』の記事からは具体的にどの範囲でどのように実施されたかは不明である。翌年六月には兵糧米の徴収は停止されており、この伝馬などの徴収も停止されたのかもしれない。

それでは、京都から招かれて鎌倉に下向する僧侶などの費用はどのように捻出されたのであろうか。文治元年九月、勝長寿院供養の導師として招かれた本覚院公顕の場合は「下向の間の宿次の雑事以下、今日御家人等に宛て催さる、因幡前司（中原広元）・斎院次官（中原親能）等これを奉行す」とあり（『吾妻鏡』同年九月十日条）、政所の沙汰として御家人に宛て課している。また、建久三年（一一九二）十一月の永福寺供養の導師下向の時も、政所の沙汰として「海道駅家の事、国々奉行を差し定めらる、足柄山越えの兵士、沼田太郎・波多野五郎・河村三郎・豊田太郎・工藤介等沙汰すべきの由、仰せ含めらる」と（『吾妻鏡』同年十一月二日条）、翌四年十月の永福寺薬師堂供養の導師下向の時も「海道駅家の雑事・送夫等の事、御家人等に支配せらる」とある（『吾妻鏡』同年十月三日条）。政所の支配下、各国に奉行人が定められ、費用等は御家人の負担となっていたのである。

これらの例は鎌倉に招かれた人びとの場合であり、一般の伝馬とは異なっていた可能性もあるが、沿道の荘園・公領に賦課できなかったとすれば、使者など公的な往来については沿道の御家人の負担で伝馬等が用意されていたと思われる。

また、東海道の疋夫の規定については『吾妻鏡』建久五年十一月八日条に次のようなものがある。

　早馬の上下向幷びに御物の疋夫等、海道の駅々に支配せらる、大宿の分八人、小宿の分二人と云々、これ日者《ひごろ》沙汰し置かるといえども、新宿加増の間、重ねてこの儀に及ぶと云々、

これ以前に、早馬および御物の疋夫の人数が定められており、また伝馬についても規定があったと

考えられるから、前述の臨時の処置よりも進んだ、逓送《ていそう》のための制度が整えられていたと考えられる。また、これも沿道の御家人役として賦課されていたのであろう。

東海道の宿駅の整備　頼朝は、鎌倉と京都を結ぶ東海道を重視し、まず最初にこの東海道についての駅制に手をつけたわけであるが、当時、鎌倉と京都との間百二十余里の往来に要した日数はどのくらいであったろうか。

『吾妻鏡』によれば、急ぎの連絡の場合で最短三日ないし四日、ゆっくりとした旅で十数日から、長いときは数十日を要している。たとえば、短い方では建久三年後白河法皇の薨去の知らせは三日、承久三年の後鳥羽上皇挙兵の知らせは四日を要しており、一方、長い方では建久元年の頼朝の上洛は各地に立ち寄ったので三十四日を要したが、帰りは十六日、承久元年の藤原頼経の下向は二十三日かかっている。このように、京都と鎌倉の間を行き来する日数はそれぞれその時の道路事情や用件・重要度などにより異なるが、政治的な用件等の使者の場合で、比較的多いのは五日から七日であった。

こうした、京都と鎌倉の間の頻繁な交通を支えるためには、前述したように沿道の御家人から一時的に徴収することよりも、恒常的な供給ができる宿駅体制をつくる必要があった。交通量が増大し、一定の安定を見れば、その街道には自然に宿泊施設が生まれてくる。その場所は、川の渡しや峠の下など地形によるものや、荘園の荘官の居所や市場などの発展したところなどがあった。頼朝の時代の東海道の宿駅は、こうしたものであったと思われる。『吾妻鏡』からこれを拾ってみると、東から腰越駅・大磯駅・酒匂《さかわ》宿（駅）・竹下・黄瀬川宿（駅）・蒲原《かんばら》駅・興津《おきつ》・駿河府中・手越駅・岡部宿・島

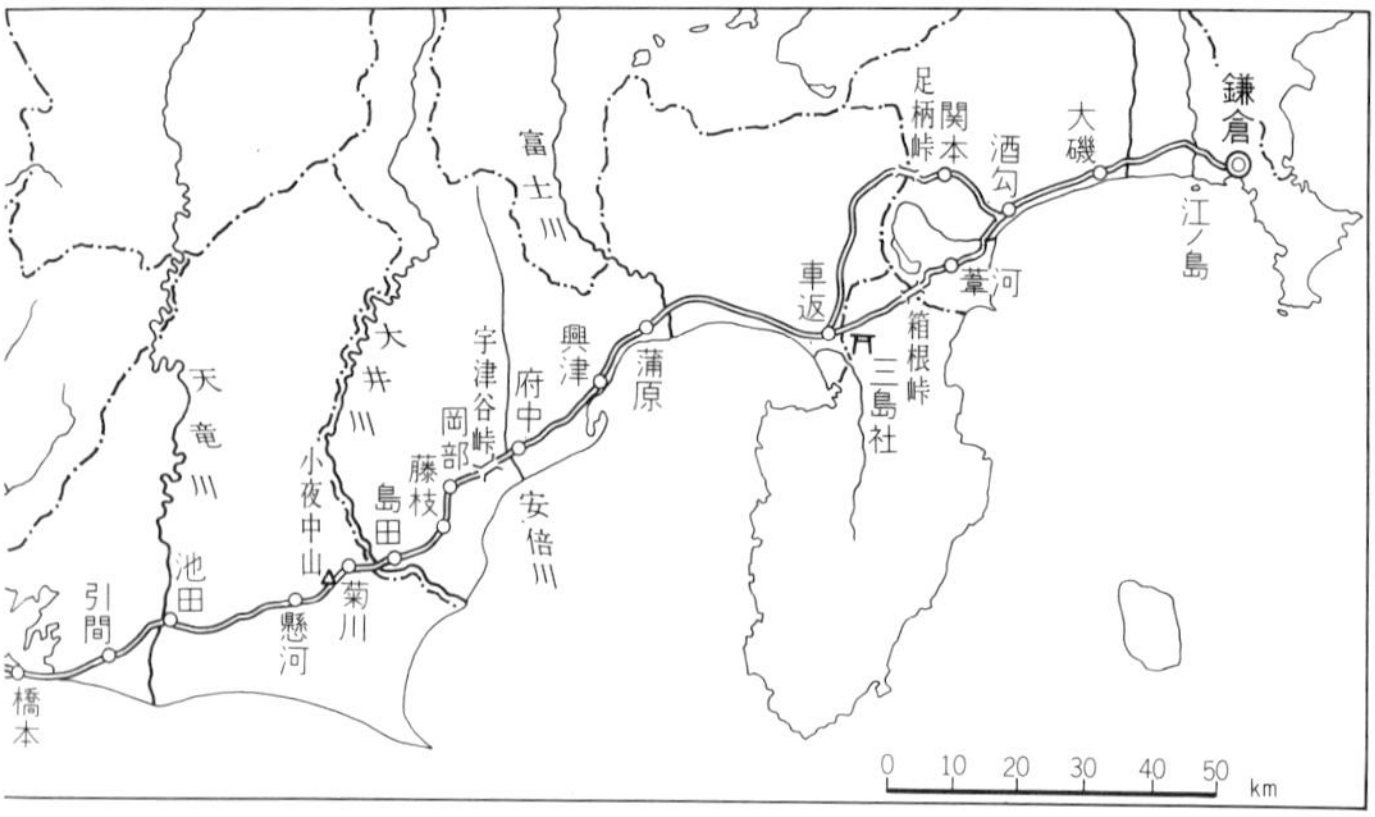

27　鎌倉時代の東海道地図（新城常三著『鎌倉時代の交通』吉川弘文館刊より）

田・菊河宿・懸川《かけがわ》・池田・橋本（橋下）駅（宿）・萱津宿・小熊宿・黒田・青波賀駅・箕浦宿・小脇宿・鏡駅・篠原宿・野路宿などがあった。これらの宿駅は源氏との関係が深く、青波賀宿には頼朝の父義朝寵愛の女性が住んでおり、頼朝の兄義平の母は橋本宿の遊女、弟範頼の母は池田宿の遊女であったという。

　頼朝はこうした既存の東海道の宿駅を整備するにあたり、京都・鎌倉間の短縮をめざして、東海道のいくつかある路線の中の本道の確立と、新宿の設置を行った。『吾妻鏡』文治三年三月三日条に、「美濃国守護人相模守惟義申す当国路駅、新宿を加うべき所々のこと、其の沙汰あり、早く請いに依るべきの由、今日仰せ遣わさるるところなり」とあり、この時頼朝は美濃の守護大内惟義の申請に任せて美濃に新宿を設置することを許している。当時の東海道には美濃路と伊勢路の二通りの路線があったが、これは美濃路が本道と定められたためと考えられ、守護が一国内の交通の管轄を行っていたことを示している。

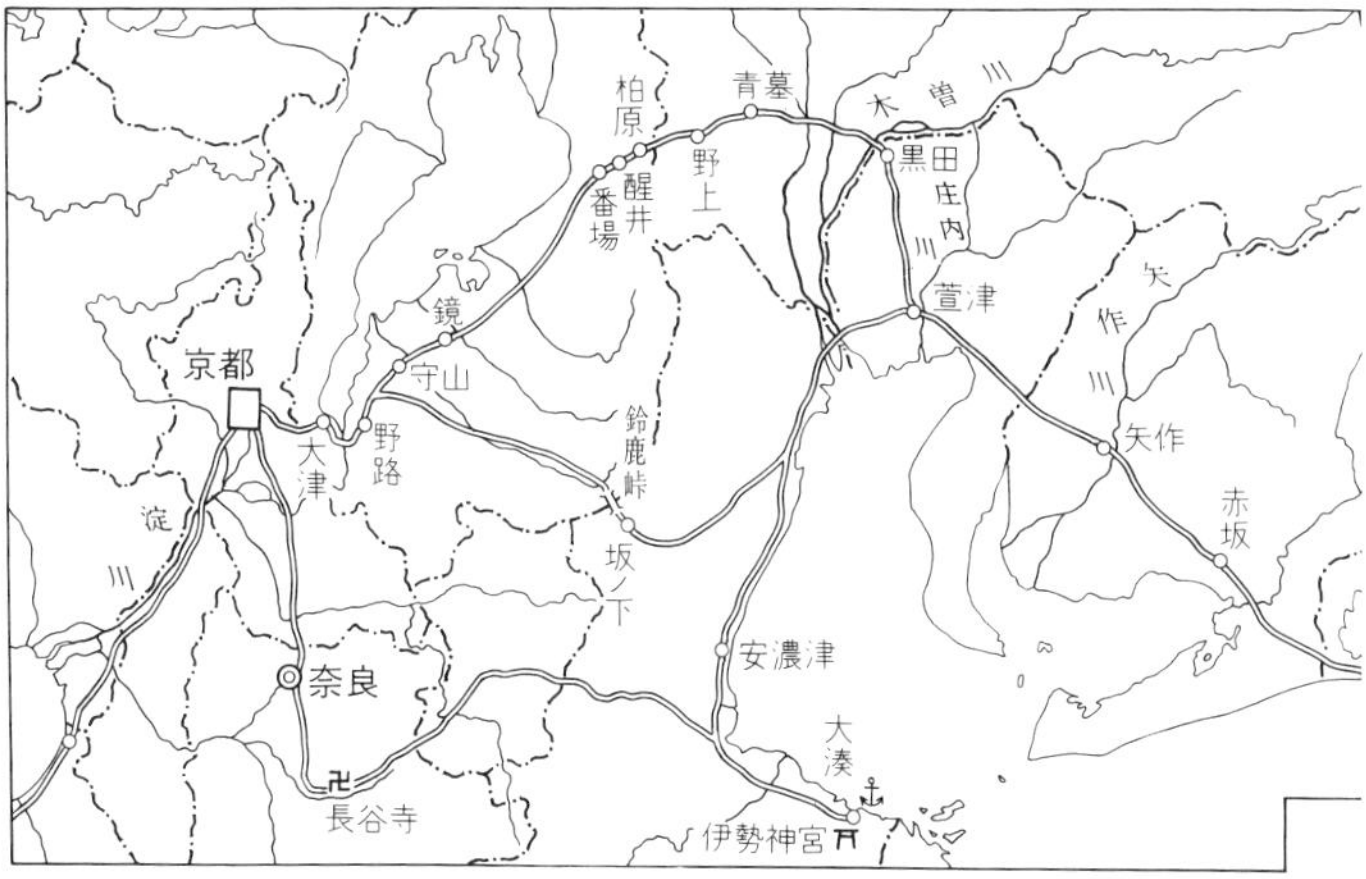

また頼朝は、同五年十月五日手越家綱の奥州合戦における戦功を賞して、家綱の申請に任せて駿河国麻利子一色を宛行い、駅家を建てることを許しており（『吾妻鏡』同日条）、東海道の沿道の地頭も所領内の宿駅の管轄をしていたことがわかる。

前述したように、『吾妻鏡』建久五年十一月八日条には「新宿加増の間、重ねて此の儀に及ぶ」とあり、新宿がかなり設置されていたことが知られ、この時改めて東海道の疋《ひき》夫《ふ》の規定が定められたのである。

だが、こうした宿駅の整備はなかなか幕府の方針通りに進まず、何度か指示が出されていたことは、同書建暦元年六月二十六日条に「海道新宿を建立すべきこと、度々其の沙汰有りと雖も、未だ遵行せしめざるの由、其の聞こえ有るに依り、今日重ねて守護・地頭らに仰せらる」と見えることからも知られる。

なお、近江の箕浦宿は建久元年の源頼朝鎌倉下向の際宿泊したところであるが、これは古代の東海道の路線に当たり、後には摺鉢峠《すりばち》から番場宿を経由する方が本道となった。また篠原宿は『延喜式』に見える東山道の篠原駅の故地であるが、『東関紀行』には「行く人もとまらぬ里となりしより、荒れのみまさる野路の篠原」とあるように、人家も少なくなりだいぶ荒れはててきたようであるが、『十六夜日記』にはその地名も見えず単なる通過地点になり、代わってその北東に位置する鏡宿が出京後最初に泊まる宿となっていた。

『吾妻鏡』建暦元年十一月二日条には、小川法印忠快の上洛に際して馬や駅路雑掌《ざっしょう》などのことが政所の沙汰として行われているが、『吾妻鏡』にはこれを境に以降東海道の整備・供給関係の記事が見えなくなっており、駅制の整備が一段落したものと思われる。

鎌倉七口　鎌倉は、南が海に面している以外は、東・北・西の三方は丘陵に囲まれた要害の地であった。この鎌倉の出入口は極楽寺口・大仏口・化粧坂《けわいざか》口・巨福呂《こぶくろ》坂口・亀ケ谷《かめがやつ》坂口・六浦《むつら》口・名越坂口・小坪口などがあり、これらを総称して鎌倉七口といった。

その成立の過程や時期などをすべて文献的におさえることは難しいが、幕府所在地の出入口として整備されていったと考えられる。特に北条氏はこれらの出入口に一族を配して防備を固めていった。

西から鎌倉に入るには初めは稲村ケ崎を通るのが普通で、建長四年（一二五二）四月の宗尊親王の鎌倉入りの時も稲村ケ崎から由比ケ浜を通った（『吾妻鏡』）。しかし、鎌倉中期には北条重時が藤沢にあった念仏寺院を移築したと伝える極楽寺のそばを通る極楽寺口（極楽寺の切通し）が、極楽寺の忍性によって開かれた。この重時の子孫は極楽寺氏と称した。

大仏口（大仏切通し）も頼朝のころからある道で、甘縄・長谷から常葉（常盤）に出て、寺分で化粧坂から来る道と合流する。常盤には北条政村の別業《べつぎょう》があった。

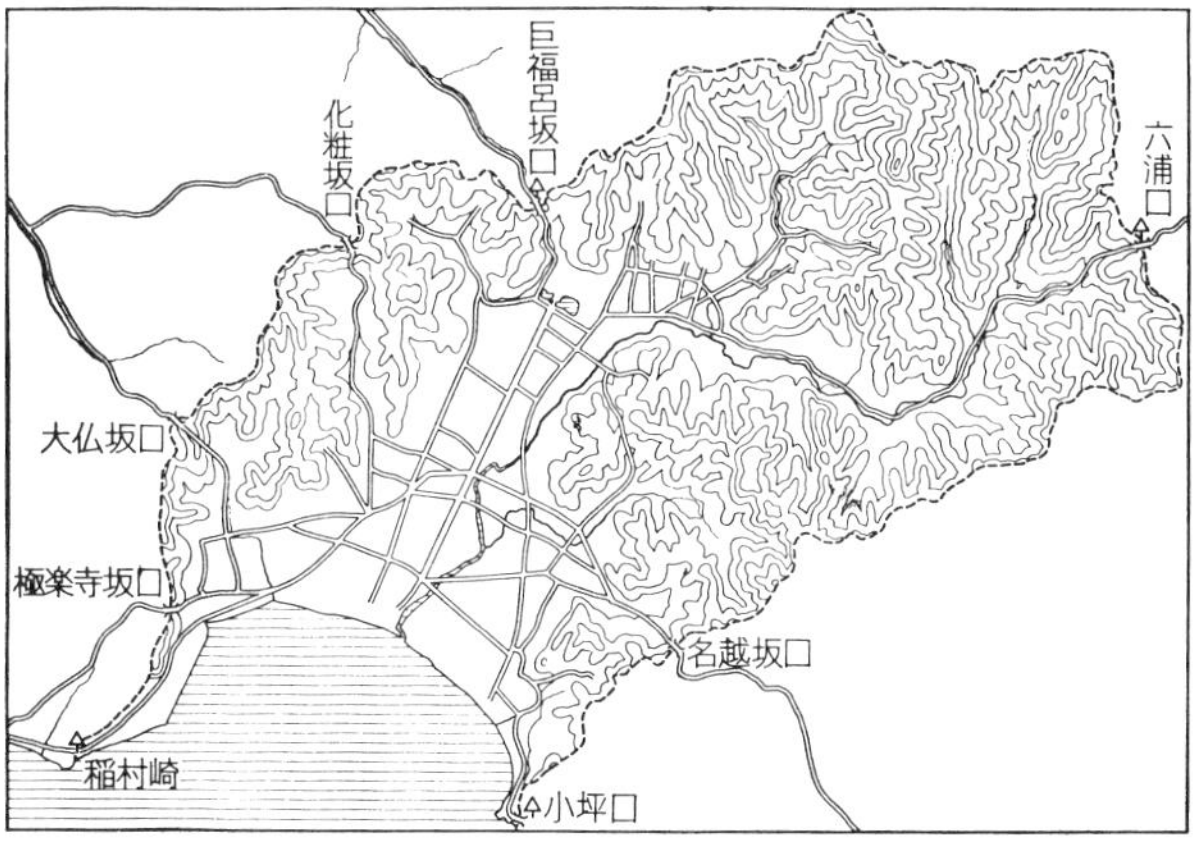

28　鎌倉の四境と七口（『鎌倉市史』総説編より）

鶴岡八幡宮の前の赤橋から西に向かって寿福寺前を経て化粧坂にいたる道を武蔵大路という（ただし、武蔵大路については諸説有り）。この道は一つは梶原を経て大仏坂から来る道と合流し藤沢に至り、一つは北に向かい山内荘で巨福呂坂口からの道と合流する。

仁治元年（一二四〇）十月、北条泰時は安東藤内左衛門尉に命じて山内《やまのうち》に至る道を開かせており（『吾妻鏡』）、この時巨福呂坂口（巨福呂の切通し）も開かれたのであろう。これ以前の山内から鎌倉に入る道は亀ケ谷坂を通って武蔵大路に合流する道であったと思われる。山内荘は和田義盛の乱後、恩賞として北条義時に与えられたところで、これ以降北条得宗家に伝領され、円覚寺・建長寺なども建てられて北条氏とは縁の深い場所となった。

六浦口（朝比奈切通し）は鎌倉から六浦荘に通じる道で、仁治四年四月に北条泰時自ら土石を運んで開通させた道である（『吾妻鏡』）。六浦荘は泰時の弟実泰の所領で、江戸湾を越えて房総方面と通じる交通の要衝でもあった。北条氏にとって、三浦半島に本拠を置き、相模湾から江戸湾にかけての制海権を握っている三浦氏との対抗上重要な道であった。実泰の子実時は同荘内金沢郷に居住し、その子孫は金沢氏を称した。

名越坂口（名越の切通し）を通る道は、古代の東海道と同じものと考えられ、三浦半島を経て安房国に至った。同じく三浦半島に向かう海岸沿いの道に小坪口を通るものがあった。名越には北条時政の屋敷があり、義時の子朝時の子孫が名越氏を称した。名越は鎌倉の東の入口であり、北条氏にとって三浦半島の三浦氏に対する要地であった。

鎌倉街道　鎌倉に幕府が開かれると、鎌倉大番勤仕・訴訟などのため鎌倉に向かう御家人たちをはじめとする人々の往来が多くなり、各地から鎌倉に至る道が整備されていった。これらは一般的には鎌倉街道と称されているが、この名称は近世になって成立したものと考えられており、『新編武蔵国風土記稿』には、鎌倉古街道・鎌倉海道・鎌倉道などとも見える。

一方、『吾妻鏡』には文治五年（一一八九）七月十七日条に「下（上カ）道」「中路」「奥大道」が見え、『太平記』『梅松論』には「上路（武蔵路）」「中（の）道」「下（の）道」が見えている。概ね中世には三つの幹線道路があったと考えてよかろう。

上道は、鎌倉七口の一つの化粧坂口を出て、村岡（現藤沢市東部）―俣野（現横浜市戸塚区俣野町）―瀬谷原（現横浜市瀬谷区）と境川に沿って北上して現在の東京都町田市域に入り、恩田川に沿って小山田荘町田（現町田市本町田）―小野路（現町田市小野路町・多摩市小野路町）と北上し、関戸（現多摩市関戸）で多摩川を渡り、武蔵の国府（現府中市）に至った。そしてさらに北上して恋ケ窪《こいがくぼ》（現国分寺市）付近を経て久米川宿（現東村山市）、そして埼玉県所沢市域に入り、入間《いるま》川宿（現狭山市）―大谷沢（現日高市）―町屋（現鶴ケ島市）―森戸（現坂戸市）で高麗《こま》川をわたり、市場（現毛呂山町）―今宿（現鳩山町）―菅谷（現嵐山町）―中爪（現小川町）―今市（現寄居町）を経て現在の花園村域に至り、渡河して荒川北岸沿いに西進し、用土（現寄居町）―広木（現美里村）―児玉町域を経て、植竹（現神川村）を通って神通川を渡り群馬県藤岡市寺山方面に向かう。

文治五年の奥州合戦の際の北陸道を進軍した比企《ひき》氏などはこの道を通ったものと考えられる。また、建久四年三月源頼朝が武蔵国入間野で追鳥狩を行っているが、この時上道を通行した（『吾妻鏡』）。武蔵国府と上野とを結ぶ幹道として早くから開けた道であった。

中道については大きく二つの説がある。一つは上道から東に分かれて武蔵の国府に至るもの、もう一つは北上して奥州に向かうものである。

前者の代表的なものには次の三つがある。一つは巨福呂《こぶくろ》坂口から山内（現鎌倉市）を経て、永谷（現横浜市戸塚区・港南区）の日限地蔵付近で横浜市保土ケ谷区帷子方面に向かう道と別れ、横浜市戸塚区内を北進して長津田（現横浜市緑区）を経て、町田市本町田で上道に合流する道。また一つは、永谷から北東に進む道で、上柏尾（現横浜市戸塚区）―畠山重忠の討死した鶴峰（現同市旭区）―白根（現同前）を経て前述の長津田に至る道。また一つは、鶴蜂から北上し、荏田《えだ》（現横浜市緑区）―登戸

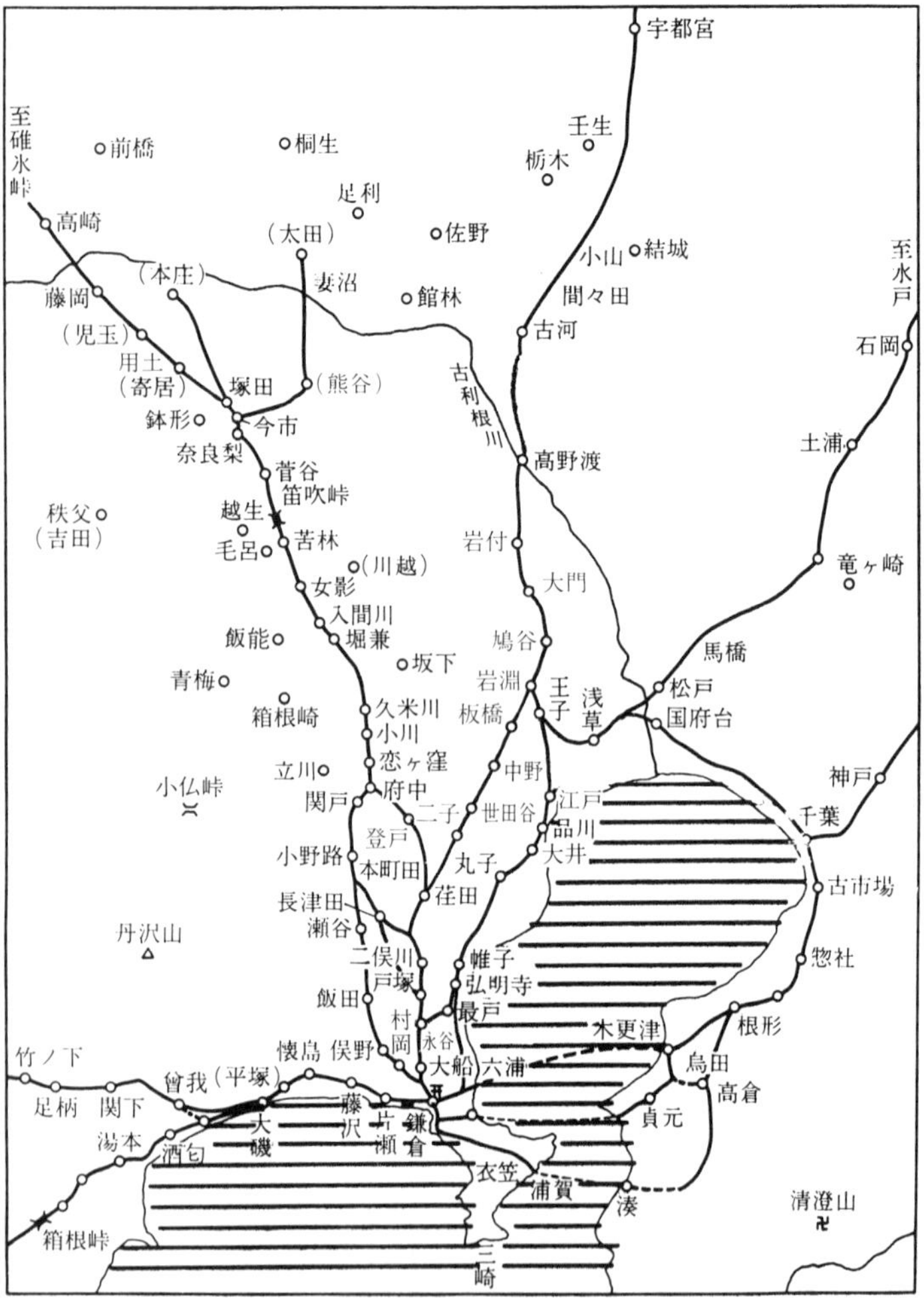
宇都宮
壬生
至碓氷峠
前橋
桐生
栃木
足利
高崎
(太田)
佐野
小山
結城
至水戸
(本庄)
妻沼
館林
間々田
藤岡
古河
石岡
(児玉)
用土
(寄居)
塚田
(熊谷)
古利根川
鉢形
今市
奈良梨
菅谷
高野渡
土浦
笛吹峠
秩父
(吉田)
越生
苦林
毛呂
岩付
(川越)
竜ヶ崎
女影
大門
入間川
飯能
堀兼
鳩谷
馬橋
坂下
青梅
岩淵
王子
松戸
浅草
箱根崎
久米川
板橋
国府台
小川
立川
恋ヶ窪
中野
小仏峠
府中
神戸
関戸
江戸
二子
世田谷
千葉
品川
登戸
大井
小野路
本町田
丸子
古市場
荏田
長津田
瀬谷
丹沢山
惣社
帷子
二俣川
戸塚
弘明寺
飯田
最戸
根形
村岡
永谷
木更津
竹ノ下
懐島
俣野
大船
六浦
烏田
曾我(平塚)
高倉
足柄
関下
藤沢
片瀬
鎌倉
大磯
貞元
湯本
酒匂
衣笠
浦賀
湊
清澄山
箱根峠
三崎

29　鎌倉街道要図

（現川崎市多摩区）で多摩川を渡り、是政（現東京都府中市）―武蔵の国府に至る道がある。

後者では、前述の荏田から高津（現川崎市高津区）―二子の渡（同前）で多摩川を渡って東京都域に入り、世田谷（現世田谷区）―中野（現中野区）―板橋（現板橋区）を経て岩淵（同前）で入間川（現在の荒川）を渡り埼玉県域にはいる。街道はさらに、小川口（現川口市）―鳩谷（現鳩ケ谷市）―大門（現浦和市）―岩付（現岩槻市）―白岡（現白岡町）―高野の渡（現宮代町和戸付近）で利根川（現古利根川）を渡り、川に沿って北上、杉戸（現杉戸町）―幸手《さって》（現幸手町）―鷲宮（現鷲宮町）―加須《かぞ》（現加須市）―栗橋（現栗橋町）―古河（現茨城県古河市）から奥州に向かう。もう一つ、前述の二子の渡から、轟《とどろき》（現世田谷区）―五本木（現目黒区）を経て山の手線の東を北上、雑司が谷（現豊島区・文京区）―岩淵で前述の道と合流する道がある。これは奥州道ともいい、これを下道とする説もある。文治五年源頼朝が奥州に下る際に整備された道といわれる。

下道は、鎌倉を出るところで二つの説がある。一つは朝比奈口から六浦（現横浜市金沢区）に出て北に向かい、弘明寺《ぐみょうじ》（現同市南区）に至る。もう一つは中道を永谷から分かれて、弘明寺（現同市南区）に至る道である。弘明寺から帷子《かたびら》（現同市保土ケ谷区）を経て北上し、菊名（現同市港北区）―綱島（同前）―丸子の渡で多摩川を渡り東京都域に入った。ここから池上（現大田区）―大森（同前）―大井（同前）―品川（現品川区）―芝（現港区）―江戸（現千代田区大手町付近）で東に向かい、浅草（現江東区）を経て下総（現千葉県）―常陸（現茨城県）方面に向かう。

一方、前述したように、江戸から北上して本郷（現文京区）―駒込（現豊島区）―王子（現北区）

―岩淵を経て奥州に向かう道を下道とする説もある。

以上述べた道以外にも鎌倉古道と呼ばれる道は各地にたくさん残っている。またこれらの幹道の他にも秩父道・羽根倉道・慈光寺道・熊谷道・河越道などの脇往還があり、御家人たちの館跡もこれらの鎌倉街道の沿道に多く残っている。

鎌倉幕府が整備した道がどれであったか今となっては不明である。洪水や崖崩れなどの災害によってルートの変更を余儀なくされたことも多かったと推定される。上道沿いの、埼玉県日高市大谷沢・同県毛呂山《もろやま》町市場・同県嵐山町将軍沢・同県小川町奈良梨・同県寄居町赤浜などからは、規模深さ約一〜二メートルの掘割状の道路遺構が見つかっている。尾根道や坂道は堀切の凹地で、台地上や原野では両側に土手を築き、急な坂には敷石を用いることもあったという。

建長八年（一二五六）六月二日、幕府は奥大道の沿道の地頭に対し次のような命令を下した。

奥大道の夜討・強盗のこと、近年蜂起をなすの由其の聞こえあり、是偏《ひとえ》に地頭・沙汰人ら無沙汰の致すところなり、早く所領内の宿々、宿直人を居《す》え置き警固すべし、且は然る如きの輩有らば、自他領を嫌わず見隠すべからざる由、住人等の起請文を召され、其の沙汰を致さるべし、もし尚御下知の旨に背くの旨、緩怠せしまば、殊に御沙汰有るべきの状、仰せにより執達件の如し、

建長八年六月二日

某殿

（『吾妻鏡』）

これによると、奥大道（鎌倉街道中道）の沿道で夜討ち・強盗が蜂起しているという伝聞があるの

で道筋の地頭・沙汰人は所領内の宿に宿直を置いて警護すること、また夜討ち・強盗の通報を義務付けるよう住民の起請文を取るよう命じている。

ここに見える沿道の地頭には武蔵関係では平間郷（現川崎市）、矢古宇《やこう》郷（現草加市・川口市にかけて）、鳩谷《はとがい》郷（現鳩ケ谷市）、渋江郷（現岩槻市）、清久郷（現久喜市）が見え、さらに下野の小山・宇都宮・氏家・那須の諸氏の名も見える。

この中道には、小川口・高野・古河などの武蔵国内を流れる利根川や荒川などの河川を渡河する箇所があり、そこには渡し船や橋が設けられていた。元亨四年八月幕府は次のような御教書《みぎょうしょ》を発している。

遠江国天龍河・下総国高野川両所の橋の事、仰せ付けらるるところなり、早く先例に任せて沙汰致すべきの状、仰せにより執達件の如し、

元亨四年八月廿五日

相模守（北条高時）（花押）

武蔵守（北条貞顕）（花押）

称名寺長老

『金沢文庫文書』

東海道の天龍川と中道の高野川（現古利根川）の渡河点高野には橋が設けられ、称名寺の管轄でここを渡る旅行者や荷物に橋賃を課していた。それを幕府は安堵したのである。

西国に対する陸上交通政策　中国・四国地方の交通は瀬戸内海を中心とする海上交通が主体であり、港町の発達は顕著であるが、宿場町の発達はそれほどではなかった。

山陽道の宿駅については『一遍上人絵伝』にかいまみることができる。すなわち、一遍は弘安元年の秋安芸（現広島県）の厳島に参詣し、冬には備前の藤井（現岡山市、鹿忍荘の政所）、福岡の市（現岡山県長船町）あたりを経廻した。弘安十年には播磨（現兵庫県）から備中の軽部宿（現岡山県清音村）、備後の一宮（現広島県新市町の吉備津神社）を経て伊予（現愛媛県）に渡った。福岡の市の賑やかなありさまからは、すでに特産物の備前焼の瓶が見られ、山陽道の商品流通の盛んな様子がうかがわれる。福岡は現在吉井川の左岸にあるが、中世末までは同川の右岸にあったとされている。軽部宿も高梁《たかはし》川の渡河点にあった宿であろう。

では、幕府の交通政策が西国に影響を及ぼすようになったのはいつごろからであろうか。これは承久の乱後西国各地に新補地頭が置かれるようになってからと考えるのが妥当であろう。『吾妻鏡』安貞元年閏三月十七日条に「諸国の守護地頭の所務の事、貞応二年の御下知状に任せて沙汰を致し、市津料の供給雑事所飼等の事、守護所の張行を停止すべき事、已下の条々六波羅に触れ仰さる」と、守護所の自由乱暴を戒めており、西国の守護地頭が物資流通の統制に興味を持ちはじめていたことが知られ、一方幕府は現状維持をはかり、勝手な関銭の徴収を停止させている。以降、幕府は一貫して新関河手の徴収停止を命じ続けている。しかし、これは幕府の法令にもかかわらず、これを破るものが多かったことを示している。

たとえば、元応年間幕府は「所々の関所等に於いては、関手河手停止すべし」という御教書を発したが、東福寺の造営材木の運送に関連して摂津の兵庫島や美作の河下所々の関所等が乱暴したため東

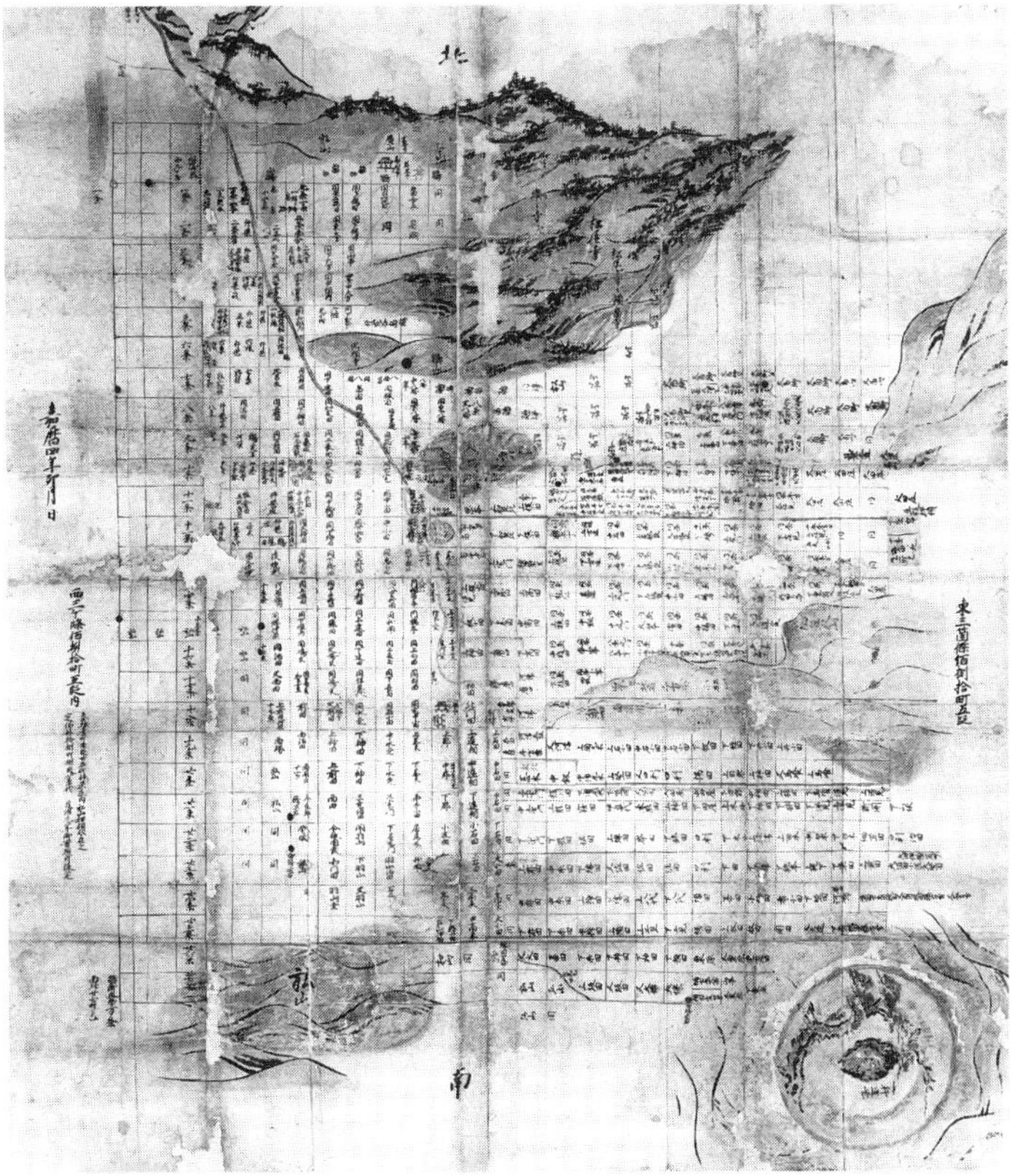

30　嘉暦四年の年紀を有する「鵤庄絵図」（法隆寺蔵）

福寺はこれを幕府に訴え、幕府もこれを認めている。

文永の役後になると山陽道は整備されていった。前述したように山陽道は瀬戸内海を幹道とする海上交通が主体であった。しかし、海上交通は天候・海の状態などに左右されることが多く、京都と北九州との間の迅速かつ確実な連絡網——すなわち整備された道が必要となってきた。

法隆寺領鵤荘の荘域は、現在の兵庫県太子町・龍野市にまたがっていた。嘉暦四年の年紀を有する「鵤庄絵図《いかるがのしょうえず》」には一町方格の地割が荘域に描かれているが、これは明らかに条里制地割を示すものである。ところが、その条里制地割を南南東から北北東へ走る道が見られる。これは筑紫大道といわれるもので京都と北九州連絡のために整備された道と考えられている。龍野市の福田天神遺跡からはこの筑紫大道につながると思われる道の遺構が発見されている。

商品流通の拡大と幕府の対応　鎌倉時代の初めには、京都・奈良などが都市といえる町であったが、畿内における産業の発達と地方の領主制の確立による地方産業の興隆、地方市場の定期市化、そして宋銭の流入による貨幣流通は、商品流通を盛んにさせた。十三世紀になると、京・鎌倉など中世都市の商人が、地方の定期市場で手に入れた産物を荘園年貢などの輸送手段に載せて流通させ始めた。公家・社寺等の荘園領主や守護・地頭などの地方領主はこうした動きに目を付け、市場の管理や関所を設けるなどの流通路の統制を行うようになっていった。

幕府はこうした地方領主の動向に対し、基本的方針としては、関所等における河手・津料などの関所料徴収を禁止している。荘園領主でも、朝廷に関所の設置を申請し、院宣《いんぜん》・関東御教書・六波羅施《し》行状《ぎょうじょう》で認可を受けるという手続きを経なければ関所の新設はできなかった。

早くは『吾妻鏡』建暦二年（一二一二）九月二十一日条に、幕府が諸国の津料・河手等について停止するよう日頃命じていたことが見え、この日これらは地頭の得分であるという申請により、もとのように沙汰《さた》することを認めた。しかし、三年後の建保三年（一二一五）二月十八日幕府は諸国の関渡の地頭にこれを禁止し、船賃用途として料田を設置することを許している（『吾妻鏡』）。下って、弘長二年（一二六二）七月一日河手について、承久以降の新しいものは禁止され（『新編追加』）、建治元年（一二七五）六月二十日西国の新関・河手等の禁止（『菅浦文書』）、弘安四年（一二八一）四月二十日にも下知状を持たない者の津料・河手等の禁止（『式目新編追加』）、さらに同七年六月三日には河手・津泊・市津料等が全面的に禁止されている（近衛家本『追加』）。それ以後も嘉暦年間幕府が文永以降の新関を停止するよう命じている（『東大寺文書』）。

こうした度々の禁止令は、商品流通の多さとそれに対する地方領主の活発な活動を暗示している。以上の多くは主として水上交通を対象にしているとも考えられるが、当然陸上交通における関所・渡等にも適用されたものと考える。

鎌倉幕府滅亡後も足利尊氏はほぼこの政策を踏襲した。尊氏が従三位武蔵守に叙任された四日後には、東海道に対して次のような法令を発している。

禁制　海道路次幷びに宿々狼藉の事
或は早馬の御持と号し、或は方々の使者と称し、旅人幷びに在地人の牛馬を奪い取り、宿々において雑事を宛て課し、ことを左右に寄せて種々の狼藉を致す旨、その聞こえあり、所詮早馬と号すといえども、過書を帯びざれば許容するべからず、もし制法に拘わらざれば、その身を召し捕らえるべきの状、件のごとし、

元弘三年八月九日　（足利尊氏）（花押）

（『三島神社文書』）

さらに、尊氏は貞和二年（一三四六）二月諸国新関と津料の停廃を命じ、同年十二月十三日の諸国守護人の非法の禁令のなかにも、「新関を構え、津料と号し、山手・河手を取り、旅人の煩をなすこと」が見える（内閣文庫本『建武以来追加』）。またその後定められたと推定される倹約条々には、地頭の諸国の幹道の警固と新関の停廃が記されている。裏返してみれば、このような度重なる禁令は、この当時守護や地頭による関所設置が横行していたことが推定される。それほど商品流通は盛んとなり、そこへの課税が地方領主層の大きな収入源となっていたのである。

（菊池　紳一）

四　戦国大名の伝馬制度

戦国時代には諸大名が各地に蟠踞《ばんきょ》して、それぞれ分国を形成することによって独自の交通政策を実施した。この時代の特色としては、いわゆる伝馬《てんま》制度が発達をして、分国の防衛や交通、運輸の発達に貢献をしたことが注目される。これがやがて近世になると江戸幕府の伝馬制度に継承されるのであるが、その濫觴《らんしょう》となったものが戦国大名による伝馬制度の創設である。

戦国の乱世もやがて終焉をとげて、織田信長・豊臣秀吉による天下統一事業が進展すると、その交通政策は急激な変化を見るようになる。織豊時代は、歴史学では一般に近世の初頭に位置づけられているが、本書では便宜上ここで取り上げ、戦国大名の交通政策との対比という観点から述べたいと思う。

1　戦国時代における交通の諸相

戦国乱世と交通　ほぼ一世紀にわたる戦乱が続いた戦国時代は、交通の障害が最も激しかったことが容易に想定できよう。

連歌師宗長《そうちょう》は、彼の紀行文『東路のつと』によると、永正六年（一五〇九）七月に駿河を出発して奥州白河をめざしたが、途中で合戦のために旅行を断念している。また、戦乱によって物資の流通が途絶し、人びとに深刻な影響を及ぼしたことは勿論である。

次にこの時代は、社会的紊乱に乗じて山賊や海賊が各地に跋扈《ばっこ》し、交通の障害となっていた。山賊や海賊の活躍は、古代以来一貫して見られる現象である。中世になると鎌倉時代は比較的治安状態がよかったものの、南北朝時代以降再び彼らの活躍が活発化し、戦国時代には政治的、社会的混乱が増大して盗賊の跳梁《ちょうりょう》を見るようになる。

しかし、戦国大名による分国経営が進展するに従って、領国内の治安維持対策が講ぜられるようになった。『結城氏新法度《ゆうきししんはっと》』によると、追懸殺害人の糾弾に際しては、事件発生の郷中に責任をとらせるなど厳しい制裁が行われた結果、陸路については盗賊の取締りが強化されたといえよう。しかし、海賊については依然として猖獗《しょうけつ》を極めていた。海賊は海の豪族で、盗賊行為も行ってきたので人びとから恐れられていた。そこで毛利氏は、瀬戸内海の海賊であった能美氏や村上氏を従属させることによって独自の水軍を編成した。

戦国大名の交通政策は分国本位の閉鎖的なものであり、しばしば交通遮断を行って領国の防衛を図ってきた。また、軍事的、政治的交通政策が優先され、兵士の移動や軍需品の輸送に主眼がおかれていた。さらに他国の戦国大名との友好関係から使節の派遣が行われたり、分国内の本城と支城との連絡に飛脚が用いられたりした。

中世は皇室・将軍・貴族・社寺等が街道沿いに関所を乱立して、旅行者から関銭を徴収していた。しかし、戦国時代になると、これらの経済的関は戦国大名によって掌握されるようになり、国境には他国との交通を取り締まるための関所が新設されるようになった。

商工業の発達と交通　戦国時代は諸大名がそれぞれ自国本位の交通政策をとったので、封鎖的経済圏が各地にできて、自給自足の経済が行われていた。とくに戦時には敵国との交通が全面的に遮断されて、人々の交通や物資の流通が不可能となった。武田信玄が永禄十年（一五六七）に今川氏真《うじざね》と断交したため、今川・北条両家が塩留を行った。このため山国である甲斐の人びとが苦しんでいるのを見て、上杉謙信が敵に塩を送ったという美談が残されている（『北越軍談』）。しかし、この話は果たして事実であったか否か、はなはだ疑問である。

戦国大名の分国統治は富国強兵策に基づくものであったから、分国の繁栄のために産業の発達、生産力の向上にとくに配慮し、分国経済圏内での自給自足体制を確立した。そのためこの時代、地方都市が各地に発達をした。まず城下町が形成されて、重臣や商工業者がしだいに集住するようになると、小田原・甲府・山口などが大いに繁栄をした。また、城下町へ通じる交通の要衝である港湾・宿場・寺社門前等にも地方都市が成立して、市場が開かれるようになる。北条・武田・今川の諸氏が宿場を設けて伝馬《てんま》制度を布いたり、大内政弘が周防鯖川や赤間関の渡船の制度を定めたり、上杉謙信が回漕の便を図って問屋を任命したりした。戦国大名は分国経済の統制と繁栄のために、城下町に住む一部の特権商人らを登用して、問屋に任命していた。

戦国時代の城下町では、たとえば相模の小田原のように、
　津々浦々の町人、職人、西国北国より群来、昔の鎌倉も争か是程《いかで》あらんやと見る計りに見へにけり、
　　　　　　　　　　　　　　　　　　　　　　　　　　（『小田原記』）

という状況で、他国の商工業者もかなり活躍をしていたことがうかがわれる。大名たちの需要に応じて京都・堺・奈良・近江・伊勢・平野等の他国商人が地方の城下町を訪れ、軍需物資や消費物資を販売していた。そのほか高野聖《こうやひじり》の活躍もかなり顕著であった。

社寺参詣　古代において遠隔地の社寺参詣は貴族階級の独占するところであったが、中世になると地頭領主層も可能となり、戦国時代には庶民も参詣するようになった。この時代の主な参詣地としては、熊野詣《くまのもうで》・伊勢参宮・巡礼・高野山詣・本寺参詣等が認められる。中世は宗教が人びとの精神生活を支配した時代だけに、宗教的な情熱に駆られてこれらの社寺への参詣がなされた。

社寺参詣の盛行は、交通の発達に起因するところが大であった。まず街道の沿線に宿場が設けられ、旅行者に宿泊の便を提供した。さらに海上交通も発達して、便船の機会が多くなった。また、貨幣経済が発達した結果、旅行者は貨幣によって食糧等を旅先で購入できるようになった。

一方、社寺側では御師《おし》や先達《せんだつ》が参詣者を誘致、先導したり、祈禱、宿泊の便を図ったりして、受入体制が整備されてきた。この結果、戦国時代にはとくに民衆の参詣が飛躍的に増大した。このように民衆が社寺へさかんに参詣するようになった社会的背景としては、庶民勢力の擡頭が指摘できると思う。次にこの時代における主要な社寺参詣を列挙して見よう。

熊野詣は御師・先達の活躍で全国的に盛んとなり、先達の奥州白河八槻《やつき》氏によって明応四年（一四九五）には七百人の集団参詣があった（「八槻文書《やつきもんじょ》」）。戦国大名は御師の檀那となって熊野を信仰する者が多く、九州の島津貴久は天文十四年（一五四五）に病気平癒のため代官を参詣させている（「霧島神社文書」）。

伊勢参宮はますます盛んとなり、吉田兼右が永禄六年（一五六三）に大神宮に参詣したとき、関銭を免れようとして道者数千人が扈従《こじゅう》したという（『兼右卿記』）。伊勢の御師は戦国大名を檀那とすることにより、分国内に勢力圏を拡大して行った。民衆の参宮が盛行し、すでに蔭参り、抜参りなど近世的様相も出現し、近世における伊勢講の基礎ができた。

巡礼には、西国三十三所をはじめとする各地の観音霊場巡りや四国遍路などがあった。そのほか高野山詣・本山参詣・富士信仰などもこの時代盛んとなった。

文化の地方伝播　応仁・文明の乱のために京都は焼失し、しかも荘園が戦国大名によって侵略されて形骸化すると、公家たちをはじめとして僧侶・連歌師・能楽師までが地方に縁故を求めて遍歴するようになった。

まず公卿は、畿内から外出することを禁じられていたが、経済生活の窮状から僅かに残された荘園などへ下向したり、あるいは皇室御料の回復、年貢督促のために京都を離れることが頻発するようになった。九条政基《くじょうまさもと》は文亀元年（一五〇一）、家門領の和泉国日根野荘が守護細川氏に押妨《おうぼう》されたので、自身で下向して直務を行っている（『政基公旅引付』）。

戦国大名は娘を公卿の室に入れたり、公卿を地方へ招聘したりしているが、なかでも今川・大内・朝倉の諸氏が積極的であった。そのため天文年間には、約五十名の公卿中で十数名が地方に在住する有様であった。

僧侶も戦乱で京都を追われ、戦国大名らに招待されたりして地方を遍歴する者があった。彼らの記した紀行文としては、道興准后《どうこうじゅごう》の『廻国雑記』、漆桶《しっとう》万里の『梅花無尽蔵』などがある。禅僧中には諸大名に帰依される者が多かった。武田信玄は臨済禅に私淑《ししゅく》し、妙心寺派の鳳西《ほうせい》・岐秀《きしゅう》・月航《げっこう》・天桂《てんけい》・快川《かいせん》・希庵《きあん》や天龍寺の策彦《さくげん》を甲斐に招待している（奥野高広『武田信玄』）。

この時代に盛行を見た連歌は大名たちの関心も高く、連歌師の宗祇《そうぎ》は諸大名の城下町を訪れて連歌会を興行した。彼の門弟の宗長らもまた各地を巡歴した吟遊詩人であった。

能楽師たちは、室町幕府の歴代将軍から庇護されてきたが、幕府の衰退から地方の戦国大名に保護を求めるようになった。能楽正統派の観世座《かんぜざ》は、北陸・関東・中国・四国・九州の各地を流浪して戦国大名たちの庇護を求めたし、金春《こんぱる》・金剛《こんごう》・宝生《ほうしょう》の諸座もこれと同様であった。

2　戦国大名の伝馬制度

陸上交通　戦国時代は群雄割拠してあい争った時代であるので、分国の防衛という観点からいえば、自然の険阻を活かすために道路や橋梁はむしろ放置しておいた方がよいと考えられる。しかし、領内を活性化して、富国強兵策を推進するためにはそれでは駄目で、やはり交通機関を整備する必要があった。したがって、強大な勢力を誇る大名ほど道路や橋梁を整備し、伝馬制度を布き、舟運の便を図るなど交通運輸政策を重視している。しかし、それはあくまでも分国内に限定されるので、他国へ進出した際には、まず道づくりをしてから進撃する必要があった。

道路は荘園制度が行われていた時代、荘園ごとに寸断されていた。しかし、戦国大名は荘園制度を崩壊させて分国を形成すると、統一的な道路支配を行うようになった。戦国時代の道路網は軍事優先で整備されるようになり、本城と支城を結ぶ道路、分国経営上重要な道路などがまず開設されたのである。とくに戦時における将兵の通行や軍需物資の輸送のための道路が重視されて、武田信玄は「棒《ぼう》道《みち》」を造り、これが今日でも八ケ岳山麓に残されている。

31 棒　　道

道路や橋梁の整備や修復は、従来僧侶による勧進《かんじん》などでなされてきたが、戦国大名はこれらを利用する民衆に転化して賦課するようにした。この時代、渡河点

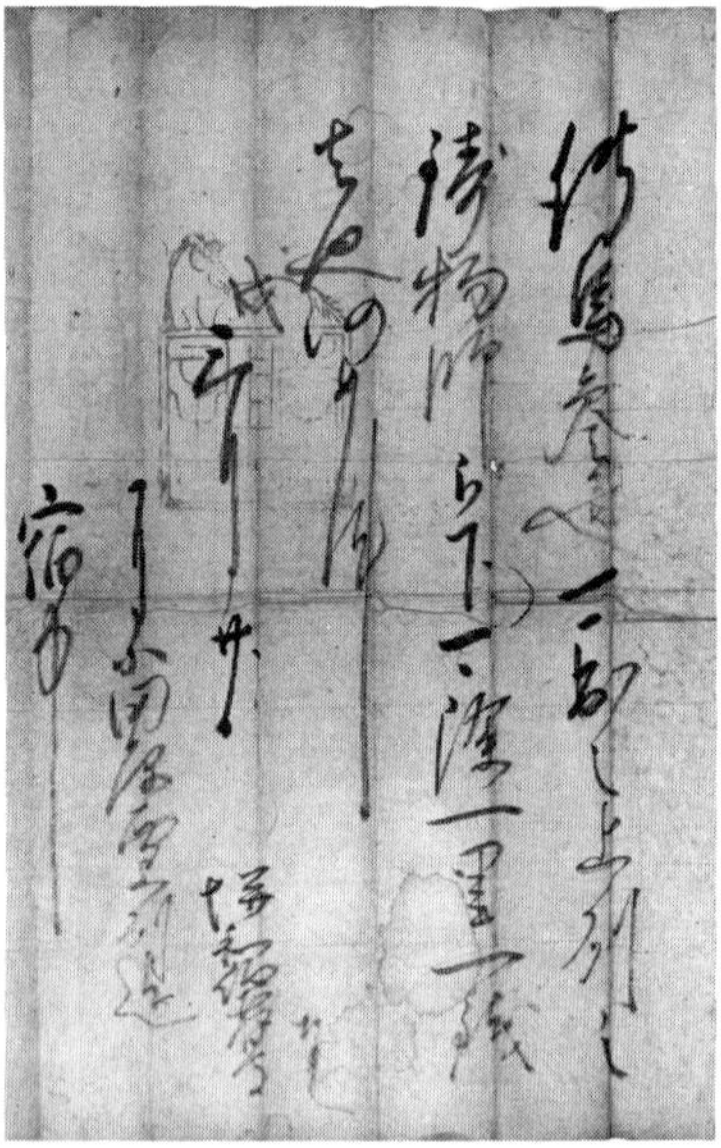

32　北条氏の伝馬手形
（倉林弥代氏蔵）

には舟橋や渡船が用意され、架橋はあまり見られなかった。戦国大名は橋梁の管理にも意を用い、不測の緊急事態に備えて独占的に使用できるようにし、平時には流通経済の振興に役立つように配慮していた。

東日本は古代以来、水運に恵まれた西日本と比較すると、陸上交通が中心であったので、北条・今川・武田・上杉・徳川らの諸大名は、それぞれ独自の駅制を制定して伝馬制度を行っている。以下、東国主要大名の伝馬制度を考察してみることにする。

北条氏の伝馬制度　北条氏は小田原城を中心に韮山《にらやま》・山中・玉縄・江戸・八王子・河越《かわごえ》・岩付《いわつき》・松山・忍《おし》・館林《たてばやし》・鉢形・松井田・厩橋《うまやばし》・沼田等多くの支城を持っていたので、その連絡のために伝馬制度が発達していた。

北条氏の伝馬制度の起源は古く、すでに大永四年（一五二四）に、玉縄・小田原から石戸《いしど》・毛呂《もろ》へ往復の使者で印判状《いんばんじょう》を所持しない場合は、伝馬を出す必要がないと定めている（「関山文書」）。伝馬に関する規定は、武蔵関戸宿・同奈良梨宿・上野倉賀野宿へ発給した北条家伝馬掟《てんまおきて》によって知ることができる。

それによると北条家は、大きな宿場に問屋を設置して伝馬の仕事を負担させた。伝馬の継立には一定の区間を定め、伝馬手形に「一里一銭を除くべし」とある公用荷物は無賃とし、その文言のないものは一里一銭を請け取らせた。北条家の伝馬手形は、「常調」の印判が使用され、北条家で必要な物資の輸送や、同家へ奉仕していた大工・石切・舞々らを召し寄せる際などに発給した。

伝馬の負担は宿駅に課せられ、宿駅で負担しきれない場合は数カ村で分担させた。問屋の業務は交通量の増大とともに専業化し、公的な性格を強化して行った。相模当麻《たいま》宿の関山氏は北条家の被官であり、問屋と商人宿を兼ねていた（「相州文書」）。また、武蔵関戸宿の問屋有山氏は、北条家から関銭の徴収を委任されていた（「武州文書」）。北条家は伝馬制度を維持するために、問屋に不当な継立申込をする者がいたら拒否させた。

今川氏の伝馬制度　今川氏は駿河・遠江・三河の東海に分国を形成したので、本城のある駿府を中心に各支城との間に伝馬制度を設けた。

今川氏の伝馬制度は古くから発達しており、三河国御油《ごゆ》宿ではすでに天文二十三年（一五五四）に五カ条の規定がなされ、一里につき十銭の賃銭を徴収することが公認されていた（「林憲義氏所蔵文書」）。北条氏の分国が一里一銭であるのと比較すると割高のように見えるが、これは関東と東海では一里の道程が異なっていたためで、実質的には差がなかったのである。今川家では伝馬手形を発給しているが（相田二郎『中世の関所』）、駿河の丸子宿へ出した掟書《おきてがき》によると、一定の書式を備えた手形を持参した公方荷は無賃とし、その他の荷物からは駄賃を取るように命じている。

伝馬は宿場の負担となるので、今川氏は丸子宿に対して地子を免除したり（「郵便博物館文書」）、駿河蒲原《かんばら》宿の伝馬屋敷三十六軒分に対して棟別銭を免除したりしている（「草谷文書」）。また、伝馬役の退転を防止するため、駿府の友野座の者が、たとえ他座へ移っても友野座として伝馬役を負担するように命じている（「友野文書」）。

武田氏の伝馬制度　武田氏の伝馬制度は武田信虎の時代に成立しており、天文九年（一五四〇）に信濃佐久郡海之口へ伝馬に関する文書を与えている（「区津金文書」）。もちろん、これ以前において武田氏は甲斐で伝馬制度を採用していたことは疑いない。

武田晴信は、信濃および駿河方面へ積極的に進出して分国を拡大したので、それらの地域でも伝馬制度が行われるようになった。永禄四年（一五六一）十二月に信濃小県《ちいさがた》郡の長窪大門に発給した掟書は、武田家の龍印を押してない場合には一切伝馬を出す必要がない、もし強要する者がいたら一郷が協力して注進するよう規定している（「信濃清水文書」）。また、天正四年（一五七六）二月十四日に駿河駿東郡の棠沢宿《もざわしゅく》に出された掟書には、次のようなことが記されている（「芹沢文書」）。

① 公用の伝馬には伝馬手形に朱印を二個、私用は一個押して区別する。
② 伝馬は一日に四疋までとし、緊急時には別に下知する。
③ 私用の伝馬には一里一銭の口付銭を受け取ってよい。
④ 口付銭の支払を拒む者には伝馬を出してはならない。

⑤　伝馬を勤めない者は駄賃かせぎをしてはいけない。
⑥　伝馬を勤仕する者は普請役を免除する。
⑦　小田原からの伝馬は異議なく勤めなければならない。

なお、この掟書には棠沢宿の家数二十五軒と記されているので、彼らが伝馬役を負担していたことが分かる。そこで武田氏は彼らに普請役を免除し、駄賃かせぎを公認する措置を講じていたのである。また、この掟書にもあるように武田氏は、北条氏との友好関係からその公用荷物の分国内通過に便宜を与えていたことが分かる。武田氏は、上杉氏との間にもこれと同様な措置を講じており、近世における全国的な交通制度成立の先駆となるものである。

舟運の統制　水運は陸上輸送と比較すればはるかに効率的であるので、この時代瀬戸内海を中心に西日本でとくに発達をした。戦国大名は戦時における兵船や兵員・物資の輸送船を、平時から一定程度は所有していなければならなかった。しかし、船舶を保持することはかなりの負担になるので、むしろ造船資材や船大工を戦時に調達、徴用できる体制を整備しておくことの方が得策であった。

戦国時代、諸大名らが分国内で竹木伐採の禁制を多発しているのは、戦時における城郭普請、武具などとともに船舶資材の調達を考えてのことであった。今川氏は駿河・遠江・三河の分国内の社寺、領民に対して、渡船や海上船の造船資材を供出させている（「天宮神社文書」）。また北条氏は、伊豆国賀茂《かも》郡松崎村の船番匠を年間三十日徴用している（「松田文書」）。

次に民間船舶の徴用であるが、大内氏は御座船を赤間関から献上させ、その費用を浦役銭《うらやくせん》として地《じ》下中《げちゅう》に課し、応じない者は赤間関から追放することにしている（『大内氏《おおうちし》壁書《かべがき》』）。民間船舶の徴用は戦時中だけに限らず、平時においても行われており、しかも舟持には帆役などの課税があった。そこで北条氏は、一部の船舶に対して諸役を免除して御用を命じたりして、新造船の建造を奨励している（「須田文書」「高橋文書」）。これとほぼ同様な政策が今川氏・上杉氏らの分国でも実施されている。

船賃についても強い統制があり、業者の自由に任せていなかった。大内氏は周防国佐渡郡鯖川の渡船について船賃を定め、一瀬について往来人は一文、荷持は二文、鎧唐櫃《よろいからびつ》・長唐櫃持は五文、馬は五文、輿は三文とし、渡守は風雨夜中でも渡さなければならない、と規定している（『大内氏壁書』）。

船方に対する戦国大名の統制としては、船員の逃亡防止策があった。北条氏は武蔵芝金曾木《しばかなそぎ》の船方に対して、船舶の売買、家・屋敷の売買を禁止し、闕落した者を召還し、地頭・主人の諸役を停止させている（「武州文書」）。

3　織豊政権の交通政策

分国交通から全国交通へ　織田信長や豊臣秀吉による天下統一事業の達成と平和の回復は、交通の面においても一大変革をもたらした。戦国時代においては、戦国大名の交通政策から分国的交通の障壁が存在した。しかし、織豊政権の成立により、まず分国的障壁が除去されることとなった。もっとも、戦国時代でも先述したように、東国で伝馬制度が一部国境を越えて隣国と提携してなされたこともあったが、それが全国的規模で運営されるようになったのはやはり織豊時代である。

戦国時代は分国ごとに地方経済が発達していたが、織豊政権は楽市《らくいち》・楽座《らくざ》、関所の撤廃、道路・橋梁の整備、山賊・海賊の鎮圧、伝馬制度と駅制、廻船業者への助成等の諸政策を実施することにより、全国的規模での商業交通の発展に尽力した。とりわけ豊臣秀吉は文禄・慶長の役を起こすにあたって、京・大坂と九州名護屋《なごや》との間に伝馬や飛脚の便を図った。これはあくまでも街道沿線の諸大名の負担で実施されたものであったが、後世における江戸幕府の伝馬制度の前身をなすものである。

関所の撤廃　織田信長は、全国的交通を図るために関所の撤廃を試みた最初の人物である。まず永禄十一年（一五六八）—十二年には分国内で実施したが（『細川両家記』）、やがて伊勢を平定すると、諸関が往還の妨げや参宮者の煩いとなるとして一斉に廃止した。将軍足利義昭はその功を賞して、国光の脇指《わきざし》を与えている。また、織田信長は天正三年（一五七五）に越前を平定すると同国で、同十年に武田氏を滅亡させると甲斐・信濃で関所を撤廃した（『信長公記《しんちょうこうき》』）。

信長が征服した甲斐・伊勢・近江の諸国は、交通上の要衝であったので関所が濫立して、それぞれ関銭を徴収していた。そのため商品流通を阻み、社寺参詣者や旅人に影響するところが大であった。信長は天下のため、往還旅人憐愍《れんびん》のために関所を撤廃すると称しており（『信長公記』）、また武田勝頼征討の理由に武田家が新関を設けて庶民を苦しめたことを挙げている。

たしかに、諸関の廃止は信長が天下のための戦いをする以上、戦後に必ず実行せねばならぬ政治課題であった。したがって、信長は征服地で戦後処理をするに当たって、一貫してこの政策を実行してきたのである。そのため禁裏関も例外ではなかったが、皇室経済に与える影響が大であったので、のちにこれを復活している（『言継卿記《ときつぐきょうき》』）。関所の撤廃は、これを領有してきた寺社等に深刻な影響をおよぼしたことは事実で、時代は中世から近世へと急激に変化していった。

もっとも、信長以前においても、一部の戦国大名が関廃止を実施した例がある。しかし、それは神仏への祈願のためであったり、特定の都市や港湾の繁栄のためになされたもので、天下のため、庶民のための政策ではなかったといえよう。

信長による関所の撤廃政策は、商品流通の円滑化、物価の下落、参詣者・旅人の利益に大きく貢献した。そして豊臣秀吉によってこれが継承されて、禁裏関を含む中世的関所を全廃し、全国的規模での近世的交通政策が実施されたのである。

道路・橋梁の整備　戦国時代は戦乱のため道路や橋梁が荒廃したままに放置されていたが、これらをはじめて整備したのが織田信長である。信長は尾張・美濃・近江・山城・大和・甲斐・信濃等で幅三間から三間二尺の道路を整備した。従来の道路は、荘園や戦国大名の分国単位に造られていたため一貫性がなかったので、一定の幅員を持った直通道路を開設した。そして道路の両側には並木を植えさせている。また、尾張をはじめとして瀬田や宇治にも架橋を行っている。

信長は征服戦争が終了するとすぐ道路や橋梁の整備を行うようにしており、武田氏を滅ぼしての帰途、甲斐・信濃の道路を修理し、天龍川にはじめて架橋した（『信長公記』）。

豊臣秀吉は信長の交通政策を継承して、天下統一のため全国的に道路・橋梁の整備を行った。天正十四年（一五八六）、秀吉は島津氏討伐にあたって、毛利氏に山陽道から九州にかけて道路を建設させた（「毛利家文書」）。また、同十八年に北条氏を滅亡させた後に、小田原から会津まで百里の道を、幅三間で沿道の庶民らに新設させた（「伊達家文書」）。京都では石柱を用いて三条橋を造っている。秀吉は里程を統一して三十六町一里制を採用し、一里塚を築かせた。

文禄・慶長の役に際しては、京都・大坂から肥前名護屋《なごや》までの間に駅伝制を新設して、沿道の諸大名らに協力をさせた。

海賊・山賊の鎮圧　瀬戸内海では、中世のころいかに海賊が跋扈《ばっこ》して船舶に危害を与えていたか、まことに目に余るものがあったが、豊臣秀吉の天下統一により鎮圧されることとなった。秀吉は天正十三年（一五八五）に四国征伐を行い、伊予の河野通直、来島《くるしま》の来島通之、阿波の森氏らの海賊を従属させた。このとき秀吉は、森氏が土地狭小のために海賊行為を行っていると聞き、同氏に所領を与えている（『森氏伝記』）。

さらに秀吉は天正十六年七月八日に海賊禁止令を出し、船頭や漁師らから誓紙を取って海賊行為をやめさせ、もし海賊が発見されれば領主の知行をも没収する、と命じている（「大友文書」）。海賊たちはそののち秀吉に従い、小田原の陣や文禄・慶長の役で活躍をした。

山賊たちもまた、社会的安寧秩序の回復とともに鎮静化した。美濃の乙津寺の僧が永禄末年のころ、当時交通が隆盛となったのは山賊の鎮定によると述べている（『乙津寺雑集』）ほどである。

文禄・慶長の役と交通　豊臣秀吉は明との貿易を行うために朝鮮へ仲介を求めたが、応じなかったので文禄・慶長の役を起こした。文禄の役では三十万、慶長の役は十五万の大軍が渡海したので、とくに将兵と物資の輸送が重要課題となった。

秀吉は肥前名護屋に本陣を置き全軍を指揮したので、京都・大坂と名護屋間の交通・通信を確保するために駅伝制を採用した。文禄元年（一五九二）正月二十四日、小早川隆景《たかかげ》と毛利輝元に対して継舟・継飛脚を命じている。さらに秀吉は、宿駅および継舟港に奉行や舟奉行を配置し、一里につき人には四文、馬や船には十文を駄賃として支払わせた（「小早川文書」「毛利家文書」）。

京都と名護屋間の宿駅としては、大坂・兵庫・明石・姫路・赤尾・片上・岡山・矢掛・神辺・三原・西条・広島・小方・久賀・花岡・天神符・山中・埴生《はにゅう》・赤間関・小倉・宗像《むなかた》・名島・深江が指定された（「古蹟文徴」）。また、京都と名護屋間の継舟港は、淀・大坂・兵庫・室・牛窓・塩飽《しあく》・鞆《とも》・尾道・瀬戸・宮島・小方・大畠・上関・室積・下松・赤間関・小倉・芦屋・博多の諸港であった（「専光寺文書」）。

この戦争では大量の船舶が必要となったので、常陸や秋田以西の諸大名に対して、十万石につき大船二艘を準備させた。水主は浦々の家から百軒につき十人を、十五〜六十五歳の者に限って徴用し、二人扶持と遺家族手当とをそれぞれ支給するようにした。このようにして秀吉は、朝鮮渡海の万全を期したのであるが、その経済的負担は莫大なものがあり、豊臣政権滅亡を促進する結果となった。

（福島　正義）

五　武士の旅と庶民の旅

古代における交通は、律令制や荘園制に基づいて、官人や荘官を主体とするものであった。しかし、中世になると武士や農民の往来が多くなってきた。まず武士の旅としては、番役《ばんやく》、訴訟と陳情、使節、社寺参詣等の機会に多く見られる。また、庶民の旅には、年貢輸送、商人の旅、飛脚、社寺参詣等があった。

鎌倉時代には駅路の法ができ、さらに戦国時代になると伝馬制度が確立されるようになり、宿場には馬匹や人夫が用意されていた。また、旅人に宿泊や糧食を供給する旅館が、交通量の増大とともにしだいに整備されてきた。宿場の繁栄とともに、宿場には遊女も住むようになった。しかし、

33　武士の旅（『一遍聖絵』歓喜光寺蔵）

これらの施設の利用は、あくまでも公用旅行者が優先とされて、庶民は、寺院や民家、あるいは軒下などで一宿を明かす者があった。中世は貨幣経済が発達したため、食糧などを銭貨で調達できるようになり旅人の行旅を楽にしたといえる。

1　武士の旅

番役　鎌倉時代、御家人《ごけにん》の番役としては、京都大番役・鎌倉番役・異国警固番役《いこくけいごばんやく》等があった。京都大番役は、御家人らが幕府の命令で交代で内裏や院御所の警備に当たるものであった。当初、この大番役は、幕府の命令で全国の御家人が負担していたが、後に鎮西御家人は、異国警固番役を割り当てられたために免除された。御家人らは、三カ月ないし六カ月京都に滞在して勤務し、原則として六年で一巡するようになっていた。この大番役は、古代以来存在した制度で、全国の武士たちにとって経済的負担となっていた。古代のころは、京都に三年間も滞在して勤番していたので、大番役に晴れやかに出発した武士たちも、帰郷の際には経済的窮乏から徒跣《とせん》で旅行する有様であったという(『承久軍物語』)。

鎌倉番役は、将軍御所や幕府の警衛に当たるもので、東国御家人の負担とされてきた。勤務は、一カ月ないし二カ月間とされ、一年一度か隔年一度の周期で番役が回ってきた。

大宰府の警備には鎮西守護所大番があり、九州御家人の負担とされてきたが、蒙古軍の襲来以降は博多湾の警固に回されて、異国警固番役と呼ばれるようになった。鎮西九カ国で警備地区を分担し、御家人は近国が年一～二度、遠国が一年ないし数年で一度負担した。

御家人らは、これらの番役を果たすために京都・鎌倉・大宰府等に往来し、また滞在のためそこに屋敷を構えねばならなかった。幕府は、御家人らの交通を考えて街道を整備し、関東では鎌倉を中心に上道・中道・下道がつくられた。

訴訟と陳情　鎌倉時代の武士は、将軍に見参を遂げて御家人となり、関東御下文や関東下知状を賜わって所領・所職の安堵を得た。御家人にとって所領は一所懸命の地であったが、時として他人と相論になることもあった。そのような際には、遠路を厭わず鎌倉へ参向して幕府へ提訴した。一方、相手方も出廷して引付の座で裁判が行われた。この間、訴人（原告）は当時の裁判の習慣で、論人（被告）に問状や召文を届けねばならなかったので、何回も鎌倉を往復した。

承久の乱後、荘園領主と地頭との相論が多発したので、幕府は西国所領を六波羅府で分掌させるようにした。また、蒙古軍襲来後は、鎮西御家人に異国警固番役を課すようになったので、彼らの負担を軽減するために、鎮西所領については鎮西探題府で受け付けることにした。しかし、このような幕府の措置にもかかわらず、鎮西御家人が訴訟や陳情のために鎌倉へ参向することを阻止できなかった。

使者　中世の武士が主命を帯び使者として街道を往来することは、すでに鎌倉幕府の御使雑色に認められ、彼らは沿道の住民から伝馬や粮《りょう》を徴発することが許されていた（『吾妻鏡』）。戦国大名は他国との友好親善、共同作戦、情報収集のために使者を派遣するようになり、大名同士で書状等の交換もなされた。そのため諸大名家では使者の職制もできて、武田家には諸国御使者衆がいた（『甲陽軍鑑』）。また朝倉家では、遠近の諸国に目付を配置しておき、情報の収集に余念がなかった（『朝倉孝景条々』）。

使者の任務は重く、迅速で確実にその使命を達成することを戦国大名から強く要請されており、その成否は大名家の命運に重大な影響を与えることもあった。北条氏照は永禄十二年（一五六九）正月、越相同盟を結ぶために幾人もの使者を上杉家へ送っている（「上杉家文書」）。氏照のこのような配慮は、使者のもつ任務の重要性をよく物語っているといえよう。

しかし、使者の旅は分国内の通行が優遇されていた反面、国外へ一歩踏み出した途端に身の危険を伴うものであった。使者は戦国時代特有の道止めに遭ったり、逮捕、拷問《ごうもん》、処刑に晒《さら》されることを覚悟しなければならなかった。そのため使者は、僧侶・山伏・六十六部・商人らに変装して敵を欺き使命を達成した。また、敵国を避けて迂回したり、比較的に安全な海路を選んだりしなければならなかった。

社寺参詣　古代、遠隔地の社寺へ参詣する経済的余裕は貴族階級にしかなかったが、中世になると最初に武士が、次いで庶民もこれに加わった。これは寺社が経済的危機を迎えて布教活動を活発化し、御師《おし》・宿坊《しゆくぼう》・先達《せんだつ》を通じて受入体制を整備したことと、旅館・貨幣など交通条件が整備されたために、社寺参詣が広範な階層に可能となったためである。

中世は宗教が人びとを支配した時代であったので、熊野詣・伊勢参宮・巡礼・本山参詣等が盛んとなった。武士階級とりわけ東国御家人は京都に対して憧憬があり、京都大番役で上洛した際にこれらの社寺へ参詣することが多かった。

熊野信仰は観音・阿弥陀信仰と結合して当時の人びとの心を捉えたので、九条兼実《かねざね》が「人まねのくまのまうて歟」（『玉葉《ぎょくよう》』）といったほどの盛況を呈した。とくに源頼朝夫妻の信仰もあって（『吾妻鏡』）、東北・関東の御家人に厚く信仰された。陸奥岩崎郡金成村の地頭岡本資親は七十日余をかけて熊野詣を行っているが、彼は先達の白鳥寺住僧に伴われて舎弟二人と参詣をしている（『秋田藩家蔵文書』）。

伊勢信仰は伊勢神宮の国家神的観念の成立により国民的崇敬が得られるようになり、鎌倉幕府や室町将軍の信仰が厚かった。室町時代には伊勢御師の活躍で全国的に参宮者が増大し、近畿・東国の守護大名・地頭・地侍等が目立つようになり、やがて熊野信仰を凌駕するようになっていった。

2　庶民の旅

年貢輸送　中世の農民が旅に出るのは、領主の命令で年貢の輸送に当たる場合か、雑役として京都や奈良等に赴くときであった。荘園の年貢輸送は荘民の賦役《ぶやく》とされて、荘官の引率のもとに持夫《もちぶ》・夫丸などと呼ばれる人夫役が徴されていた。

中世における輸送手段としては人、馬、車があったが、鎌倉時代は持夫《もちぶ》に依存する面が大で、『信貴《しぎ》

34　持　　夫（『一遍聖絵』歓喜光寺蔵）

山縁起絵巻《さんえんぎえまき》』『法然上人絵伝』『一遍聖絵』を見ても、人が物資を背負って運搬している。馬による運搬は口取が必要であり、近世の中馬《ちゅうま》のように数匹を引くこともなかったので当時それほど発達しなかった。車は日本ではあまり普及せず、京都およびその周辺で利用されたにすぎない。しかし、人間の運搬能力は長距離にわたる年貢輸送では、せいぜい米二斗（三〇キロ）程度であるので、馬の六斗と比較すると格段の差がある。そのため戦国時代になると馬による輸送が発達をして、伝馬制度の充実を見るようになった。

年貢米等の重量物を輸送する場合、前述したような状況から遠距離の陸上輸送は困難で、それに依存していた東日本では美濃国以東は無理であった。ただ海上輸送が発達していた西日本では、九州まで年貢米が搬出されていた。東海道や東山道の荘園では陸上輸送が主であったので、年貢米は軽貨や貨幣に交換して荘園領主のもとに届けられた。
南北朝時代に半済制《はんぜい》が実施されると、荘園領主へ届けられる年貢が半減され、その輸送負担も軽減されることになった。

商人の旅　中世になると専業的な商人が出現するようになるが、最初の商人は行商人であった。行商は振売・連雀《れんじゃく》・千駄櫃《せんだびつ》・高荷などと呼称されていた。振売とは触れ売りの転化と考えられ、連雀は荷物を括り付けた背負具をいい、千駄櫃は箱を積み重ねたのをいい、高荷とは荷物を高く積むことをいうが、それが転化して行商人をそのように呼ぶようになった。

商人は各地で生まれたが、最も有名なのは京商人である。彼らは織物など京都の文化を地方へ伝達したので、地方人からは歓迎された。その活動範囲は全国的で、平安末からすでに京都三条の金売吉次のように陸奥の砂金を求めて往復する商人がいた（『平家物語』）。このほか堺・博多・奈良・近江・伊勢・小浜《おばま》等の商人や大山崎の油神人《あぶらじにん》、高野聖《こうやひじり》などが活躍している。

商人たちは京都や奈良等に店舗を持つ者がおり、郷土など地方との取引を行っていたので、旅に出る機会が多かった。ところが、陸路には山賊や野武士らの危害が及ぶこともあるので、武装して自衛する対策がとられていた。また、商人は集団をつくって荷物を運搬し、掠奪を未然に防止しようと努力をしている。さらにその地域の封建的領主にあらかじめ交渉して警固の武士をつけてもらい、その代償として礼銭を支払う方法もとられていた。

一方、海上交通の場合は、とくに瀬戸内海で海賊の跋扈《ばっこ》がはなはだしく、しばしば商品を強奪されたり、生命を脅かされる危険さえあった。そこで商人たちは因島《いんのしま》の海賊村上氏に依頼して水先案内の上乗《うわのり》をつけてもらい、礼銭を支払うことにより航海の安全を確保していた（『村上家譜』）。

このように諸国商人の往来が頻繁となり、商業荷物が輻湊するようになると、馬借《ばしゃく》や車借《しゃしゃく》といった輸送専門業者が出現することとなった。当時の商人の広範な足跡を物語るものとしては、博多商人が厳島神社に奉納した燈籠や、筑紫の豪商正棟が京都四条の大橋をかけたことなどによって知ることができる。

飛脚　鎌倉幕府は弘長元年（一二六一）に東海道の駅制を定め、宿ごとに早馬二疋ずつを常備させることにした（『吾妻鏡』）。このようにして鎌倉時代から京都と鎌倉とを結ぶ飛脚便がすでに成立しており、その所要日数は速いもので三日、普通で五〜七日程度であった（『吾妻鏡』）。この飛脚便は、鎌倉幕府と京都六波羅府とを結ぶ通信連絡用のもので、沿道の守護の命令で荘園領主や御家人が人馬を負担するようになっていた。

室町幕府はその権力が弱体であったために、駅制を創出することができなかった。しかし、戦国大名は駅制を復活させて、分国内にそれぞれ独自の飛脚制度を成立させた。飛脚は本城と支城、居城と戦場、居城と家臣らの連絡のために派遣されて、政治的、軍事的に重要な使命を持っていた。このため飛脚の需要が多くなり、広範な民衆に飛脚役が課せられていたが、戦国大名との関係で町民や僧侶などは免除されることもあった。

後北条家は早雲時代から飛脚が活躍をしていた（「相州文書」）。そして北武蔵の拠点であった鉢形城の城主北条氏邦は、城下末野の金打十人に一人につき十度の小田原城への飛脚役を課していた（「武州文書」）。

武田家の重臣で駿河江尻の城主であった穴山氏は、横田氏に江尻―甲府間の毎度夫を課しているが、これは本城と支城との連絡に当たったものと考えられる（「横田文書」）。また、越後の長尾氏や豊後の大友氏も領民に飛脚役を課して、分国内の通信連絡に当たらせている。

社寺参詣　武士階級の社寺参詣は先述したとおりであるが、庶民についてはいったいどうだったろうか。宗教的情熱の高揚した中世だけに庶民も例外ではなかったが、なにぶん農民には政治的、経済的、社会的地位の停滞から遠隔地の社寺へ自主的に参詣するだけの余裕がなかった。とくに東国などの後進地ではそうであり、わずかに畿内や近国の地域で名主階級や商人らの間で参詣が行われていたに過ぎない。しかし農民の場合、領主の参詣に随従したり、京上夫などの機会を利用して参詣することは可能であった。それではこの時代、庶民が信仰して参詣した社寺にはどのようなものがあったろうか。

まず熊野信仰であるが、鎌倉時代には東国社会で深く浸透していたので、常陸田中荘の百姓夫妻が熊野先達の高観房に犯されたとき、報復もせずに陸奥へ逃走したという（『沙石集』）。しかし、当時の熊野信仰は地頭層を中心とするもので、農民にまではあまり波及していなかった。常陸那珂《なか》郡大部郷の百姓平太郎は、熱心な浄土真宗の信者であったので、地頭から熊野詣の供をするように命じられたとき、その苦悩を親鸞《しんらん》に訴えている（『御伝鈔』）。したがって、農民が自主的に熊野詣をすることはな

35　親鸞聖人と平太郎（『善信聖人絵』西本願寺蔵）

かったといえよう。熊野詣が熊野講という形態をとり庶民にまで波及してくるのは、やはり室町時代を待たなければならない。

伊勢信仰は、室町後期になると熊野信仰の衰退により盛んとなった。当初は貴族・将軍・守護大名から始まり、庶民は人夫役などで随従することが多かった。しかし、伊勢神宮がしだいに広範な国民的崇敬を受けるようになると、「和国に生を受くる人、伊勢神宮へ参詣すべき事勿論」（『壒嚢《あいのう》鈔《しょう》』）といった観念が生まれるようになり、庶民も積極的に伊勢参宮を行うようになった。伊勢路にはこうした参宮者を目当てに関所が乱立されたので、五千人もの庶民が、関銭を逃れるために近江の豪族京極智秀の偽りの従者となって参宮しているほどである（『碧山日録《へきざんにちろく》』）。戦国時代になると近畿地方を中心に伊勢講が成立して、農民の集団的な伊勢参宮が盛行するようになった。

このほかに庶民の社寺参詣としては、本山への参詣や、西国・坂東・秩父等の観音霊場巡り、四国遍路などが見られる。

（福島　正義）

第三編　近世の交通

一　江戸幕府の交通政策

1　その前史——豊臣政権期の交通政策

豊臣秀吉の交通政策　幕藩制国家の成立の指標を石高制や兵農分離制に求めるとするならば、それは豊臣秀吉による全国的な政治支配の遂行と不可分の関係にあるということができる。近世的交通体系の形成も、これに即応するのであって、それは幕藩制国家の交通政策—ここでは秀吉による超領域的な交通路と伝馬制、一里＝三十六町制、関所撤廃の実施、等々—が、その統一過程における年次的・地域的偏差を示しながら実現したことを意味している。

秀吉は、織田信長の交通政策—支配領国の道路修築、並木植立、瀬田橋などの架橋、関所撤廃、琵琶湖堅田の海賊掌握、等々—を継承・発展するかたちで、まず畿内とその周辺地域から着手し、全国におよぼした。信長の地盤をうけついだ彼は、検地を実施する一方、天正十年（一五八二）から同十四年にかけて、熊野・高野山の関所や越後上杉氏など服属大名領の関所を撤廃させ、毛利氏の分国における海陸の関所廃止をも実現した。これは『身自鏡』がいうように、当時の伊勢参宮を「前代未聞」

の盛況にみちびき、楽市楽座《らくいちらくざ》とともに商品流通の画期的進展をもたらした（新城常三『戦国時代の交通』他）。

こうした関所廃止とならんで、同十四年には九州征伐のため、毛利氏に山陽道より九州にわたる長途の街道築造と路次の「御座所」設営を命じている。これは全国的な新交通体系形成の端緒をなすものといってよいが、その政策自体は征戦の準備としてなされたのであって、一日路ごとの彼の宿所が実は「城構」であることなど（『大日本古文書・毛利家文書』三）、その臨戦的性格を物語っている。この点は翌十五年、豊臣方の軍勢が筑紫路と日向路の二手に分かれて南下した行軍路についてもいえることで、これら統一戦争の行軍路すべてが中―近世にかけての九州路の主要な街道筋だったかというと、そうでもない。後世にも「非海道、山中難所にて旅人の通用稀」なる交通不便であって、真の意味での近世的交通体系の形成とは縁のうすい道筋のところもあるからである。

このことは同十八年の後北条氏の討伐後、秀吉が奥羽平定に先だち、七月九日に小田原より会津までの「道作御法度」を発して、道幅三間の街道普請を命じた件についてもいえる。彼は、馬廻衆《うままわりしゅう》の垣見弥五郎ら五人を道作奉行に任じて、百姓の徴発による道普請をおこなわせ、この忌避者を処罰する一方、船橋や御座所、兵糧や馬飼料、町送り人足十人の準備などを命じたが（『大日本古文書・伊達家文書』二）、これには伊達政宗や佐竹義宣も普請役を賦課されている。秀吉は小田原落城後、江戸・宇都宮・白河などを経由して会津黒川にいたったが、これら道筋のうち江戸―白河間が近世の日光・奥州道中のコースとどう関連するかについては、今後の研究課題といえよう。それは新・旧両コースに一部交錯・重複するところはあっても全体的には大して重複せず、それぞれ別コースをとっていたからである。

近世的交通体系の形成　秀吉の全国統一によって、新たな交通体系への胎動がはじまる。たとえば、山陽道の場合、文禄・慶長の役において、肥前名護屋《なごや》城が朝鮮侵略の拠点となった時から大きく変容することになった。天正二十年（文禄元）二月、秀吉が毛利輝元に宛てた朱印状は、秀吉の名護屋出動に際して毛利氏領国の街道筋の「御とまりの所々」に乗掛馬五十疋ずつを集めておき、支障のないよう待機させることを命じたものである。これは戦時出動とはいえ、それ以降の経過からみて一時的なものではなかった。毛利氏は、秀吉の「御泊々」（宿々）の「御座所」用として「御茶屋」(後の藩営の本陣)を設置しており(『大日本古文書・毛利家文書』四)、近世宿駅への方向性がしだいに明確化したようにもみえる。もちろん、宿駅における伝馬業務は戦国大名の段階において恒常的であり、また御茶屋も織田信長が甲斐の武田勝頼を征討した時すでにみられるので若干の留保条件つきとなるが、山陽道筋においては、江戸時代の宿次名と多くが一致しており、中世以来のそれがほとんどそのまま持越され、推転したものと思われる。

もっとも、九州路に入ってからは、小倉から名護屋まで江戸時代の唐津街道のコースとある程度一致はするが、筑前国内では同じ道筋でない場合も多く、その宿駅のかなりの部分が慶長以降の散在村民の一村集住による宿(町)立てがなされ、近世的交通体系の一環として形成・確立したことを示唆している。

こうした豊臣政権による近世的交通体系への転化には、地域隔差がみられるようである。たとえば、本州中央部の信濃伊那街道の市田原町の場合、有力な在地土豪である問屋の関河対馬守の統率の下、同町在住の若干の伝馬衆と周辺の郷村に散在する伝馬衆によって構成されていたが、文禄元年（一五九二）三月、豊臣系大名毛利秀頼の城代篠原秀政が給人下代中に宛てた文書によると、伝馬衆に対する給人支配権の制約・排除の方策を打ちだしており、翌二年三月、これまでの伝馬宿が天龍川沿いの段丘下にあったのを、木曾山脈東麓の段丘上の街道に移すとともに、この新宿駅の形成に際しては散在の伝馬衆の集住・定着化をはかっている（『信濃史料』十五・十六巻）。こうした政策は、戦国時代以来の伝馬制《てんませい》を中央―地方の二重構造をもつものに改編するとともに、商農・兵農分離を促進し、新宿駅をして城下町中心の領国的な交通・流通構造の重要な一翼を担わせる役割を果たした。

しかし、この政策基調は、朝鮮の役の失敗や秀吉の死によって全面的に貫徹することはできず、徳川政権の新たな課題として引きつがれることになる。その課題とは、豊臣政権が意図しながらも果たせなかった主要街道・宿駅の、在地権力を媒介としない直接掌握であり、また兵農分離にもとづく軍役と伝馬役との乖離《かいり》、すなわち伝馬役の完全な農民夫役への転化にほかならない。

2　幕藩制初期の交通政策

慶長・元和期の交通政策　徳川政権は、その交通政策を、豊臣政権下の京都または大坂中心の全国的交通体系の克服をめざすことから始めねばならなかった。それは、かつての三河時代の伝馬制を基礎としながらも、五ヵ国時代に今川・武田氏のそれを摂取・継承し、さらに関東領国時代に後北条氏のものをも踏襲・拡充しつつ、江戸中心の交通体系をしだいに全国的なものへと発展させたのである。そして、関ヶ原の戦後の慶長六年（一六〇一）東海道伝馬制を実施して、各宿ごとに伝馬三十六疋を定置させ、さらに翌七年以降これを中山道以下におよぼしたが（伝馬数は逓減）、元和元年（一六一五）の大坂夏の陣による豊臣氏の滅亡、寛永十二年（一六三五）以降の参勤交代制の整備や天草・島原の乱、鎖国制の実施などは、全国的交通体系の展開に重要な役割を果たした。

その間、徳川政権は、東海道・中山道等の宿駅に対して、伝馬朱印状・同定書《さだめがき》を下付して荷量を制限するとともに、江戸町年寄の奈良屋・樽屋を派遣して各宿間の駄賃や河川の船賃を定めさせ、新規に宿駅を設定したのであった。特に、慶長六年の東海道伝馬制の実施以降に新設された宿駅をあげると、同七年の大津、九年の戸塚以下、元和二年の袋井・石薬師、同四年の箱根、九年の川崎などで、寛永元年の庄野宿の設定を最後として東海道五十三次がほぼ完全に整備された。このような新宿の設置は、慶長・元和年中の東海道伝馬制が、たとえば江戸—小田原間において既設の宿駅以外に二十ヵ所の継立村が存在し、宿駅同士の距離に大小があって一定しないなど、未確立な段階にあったためと考えられる（渡辺和敏「江戸幕府陸上交通政策の展開」『日本交通史研究』）。

こうした状況は、徳川氏の全国制覇の過程でしだいに克服されていった。慶長八年の徳川家康の征夷大将軍任命、同十年の子秀忠の将軍襲職時の一大軍勢の上洛、その後の駿府の大御所家康と江戸の

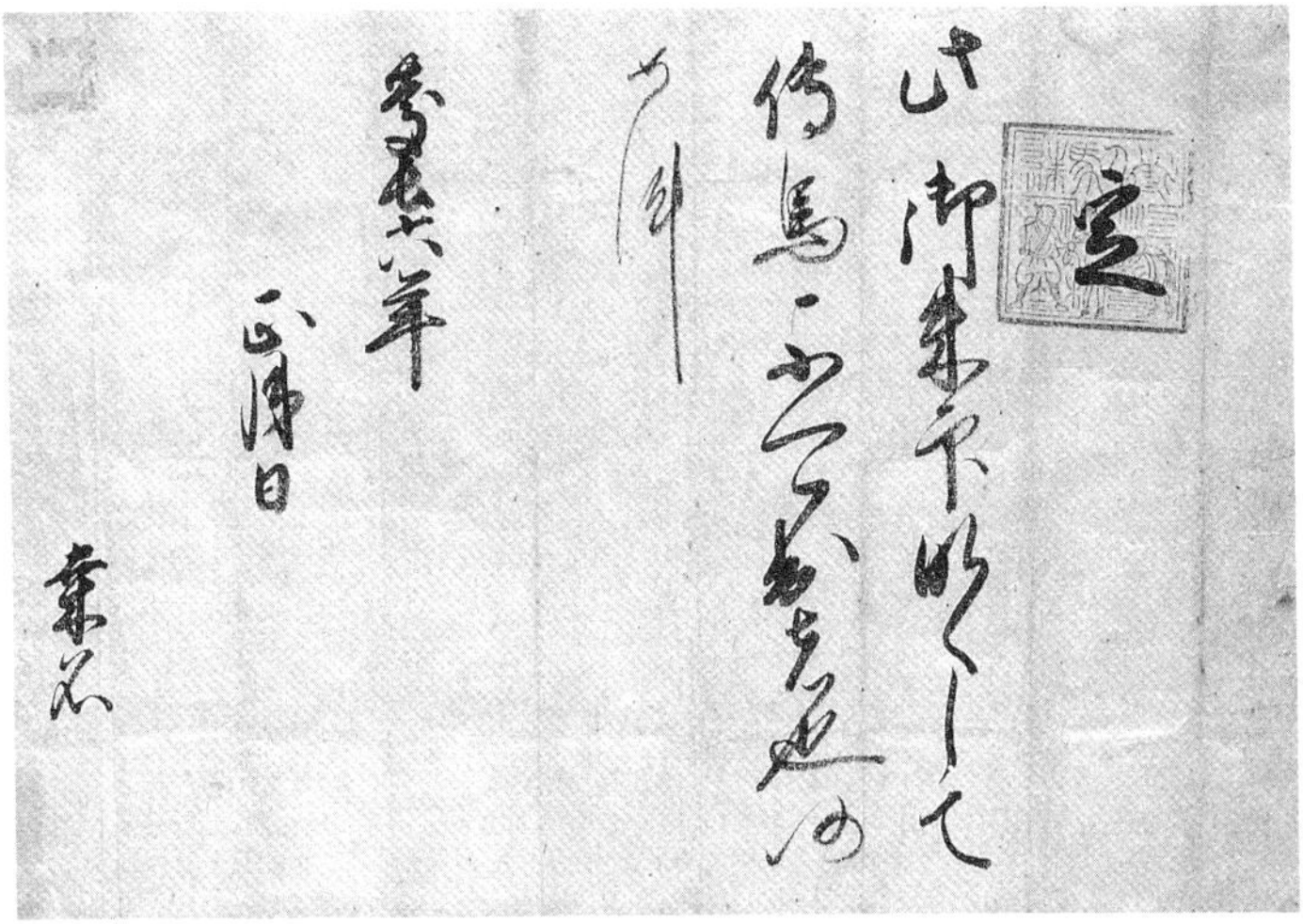

36　慶長６年「伝馬朱印状」東海道桑名（日本通運株式会社蔵）

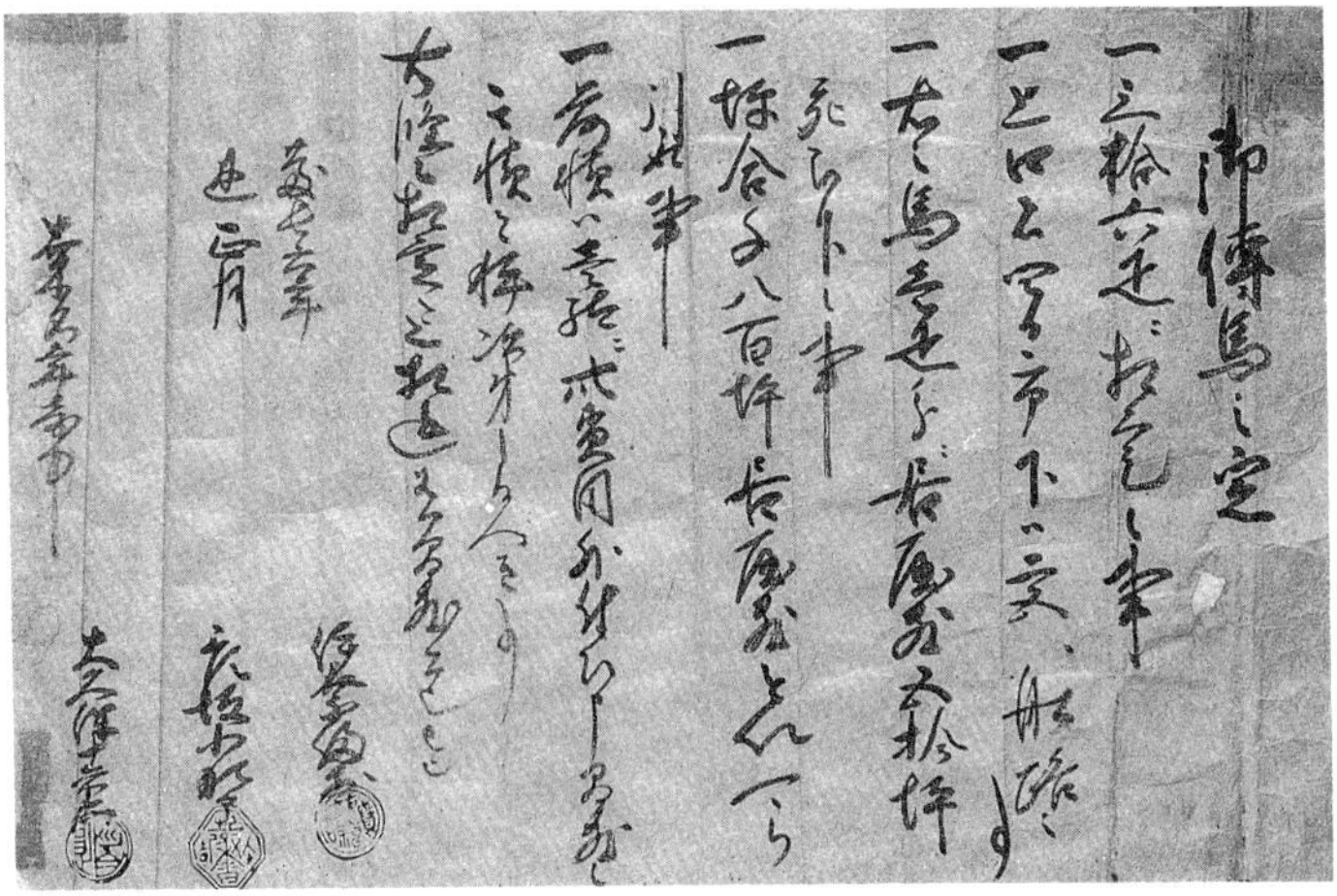

37　慶長６年「伝馬定書」東海道桑名（日本通運株式会社蔵）

将軍秀忠による二元政治の展開は、一般政治のみならず、東海道以下の諸街道と宿駅などに対する交通政策にも大きな影響をおよぼした。江戸城の増改築と城下の拡張、特に参勤諸大名の邸宅増大により江戸の政治都市としての地位がたかまると、江戸―駿府―京坂をむすぶ東海道中心の交通がさかんとなり、これが全国におよぼされる契機ともなった。この二元政治下の徳川氏の交通政策は、五街道はもとより、脇街道の親藩《しんぱん》・譜代《ふだい》藩領の宿駅にもしだいに浸透していった。慶長十六年九月、松平忠輝が支配する越後高田藩領内の北国街道宿駅の掟書には、江戸（秀忠）と駿府（家康）の朱印で無条件に伝馬・人足を提供すること、大伝馬の時は隣郷の人馬を使って宿駅にはその分を免除すること、これは江戸や駿府の仕置と同じだとしているのは、その顕著な例といってよい（『大日本史料』十二編九）。これは同年三月、徳川氏が大坂城の豊臣秀頼を京都二条城で臣従の礼をとらせて、天下の覇者たることを示した半年後のことであるが、同十九年・元和元年の大坂冬・夏の陣による豊臣氏の滅亡と翌二年の家康の死は、江戸城中心の将軍政治を基軸として、その交通政策にも新たな展開をもたらすこととなった。その第一歩が、同二年八月の関東定船場法度と十一月の荷量および駄賃・人足賃の規定である。

寛永期の交通政策　この時期は、江戸城西丸の大御所秀忠と本丸の将軍家光の二元政治から、後者の将軍独裁制へと移行し、幕藩制国家の政治的安定と制度的確立をみる段階である。交通制度の面では、寛永二年（一六二五）の駄賃《だちんば》馬・伝馬規定の再確認、翌三年の東海道の道橋修繕・維持の義務づけ、八年の諸関所・渡し場規定などが、まずあげられる。これより先、慶長八年に家康が征夷大将軍就任に際して上洛して以来、将軍・大御所の上洛は寛永八年まで九回を数える。特に同十一年のそれは随行者数三十万七千人余にのぼる大部隊で、これ以外にも諸国の大小名が参集して空前の大通行となったが、それだけに街道宿駅にあたえた影響は大きかった。幕府は前年二月、臨時的な役職の大留守居を改廃して常置の留守居を設け、これに関所手形の発行や大名人質などを管掌させたが、三月には東海道の諸宿駅に継飛脚《つぎびきゃく》給米を下付しており、これは恒例となった。

この家光の上洛は、幕威の発揚と公武関係の新たな展開をつげるものであり、幕藩制国家の確立へ大きく踏み出す画期ともなった。それは、この上洛を契機として武家諸法度《ぶけしょはっと》・旗本法度の改定、鎖国令の強化など、重要政策が相次いで打ち出されたことなどに示される。そして、特に十四年の天草・島原の乱発生による松平信綱以下十二万余人の鎮圧軍派遣は、沿道筋の宿駅・農村に大きな影響をあたえた。すでに乱発生の七カ月前には、東海道・美濃路および一部の中山道などには宿駅人馬の不足を補うため助馬令が出されて、在郷馬の徴集権が宿駅問屋にあたえられていたが、翌十五年十一月、東海道の諸宿は従来の伝馬三十六疋から百疋定置へと増加を義務づけられることになった（『静岡県史料』三、『浜松市史』史料編一）。

こうした交通政策は、宿駅住民に過大な伝馬役負担を強いるものであり、早くも定置人馬の維持困難とその急激な退転をもたらした。その対策としては、幕府は同十七年には宿駅の伝馬屋敷地子免許をふやし、十九年には宿助成として伝馬百疋に米二百俵を貸与するなどの措置を講じたが、大した効果もなく、翌二十年には各宿駅の駄賃値上げ要請を認めざるをえなかった。当時の交通量増大の前に、宿駅や近傍農村の人馬提供力が追いつかず、宿人馬は半減以下に退転するところも多く、東海道水口宿のように寛永十二年（一六三五）の定置馬八十一疋は同十五年―六十三疋、そして同末年―三十二疋と、わずか十年足らずのうちに半分以下に減少、慶長発足時の三十六疋の維持すらできない例もみられた（『水口町志』下巻）。こうした傾向は東海道以下の各街道宿駅に共通するところであって、宿駅以外の「助馬」村へ伝馬役負担が転嫁されていくのは自然の勢いでもあった。

3　道中奉行の設置と職掌

道中奉行の設置　江戸時代、街道筋の道橋・宿駅等、道中一切のことを管掌したのが道中奉行である。その史料上の初見は『吏徴別録《りちょうべつろく》』の記事で、ここでは大目付は寛永九年十二月七日初めて四人が置かれ、道中奉行を兼帯するものとして、水野河内守守信・秋山修理亮正重・柳生但馬守宗矩・井上筑後守政重の名前があげられている。しかし、これは大目付に道中をも奉行させるという意味での道中奉行の始源であり、実質的な道中奉行の成立は、万治二年（一六五九）七月十九日に大目付高木伊勢守守久が初めて道中奉行を兼帯したとする、『竈余一得三集《とよいっとくさんしゅう》』などの記事に求むべきであろう。

ところで、正式の道中奉行が成立する以前、道中関係の職掌と担当者はどうであったか。江戸時代の初頭、幕府の職制が未整備のとき、臨時に道橋奉行・一里塚奉行・御宿奉行などが設けられたりしているが、これらは恒常的な職制として定着したものではない。慶長六年（一六〇一）の東海道伝馬制の設定に際して、「御伝馬之定」に連署した伊奈忠次《いなただつぐ》・彦坂元正《ひこさかもとまさ》・大久保長安《ながやす》の三人はいずれも関東代官頭で、前年の関ケ原の戦では小荷駄奉行を務めていた。同七年六月の伝馬の「定」には、彦坂の代わりに加藤正次・板倉勝重が加わっているが、加藤は五年には京都の守護を命じられ、板倉は関東代官をも兼ねて、六年から元和五年（一六一九）まで京都所司代の地位にあった。道中関係の職掌が、徳川氏の勢力拡大を契機として、関東代官頭に加えて京都所司代の参与をみるに至ったことがわかるが、また当時は江戸町奉行や関東総奉行を兼ねた青山忠成・内藤清成らも関与している。その後、寛永初年代まで道中関係は後の老中の所管で、京都所司代が加判したりしているが、時に応じて若年寄が例外的に参画することもあった。

寛永十年、幕府が東海道諸宿に継飛脚給米を下付したことは先に述べたが、このとき各宿代官に連署状を発した曾根吉次ら四人は、いずれも前年に諸国巡見を命じられ、うち曾根は関東の惣勘定頭《そうかんじようがしら》、残り三人もこの前後の年に勘定方に関係している。右の継飛脚給米を一つの契機として、道中関係の職掌が老中より下級の惣勘定頭の手に移行しつつあることがわかる。同十九年には、幕領全体を統轄する勘定頭（後の勘定奉行）の設置を画期として、老中―勘定奉行―代官という地方支配の機構が整備されたが（村上直「関東幕領における八王子代官」『日本歴史』一六八号）、これと同時に道中関係も勘定奉行に町奉行・大目付を加えた新方式で定着することになる。翌二十年二月の道中駄賃・舟賃関係の「覚」はその事実をよく示しており、この三者方式は道中奉行が設置される直前までつづいたのである。

こうした基礎のうえに、万治二年（一六五九）の大目付高木守久の道中奉行兼帯が実現するが、これは従来の機構の制度化を前進させたものであって、その後の道中奉行の職掌も大目付単独というよりはむしろ、勘定奉行との協議によって執行されたようである。一方、町奉行の参与は延宝年間（一六七三—八〇）までには停《や》み、道中関係は大目付と勘定奉行のみの管掌となった。

このような道中奉行は、万治二年より元禄十一年（一六九八）まで表むきは大目付兼帯の一人職でありながら、その実際は三者↓二者方式を採り入れてきたのであり、この年に勘定奉行公事方の松平重良が道中加役となってからは、名実ともに大目付・勘定奉行の双方より兼帯する二人職となる。そして、大目付が兼ねる場合は兼帯といって主席、勘定奉行のそれは加役といって次席とし、後者は多く公事方の者を補したが、稀には勝手方の者が務めることもあった。この構成は、幕府が道中奉行による政治支配の貫徹をいかに重要視したかを物語るものでもある。道中奉行は、その役料として、享保八年（一七二三）以降、年間米三千石ずつを、文化二年（一八〇五）からは金二百五十両ずつを支給された（田村栄太郎『江戸時代の交通』）。

道中奉行の職掌　松平乗宗（大目付）・伊勢貞数（勘定奉行）の「道中方勤方申上」は、享保元年（一七一六）から同六年までの間の道中奉行の職務内容を詳記している。これによると、正徳元、二年（一七一一—一二）に宿駅制度の改革で、従来累積した道中関係の難問題の整備が円滑化したこと、特に宝永四年（一七〇七）設置の宿手代の廃止にともなう道中奉行への与力十騎・同心十人の付属以降は、道中奉行も月番制となり寄合日《よりあい》も定められて、比較的統一されたものになったことがわかる。また従来、伝馬宿入用米や損木払下げ代金・闕所金《けっしょきん》・宿拝借返納金・宿助成金などをその地の代官に交付したため、地方年貢のなかに混淆して精算が困難だったが、これを弁別し、道中奉行除《よ》ケ金と称して金一万百十四両と銀百七貫八百四十四匁余を江戸御金蔵に貯蓄、道中奉行の用金としたのも、重要な改革といえる。この道中方除ケ金は、勘定組頭や評定所留役・勘定方・同出役のほか、筆墨代や臨時予備費に充てられている。

その後の五街道を中心とする交通の発展、享保改革など幕府の財政政策が、道中奉行の職掌に多少の変改をもたらしたのは必然でもあろう。なお、寛保二年（一七四二）道中奉行はその下に勘定方六人を付属させ、延享二年（一七四五）矢作・吉田・勢田の三大橋以外の橋梁修築をすべて道中方の所管としたように、時宜に応じて部分的整備がおこなわれた。

道中奉行の性格

道中奉行が独立の行政機関でありながら、大目付・勘定奉行の兼帯・加役で中途半端な性格を内包したことは、多くの問題をひき起こした。大目付が一切の政務の監察以外に、分限《ぶげん》方《かた》・服忌《ふくき》方《かた》・鉄炮改方・道中方など七つを分掌したのと同じく、勘定奉行にとり道中奉行加役は「臨時御用掛」であって、道中方は下勘定所の一分課にすぎなかった。しかも、勘定組頭以下の者が道中方の実務を担当し、道中方除ケ金からその俸給を支弁したことなど、全体的にみて両者の職掌内容の錯綜・混同の継続を物語るものといえるだろう。

五街道筋で発生した諸問題や紛争などを、道中奉行と勘定奉行で分掌処理することは容易でなく、その截分の基準をどこにおくかが関心事となったし、実際の取扱い上にも処理困難な問題がしばしば発生した。このため勘定奉行の内寄合でも、地方・道中方の区別に関して幾度となく評議が重ねられている。享保十年（一七二五）の場合、勘定奉行稲生正武（道中奉行加役）が出した勘定所へ伺うべき道中取締まりの達書によると、道中宿の公事訴訟や行倒れ人の注進、道中の道橋普請、御伝馬宿入用米の取立および石代金納、道中筋並木の風折れ払下げ、闕所物の払下げ、道中方諸渡し方などは勘定奉行へ、旅行者と宿場の者の出入りは道中奉行へ、それぞれ伺い出るとしているが、これでは大部分が勘定奉行の管掌ということになってしまう。

『牧民金鑑《ぼくみんきんかん》』は、「地方道中方之弁別」として、天明六年・同九年の内寄合における評議内容を載せているが、ここでも峻別の確定ができず苦慮したあとがうかがえる。まず、前者では、これまで五街道宿々で逮捕した盗賊・殺人犯・行倒れ・変死人一件は道中方で多く取扱ってきたが、なかには地方で取扱ったものもあり区々であった。たとえば、食売女・止宿の旅人・旅籠屋《はたごや》渡世など、街道宿場に関する分は、すべて道中方で取扱うが、一通りの盗賊や道中と無関係の一件は地方で取扱ってもよかろうとの意見もあり、そのつど評議のうえ区分して取扱った。しかし、これでは手間どるので、以後は宿場で捕えた盗賊や宿内の殺傷・行倒れ・変死人などの分も道中方で取扱うことになった。次に後者では、旅人・旅籠屋・食売女等のほか、人足・小揚など往来の継立に関係のある分は道中方の取扱いとするが、宿場の者同士の喧嘩口論や、往来に関係のない一件は公事方の月番に差出させることにしている。ここでは、先に五街道宿場の分は道中方の取扱いとした原則もくずされていることがわかる。もっとも、『目安秘書』によれば、宿駅・助郷に関係のある者の公事訴訟であれば、道中方が取扱うことになっている。

　こうした点に道中奉行の職掌上の性格がうかがわれるが、それはともかく、道中奉行が幕藩制国家の基幹部分ともいうべき交通制度の維持を目的とする職制であり、特に本州中央部をはしる五街道と付属街道、その助郷村という広域地帯を、交通関係という限定付にもかかわらず直接支配（政治的監察―大目付、経済的統治―勘定奉行）の対象とし、交通運輸上の諸問題・諸紛争の解決に果たした機能的役割は、幕末の一時期を除いて絶大なものがあったといわねばならない。

4　幕藩制前・中期の交通政策

明暦―元禄期の交通政策　右にみる道中奉行の形成・確立過程は、幕府の政治制度の整備が交通職制にまでおよぶ状況を示すとともに、幕藩制国家の特権者優位の交通制度がしだいに矛盾をあらわにしはじめていたことの反映でもあった。道中奉行成立前の明暦元年（一六五五）から万治元年（一六五八）までの間、幕府は荷物の重量制限や駄賃・無賃の規定、二条・大坂城番衆ら特権的通行者の不法行為や原初的な会符荷などの抑制、あるいは助馬制の整備など、主に人馬役負担に苦しむ宿駅に対する一定程度の保護策を推進していた。
　こうした政策基調は、道中奉行の成立後もほぼ踏襲され、新たに関所政策が展開されて万治から寛文年中へとつづくが、注目すべきはこの時期、伝馬制の本格的整備がおこなわれた点であろう。それ

38　「日光御用」の会符と御用箱
（郵政研究所附属資料館蔵）

は具体的には、寛文七、八年（一六六七―八）ごろ以降、東海道などで助馬制のなかに定助・大助あるいは宿付村が指定される一方、延宝二年（一六七四）より幕藩領主による宿駅助成（拝借銭の下付）や伝馬役負担基準の改訂（伝馬役の高役化、人足役の間口割と高役併用化という転化）がなされたことである（深井甚三「綱吉政権の宿駅・助郷政策について」『国史談話会雑誌』二二号）。このほか、幕府の宿駅諸規定のなかに、風俗取締まり（遊女禁止や旅籠屋女＝食売女の出現に対する規制など）の条項も加えられている。こうした動きは、旧来の領主的交通に対する民衆的交通のたかまりを示すものであるが、そこには近世本百姓の一般的形成とその剰余蓄積を基礎とする、庶民の社寺参詣の盛行があったことと無関係ではない。

天和・貞享年中の交通政策は、伝馬利用者の不法行為を抑制し、西国大名に付通し馬を要望するなど宿駅保護をはかる反面、駄賃銭の低額化を維持するなど特権的通行者の優遇策を講じた点に特徴がある。また、元禄元年（一六八八）に生類憐《しょうるい》みが宿駅取締まり規定のなかに登場したことも注目してよい。ここでは無宿《むしゅく》・雲助《くもすけ》なども問題化しているが、その後の重要施策は、諸種の宿駅保護策（駄賃規定・刎銭《はねせん》・拝借金など）であり、特に同七年の東海道・中山道・美濃路、九・十年の日光道中における助郷《すけごう》制の再編成は、その最たるものといえる。それは従来の幕領・知行所などの領有関係を顧慮することなく、宿駅の近傍諸村をその地理的条件にもとづき助郷に指定するという、まさに個別領主権を部分否定するかたちでの改革だったところに大きな意義がある。また、宝永四年（一七〇七）諸街道宿駅の困窮を救済するために、東海道では人馬賃銭を三割、中山道以下の四街道および付属街道では二割の増額が、初めて一斉に実施されたことも特筆すべき点である。こうした政策は、柳沢吉保《よしやす》・荻原重秀らの側用人《そばようにん》政治、それも道中奉行の下で勘定所の実務吏僚の手によって推進され（深井前掲論文）、一定の成果をあげたのであるが、しかし領主的交通以下の交通量は増加の一途をたどるのみで、新たな交通制度の改革を必然化したのであった。

正徳・享保期の宿駅・助郷制改革　正徳元、二年（一七一一―一二）の駅制改革は、新井白石の主導の下に推進されたが、それは彼が宿駅の定置人馬の不足、宿駅・助郷の困窮の状況に直面していたか

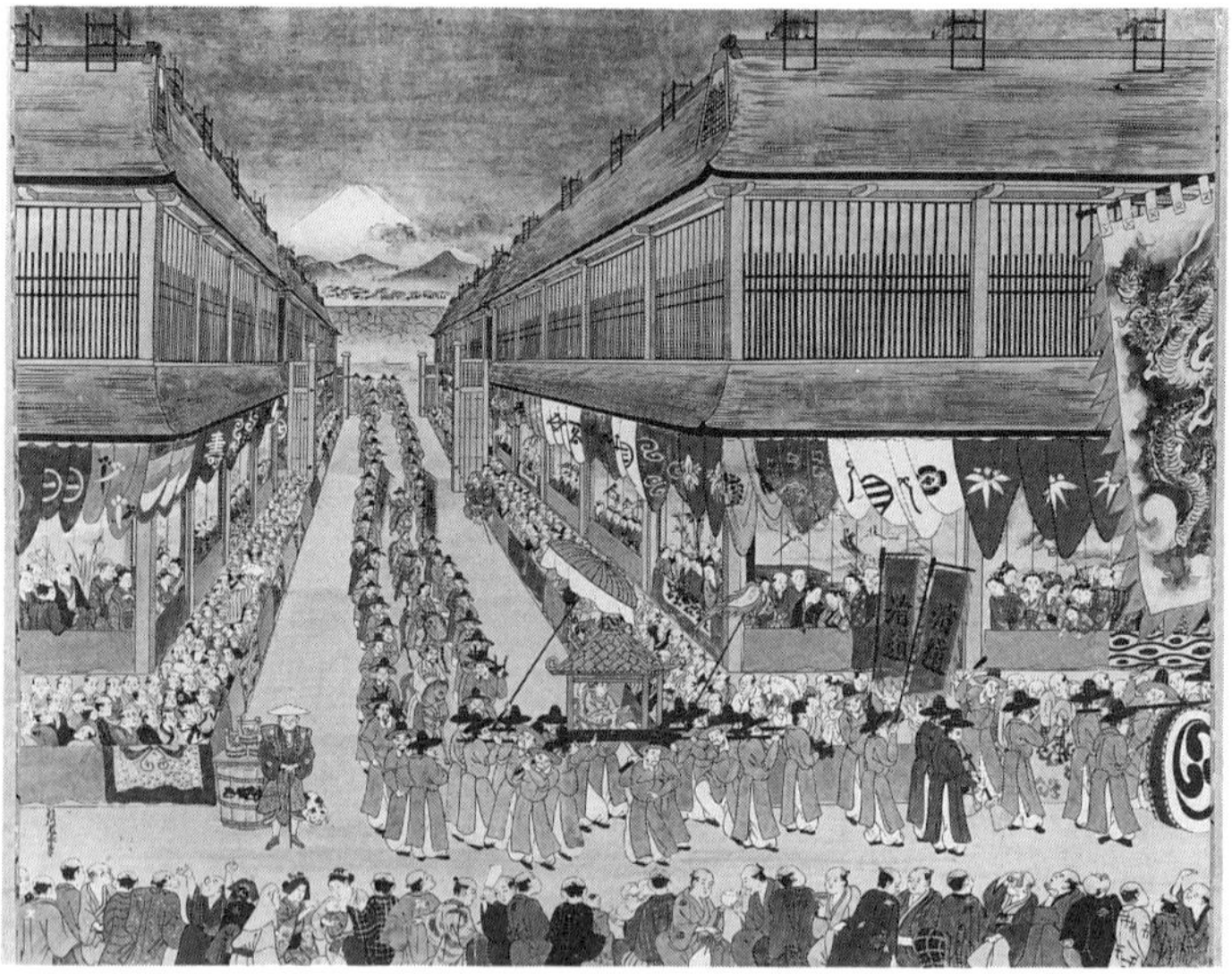

39　朝鮮通信使行列図（神戸市立博物館蔵）

らである。その時、荻原重秀による朝鮮通信使へ提供する鞍馬の商人請負案を契機として、宿駅・助郷疲弊を打開する方策を助郷国役化（助郷を廃止して人馬維持費を国役金として諸国へ賦課する方策）などに求める道中奉行案と、宿手代や伝馬使用者の不正規制および個別的な宿駅助成で乗り切ろうとする白石案とが対立したという。しかし、結局それは折衷策に落ちつき、道中除ケ金・貫目改所（東海道の品川・駿府・草津と中山道の板橋・洗《せ》馬《ば》の各宿へ）の設置、道中筋諸条目および高札などの規定に終わった。しかし、この改革で宿駅制の法的整備や支配機構の強化という目的がかなり達成されて、特権的交通の抑制と宿駅・助郷負担の軽減をみたが（深井「家宣・家継政権の宿駅・助郷政策について」『日本海地域史研究』四輯）、その後の経済発展・交通量増大の前には一時的な彌縫《びほう》策にすぎなかった。

享保六年（一七二一）東海道宿駅では、常置の伝馬百疋を維持するもの八カ宿、二十〜五十疋不足の宿二十七、五十疋以上不足の宿十二、七十疋以上不足の宿三、という数値を示しているが、これは武家・公家および特定寺社など支配階級の特権的通行量の増大などが、伝馬役負担の過重性をもたらし、宿駅の継立機能そのものを麻痺させ破壊している姿をよく示すものである。将軍吉宗の登場により、白石も政治の表舞台をしりぞき、正徳政治における朝鮮通信使の聘礼《へいれい》も撤回されて天和段階に逆戻りしてしまったが、しかし享保四年には、朝鮮通信使の来朝時に山城・大和・和泉など十五カ国の出人馬を命じていたのを突如撤回して請負通し人馬を使用させ、その賃銀分は右の諸国から高割で取り立てて充てることにした。

この通信使国役金の政策は、正徳期の助郷国役案の変種ともいえるもので、翌五年の国役普請令とも軌を一にしている。その延長線上に同十年の宿駅・加宿による伝馬維持と助郷の廃止＝助郷国役化案が再登場することになるが、これは多くの宿駅の賛同を得られなかったようで、陽の目をみずに終わった。そして結局は、東海道の定助郷・大助郷の区分廃止（一元化）、大助郷の定助郷化が実現し、三都町人によって出されていた東海道惣助郷請負（「東海道五十三宿定助大助役人馬請負」）の請願などは、すべて却下された。これは幕府が宿駅・助郷制度の基幹部分の堅持を再確認したことを意味するものである。それ以降は宿駅の伝馬補助金を下付せず、特権的な御用交通の増加をそのまま放置したことから、宿駅・助郷間の人馬徴発をめぐる紛争が激化し、宿駅・助郷両方からの道中奉行への訴願も頻出した（深井「吉宗政権における宿駅・助郷政策」『日本史研究』一二七二号）。幕府が新たに加助郷以下の各種助郷を設置せざるをえなくなったのは当然である。

宝暦・明和期の交通政策　その後、延享・寛延期は吉宗の大御所時代でもあり、これまでの宿駅・助郷政策が踏襲されている。まず、延享三年（一七四六）幕府は参勤交代の諸大名が中山道を多く通行するのを制限しているが、翌四年には正徳元年の道中筋条目を再び触れて、町人への会符貸与、飛脚や旅行者からの賃銭・酒手のねだり取り、宿駅問屋による人馬賃銭の勘定不正等を取締まる一方、三度飛脚の不法な人馬使用を禁じた。次いで、宝暦期の前半もほぼ同じ政策基調であって、宝暦八年（一七五八）には正徳・延享度の道中筋条目を合し、また人馬触当方の規定を発布して、無賃人馬は触れあてずに宿駅の人馬で継ぎ送らせることにしたりした。これを契機として、東海道宿駅では囲人馬の増加（三十人・二十疋）を実現する等々のことがあり、またまた宿駅・助郷の紛争が頻発し、助郷村は役負担の免除や休年の訴願などを繰り返すことになった。

幕府は、こうした訴願を禁ずる一方、同十二、三年に中山道・美濃路などで助郷調査―特に増助郷の村柄調査―をおこなったが、その結果として、明和元年（一七六四）中山道坂橋―和田の二十八カ宿周辺のうち、新たに増助郷を指定し、遠方のため直接勤役できぬ村々からは高百石につき役代金六両二分ずつ提供させようとして、代官手代を派遣した。この増助郷設定と朝鮮通信使来朝・帰国時の国役金賦課策とに反対して、武蔵・上野・信濃および下野の一部をふくむ蜂起者二十万人の伝馬大騒動が発生するに至った（深井「宝暦・天明期における幕府の宿駅・助郷政策」『日本近世交通史論集』）。

この増助郷設定策の背景には、宿駅の問屋と結託した地主・商業高利貸業者らが助郷人馬を請負制によって代行し、さらに幕府の勘定方もその利潤を吸収して幕府財政を補強しようとし、特に幕閣も一部の出願人から得た賄賂をもとに結託して増助郷の設定を容認した、とする見解がある（山田忠雄『一揆打毀しの運動構造』）。この騒動は翌二年までつづき、江戸への強訴という手段をとったように、当

40　明和2年の日光法会時，日光道中鉢石宿の加助郷賦課（宇都宮市，赤羽佐介氏蔵）

41　信州中馬追い（長野県教育委員会『中馬制の記録』より）

初は幕府に対する反封建闘争の色あいが濃かったが、途中から宿駅問屋や名主・在方商人など村落支配層＝豪農層に対する打ちこわしという、幕末期の世直し一揆に連なる性格のものに転換していった。

その後、幕府が財政支出の削減を基本方針とし、宿駅の本陣拝借などを制限したため、明和八、九年に中山道板橋―坂本間の増助郷願いが再燃した。このため道中奉行も吟味をはじめたが、これを知った東海道以下の諸街道も増助郷願いに江戸詰して「大騒動」の状景を呈したという。この請願は不首尾に終わったが（『川越市史』史料編近世Ⅲ）、それは幕府が差村を拒否する諸村の動向にかんがみ、増助郷願いを遮断したことをも意味している。

これより先、宝暦九年に信濃の伊那街道松島宿が荷替えした中馬荷を抑留したことに端を発する中馬《ちゅうま》争論に対して、明和元年評定所で道中奉行の裁許が下された。その内容は、信濃松本および飯田の荷問屋を中心とし中山道・甲州道中・伊那街道・北国街道の各地方をむすぶ運送に関して、各街道筋の中馬稼ぎの活動範囲、運送品目および駄数を規定したものであるが、これによって従来の大幅な宿駅保護策が修正され、中馬慣行がひろく公認、制度化されることになった（古島敏雄『信州中馬の研究』）。この事実は、これまでの商品生産・流通の発展が中馬という新興の農民的運輸機関の成長をもたらし、ひいては特権的な領主的交通を支える宿駅制度に打撃をあたえ、漸次崩壊にみちびく性格のものだったことを示唆している。それは信濃のみならず、全国各地の新旧両商品流通をめぐる紛争の象徴的事件でもあった。

右の伝馬大騒動と中馬裁許に示されるように、宿駅と助郷諸村とは、単なる交通上の問題にとどまらず商品流通をめぐる主導権争い、村落支配の実権をにぎる豪農層と貧農・小作人以下の半プロ層との階層対立、等々の諸要素を内包しながら、多様で複雑な対立・抗争を繰り返していった。このため幕府も、常に新たな問題の対応に追われることになるのである。

5　幕藩制後期の交通政策

天明・寛政期の交通政策　安永元年（一七七二）幕府は、寺社など御朱印・御証文による特権的通行者が規定以上の無賃人馬を使用する行為を禁じて、宿駅の人馬役負担者の保護をはかるなどしている。また、同四年にも、東海道・中山道・美濃路・佐屋路など江戸―京都間の宿駅を対象として、人馬賃銭の割増（増額）を認可し、割増銭のうち宿人馬の分は半分を、助郷人馬の分は四分の三を刎銭とし、これを支配代官所または領主役所へ納めさせ、その利子をもって宿助成とする方策を講じた。これは宿駅・助郷の人馬役負担者の賃銭の上前を刎ねて、その犠牲分を元手に宿駅財政の維持をはかろうとする政策であった。

こうした宿駅保護策は、天明三、四年（一七八三―四）の中山道板橋―軽井沢間、甲州道中や日光・奥州両道中とその付属街道にも、七カ年間の賃銭割増という形で拡大、実施されている。また、同五年には、東海道に十カ年間の割増認可と宿々取締吟味役の派遣が命ぜられ、五街道では六、七年に組合宿（東海道の十カ宿組合など）を設けて、各組合に二人ずつの取締を置くことになった（深井前掲論文）。安永・天明期には、特権者の不正通行がふえる一方で、宿駅の馬士・人足らのがさつな不法行為も重なり、宿駅・助郷の紛争が頻発した。

このため寛政元年（一七八九）幕府は、道中筋条目以下の法令を矢つぎ早に発布した。ここでは街道往来の者と宿駅双方の不法を禁ずるとともに、東海道の宿駅・川越の取締令を発し、道中取締まりを命じて各宿の助成金を下付するなどのほか、小揚取や通日雇人足らの不法行為を禁じ、特に後者については通日雇請負人の組合仲間を結成させて取締まりにあたらせた。この通日雇人足とは、参勤交代の大名や二条・大坂両番衆の通行に際しての、宿駅人足でなく継ぎ通しの雇い人足のことで、主人の権威にまかせて宿駅に対して横暴不法をはたらく者が少なくなかった。すでに正徳の駅制改革の際にも、この問題は取りあげられていたが、改めて組合結成によりその弊害の除去に努めたのである。この通日雇請負人は江戸で六組・百九十四人が株仲間を結成し、次いで京都で十六人、大坂九十三人、伏見十二人（翌二年に十人新規追加）が認可されている（児玉幸多「近世宿駅制における文政改革」『交通史研究』六号）。また、参勤交代の大名が東海道を避けて中山道・甲州道中を多く利用するのを制し、東海道の通行を励行したのも、この年である。

幕府は翌二年から五年まで、五街道の並木管理や関所通行の作法などを指示し、大坂での伝馬所の馬付荷物の増加策を講じて、ベカ車の使用を制限したり、道中筋の博奕の禁止を触れ出しているが、これは松平定信の寛政改革の一環とみることができよう。なお、定信解任の同年七月以降も文化末年まで改革路線は継承され、交通政策の面でも、関所手形の規定、五街道諸宿の食売女制限、宿引の禁止、並木の手入れ励行、間の村の継立や宿泊の禁止、諸家の中山道および甲州道中通行の制限、大坂伝馬所の補佐とベカ車禁止、などが触れ出された。

文政の駅制改革　文政元年（一八一八）老中となった水野忠成は、将軍家斉の下で、道中奉行を直接指示して宿駅制度の改革を推進した。まず彼は、同三年の品川宿の貫目改所の報告書と、翌四年の日光道中越谷宿の「諸家風説書上」などにもとづき、本格的な改革に着手した。その第一は、同四年十月の道中筋条目の発布である。これは正徳以来のそれと基本的に変わるところはないが、特権的な御用通行者や諸大名・公家などの不正な人馬使用、過貫目（重量超過）および駄賃・旅籠代の不払い、また逆に馬士・人足の酒代ねだり等々の不法行為に対する制禁が中心となっている。その実行のため

第6表　文政5年　参勤大名の街道別・御定賃銭人馬の使用定数

	20万石以上	10万石以上	5万石以上	特　　例
東海道	50人・50疋宛（3日）	左同（2日）	——	松平備前守（福岡藩主，黒田氏），松平肥前守（佐賀藩主，鍋島氏）は長崎警備のため，当日100人・100疋，前後両日50人・50疋宛。
中山道	——	25人・25疋宛（3日）	左同（2日）	松平加賀守（金沢藩主，前田氏）は当日100人・100疋，前後10日間25人・25疋宛。* 松平越前守（福井藩主）は当日と前後2日宛25人・25疋宛。
日光道中 奥州道中	25人・25疋（5日）	左同（3日）	左同（2日）	松平陸奥守（仙台藩主，伊達氏）は当日と前後1日宛50人・50疋宛。**
水戸道中	——	——	25人・25疋宛（2日）	
甲州道中 岩槻道	——	——	な　し	

（注）（2日）は当日と前後のうち1日，（3日）は当日と前後各1日宛，（5日）は当日と前後各2日宛，を意味する。

* 松平加賀守が万石以上の家来を召連れた時は，両人で25人・25疋を加える。

** 松平陸奥守は文政12年より，当日75人・75疋，前々日・前日50人・50疋となる。

に、東海道の品川・戸塚、中山道板橋・大宮など江戸近傍の四カ宿に代官所の手付・手代を派遣して、不法行為の者を逮捕させるなどの措置を講じた。第二は、参勤交代などの諸大名の人馬使用数の規定である。第6表は、その内容を要約したものであるが、これによって諸大名が街道ごとに禄高相応の使用できる人馬数と日数がわかる。幕府は、それだけでなく、将軍御使または名代の大名や大坂加番などの旗本、日光例幣使の公家や日光門主などが朱印伝馬以外の無賃（馳走）人馬を使用することに極力歯止めをかけようとしたのである。

その第三は、参勤交代の大名の通路規制である。宝永四年（一七〇七）の東海地方の大地震・大津波以降は、東海道から中山道へと旅程を変更する大名が多く、幕府も幾度か大名が中山道・甲州道中を利用するのを制限したりしてきた。そこで、文政のそれを最初の規制とすることはできないが、このとき通路指定の徹底化がなされたといってよい。このことは、東海道通行の大名が美濃路・本坂通を利用する場合についても同様である。この通路規制は、東海道と中山道、その他の街道とでは宿立人馬の数や助郷の規模に格差があること、換言すれば人馬継立の負担能力の違いを考慮した措置といえる。第四は、脇道通行の制限である。これは宿益のために、大名・代官はもとより一般旅行者・商人荷物までが対象とされ、特に大名のそれは要害にもかかわるものとして、商人荷物等の場合は本街道の宿駅を疲弊させるとの理由からであった。

第五は、諸大名の本陣《ほんじん》休泊の強制である。これは大名が宿端の茶屋などに昼小休するので本陣が衰微するという理由からである。もっとも、大名側からの伺に対して、宿泊と昼休だけは本陣で、ということに落ちついた。第六は、武家・公家・寺社が商品荷物を直接に、あるいは名儀を商人に貸して会符（荷札）使用を認めることによる、宿駅・助郷人馬を御定賃銭で使役する行為の抑制である。第七は、武家・公家による不法な人馬使用への警告である。特に公家衆・門跡などの往来に際しては、規定以外の添人馬・無賃人馬提供の要求が多く、日光例幣使などはその最たるものであった。第八は、食売女の取締まりである。それは彼女らの衣類の木綿着用と人数制限（食売旅籠屋一軒に二人）を骨子としており、関東取締出役などが巡廻して取締まったが、宿駅の要望もあって、惣旅籠屋（平旅籠をふくむ）に二人ずつが認可された例もみられる（以上、児玉前掲論文）。

天保改革下の交通政策　老中水野忠成が在職中に死没した天保五年（一八三四）以降も、文政の駅制改革の基調は、なお継承・維持された。たとえば、翌六年幕府は東海道・中山道諸宿の取締まりに役人を派遣して、旅籠屋・水茶屋などの風俗自粛を申渡す一方、公家衆などの会符荷物を取締まり、また中山道大湫《おおくて》宿に諸家通行時の行儀などを報告させたうえで、同七年に道中筋取締まりの触書を発布した。そして九年には、中山道追分宿に貫目改所を新置するなど、むしろ再編強化の色あいを濃くしている。こうした政策基調の背景ともなったともいえる大御所家斉の没後、十二年五月から老中水野忠邦による天保改革が始まった。そして、その倹約令が宿駅・助郷の人馬勤方や旅籠屋での宿泊吟味、棄捐令《きえんれい》が人馬賃銭刎銭の馬喰町貸付方利金の半額棄捐、風俗匡正《きようせい》が食売女の取締まり強化、株仲間解散令が通日雇請負人の組合解除というふうに、これまでの交通政策の修正をもたらすことになった。このほか、貫目改所の諸規定改正も、幕府の決意のほどをよく示す内容となっている（児玉編『近世交通史料集』九）。

幕末の交通政策　しかし、天保改革が挫折すると、幕府は弘化四年（一八四七）に馬喰町貸付方利金の再渡付、安政元年（一八五四）に通日雇請負仲間の再興などをおこなう一方、嘉永四年（一八五一）には五街道に再び組合宿を結成させて、取締役を任命した。安政元年の開国後、幕府は国際的環境にかんがみ大船建造を許可したが、文久元年（一八六一）には百姓・町人が大船を所持して国内港津を手広に運送することを許可、奨励した。この年は公武合体策による和宮の将軍家茂への降嫁（江戸下向）があり、未曾有の大通行といわれた。翌二年も、参勤交代制の緩和により大名妻子の帰国が認められるという大変革があり、また諸街道で運送用の車輛使用が初めて許可されるなど、連年特筆すべきことがつづいた。

しかし一方、同三年の将軍家茂の上洛、元治元年（一八六四）の第一次長州征伐の勃発などは、その軍需物資や兵員輸送によって、東海道筋では厖大な人馬継立のため広域の当分助郷、増助郷の徴発を必然化した。さらに、無賃人馬の激増に加え、武士が権柄《けんぺい》ずくで宿々から金銭を横掠《おうりゃく》するなどのことが恒常化し、宿駅・助郷の疲弊を倍加させている。長州再征が始まり、国内の政局が混迷の極に達していた慶応三年（一八六七）の七月、幕府は将軍の上洛供奉・警衛交代の旗本らに、その部下の不法を制止させる一方、九月には五街道の宿駅にも提供人馬数の軽減、人馬賃銭の下付などの救済策を講じている。しかし、物価高騰の折柄、宿駅・助郷住民の困窮は言葉に尽くしがたく、やむなく無賃人馬の廃止に加えて、人馬賃銭を六倍五割増、今切・熱田などの渡船賃を三倍五割増に引き上げることにした。そのうえで、十月には宿駅・助郷救済のため仕法を改正したが時すでにおそく、幾ばくもなくして幕府は倒壊したのであった（児玉編前掲書）。

明治政府は、明治元年（一八六八）に宿駅役所を置き、かつて道中奉行らが取扱った五街道・脇街道諸宿の人馬継立等の交通支配を継承させているが、このとき人馬賃銭を改定するとともに、「海内一円」の助郷役を勤めさせた。さらに、翌二年には諸街道の関門（関所・口留番所）を、三年に本陣・

脇本陣の名目を廃するなどの変革をおこない、五年には諸街道の宿駅（伝馬所）・助郷を廃して、新設の相対人馬継立所または陸運会社に取扱わせることにした（山本弘文『維新期の街道と輸送』）。しかし、これも間もなく強制的に解散させ、近代的交通体系の確立をめざす新方針に大きく切りかえたのである。

（丸山　雍成）

二　五街道と脇街道

1　五　街　道

五街道の名称と構成　道中奉行は五街道とその付属街道とを管轄下においたが、五街道の構成単位が同時に名を連ねた史料の早い例としては、延宝二年（一六七四）の「伝馬宿拝借銭覚」があげられよう。これによると、東海道は宿次五十八ヵ所（品川—大津、伏見—守口）・舟渡六ヵ所・川越二ヵ所、中仙道は宿次七十九ヵ所（板橋—守山、名古屋—墨俣、岩塚—佐屋）、日光幷奥州海道は宿次四十四ヵ所（千住—鉢石、白沢—白川、岩淵—岩付、他）、甲州海道は宿次三十五ヵ所（高井土《戸》—上諏訪）、佐倉海道は三ヵ所（八幡—小岩）に、それぞれ拝借銭が下付されている（『御当家令条』）。この場合、東海道の分には京都—大坂間の京街道、中仙道のそれには美濃路および佐屋路、日光幷奥州海道には日光御成道・壬生《みぶ》通などがふくまれているが、これは各街道との地理的関係と拝借銭の額による便宜的な区分とみることもできる。後年には、京街道は東海道に合体し、美濃路・佐屋路が東海道の日光御成道・壬生通および佐倉道（のち、水戸佐倉道）が日光海道の、それぞれ付属街道となって

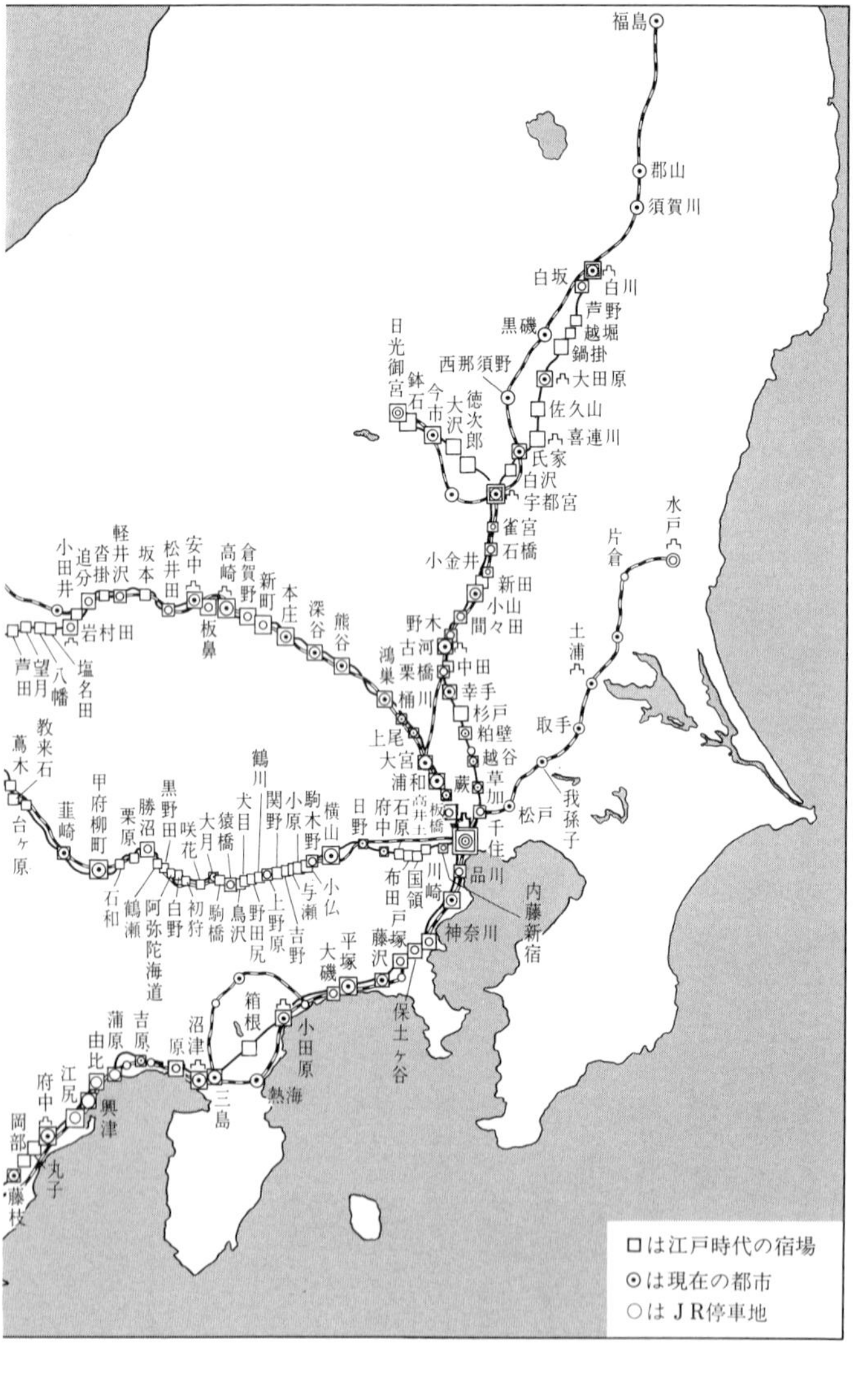
福島
郡山
須賀川
白坂
白川
芦野
越堀
黒磯
鍋掛
西那須野
大田原
佐久山
喜連川
日光御宮
鉢石
今市
大沢
徳次郎
氏家
白沢
宇都宮
雀宮
石橋
小金井
新田
小山
間々田
野木
古河
中田
栗橋
幸手
杉戸
粕壁
越谷
草加
鴻巣
桶川
上尾
大宮
浦和
蕨
千住
松戸
我孫子
取手
土浦
片倉
水戸
軽井沢
沓掛
追分
小田井
坂本
松井田
安中
高崎
倉賀野
新町
本庄
深谷
熊谷
板鼻
岩村田
塩名田
八幡
望月
芦田
蔦木
教来石
台ヶ原
韮崎
甲府柳町
栗原
勝沼
黒野田
石和
鶴瀬
阿弥陀海道
白野
初狩
花咲
大月
猿橋
駒橋
鳥沢
犬目
野田尻
鶴川
上野原
関野
吉野
小原
与瀬
駒木野
小仏
横山
日野
府中
布田
国領
石原
高井戸
板橋
川崎
品川
内藤新宿
神奈川
保土ヶ谷
戸塚
藤沢
平塚
大磯
小田原
箱根
熱海
三島
沼津
原
吉原
蒲原
由比
興津
江尻
府中
岡部
丸子
藤枝
□は江戸時代の宿場
⊙は現在の都市
○はＪＲ停車地

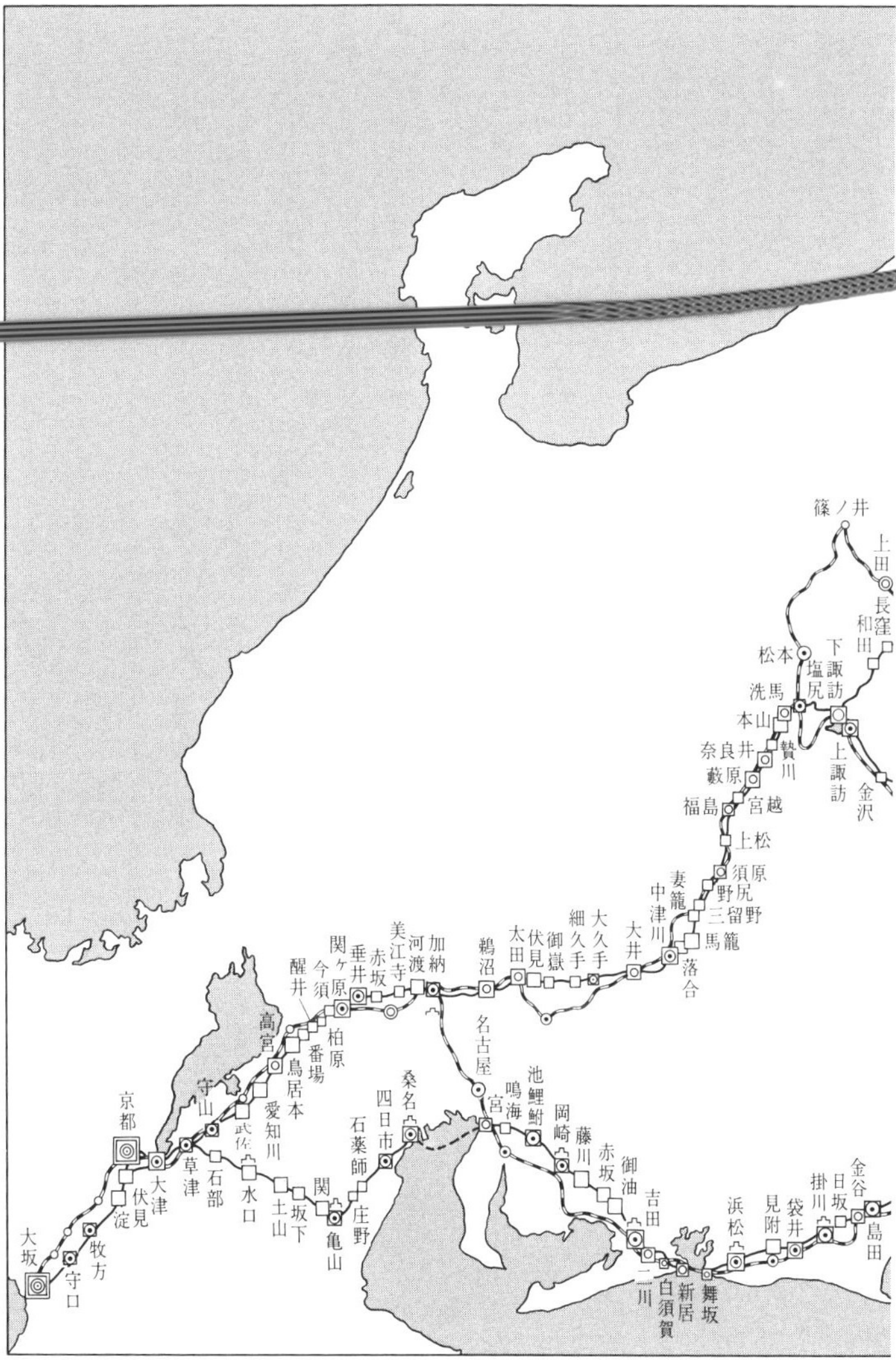

篠ノ井
上田
長窪
和田
松本
下諏訪
塩尻
洗馬
本山
贄川
上諏訪
奈良井
藪原
金沢
福島
宮越
上松
須原
野尻
三留野
妻籠
馬籠
中津川
落合
大井
大久手
細久手
御嶽
伏見
太田
鵜沼
加納
河渡
美江寺
赤坂
垂井
関ケ原
今須
醒井
柏原
番場
高宮
鳥居本
愛知川
武佐
守山
草津
京都
大津
伏見
淀
大坂
守口
枚方
石部
水口
土山
坂下
関
亀山
庄野
石薬師
四日市
桑名
名古屋
宮
鳴海
池鯉鮒
岡崎
藤川
赤坂
御油
吉田
二川
白須賀
新居
舞坂
浜松
見附
袋井
掛川
日坂
金谷
島田

42　五　街　道　図

いる。いずれにせよ、五街道とその付属街道は、江戸時代前期すでに一体的なものとして、道中奉行の支配と保護下におかれていたのである。

これはその後も継承されているが、享保元年（一七一六）幕府は新井白石の意見にもとづき中仙道を中山道、日光・奥州・甲州の各海道を各道中と改称、統一することとした（『御触書寛保集成』二二）。この新しい呼称は、概して公的文書では以後ながく使用されたようであるが、民間では依然として「海道」名を使ったりし、中山道を木曾海道と呼ぶこともあった。こうして五街道の名称はしだいに統一されていく反面、時に混乱をもみたようである。元文元年（一七三六）道中奉行鈴木利唯は、道中奉行の支配を「五海道」、すなわち「一、東海道　本坂廻り　一、中仙道　木曾路　一、日光道中　水戸通　一、奥州道中　甲府通」に指定し、それ以外の「脇道」には道中奉行の鑑札を出し置いてないので、宿次・馬次などがあろうと奉行支配ではない、とした（『令条秘録』八）。右のうち、奥州道中の付属街道に位置づけられている「甲府通」は、実際は独立した甲州道中の誤記であろうし、また、依然として「中仙道」のままに記し、木曾路をその付属街道のように取扱っていることなど、その端的な例であろう。

このことは、宝暦八年（一七五八）五街道の中枢部にある江戸伝馬役の馬込勘解由《かげゆ》が、大目付依田和泉守番所の訊問に対し、「東海道・中山道・日光海道・北陸道を海道のように覚えているが、これも五海道の内なのか、もう一つがどれなのか存知しない」と答えた内容にも、よく示されている。この時、結局は道中方御勘定のいう、(1)東海道―品川―守口、これに美濃路（名古屋―大垣）・佐屋路（岩塚—佐屋）が付属、(2)中山道—板橋〜守山、(3)日光道中—千住〜鉢石、これに壬生通（板橋—岩淵）・水戸佐倉通（新宿—松戸）が付属、(4)奥州道中—白沢〜白川、(5)甲州道中—上高井戸〜上諏訪、が五街道とその付属街道であって、道中奉行の支配ということになった。なお、明和元年には例幣使街道と本坂通が道中奉行支配となっている（『御伝馬方旧記』十五）。天保七年（一八三六）道中奉行は、東海道に佐屋路を、中山道に美濃路・日光例幣使道を、日光道中に壬生通・御成道をそれぞれ付属させ、さらに奥州道中・甲州道中および水戸佐倉道を加えて、以上を「道中奉行支配之分」とし、これ以外の「都而脇往還向分者、御勘定奉行取扱候事」と述べている（『諸例選要』四）。五街道付属の街道に所属の移動がみられるのも、無視できぬことがらである。

五街道とその付属街道　両者の関係の推移については右の叙述にゆずり、ここでは各街道について若干ふれることにする。江戸幕府は、全国支配の貫徹や公武関係の維持、江戸防衛の観点から、五街道には原則として天領・譜代藩・親藩を配置し、交通上の要衝には関所や口留番所をおいて、単なる交通機能にとどまらず、その政治・軍事機能を十全に発揮できるよう配慮した。

まず、東海道は江戸—京都をむすぶ公武関係を象徴し、かつ参勤交代の大名が最も多く通行する表通りであるところから最も重要視され、その裏通りの中山道がこれに次ぐものとみなされた。それだけではない。関ケ原の戦後、豊臣氏が大坂城に在った慶長年中において、徳川家康がなお豊臣政権の執政として伏見城や二条城で全国大名の政治的掌握に努め、江戸・駿府—京都間の往復を繰り返したことなど、東海道五十三次（品川—大津）の歴史的伝統性をたかめた。それは、豊臣氏の滅亡による大坂城の収公後、幕府が政治上の観点から東海道を延長して五十七次（品川―守口）として取扱いながらも、依然として一般には東海道五十三次と観念されたことなどに示される（諸大名の伺書などが東海道の宿次を品川―大津と記すのに対し、道中奉行が品川―守口と訂正の下げ札を付すなど、その一例である）。

次に、中山道六十七次（板橋―守山）はその中間を木曽路（贄川―馬籠）十一宿ともいい、東海道の草津で合流し、日光道中二十一次（千住―鉢石）は途中の宇都宮より奥州道中十次（白沢―白川）を分岐した。また、甲州道中は四十四次または四十二次（内藤新宿または上高井―上諏訪）で、数カ宿が連合して継ぎ立てる合宿継（次）が多いので、その数え方はばらばらである。なお、各街道の成立・完了時期は、東海道が慶長六年―寛永元年、中山道が慶長七年―元禄七年（伏見宿）、日光・奥州道中が慶長七年―寛永年中で、甲州道中は慶長九年に江戸―甲府の三十六次ができ、同十五年に中山道の下諏訪まで延長されたといわれている。

五街道の付属街道の代表は、東海道宮（熱田）と中山道垂井とをむすぶ美濃路七次であろう。これは東海道の宮―桑名の海上七里渡しがさかんに利用されるようになる以前、特に江戸時代初期には将軍の上洛や諸大名の江戸参勤にも美濃路が利用されて江戸―京都間の本道の観を呈し、それ以後も交通量が多かった。佐屋路四次（岩塚―佐屋）は伊勢湾の北岸沿いに東海道の宮―桑名間をむすぶもので、海上七里渡しが荒れた時など特に利用された。本坂通三次（気賀―嵩山）は、東海道見付―御油間をむすぶもので、浜名湖北岸を通り今切渡しを避ける迂回路で、京都公家の姫たちの通行が多かっ

43　桑名〜宮の海上七里渡
（安藤広重画「東海道五拾三次之内，桑名」）

たので姫街道ともよぶ。一方、日光東照宮の例祭（家康没の四月十七日）に朝廷派遣の奉幣使が通行する例幣使街道十三次（玉村—金崎）は、中山道倉賀野と壬生通楡木をむすび、将軍が参詣で往復する日光御成道五次（岩淵—岩槻）は、江戸の本郷追分—日光道中幸手《さって》をむすぶもので、幕府の手厚い保護をうけた。また、日光道中喜沢と同今市をむすぶ壬生通七次（飯塚—板橋）がある。このほか、水戸佐倉道は日光道中千住から常陸水戸、下総佐倉へむかう両街道で、このうち新宿とそれより分岐した松戸、八幡までが道中奉行の支配である。

五街道の性格　先の天保七年（一八三六）の道中奉行の支配認識では、自身が五街道と付属街道を「支配」し、脇街道以下の全国の諸道は勘定奉行の「取扱」ということになるが、この表現の微妙なちがいは、そのまま交通支配の在り方を通じてみる幕藩制国家の構造特質ともなっている。それは本州中央部のかなりの地域（五街道・付属街道とその周辺のベルト地帯）では、幕府権力を体現する道中奉行（大目付・勘定奉行）が、関所―口留番所の網羅的な配置によって政治・軍事的権能を補完《ほかん》しながら、諸藩など在地権力を媒介とせずに直接支配権を行使（「支配」）したのに対し、その延長上の主要幹線（脇街道）とその周縁部では、財政的権能を主体とする勘定奉行が、在地権力を通じて間接的権力行使（「取扱」）にとどまったことを示唆している。

このように五街道こそは政治・軍事上、またその地理的位置からしても、全国支配の根幹をなすものであった。そこで幕府は、この一帯に原則として腹心の譜代大名・旗本（代官）を配置し、道中筋の宿駅・道橋その他の整備に意を注ぎながらも、他方では在地権力としての独自性を一定程度削減するかたちで、中央集権的支配を貫徹させようと努めたのであった。寛政七年（一七九五）道中奉行根岸鎮衛《やすもり》が「五街道外脇往還継場は、宿場又は駅場抔と不唱、継場村方町方抔と唱候方可然候」と述べているのは（『藩法集』5諸藩）、それが逆に五街道をいかに重視していたかを、よく示唆するものである。

2　脇　街　道

主要な脇街道　道中奉行支配の五街道とその付属街道以外の街道を、脇街道・脇往還または脇道などとよび、幕府勘定奉行が在地権力を通じて取扱ったことは、すでに述べたとおりである。幕府にとって重要性の高い脇街道は、五街道の延長線上または直接分岐する公儀の幹線といえるものであって、その代表的なものが東海道の延長である中国路、中山道や奥羽道中の分岐道でもある佐渡路、奥羽道中の延長である仙台松前道・羽州街道、それに伊勢路などである。このほか、山崎道・伊賀越道中・御代参街道・北国路なども、よく知られている。

まず、中国路は山陽道ともいい、中国地方を瀬戸内海寄りに縦断する街道であるが、その始宿、終宿は明確でない。これは諸書が大坂あるいは尼崎・西宮を始宿、下関・大里・小倉を終宿としており、したがって宿次も四十四次〜五十四次と大きな幅がある。東海道を五十三次とみた場合、京都を起点にすることになるから、その差はさらに拡がる。享和三年（一八〇三）道中奉行井上利恭《としやす》は、中国路の始宿と終宿、中国の国々の名前に関する問い合せに対して、国名は丹波から長門までの十六カ国としながらも、宿次については「何国何之駅より何之駅迄を中国路と相唱候哉、右体名目差極候ては難及挨拶候」と返答している。もっとも、『道中方覚書』は、中国路五十次（尼崎—大里）とする。

中国路の延長、長崎路については、その始点を豊後大里、小倉とする両説がある。これより日本の主要な開港場がある長崎に達するまでの間、佐賀藩領で三コースに分岐して終点長崎近くで一つに集約されるが、いずれも長崎路の本通りの取扱いをうけた。佐渡路は、江戸より佐渡にいたる三道の総称である。佐渡は幕府直轄の金山があり、佐渡奉行がおかれて幕府役人、佐渡送り人足、御金荷物の通行・輸送で重要視された。その第一道は奥州道中白川—越後寺泊をむすぶ会津通三十次（小屋—弥彦)、第二道は中山道高崎—越後出雲崎をむすぶ三国街道二十五次(金子—与板)、第三道は中山道追分—出雲崎間の北国街道二十八次(小諸—石地)、となっている。仙台松前道は、奥羽道中白川より延長して、郡山・仙台・盛岡を経由して箱館にいたる街道であり、羽州街道は桑折から山形・新庄・湯沢を経て青森湊へ達する街道をいう。

伊勢路七次(神戸—山田)は東海道四日市—伊勢神宮をむすぶ脇街道で、伊勢例幣使の通行や全国からの伊勢参詣者で賑わった。これに関連あるものに、東海道より中山道愛知《えち》川を経て近江多賀神社にいたる御代参街道がある。北国路は中山道関ケ原から加賀の立花、または延長して新潟経由で陸奥の三厩《みんまや》にいたるものであり、伊賀越道中は東海道関から加太・加茂などを経て奈良に達する街道である。これらの脇街道のうちには、宿駅も小規模で、宿次の数も確定できない場合が少なくない。

脇街道の性格　脇街道の宿駅でも、人馬や旅宿を用意して貨客の継立や休泊に供し、公用旅行者は無賃か御定賃銭、それ以外は相対賃銭で継ぎ送り、公定の宿賃をとるなど、五街道と共通しているが、それでも基本的に異なるところがあった。それはまず、継立方法における宿駅と周辺村落との一体的な夫役負担、次に、人馬賃銭(特に御定賃銭)が同一街道ながらも天領・譜代藩領・外様藩領とでの格差、さらに、「間の宿」的性格の宿駅が多く休泊施設も不備、そして藩の街道筋・宿駅に対する比較的強い関与・規制、などである。

これに対して幕府の道中奉行は、脇街道の宿駅に本陣・旅籠屋があろうと、これを正式の宿駅とはみず、村継・町継的性格のものと考えていた。そして、それには勘定奉行が関与したが、それとて街道の路次変更、人馬賃銭の割増などの許認可権に限られており、たとえば道筋川欠に関しても「五海道之外ハ御領主より御届許ニて、村々宿方より罷出御届ニ不及申候」というような、在地権力を媒介としての関与であった（『藩法集』5諸藩）。もっとも、勘定奉行が右の許認可権の行使を通じて、遠隔地の諸藩を政治、特に財政面から規制したことは、幕藩制国家の重層構造を考える上で重要なことがらである。

遠隔地の脇街道の場合、それ自体が重要な幹線であって、特に天領や諸藩領などが複雑に入り組んだ平野地帯などでは、出発点を異にする脇街道が幾筋もはしり交叉して、特異な網の目状の交通体系を形成するものもあれば、そうでない領国的大藩では、主要な脇街道が連絡する藩の城下町を中心

44　会津南山通（中奥街道）大内宿

に放射状に発する幾筋かの脇道（「ミニ五街道」）によって、特定のまとまりのある藩領域の交通体系を形成し、その政治・経済と緊密かつ有機的に連関して、地域色ゆたかな個性ある藩社会をつくり出していた。

こうした陸上交通の体系は、政治の中心地である江戸と経済都市大坂や京都とをむすぶ東海道以下の五街道およびその付属街道と、北は蝦夷地から南は九州長崎、その他の重要地にむかう幾筋かの脇街道とを主幹線とし、その分岐または延長上の多くの脇道・横道などによって構成される交通網を、幕藩権力が集中―分権制の基礎の上に、直接あるいは間接に支配するという性格のものであった。

3　諸藩の交通政策

諸藩の交通職制　江戸幕府の伝馬制は、諸藩のそれとも共通し、かつ連動的に機能する側面をもっていた。五街道等の場合、道中奉行が交通法令等の達書を藩に出すと、藩の城下町などでは町奉行が、農村部では郡奉行が代官を通じて宿役人に通達するのが通例であった。ところが、延宝二年（一六七四）百足伝馬制を立てた美濃路（東海道の付属街道）大垣宿のように、藩がこれを人馬奉行・郡奉行らに管掌させ、前者は代官や添足軽の在出の手形を、後者は伝馬を召仕うときの手形を発行するなど、分掌形態をとる例もある。一方、脇街道の場合、五街道が主に譜代の中小藩であったのに対し、外様の大藩が領国制を形成しているところが多く、それだけに藩制も比較的体系化されて、交通職制も独自性をもつものが少なくない。

たとえば、常陸の水戸藩が寛永四年（一六二七）発した訓令によると、道中筋は郡奉行・代官の所管で、道橋や伝馬宿次のある郷村は蔵入地に編入したが、のち道橋奉行がおかれて城下の侍屋敷以外のすべてを管理し、街道筋の悪い箇所は郡奉行へ連絡させた。享和二年（一八〇二）には、駅場掛・道中掛なるものが風儀改正にあたっている（『水戸市史』中巻）。陸奥の会津藩でも、藩政初期の郡奉行・代官に対して、後には広域支配のため駅方役所をおいて道中奉行を任命し、これが駅検断や問屋に令達した（『会津若松市史』3）。信濃の松代藩では、城下町から出した伝馬人足の宿役の分は町奉行、そのほかの伝馬人足や道橋・船川の分は道橋奉行が担当した。中国路の尼崎藩では人馬奉行の職名がみられるが、九州の佐賀藩では町代官と郡代が管掌した。鹿児島藩では道奉行が設置されて道橋や水道を担当したが、宿次は藩の勝手方老中より郡奉行・地方検者へと順達されている。脇街道の諸藩の場合、こうした道橋奉行・道中奉行・道奉行などの職名がなくて、郡奉行―代官の系統によるところが多い。

諸藩の交通政策　五街道筋の諸藩は、幕府の道中奉行の規制をつよくうける関係上、その交通政策も下請機関的な色あいが濃く、藩の交通法令や宿内の制札の文言、五人組帳前書などをみても、道中奉行の触達内容を踏襲したものが多い。中山道の上野高崎藩の場合、道中奉行加役が街道宿駅や脇道を巡回中には、領内宿駅（高崎・倉賀野など）の問屋場で丁寧な取扱いをし、武家や宿駅在村の人々に失礼のないようにせよ、と命じている（『藩法集』5諸藩）。こうした規定は、道中奉行が五街道筋の交通行政権を一手ににぎり、その支配が在地に深くおよんでいたからである。
一方、脇街道の場合はどうか。同じ高崎藩領で、川越城下へ通ずる往還の大和田町に寛政七年（一七九五）出火が発生した時、道中奉行は藩役人の伺に対して、五街道以外の継場村方などの出火は、その所より道中奉行に届け出るべきではなく、領主役人からもその必要はない、と返答している。このように五街道筋と脇街道筋とは、同一藩領でも、道中奉行の在地ないし在地権力との関係には非常な隔差があった。

これは当然、脇街道筋の諸藩の交通政策に反映するはずである。加賀の金沢藩の場合、慶長初年代に公儀御用の宿送り人馬は本多政重・横山長知の折紙、次いで藩主前田利光（利常）の朱印で継ぎ送ることを定めたが、同十六年（一六一一）領内の主要在町の蔵入地化をはかり、二十年には伝馬人足の使用者を幕府と同様、藩主の朱印状持参者に限っている。寛永十六年（一六三九）には、加賀・能登・越中三カ国の朱印切手による無賃伝馬をやめ、領主荷物といえども駄賃荷として、藩主の御墨付をもつ無賃伝馬のみを例外とした（『加賀藩史料』二編）。出羽の秋田藩も慶長十四年に、町送りの伝馬・歩夫を使用する際は藩主の伝馬青印を必要とすると規定しているが（『秋田県史』二巻）、これは幕府の伝馬制に対応する独自の交通政策といってよい。

安芸の広島藩では、人馬継立は幕府関係の分（「天下送り」・「御用物送り」）と、広島城下を中心とする藩関係の分（「御国送り」）とに大別され、諸大名の通行にあたっても各宿場は「間の宿」的性格が濃く、町方役人よりはむしろ藩権力が主体となって、藩ぐるみの体制をとっていた。これは宿駅業務の円滑な遂行が、一般に藩の威信と領内の治内維持を示すものと認識され、宿駅の人夫役徴集が藩の経費弁償によるところから、藩の直接的な監督管掌をもたらしたのである（藤原道一「広島藩における宿駅制度」『史学研究』一〇〇号）。これは九州の福岡・佐賀両藩などにも共通するところであった。福岡藩では、宿駅における大通行時の人馬継立は、政治・経済その他諸種の観点から大規模におこなわれ、一郡ないし数郡にわたる郡役負担によって遂行するものであった。明和七年（一七七〇）の規定では、福岡藩主の参勤交代や長崎警備、他大名の参勤交代や長崎奉行などの往来時の人馬継立について、長崎路の筑前六宿筋には人馬仕組を実施している。佐賀藩の場合、恒常的な宿駅内の札馬持を基本とする継立形態以外に、公儀荷物その他大通行時の郡役にもとづく郡継人馬とよばれる宿駅・郷村一体の雇人馬徴発形態があった。天保十二年（一八四一）の人馬仕組をみると、大通り（長崎奉行や大名等の通行）・間通り（藩役人等の領内通行）、その他の人馬賃銭を蔵入地の地米から徴収して蔵の御銀蔵に納めておき、雇人馬による請負制をとるという方法で、これと似た形態は福岡藩でも試みられたことがある。

長崎路など公儀の主要な脇街道とちがい、その分岐道の地域の藩ではどうか。ここでは幕府役人や他大名の通行も少ないため宿駅形態も未熟で、たとえば熊本藩のように「本駅所」（本宿）はともかく、半宿のところでは「詰人馬無御座」という状態も稀ではなかった。こういう藩では、大通行時には人馬継立は郡役でおこなうが、興味深いことは幕府の人馬賃銭・駕量の規定を領内では必ずしも準用せず、独自の方式をくずさなかった点にある。これは鹿児島藩の場合にもいえるが、いずれの藩も基本法令では「公儀御触」の遵守をうたいながら、この表むきと実態とでは微妙な差が認められるのである。

4　交通路の整備

幕府・諸藩の道路整備　徳川家康は小田原征伐後、関東に入部すると、領国内の各地を鷹狩の名目で巡遊し、交通制度や宿駅の施設、道路などの整備に努めた。それも当初は、後北条氏以来のそれを踏襲していたこともあって、関ヶ原の戦や大坂冬・夏の陣以降にみられる交通路や宿駅の本格的移動・整備に待たねばならなかった。

江戸時代初期の道路は、道幅もせまく曲折して、降雨でぬかるみとなる状況のところが多かった。家康は慶長年間、上総東金に鷹狩に出むくため全長数十里、ほぼ一直線の東金街道を新設しているが、これぞまさに将軍権力を象徴する政治的街道であった。慶長十七年（一六一二）老中土井利勝らは、大小道とも水溜まりや泥濘《でいねい》の所は砂石で敷きかため、道の脇へ水遣りせよ、堤などの芝を剝いではならぬ、橋の悪いものの修復は代官衆が申し渡せ、などと命じている（『御当家令条』）。東海道では、計画的な路面固めがなされ、日本渡航のヨーロッパ人も道路の整備状況を賞讃しているが、これは道路への砂敷き、平坦化、道路脇の溝浚いなどが徹底していたためであろう。特に朝廷関係や幕府の重職、国守大名などの通行時には沿道に白砂を敷き、数間ごとに盛砂がおかれた（樋畑雪湖『江戸時代の交

45　牛車（安藤広重画「東海道五拾三次之内，大津」）

通文化』）。

こうした街道の新設、道路の補修も当初は平坦部が中心で、山間部は放置されたままであった。たとえば、箱根路は後北条氏の時代に改修されたこともあったが、江戸時代に入っての箱根八里の難路は、降雪雨あけには濁泥深く脛《すね》を没し、公・武家や外国使節の通行者に悲鳴をあげさせたほどである。このため幕府は、延宝八年（一六八〇）敷石を命じ、くだって文久三年（一八六三）将軍家茂の上洛時に全坂道を大改修している。このほか、山坂に石畳を敷いた例は、五街道はもとより全国各地の脇街道に数多くみられる。

板石の舗装方法は、すでに早く平戸や長崎などの道路に採用されていたが、本街道では大津―京都、伏見―京都間に車石の名で出現した。特に琵琶湖をひかえる大津は、米穀の集散地として江戸時代初期から水陸の運輸機関が発達、人馬や牛車の往返《おうへん》がさかんで、人馬道と車道が分かれるようになった。京都と大津の間には逢坂山《おうさか》と日ノ岡峠の難所があり、この坂道の破損がひどいため、享保十九年（一七三四）木食養阿上人《もくじきようあしようにん》が改修を京都町奉行に願い出て、元文元年（一七三六）より車道三百間に白川石を敷きつめた。これが軌道舗装の始まりといわれる。寛政六年（一七九四）には常夜塔が建てられ、幕府もみずから文化二年（一八〇五）日ノ岡峠―大津間約三里の道を改修、人馬道と車道（輪道）、牛道とに三分して、その輪道に花崗岩の車石を敷きならべ、人馬と牛道には石砂利を敷いている（『明治以前日本土木史』、児玉幸多『宿場と街道』）。

街道の道幅は市街と一般道路とでは隔差がある。江戸では、日本橋通りが田舎間十間、本町通りは京間七間を原則とするなど詳細な規定があるが、市街地をはなれると、文政九年（一八二六）の道中奉行の言のように、「間数定等は無之、大躰道幅は弐間ゟ三四間迄、左右並木敷地は九尺宛」程度で（『五街道取締書物類寄』二十）、脇街道、入道などに至っては、なおもって規定などない、というのが実状であった。肥後の熊本藩において加藤清正が築造、歴代藩主の参勤交代に利用された豊後街道など、『西遊雑記』は「熊本より大津まで五里、此道は平地にして街道の広さ三拾間ばかり、左右に土手あり」と記し、松・杉の並木や石畳などの遺構も現存している。当時として、全国最大の道幅といえるだろう。陸奥の弘前藩の場合、宝永元年（一七〇四）大道は五間以内、脇道は一間～三間までと、定めている。

寛永九年（一六三二）会津藩は、八万人の人夫を募って白河街道全部を改修し、峠路には平石を敷いている。同藩では享保年中、藩米廻送に牛車を使用した例もあり（『会津若松市史』3）、道路新設にはこの点も配慮されていたようである。岡山藩では、正保四年（一六四七）中国路以外の道は小道、山道、灘道に分類され、藩領内の主要六道は中国路に次ぐ格付（小道）であったが、必要に応じて馬継の宿駅が設けられ、中国路に準ずる道路・並木・一里塚などの整備がなされていた。長崎路のうち佐賀藩領では、ケンペルがいうように、佐賀城下の門外から一直線にはしる松の並木道は半里におよび、「沿道は総て清潔、且つ平均、地上に新しき砂を敷きたるものにして、これを要するに望み得る限りの良路」という水準に達していた。ここでは、佐賀藩主の領内巡廻などに際して、落橋の修繕はともかく、特別の道作りや砂撒《ま》き・掃除などは堅く制禁しており、日常的に良路の維持がなされていたものと思われる。これに対して、先の熊本藩では、藩主の参勤帰国の道筋整備には格別の配慮をし、町内の橋際や横丁の塵芥除去を徹底化し、藩の材木運送などに際しては車は道筋の石上を曳くよう命じているが、鹿児島藩も参勤交代のときは同じである。

並木の保護策　奈良時代には、東大寺の僧普照法師の奏上趣意を採用して、全国の駅路の両側に果樹を植えさせ、旅人の休息や飢渇に供したといわれ、平安時代の「延喜式」にも記載があるが、鎌倉時代にも並木を植えることがあった。織田信長も天正三年（一五七五）、東海・東山両道の道橋修築と松・柳の並木植樹を命じ、同十三年には上杉謙信も領内大小の道路際に、松・柏《かしわ》・榎《えのき》・漆《うるし》などを並木として植えさせている。

江戸幕府も慶長九年（一六〇四）諸街道の改修、一里塚の設置とともに並木を植えさせ、その補植政策は幕末までつづいた。享保十一年（一七二六）の新田検地条目で、並木際の田畑年貢の木蔭引を容認したのも、その一例である。宝暦十二年（一七六二）には、従来の積極的な並木保護策を徹底させ、五街道・脇街道など全国すべての往還並木の植えつぎ、道幅の狭いところの修築、高割による掃除丁場の指定など詳細に規定し、以後も触達を繰りかえして励行させた。

諸藩でも、たとえば先の熊本藩主加藤清正は豊後街道に杉並木を植えて厳重に保護したが、前田利長も慶長六年（一六〇一）加賀国内に並木を植えさせ、会津藩でも保科氏の入部以前からの並木に加えて、枯れた箇所などに赤松を植えつがせ、その保護策は徹底していた。最も著名なのが、箱根や日光の杉並木であろう。前者は勘定奉行、のち相模甘縄城主となった松平正綱が元和四年（一六一八）の東海道改修の際、植樹したものとされ、芦ノ湖畔の国道一号線に沿って巨杉が並列し、「昼尚暗き杉の並木、羊腸の小径は苔滑らか」と歌唱されてきた。後者も、同じく正綱が寛永二年（一六二五）から、慶安元年（一六四八）の死にいたるまで日光東照宮に植樹、寄進したもので、その規模は東照宮へ行く日光道中・

46　日光杉並木

例幣使街道・会津街道の三方、合せて九里余におよび、その杉苗は二十万本におよんだ（鈴木丙馬『日光杉並木三〇〇年の記録』）。中山道の安中―原市間、六里余の杉並木は、元禄年中に上野の安中藩主板倉重形が旅行者の酷暑を避けるため植樹させたものだという。

こうした並木は、全国一律に徹底して植えられたというよりはむしろ、幕府の奨励や諸藩の努力によって漸次拡大したとみるべきである。陸奥の盛岡藩が松並木を植えたのは明暦三年（一六五七）であるが、それまで東山道本道には並木はなかったという。前述の宝暦十二年の並木法令も、東海道品川宿から駿河までの間に、並木や道路の手入れがされてないか、全然並木がない場所もあるため出されたものだといわれている。この事実は、以後の並木保護令の頻出自体に、その徹底性を疑わしめるものをふくんでいる。なお、参勤交代や城米輸送で発達した奥羽山中七カ宿街道などでは、松並木類を植えた形跡がないともいう。

もっとも、幕府・諸藩の並木保護策は、しだいに北は松前・弘前から南は山口・高知・鹿児島などまで、ほとんど全国各地に普及し、琉球にも松並木がみられた。そして並木の種類も、松・杉・柏・榎・漆・樅《もみ》・柳・櫨《はぜ》・桜・檜《ひのき》などから雑木にまでおよんでいる。

一里塚　一里塚の起源については、中国魏の文帝が大道の傍らに一里ごと五尺の銅表を置いて里数を示したとか、雍州《ようしゅう》の刺史《しし》、韋孝寛《いこうかん》が一里ごとの土堠《どこう》に槐《えんじゅ》を植えたとかに求める説もあるが、わが国では戦国時代の将軍足利義晴や、織豊時代の織田信長・豊臣秀吉、そして徳川家康の土堠築造の令がよく取りあげられるところである。『石川正西聞見集』は、秀吉の代に三十六町を一里として、一里ごとに塚を築き、家康の代に江戸日本橋を起点として諸国に一里塚を築き、榎を植えたと記している。この家康の一里塚築造は、慶長九年（一六〇四）子の秀忠に命じて一里塚奉行を任じ、大久保長安を総監督として東海・東山・北陸の三道をはじめ全国的に双堠を築き、榎か松を植えさせたが、前二道の一里塚が完成したのは同十七年のことだという。一挙に進捗しなかったのは、未だ大坂城の豊臣勢力が存続していたこととも無関係ではなかろう。陸奥までは寛文七年（一六六七）巡見使の廻国に際して一里塚を築いた例が少なくないが、これは次第にすたれたのを再興したのであろう。もっとも、脇街道も分岐道では、これを全然設けないところもある。

一里塚に榎を植えた理由としては、秀吉が樗《おうち》は佳木でないから余の木にせよと言ったのを榎と聞き誤って一里塚に植えたとか、また家康・家光が松を余の木に、秀忠が良い木に、といったのを榎とまちがったとか、種々の説がある。いずれにせよ、榎が全国各地にあって生長早く、枝葉繁茂して根深くひろがり、土堠を崩さぬ特性によるものと思われる（『大日本史料』十二編二）。

一里塚は、『官本当代記』が「五間四方也」というような小山形の塚上に、一本ないし数本の榎その他を植えたものであるが、地方によっては方形でなく円形の例もみられる。植える樹木は、榎のほか、松・杉・桜・栗・椋・欅《けやき》・檜・槻・雑木などを植え、弘前藩の一里杭、熊本藩の印木などのように、経費と里程明示の関係から木材を代用したところもある。一里塚を、一里山・一里壇・一里松・一里林・一本松・一本木などと呼ぶのは、その形状からくる名称であるが、また一里塚・二里塚・三里塚……十里塚などというのは、城下の街道基点からの距離を示す場合が多い。

当時の一里は三十六町を原則とし、五街道などの主要街道ではこれが一般化していたが、脇街道も分岐道となると区々である。奥羽地方では、盛岡藩が寛永十八年（一六四一）に一里＝四十二町と定めたが、なお古制の五十町、あるいは四十九町制も依然として用いられ、田舎道は一里＝六町だったという（児玉前掲書）。弘前藩領では元禄六年（一六九三）、従来の一里＝四十八町を三十六町に改めたが、この場合、「古一里塚」と「新一里塚」が一時的に併存したと推測される。四国の高知藩では一里＝五十町であるが、九州の大村藩領では一里＝四十八町、佐賀藩諫早《いさはや》領は一里＝五十町、熊本藩領では熊本城下から一里の所までが四十町、それ以外は一里＝三十六町だったという。なお、同じ一里＝三十六町といっても、街道筋の寺社朱印地などやエタ・非人の居住地は距離に算入せず、逆に山坂や難所は長距離として里数を出したので、実際には長短の差は避けられない。

なお、街道の分岐点には、左右の方向（地名・道名など）を記した追分石、庚申塔・二十三夜塔・道祖神碑が、境界には榜示杭が立てられた。石地蔵や石燈籠・常夜塔なども信仰を兼ねた道標とみられるが、これらは一般庶民を中心とする交通の発達とともに、山間部の新道や河海の渡し場などにおいて、農民の商品輸送や巡礼者の安全に精神的な手助けとなった。

渡しとその種類　近世の渡し場における渡過方法には、徒渡り・渡船・綱渡し・籠渡しなどがある。このうち、徒渡りは徒歩によるもので、肩車渡しや輦台《れんだい》渡しなどをもふくみ、渡船とならんで、当時一般的にみられる渡過方法であった。五街道の主要な徒渡り・渡船の例を示すと、東海道は徒渡り―酒匂《さかわ》・興津《おきつ》・安倍・大井の諸川、渡船―六郷・馬入・富士・天龍の諸川と今切・桑名七里の両渡し、

47　女行烈大井川之図（部分）（安藤広重画，浜松市美術館蔵）

中山道は徒渡り—千曲《ちくま》・碓氷《うすい》の両川、渡船—荒・柳瀬・太田・合渡・野洲《やす》の諸川、日光・奥州道中は渡船—房・鬼怒の両川、甲州道中は渡船—多摩・早の両川、などである（宮本又次「渡し」『経済史研究』一三巻二号）。

右の徒渡りのうち、特に有名なものが大井川の渡しである。これを架橋または渡船にしなかった理由として、「関所川」としての軍事・政治説、また単なる自然条件・技術説、あるいは社会政策とする説などがあるが、いずれにせよ、旅行者は大井川の両岸にある島田宿・金谷宿の川庄屋が差配する川会所で賃銭を払って油紙の割符を得、これを川越人足に渡して肩車などで渡過するのである。旅行者と川越人足との相対賃銭、あるいは脇道からの渡過は禁じられた。

一方、利根川流域の十六カ所の渡し場は、元和二年（一六一五）幕府によって定船場に指定され、それ以外での渡船や女・手負・不審者の渡過を禁ずるなど、「関所川」としての機能を付与されている。一般に、渡船場には船会所があり、ここに組頭・船頭役・小揚人足などがいて渡船業務に従事した。組頭や船頭役の者に給地や扶持、諸役免許を下付された例は少なくない。そこでの船の造立・修繕費は、当初は幕藩領主が負担したが、重要な渡船場を除いて所在地支弁（「所入用」）となり、渡船場の経営権も、船頭役の者から宿村持、船頭・水主《かこ》株持の手へと移行した。渡賃は渡船場の高札の規定によるが、一般に武士・奉公人や近隣諸村の百姓などは無料で、商人や道者・参詣者は定額支払いを原則とする。もっとも、商人でも会符荷の分は例外で無賃であった。渡船場には、馬船・平田船・伝馬船等々を常備するが、大通行の際は御召船以下の御用船を増置し、川筋の諸村から助船を徴発して、万端遺漏なきを期した。

なお、浜名湖の今切《いまぎり》の渡しには、正保末年（一六四七）定船八十四艘を数え、ほかに漁船三十七艘・与板船三艘が大通行の助船を勤めたが、朝鮮通信使の来朝時には、遠江海辺から百三十九艘、三河海辺から百艘の寄船があったといわれる。一方、熱田―桑名間の海上七里渡しは、伊勢・熱田参詣の旅行者や参勤交代の大名などで賑わい、天保十四年（一八四三）には熱田に七十五艘、桑名に四十八艘、ほかに小渡船四十二艘を数えた（児玉前掲書）。このほか、江戸湾では、房総から相模三浦半島をむすぶ渡船が、大山参詣その他の旅行者に多く利用されたが（山本光正「近世における江戸湾交通について」『国立歴史民俗博物館研究報告』二集）、こうしたことは瀬戸内海、九州の有明海なども例外ではない。

綱渡しは川の両岸に綱を張り、船頭がこれを手繰って進むものであるが、籠渡しは交通不便で重険懸絶な峡谷の両岸に張った綱に籠を吊り、その中に入って引いて渡るもので、飛騨の白川郷の籠渡しや越中の神流川の渡しなどが有名である。

橋梁と隧道　江戸時代初期の都市の発展は、道路の整備に加えて、橋梁の技術的進歩をもたらした。すでに天正三年（一五七五）、織田信長は近江瀬田の大橋（長さ百八十間余）をわずか十日間で完成させ、豊臣秀吉も同十八年には京都三条橋を日本最初の石柱橋として架したといわれ、この時期わが国の橋梁建造には画期的な進歩が認められる。そして、これをうけた徳川政権期の技術水準が低かったとは到底考えられず、その片鱗を各地の架橋形態にうかがうことができる。

当時の橋は、平地では桁橋《けたばし》・肱木橋《ひじきばし》・石栱橋《せききょうばし》・木栱橋《もくきょうばし》・船橋、山谷には藤橋などがあった。桁橋は、はじめは木桁を、時宜に応じて石桁・石柱を使用した。その代表が江戸の日本橋・吾妻橋・両国橋などである。このうち日本橋は、慶長九年（一六〇四）全国里程の元標に定められて以後、最も有名かつ重要な橋となった。その創架年次は、『慶長見聞集』の同八年説が有力である。元和四年（一六一八）の再架時の規模は、敷板の長さ三十七間四尺五寸、幅四間二尺五寸で当時江戸最大といわれ、その架け替えや修復などは幕府の「御入用」とし、享保以降は請負入札制となった。肱木橋は、寛永三年（一六二六）創架の黒部川愛本橋が代表的なもので、急流・荒瀬の上に肱木四本を両端に使用、当時その長さは三十三間、日本第一の大桟橋といわれたが、このほか甲斐の猿橋も有名である。

石栱橋は戦国時代、琉球の首里―那覇間の街道筋に架設し、江戸時代中期には築橋の方法を改めて高大宏壮な勢理客橋が築造された。このいわゆる眼鏡橋は平戸・長崎・諫早・鹿児島をはじめ九州各地に多くみられ、中国系技術の伝播によるとの説が有力である。木拱橋の代表は、延宝三年（一六七五）周防の岩国藩主吉川広嘉が創架した錦帯橋であり、ほかに松山藩の立花橋がある。前者は、川中に石台四基をおき、彎曲した五橋を架し、その延長百二十五間の優美な橋であって、暴雨洪水の急流に耐えうる拱筋などの構造に特色がある。船橋は、往古は浮橋と呼ばれたが、江戸時代に入っても将軍の上洛や日光社参などの大通行時、東海道や日光道中などで川の両岸に船を横並びにして繫留し、その上に板敷の道をつくって渡河させることがあった。藤橋は、甲斐・信濃・美濃・飛驒・阿波などの峡谷に藤蔓で吊り橋を架したもので、先の籠渡しの進歩したものということができる（『明治以前日本土木史』）。

戦国時代から江戸時代初期の築城術の進歩や水田開発の盛行にともない、水路用隧道《ずいどう》の掘削技術が発達し、これが道路改良にも影響をおよぼした。たとえば、慶長年間、陸前浜街道の常奥国境の近郊、新町では豪商篠原和泉が洞門を貫通させたが、承応元年（一六五二）地元の庄屋が願い出て切通しとした。また、この街道から東廻り海運の港津平潟へつづく道筋の難所、百階坂も安永四年（一七七五）から長さ九十間の洞門が貫通して、浜街道筋を繁栄させる画期的事業となった。筑前では元禄五年（一六九二）直方《のおがた》藩主黒田長清が御館山の南端、数十丈の岩石を掘鑿して隧道をつくり、これは長崎奉行や参勤交代の九州諸大名などの通路として大いに利用された。なお、菊池寛の小説『恩讐《おんしゅう》の彼方に』の題材ともなった豊前耶馬渓《やばけい》の青ノ洞門は、最も著名なものである。これは越後の僧禅海（一説に江戸浅草辺の六十六部の善海）が廻国の途次、享保五年（一七二〇）領主奥平氏に出願、三十年後の寛延三年（一七五〇）に貫通したものである。その長さ百二十間余、四カ所の岩壁を掘抜き、その中間に採光の窓をつくっており、通行人からは若干の通行料を徴したと伝えられている。（丸山　雍成）

三　宿場の組織

1　宿駅の設置と組織

近世宿駅の形成とその意義　近世宿駅の原型が豊臣政権下の強制的な新街道の設定と宿駅の移動・整備によってつくり出されながらも、それは依然として前代の残滓《ざんし》を多分にふくむ、中世より近世への過渡的性格のものであった関係上、本格的な近世宿駅の形成は従来の羈絆《きはん》を脱するかたちで実現されねばならなかった。それは、たとえば関東領国時代以来の徳川氏の領内巡回の休泊所、地方支配の小拠点でもあった御殿・御茶屋・陣屋等の機能を、宿場集落の二次的移動などにより低下させるかたちで、本格的な近世宿駅を完成させたことに示される。もっとも、これは本州中央部の五街道などの場合に特にいえることであって、それ以外の脇街道筋の外様《とざま》大藩などでは漸次的推移を示すものが多い。

近世宿駅の設置は、五街道では慶長六年（一六〇一）から寛永年中までにほとんど設置をおえ、脇街道の宿駅も多くはこの時期に成長した。この場合、宿駅の設置は新街道の設定と連動して、旧街道と重複するところでは、戦国・織豊時代の小城下的宿駅や六斎市場《ろくさいいちば》・門前町などを基礎とするものもあるが、そうでないところでは、従来まったくその実のなかった土地に突如、新規に計画的な街村を形成させるのが普通である。元和四年（一六一八）東海道小田原・三島の両宿から人家百戸を募って新設した箱根宿など、後者の代表例ということができる。また、街道筋の変更がない場合でも、宿駅間の距離を適宜調整して宿駅の新設、旧宿の廃止をおこなった例も少なくない。

宿駅は単一の集落によって形成されることが多いが、複数の集落からなることもある。まず、城下町の場合、たとえば東海道浜松宿は、慶長六年には城下の伝馬町のみが宿駅だったが、後年に塩町など五カ町が加わり、日光道中宇都宮宿は、同八年に東石町が伝馬役を勤めはじめ、以後増加して正徳三年（一七一三）城下惣町が負担する形態をとった。会津藩の若松城下では、逆に寛永ごろまでが惣町で、のち博労町など二町が現人馬、残り他町が役銭負担となっている。一般の在郷町の場合、日光道中草加宿は七村・二新田より構成されていた。他方、四国高知藩の土佐北街道の場合、宿駅にあたる送番所所在の村と他の番下村とのあいだには明確な区別がなく、番下村全体（五街道などの「宿駅と助郷」）で送番所を構成しているが、これは特殊な例といえる。

これに対して、複数の宿駅が合体して一宿分の機能を果たす例（「合宿」）も少なくない。『道中方秘書』は、「合宿有之道中」として、中山道―十一組・二十五宿、日光道中―二組・五宿、甲州道中―十一組・二十四宿、御成道―一組・二宿、例幣使道―三組・六宿、壬生通―一組・二宿の名前を列記している。こうした例は、佐渡路その他多くの脇街道でも認められるが、これらは大通行時に単宿では継立機能を全うできぬことからくる、特殊な宿駅形態ということができよう。

宿駅が単一ないし少数の集落（町）から構成されている場合でも、その住民の社会的構成となると決して単純、一様ではない。中山道蕨宿《わらびしゅく》の場合、新宿形成の際に集住した伝馬衆は十七姓―六十五人とされるので、戦国以来の在郷家臣―土豪的名主百姓を中核とする、血縁・非血縁の身分的隷属者その他によって、族縁的集団の統一的連合体を形成していたとみられる。同じ中山道宿駅でも、これに共通する事例がみられるが、日光道中越谷宿《こしがやしゅく》の場合など、戦国時代に後北条氏の家臣だと称する会田中務丞の子孫が宿内に拝領地一町歩をもち、一族で名主・問屋以下の主要な宿村役人を独占するほど社会的権勢を誇ったといわれる（本間清利「近世宿駅の構造」『歴史教育』一四巻一一号）。こうした傾向は、脇街道諸宿の場合にも認められるが、なおいっそうの究明が必要であろう。

ところで、近世宿駅・在町の設定については、かつて、第一に、政治・軍事的配慮にもとづく宿駅制度の整備、特に伝馬役負担に基本的目的があるのか、第二に、領内商業の統制のための市場整備という経済政策なのか、あるいは、第三に、農民の余剰生産物の販売市として在町設定の要求によるものか、との三見解が鼎立したことがある。これに関して、幕藩制国家の形成―幕府・諸藩による全国支配ないし領国支配の貫徹―過程で、宿駅制度の整備が軍事・政治的要求よりも経済政策的な側面を優先させたなど到底考えられぬとする、第一の見解がつよく出された。それはまず、東海道以下の五街道宿駅の設定に関する幕府の意図は、軍事動員や政治的要請にもとづく人馬継立機能（伝馬役負担）を最優先し、休泊機能をこれに次ぐものとし、六斎市《ろくさいいち》を中心とする流通機能はその補完的役割を果たすものとみ、また、藩領国内の脇街道宿駅・在町においても、陸奥の盛岡藩や会津藩の例のように、在町・市町が伝馬機能と給人米の払市場としての流通機能を併せもち、それも伝馬役勤仕の代償として後者は二次的機能を果たしたことが確認されているのである（渡辺信夫『幕藩制確立期の商品流通』他）。他諸藩の場合も、伝馬機能が最優先されたといえよう。

宿駅の景観と町共同体　近世宿駅は、その出発点からして都市計画的な要素をもち、交通施設も整って、宿場・宿場町といわれるにふさわしい景観・形態を示すようになった。城下町の場合、伝馬町は概して大手前付近にあり、二、三町にわけて伝馬・休泊の両機能を遂行し、領主より地子免除や商業上の特権をあたえられた。江戸では大伝馬町と南伝馬町が五街道へ継ぐ人馬を、小伝馬町が江戸周辺への公用人馬を負担した（児玉『宿駅』）。城下町全体のなかでの伝馬町の位置づけは、伝馬役負担の在り方によって異なり、その景観も都市的色あいの濃いところもあれば依然として鄙《ひな》びた田園風景を残すものも少なくなかった。一方、在郷町の場合、単線の街道筋では一村か二、三カ村からなる宿場集落の家並が帯状に連なり、分岐点では三、四叉路に家並を枝分けにして形成されることが多い。シーボルトは、その『江戸参府紀行』のなかで、本海道筋の町や村、それに茶屋などがほとんど切れ目のない列をなし、村は二列の家並みからできていて、間の宿の発達がみられる状景を叙述している。

宿駅は、その集落景観が長くて切れ目なかろうと、一直線の町並みとして完結していようと、丁字・十字形であろうと、行政区分としては確定していた。宿駅の両端の入口に、桝《ます》形に切石を積み、松その他の樹木を植えた見付（土居）が築かれ、見付の内側を宿内と呼んで、この中の町屋敷は間口

48　宿並み景観（中山道奈良井宿，中町）〔奈良国立文化財研究所許可済〕

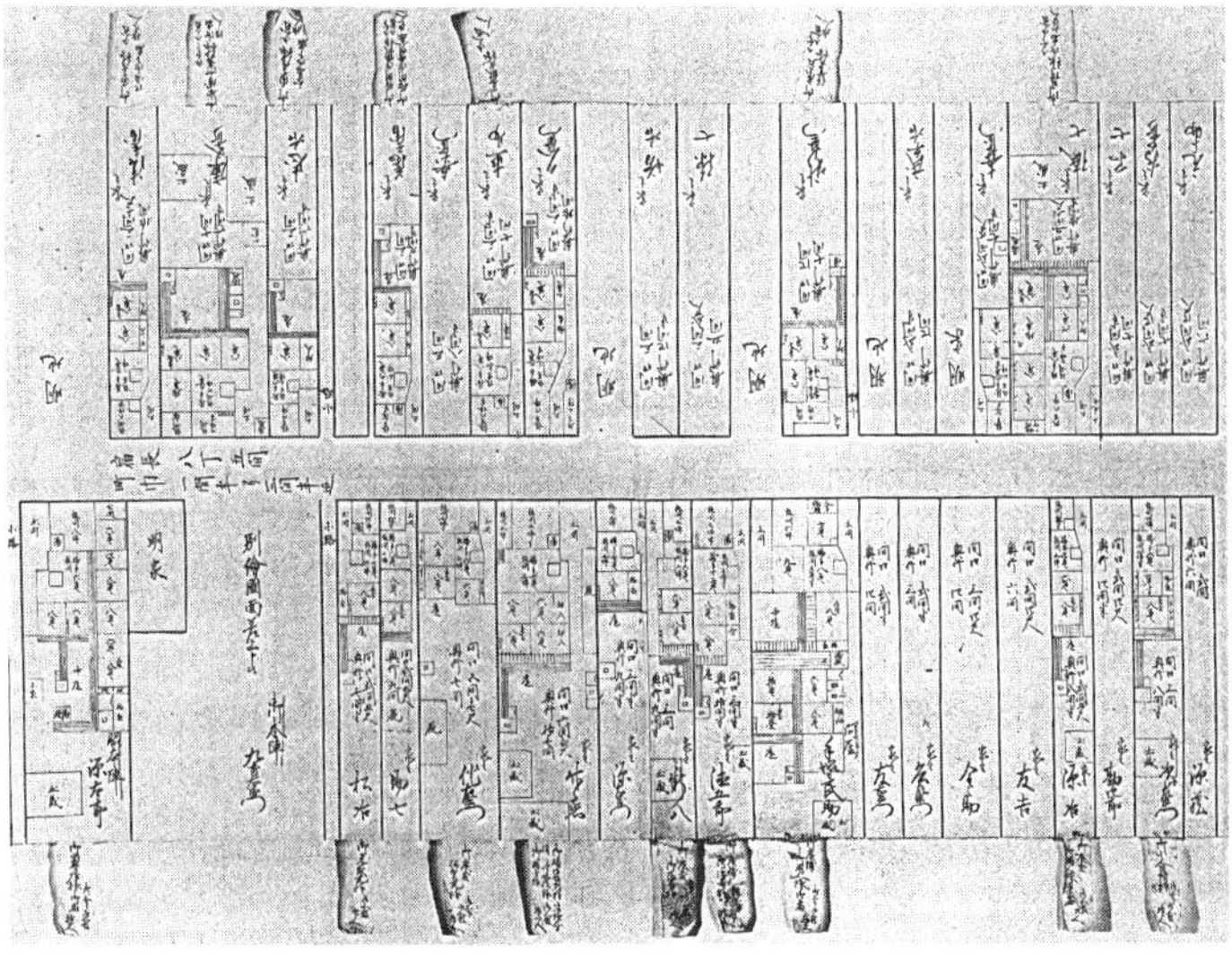

49　宿並図（中山道奈良井宿，部分，手塚嘉寿雄氏蔵）

割などにより伝馬・歩行の各屋敷が定められていた。なお、宿駅によっては、両端の入口に木戸と番所を設け、街道の通行人の監視や警戒にあたったところも多く、町並みの背後を用水堀などで囲繞《いじょう》して、外部の攻撃からの防禦や防火施設の機能を併せもった環濠《かんごう》集落的形態のところもみられる。また、町並みが幾度か屈折する事例も多いが、これは前代の小城下的宿駅の軍事的な伝統性が、近世まで持ち越されたものであろう。

宿駅の中央部には、一般に問屋場があり、本陣・旅籠屋など主要な旅宿や商家が集中し、宿場にかけて茶屋・木賃宿などがならぶ傾向を示すが、宿駅が数ヵ町から構成される場合、問屋は各町の中心にあって、月の特定日数を順次交代で勤めるのが普通である。町並みの特定場所に高札場・火除け明地・水場などをおき、市神や石地蔵・庚申塔《こうしんとう》が宿内道筋に姿をみせるところなど、地域色ゆたかな宿駅景観がつくりだされた。

こうした宿駅は、それが各町（各集落）を構成単位とする以上、その共同体的結合を基礎として成立していた。そして、交通運輸面では宿役人の指揮・差配の下にあるが、一般行政面にあっては城下町は町役人が、在郷町以下は村役人が統轄し、それも町内世話人・五人組等を通じて住民を把握する方式がとられていた。この場合、それぞれの宿駅での各町内の階層構成は、町共同体結合の在り方に大きく作用したが、これについても在郷町などの宿駅では、その町方部分にとどまらず、同一行政単位内の村方（郷方）部分とを有機的に統一した内容のものである（宿住民は宿並みに町屋敷、村方に郷屋敷を併有して商業・農業経営をおこなう）関係上、単純な町共同体の結合ではない。これが江戸時代後期には、同一行政単位を越えて、周辺他村へ町方部分の営業株（酒造・質屋業など）を放出、拡散するとともに、これら諸村の豪農が商業・高利貸資本の成長拠点として町方部分の屋敷地を所持し、経済的にも地域的にも、より広範な階層が町共同体の結合に結集するようになる。その一方では、零細な農間余業者や交通労働者が地借・店借層の大半を構成し、宿内外への流動性をつよめて町共同体結合への参加度を低くし、複雑な様相を呈するに至る場合も少なくない（渡辺浩一「近世後期における在郷町共同体と権力」『日本文化研究所研究報告』別巻二六集）。

町共同体の性格については、このほかにも宿場町全体ないし各町内ごとの神事・祭祀組織の在り方などを併せ考える必要があるが（深井「宿と町」『日本都市史入門』Ⅱ町）、ここで留意すべきは、宿端の木戸の外側に存在する集落との関係である。これらの集落は、木戸の介在を除けば宿駅内の家並みと連続して、一見何の変哲もないかのごとき町場にみえるが、しかし決定的に異なるのは、それが原則として伝馬役負担の義務を負わず、商業を営む特権を賦与されない、したがって社会的地位も一段低く扱われる人びとの居住地域である点である。ここでは実に、宿内の町共同体から疎外された世界として息づいているのである。

宿役人　宿駅の構成者である宿住民を代表し、その組織された機関により宿駅の機能を運営・維持するものが宿役人である。宿駅は、一般行政組織としての町・村の機能と、運輸・休泊に関する宿駅の機能とが相互に関連し、かつ重複するので、前者の町方・地方関係の仕事は町年寄や名主（庄屋）が管掌し、後者の宿方は問屋・年寄が担当する。そして、この両者は原則として対等の地位にあった

50　問屋場と人馬積替え（安藤広重画「東海道五拾三次之内，藤枝」）

が、交通の発展にともない、特定地域ではしだいに前者が後者の従的地位におかれる傾向もみられた。もちろん、逆の場合もあるわけである。

　宿役人とは、原則的には問屋・年寄をさすが、名主を加えて宿三役と称し、また百姓代や問屋場詰の帳付・人馬指を加えていう場合もあった。その呼称は、各地域の藩でかなり異なり、法令や命令系統なども一様ではないが、全体として共通性がある。近世宿駅の問屋の前身は、すでに中世後期には戦国大名の下で在地土豪として年貢や商品等の輸送に従事し、特にその人馬継立や旅行者の宿泊などを業とする伝馬問屋・商人問屋として存在していた。それが幕藩権力の下で宿役人化するのは寛永十年代からで、慶長―寛永期の転封により領主と問屋との主従的関係がしだいに消去され、幕府の職制や地方支配機構、あるいは宿駅制の整備により宿駅問屋の役割が公的性格をつよめた結果、問屋は幕府の勘定奉行―代官の系列下で宿駅・助郷村の人馬を差配し、公私の人馬継立・

休泊関係のすべての業務を管掌するようになったのである（丹治健蔵「近世宿駅問屋制の確立過程」『日本歴史』二二〇号）。

かつて彼らは、宿駅や周辺村落の伝馬衆などよりも優越した社会的存在であって、伝馬役や年貢公事などを免じられ、往還諸荷物の継立の優先権や庭銭の徴収権などを持っていたが、その宿役人化とともに、従来の諸特権もしだいに縮小化の一途をたどり、公用人馬の増大が問屋の役務を過重にした。東海道川崎宿の本陣・名主田中丘隅《きゅうぐ》は、享保六年（一七二一）に著した『民間省要』のなかで、問屋給米や庭銭などの問題にふれて、問屋役の不利益かつ忌避される理由を詳述している。

問屋の下で、これを補佐するのが年寄であるが、宿駅によっては問屋・名主役を兼帯するところもあり、問屋不在のときは年寄が一宿を代表して公用文書に署名捺印する。宿村内での年寄の地位は、町方・地方関係の比重が小さい宿駅の場合、名主より上位にあり、逆のところでは下位に立つことが多い。その仕事は、主に問屋場会所に詰めて人馬継立が渋滞せぬよう処理し、運輸・休泊面やそれに付随する諸問題を扱った。多くは当番制で、通常は半月ないし十日間交替で勤役するが、御用繁忙の折は非常勤の者も昼夜の別なく勤め、特別大通行に際しては宿内各町の重立った者が臨時に仮役・仮年寄役または年寄代と呼んで、年寄を補佐した。

年寄の下には、問屋場下役とも呼ばれる帳付・人馬指がいて、人馬継立の実務を取扱う。前者は、問屋場で人馬の出入りを細大もらさず正確に記帳する役で、書役とも呼んだ。交通量の多い街道では、これが荷受方・勘定方・日締方に分かれる宿駅もある。『民間省要』はこれを、気転がきき胴骨《どうぼね》すわって気の強い者でなければ務まらない、と評している。後者は、宿駅・助郷の人馬で運ぶ荷物を差配するもので、人足指と馬指に分化した宿駅もあるが、同時に差配するので人馬指と呼ぶところなど、さまざまである。前、後者とも経済的には恵まれず、問屋によって一年季の奉公人形式で雇傭される事例が多いが、人馬継立の大部分はこの両者が直接取扱ったので、問屋場の両輪として強い権力を人足たちに発揮し、非常に怖れられる存在であった。また、問屋場には定使がおり、使い走りなどをして、小走りとも称された。

このほか、問屋場その他の筆墨紙類や出役の諸経費など、宿入用の支出を掌り、金銭の保管をする割元（用元）役がいる。これは年寄自身が年番で務めたり、宿役人が町内有力者のなかから指名で選び、年寄の助役として働かせるなど一定しないが、百姓代がこれを兼ねる場合が多かった。宿内の大商人が百姓代となり、その経済力により宿財政に関与した例が多くみられる。

町村役人　幕領では町奉行・郡代や代官、諸藩でも町奉行・郡奉行以下の指揮をうけて、町方、地方三役の長として町村行政の遂行にあたるのが、町年寄や名主（庄屋・肝煎《きもいり》）などである。その職掌は、戸籍・町（地）方・訴訟警察関係その他を執行するもので、単なる行政事務以上に社会生活上の中心的存在として機能した。その補佐役が年(月)行事・組頭などで、地域によっては町世話役・年寄その他の呼称を用いたりする。その始源を五人組の頭分に求める説もあるが、しだいに町人・惣百姓の推薦や選挙できめるようになったという。もっとも、組頭は、村落によっては郷年寄として、宿場運営にも間接的に関与することもあるが、五人組頭そのものではなく、同族集団である小集落の住民を行政的に組織した生活共同体（組）の長をいい、この多くがその地の最有力の土豪農民に系譜をひくといってよい。

名主・組頭など町村役人の不正行為を監視する役が百姓代である。その成立の客観的背景としては、近世的本百姓の一般的形成とともに、領主の対農村政策をめぐり村落共同体内部において村役人層と新たな本百姓層との矛盾が表面化したために、この新本百姓が自己の要求を公的立場を表現せんとする動きのなかに、百姓代の存在を必要とするようになった、といえよう。しかし、この百姓代も、後には名主・組頭の目付役としてよりは、これに加うる地方三役（村方三役）の一つとして体制化し、富裕者に独占されたため、新たに小前惣代が選出される地域もみられた。なお、宿駅の百姓代は、地方関係にかぎらず宿方関係にも関与し、御定賃銭や割増銭・刎銭《はねせん》を毎日取調べ、幕府からの御下げ金の下付と割賦に立会うほか、宿入用の不正なきよう監視し、さらに大通行に際しては宿役人と同じく送迎の出役などを勤めた。宿駅における百姓代の職責の重要性がうかがわれる。

宿内の寄合と規定　宿駅内の重要問題を協議・決定する合議機関として、寄合がある。宿駅の寄合は一般に、問屋・名主・年寄など宿役人のみによって構成されるものと、百姓代以下の有力な宿住民をふくめたものとに大別できよう。前者は宿役人の執務遂行上、必要事項の協議に際して、また後者は宿駅全体にかかわる重要問題が生じ、これを宿住民にも諮《はか》らねばならぬ時に開催された。もっとも、宿役人の退役・新任の評議など、問題の性質に応じて一般宿住民のみの寄合もおこなわれた。例年最初に評議される寄合での重要事項は、宿内での諸仕事の分担、特に人馬役以下の諸役負担の方法であるが、それ以外は各種協議の必要に応じて開かれた（児玉『近世宿駅制度の研究』）。寄合の場所は、問屋場会所や問屋・名主の自宅のほか、旅籠屋《はたごや》・寺院などが充てられることもあった。寄合に出席できる宿役人以外の者は、宿内各町ないし各集落（小字）の代表者格で、少なくとも高十石程度を下らぬ伝馬株主にかぎられ、大多数の零細な宿住民の意志が寄合を通じて宿村政治に反映する可能性は少なかったとみてよい。

宿駅に対する支配は、宿方への統制（人馬継立・休泊・火災・風俗取締まりなど）と、一般町村への行政的それとが重複しながら貫徹しており、特に法令・触達は幕府の道中奉行所や藩・支配代官所から下達され、また、宿規定などは宿村の惣百姓自身により議定されて、共同体規制の基本をなした。後者は多くの場合、領主の触達や五人組帳前書などを参酌して作成されていることから、領主権力の意志が盛りこまれ、同時に、その作成時点の宿駅を構成する諸階層の社会的力関係を表示する内容となっている。

2　宿駅の諸機能

人馬継立と賃銭　近世宿駅は、公用通行者に対する人馬提供による、原則として一宿ごとの継送を第一の任務とするが、これが宿駅の最大の負担でもあった。この負担を伝馬役（人馬役）といい、それには馬役と歩行役（人足役）とがあった。一宿ごとの継送とは、各宿のリレー形式であり、途中の宿駅の人馬使用をせず通過してしまうことは禁じられるが、常備人馬の少ない宿駅とか特別大通行の時などは数ヵ宿による合宿勤めがおこなわれた。また、宿駅間の距離が大きく、また小宿で定置人馬が不備なときには、両宿間の「間の宿」などにも人馬役を負担させ、これを加宿と称した。

近世宿駅が義務づけられた常備人馬数は、年代により、また各街道ごと、あるいは地理的条件によって異同があるが、その役負担すなわち伝馬役については、原則として宿並みの伝馬屋敷に賦課されるものであることに異論はなかろう。たとえば、城下町や山間部などの宿駅の場合、当初は軒別基準の負担だったのが、街道に面した町屋敷の間口に応じて賦課され、その負担代償として町屋敷地の地子免除、旅人休泊業や商業上の特権が賦与された。他方、平野部宿駅の多くの場合、石高制の下に馬役は持高割へ、歩行役は軒別割か小間割へ移行し、地子免除や商業上の特権賦与は大差ないという傾向を示している。これは後者の伝馬役が、農業経営に基盤をおく役家かその系統の百姓の負担であり、彼らの経済生活が往還の貨客運送、商業経営のみには大きな比重をおいていなかったためであろう。

平野部宿駅で伝馬一疋を負担すべき基準持高は、街道の交通量や地理的条件により、十石〜二、三十石と相当の幅があるが、一方、基準持高に達しない百姓は分勤といって各自の持高を寄せあい、伝馬一疋分を勤めるという方式をとることが多い。なお、脇街道などで交通量が比較的少なく、宿場集落の発達が未熟なところでは、地子免許もなく、人馬継立は日常は村継的形態をとり、大通行の時は応接準備のみを担当して郡継人馬に頼ったりした。なお、人馬継立に際して、宿住民は人馬役以外にも茶番役・会所詰・御出迎番・御用宿当番以下の諸役、さらに小役と呼ばれる臨時の人足役を勤めた。

後者は奉公役ともいい、先触持《さきぶれもち》・遠見《とおみ》・杖払《つえはらい》・御用持・隣宿問合・火の番・掃除番などである。これらには日締帳《ひじめちょう》に宿立人馬と同じ扱いで加えられるものと、そうでない家別負担のものとがあった（児玉前掲書）。

人馬継立を賃銭によって分類すると、(1)朱印・証文、(2)御定賃銭、(3)相対賃銭、のそれに三大別される。このうち朱印とは、将軍の朱印状で人馬の使用を許可したもので、使用人馬数は朱印状面に明記され、他方、この朱印を捺した定書が各宿に渡されている。家康は当初、「伝馬之調」なる印文を使用し、慶長六年（一六〇一）正月の東海道伝馬制の設定の際には「伝馬朱印」の文字の下に、人が馬を曳く絵のある印（駒曳朱印）を用いたが、これには定書の「此御朱印なくして伝馬不可出者也、仍如件」の「定」のところに捺されていて、左側下段に宛先の宿駅名が記されている。彼は、同十二年駿府に移って以降、「伝馬無相違可出者也」の九字を三行にしたうえで縦に二分した右半分を自分が、左半分を江戸の将軍秀忠に用いさせている。この朱印状が発行されるのは、第7表に見るとおりである。

次に証文の発行者は、慶安四年（一六五一）段階では老中・京都所司代・大坂町奉行・大坂定番・駿府町奉行で、享保八年（一七二三）には勘定奉行、寛政七年（一七九五）に遠国奉行と道中奉行が加えられた。これら朱印・証文を下付された者に対して、宿々では当初から渡されていた印鑑と照合して無賃の人馬を提供するのが原則である。しかし、公用通行者の増加とともに朱印改めを避け、江戸の場合は日本橋伝馬町の伝馬所へ写を提供すると、伝馬町から人馬を江戸の口宿（品川・板橋・千

第7表　朱印・証文の発行対象

朱印之分	証文之分	
一、公家衆 一、御門跡方 一、京都江御使 一、勢州江御代参 一、大坂御城代替之節引渡 一、大坂御目付 一、駿府御目付 一、宇治御茶御用 一、二条・大坂御蔵奉行仮役 一、国々城引渡并巡見御用 一、諸国川〻其外御普請等見分御用 一、日光御門跡并役者・医者日光江往来 　但、御門跡ゟ京都へ之御使 一、日光御名代 一、金地院京都江往来 一、品川東海寺輪番 一、三州滝山寺 一、京都智恩院 一、増上寺ゟ智恩院江使僧 一、相州藤沢遊行上人 一、備後御畳表 一、野馬御用 一、御鷹御用 一、御簾御用	老中	一、御状箱・御用物品〻 　京都　大坂　長崎　駿府　尾州　紀州 　堺　勢州　日光　佐州　相州　豆州 一、国〻江御奉書御用物 一、尾州ゟ鮎御鮓 一、三州ゟ海鼠腸 一、和州ゟ葛 一、石州ゟ蜜 一、駿州徳音院長持 一、勢州御代参之節御箱 一、京都江上使之節長持 一、日光御名代之節御樽御箱 一、京都江進献物御用 一、水戸殿鷹野之節上使御箱 一、房州野馬御用 一、日光江之御神服御用 一、日光江御畳表 一、越後并会津蠟御荷物 一、遠国見分御用 一、仙台・南部ゟ参候御馬御用 一、遠国御普譜御用長持 一、松前ゟ参候御鷹御用 一、所々江参候盗賊改方与力・同心 一、京智積院 一、初瀬小池坊 一、佐州より御金荷物 一、上州太田金山松茸 一、諸国囚人并御仕置物
	京都所司代	一、御状箱・御用物 一、京都町奉行ゟ御勘定奉行江状箱并玉虫左兵衛手代下り候節長持 一、二条御蔵奉行長持 一、智恩院使＊ 一、近衛殿使者＊ 一、黄檗山＊ 一、醍醐山＊ 一、八幡山善法寺＊ 一、西八条大通寺＊ 一、土御門治部卿巳ノ日御祓 一、日光例幣使＊ 一、上加茂献上之御葵 一、阿蘭陀人＊
	大坂城代	一、御状箱其外御用物品〻 一、大坂御蔵奉行長持
	駿府城代	一、御状箱并熟瓜・茄子・白瓜・竹の子・林香・山椒
	勘定奉行	一、御上鳥并御鷹匠御用 一、御猪狩御用 一、御薬草国〻見分并持送り御用 一、所〻川〻御普請并見分御用 一、日光ゟ参候御巣鷹御用 一、日光今市、房州峯岡山、下総国佐倉・小金御馬御用

（注）『道中方秘書』による。＊印は「是ハ船川渡之所々無滞旨之証文」

住・内藤新宿）まで継ぎ、その先は通過予定の宿々へ通達する方式をとるように変わった（児玉『宿場と街道』）。なお、朱印・証文でなく無賃の人馬を使用する例として、道中奉行の触書送付などがある。

各宿の高札には前後宿までの賃銭類を示してあるが、これが御定賃銭である。本来は、すべての旅客に適用すべき賃銭であったが、公用通行者などに限定されて、一般通行者よりも低廉であったため一種の特権と化し、幕府の許可を要するようになった。これは正徳元年（一七一一）に決定された賃銭（元賃銭）を基準とし、以後これへ割増銭を付加して支払われる方式をとったが、割増銭の期間がすぎると元賃銭に復する。

朱印・証文による特権的通行者が所定の人馬数を超過した場合、その分は御定賃銭か相対賃銭で、また御定賃銭による者が超過した時は相対賃銭で、それぞれ人馬を雇い上げる必要がある。もっとも、これら特権的通行者が超過分を規定どおりの賃銭で雇うかというと、それは必ずしも期待できず、超過分をも無賃で不正に使役する者が多かった。大名は一般に御定賃銭で、所定の超過分については相対賃銭という規定がおおむね守られているので、大通行の場合は相対賃銭の割合が大となる。この相対賃銭は本来、人馬使用の通行者と宿駅や近在の駄賃稼ぎの者との相対によりきめた賃銭であるが、普通は問屋などを通じて雇い上げた。その賃銭の基準は、「御定賃銭之弐人前、又ハ壱人半前と限り候は不宜」（『道中方秘書』）とされており、ほぼこの程度だったとみてよい。寺社のうち、御定賃銭で通行する者もあったが、のち特例を除き相対賃銭となった。商人は相対賃銭を原則とするが、幕府の御用商人や公・武家の会符利用の者は、御定賃銭で宿人馬を使役した例が多い。

宿財政との関係　近世宿駅が幕藩制的な御用交通を円滑にするための人馬継立・休泊両業務の遂行を義務づけられていたことは、宿財政を大きく圧迫した。宿駅は規定数の人馬を飼養能力の限界をこえて定置し、必要に応じて無賃・御定賃銭で公用通行者などの使役に供し、また旅籠屋・茶屋などでは公定賃銭で休泊させねばならなかった。その対価は一般的な時価相場よりもはるかに低く、このため両者の差額は宿駅と助郷村の負担、すなわち宿財政・助郷村財政の支出膨張を意味した。

幕府は、こうした犠牲分を補塡《ほてん》するため、宿駅に対して市開催または店舗商業を許可し、問屋場庭銭の徴収など商品流通上の特典を賦与する一方、地子免許・継飛脚給米・問屋給米・拝借金穀・人馬使用制限・賃銭割増・宿助成貸付利金・囲人馬《かこいじんば》・助郷などの宿駅保護助成策を講じた。諸藩でも、名古屋藩の伝馬銀、大垣藩の百疋伝馬、仙台藩の宿置金などのような諸制度を設けて、人馬継立機能の維持に努めている。これは幕藩領主が宿駅制度の存続を前提とするかぎり彌縫《びほう》策の域をでず、その大部分は宿駅住民と助郷村民の役負担の内部操作的な性格のものでしかなかった。中国路の岡山藩矢掛宿や広島藩海田宿などにみる、御用人馬を負担した出役者に対する宿駅・助郷村からの賃銭不足分の補塡（間銀負担）（藤沢晋『近世封建交通史の構造的研究』）、あるいは奥州街道（松前通）仙台藩斎川宿の同様の補塡（補代）など（風間観静『奥州街道宿駅制の研究』）、その例にもれない。

宿財政の収支を示す宿入用帳には、純然たる交通・運輸関係の収支を記載したものや、これに町方または村方関係を加えた全収支を記載したものがある。また、宿入用帳以外の町、村入用帳のなかにも交通・運輸関係の収支項目を記載したものもあって、宿財政の全体を把握するには両入用帳の検討が必要となる。たとえば、天保十年（一八三九）の東海道見付宿のそれは純然たる交通・運輸関係のみの収支であり、嘉永六年（一八五三）の中山道追分宿においては交通・運輸関係が中心で、地方関係の分を一部ふくみ、元禄十四年（一七〇一）の甲州道中日野宿の支出分は地方関係が全体の七六％を占め、宿入用帳でありながら、村入用帳（地方関係）としての性格を濃厚に示しているのである。

これは元禄段階までは宿駅・助郷とも人馬役を直接勤めることが多く、人馬継立関係の費用があまり記載されなかったためと思われるが、江戸時代後期には総金額の増大傾向のなかに地方関係の項目・金額の漸減、交通運輸関係のそれの増加という質的変化をみせている。さらに幕末期に至ると、一般に御用交通の増加による無賃人馬賄銭、人馬買揚・抱置賃、御用宿足銭《たしせん》の激増、そして拝借・他借金の利息累積などが宿財政を破綻させた。

しかし、宿駅の窮乏要因については、右の説明以外にも諸説がある。その一つは、商品流通史的視点に立つ見解で、これはたとえば信州中馬《ちゅうま》や中奥街道の仲付《なかづけ》駑者《どじゃ》に代表される新興の農民的運輸機関が、特権的な宿駅制度の基本法則である人馬継立方法に内在する諸欠陥を衝いて勃興・隆昌した結果、あるいは全国的商品流通機構の確立、特に海運・河川舟運が発達して、貴金属や生糸・絹織物などを除く大量の重貨が陸上の運送よりは水上運輸にゆだねられた結果、宿駅の窮乏がもたらされたとする見解である。もっとも、新興運輸機関の興起による影響を必ずしも直接的にうけない宿駅―たとえば東海道宿駅などでは寛永末年の段階で早くも百人百疋の定置人馬が三分の一程度まで退転―でも、窮乏化の傾向には顕著なものがあり、宿駅の商品流通上の特権喪失―宿駅による商人荷物の口銭徴収の減退など―が、宿駅の経済にいかなる形と内容の打撃をあたえたかについては、宿財政の窮迫現象の増大にもかかわらず幕末期まで存続したという意味において、なお検討の余地を残している。

その二は、本来的な交通史研究の立場からする見解で、宿駅負担の過重化に対する助成の不均衡、御用交通とはいえ無賃通行を認めた制度上の欠陥、常備人馬の退転をあげる説（大山敷太郎『近世交通経済史論』）や、御用通行者の増大に伴う人馬賃銭や休泊料の不足から、宿駅が負担する打足銭の激増に窮乏の要因を求める説（児玉『近世宿駅制度の研究』）などが、その代表的なものである。なお、宿駅の窮乏化は、寛永末年にはすでに見られるところから、伝馬役負担者の階層分化の進行が宿財政の破綻と宿村政治関係の動揺をもたらすとする説（丸山『近世宿駅の基礎的研究』第二）もある。後者は、経済発展が新興の商人・地主層を進出させ、彼らの伝馬銀納入による直接の自役免除が伝馬役負担者の恒常的減少をまねく一方、土地喪失者ないし残りの者への負担転嫁と、宿役人が人馬調達・維持の責任を負うことから、御用人馬の増大とともに役負担の矛盾が顕然化して、それら悪循環の現象が宿財政の窮乏をもたらす、というものである。

他方、これに対しては、宿財政の窮乏と集落としての宿駅全体のそれとを混同しているとの見解もある。これは、先の東海道見付《みつけ》宿の事例にみるような、宿財政とは純然たる交通・運輸関係の収支に限定されるとの考え方に立脚するものと思われる。しかし、同じ宿入用帳であっても、中山道追分宿・甲州道中日野宿のような事例も少なくないし、宿財政の収支は帳簿操作の如何で赤字にも黒字にも（渡辺和敏「東海道新居宿における宿駅財政の一断面」『交通史研究』八号）、また宿入用にも町村入用にも編入できるので、安易な分析は危険である。結局、宿財政の窮乏に関する理解は、その負担方法の変化に求めるのか、その変化をもたらし体制化した基本要因を重視するかで大きく分かれるが、現状では商品流通的研究、本来的な交通史研究の成果の上に、これを総合的に把握して位置づけるのが最良の方法というべきであろう。

御殿・御茶屋等と本陣・脇本陣　近世宿駅の第二の機能が休泊のそれであることは、幕藩領主の交通政策のなかによく示されているが、その中心となるのが将軍・大名等の休泊施設であった。このうち御殿は本来、天皇の清涼殿《せいりょうでん》などをさしたが、後には貴族や大名・社寺の殿舎をふくめていうようになる。各時代の御殿の殿舎構成は、古代―寝殿、中世―主殿、近世―書院を中核とし、近世には将軍・諸大名の城郭内の殿舎を御殿と呼んだが、さらに遊猟その他通行休泊に利用する別邸をも御殿・御茶屋・御旅屋・御仮屋などと呼んだ。

領主階級の休泊施設としての御殿・御茶屋の一般化は、戦国時代末期には確認されるが、織豊時代にいっそう顕著となり、江戸時代に入ると五街道筋などではその前期まで、脇街道筋の特に辺境地帯では幕末期まで存続した。御殿と御茶屋とは、御殿の郭内に御茶屋が設けられる場合もある一方では、同一機能をもつ別称である例も少なくないが、いずれも領主直営の施設であることを特徴とする。もっとも、これらは東海道等の場合、寛永十一年（一六三四）の三代将軍家光の上洛以降は利用されなくなったことも関連して、それまで私的に大小名の休泊を引きうけていた宿屋が本陣役に指定され、元禄期ごろまでの間にとって代わられるようになった。

本陣の語源そのものは、天皇の朝覲行幸《ちょうきんぎょうこう》などの際、その行列の中心＝鳳輦《ほうれん》をかこむ一陣をさした。そして後には、軍陣の中核すなわち大将のいる本営を意味し、江戸時代になると大名などの武家が戦時に野営・宿泊する宿陣の謂《いい》から、転じて道中休泊の中心となる宿屋をも本陣というようになった。なお、宿屋としての本陣の起源を戦国時代まで溯及《そきゅう》させる説もあるが、それが当時休泊に応じていた施設の呼称として存在していたか否かはしばらく措き、臨時的・私的性格が濃厚で、寛永十年代に入って以降、幕藩体制の一環としての宿駅制度の整備過程において、本陣役として恒常的・半公的性格のものに転化したといえよう。

本陣は、幕府や参勤交代の大小名など主に武士階級と、宮家・門跡・公卿・高僧その他貴人の休泊にもあてられたので、その規模は宏大で

51　東海道草津宿本陣（草津市立街道文化情報センター提供）

家屋の構造にも共通性があった。それは原則として門・玄関および上段ノ間がある点で、これが一般の旅籠屋と著しく性質を異にする。本陣における大小名の宿泊は、往昔の軍旅の名残りもあって、一行の食料から膳・椀・調度品・寝具・風呂桶まで小荷駄として持参し、当初は随行の家来が分宿する下宿まで木銭（木賃）形式、すなわち自炊方法を踏襲したが、しだいに家臣の分にかぎり木銭・米代形式、さらに旅籠形式すなわち宿屋からの食事提供の方法が普及するようになった。本陣に大名が宿泊する時は、門前や宿端の両方か一方に関札(宿札)を立て、門には定紋《じようもん》入りの幕を張って宿泊の存在を示し、家臣を警固させたりした。

休泊の際、本陣の亭主は大名に御目見して、土産の珍物《ちんぶつ》などを献上し、奏者番がこれを披露すると、大名より金品などの下賜があり、これが休泊料にあてられる。しかし、藩財政が窮迫化すると、大名は献上物を受けとるのを避け、下賜金も減額し、さらに昼小休などは本陣でなく宿端の茶屋などを利用する傾向が顕著となった。こうして本陣は、その存在が大名行列の休泊を誘引する基礎条件でありながら、みずからは江戸時代中期以降、しだいに窮乏にあえぐようになる。その要因としては、第一に、右にみた諸大名の財政窮乏による倹約、第二に、本陣経営の困難性―一般旅行者の休泊や飯盛旅籠兼営等の禁止、本陣普請修復費の恒常的増大、雇用労働力の賃金上昇、農業経営等の破綻、等々―があげられよう。

脇本陣は、本陣の補助として必要に応じて指定されたか、大旅籠の転化したもので、江戸時代中期以降に多く出現した。こうした関係で、本陣が門構と玄関をもつのに対し、脇本陣はその一方を欠くことが少なくない。また、それは、休泊の面で本陣の代勤をして、若干の補助金の下付をうける一方、通常は平旅籠の営業をする点で、本陣・旅籠屋の両性格を併有しながらも、またそのいずれでもない点に特徴があった。脇街道では、御茶屋に次ぐ町茶屋が脇本陣に相当する休泊機能をもったところも少なくない。

旅籠屋と飯盛女　宿駅には本陣・脇本陣以外に、主として武士や一般庶民などを宿泊させる食事付の宿屋、すなわち旅籠があった。『和名類聚抄《わみょうるいじゅうしょう》』には、はたごを「飼馬籠」としているが、これは馬料入れの竹籠で、丈の高いのを篗《すり》、低いのを旅籠といったようで、『今昔物語集』には「宿をかり、はたご開いて物などくひ」とあり、食料入れの旅具に変化している。中世には宿屋が出現・発達し、馬の飼料を用意してその馬槽を宿屋の看板としたので、それを「馬駄餉《はたご》」といい、後世、転じて旅籠屋になったともいう。旅籠の語源については、これ以外に泊籠・刷籠・幡籠・八多(服)籠などの諸説もあるが、その語自体は近世初期、旅宿の食料から旅宿または宿料の意味に転化したとみてよい。かくして旅籠屋は、早い地方で近世初期に、それも木賃宿の中から出現して、漸次全国に拡がっていったもののようである。『日葡《にっぽ》辞書』(一六〇三年)に、ハタゴ・ハタゴセン・ハタゴヤなどの語が出ていることも、その傍証とはなる(児玉『宿場と街道』)。もちろん、これを前・中期とする説もあるが、史料の性格や地域差を考慮すべきである。

参勤交代の大名一行は、本陣・脇本陣のほかに札宿・幕宿・駕籠宿・並宿・油紙宿に分宿するが、このうち旅籠屋は札宿以下、並宿までで、油紙宿は木賃宿にあたる。旅籠屋はこのほか、幕府役人などの御用宿にあてられたが、一方、商品経済の発展による庶民の旅行・社寺参詣の盛行は、宿場町の繁盛、ひいては旅籠屋経営の安定性をもたらした。こうした旅籠屋は規模の上から大・中・小に三区分されるが、大旅籠は脇本陣程度で、東海道三島宿などでは表間口五間以上のものがこれに相当し、中旅籠は四間前後、小旅籠は三間以下に分類できるという。二階建てを原則とする点で、本陣・木賃宿とは異なる。

旅籠屋では、旅人を招じ入れると、宿帳にその姓名・生国以下を記録し、一人旅の者や不審者は敬遠して宿役人に届け出たりする。もっとも、宿泊者の多寡は旅籠屋の盛衰にかかわるので、留女・宿引、あるいは人足・馬方、案内の家名入り書状（家状）などを使って、争奪戦を演じることも多かった。これが過熱して紛争が生じるのを避けるため、宿々で宿泊人の平等な割振り、自粛の規定書をつくった例もみられる（児玉前掲書）。

こうした旅籠屋も、江戸時代前期にはすでに分化のきざしが見えていた。享保年中（一七一六—三六）の川崎宿本陣田中丘隅《きゅうぐ》の『民間省要』に、「凡そ道中の旅籠屋に二品あり、本百姓と女持となり、百姓を兼たる旅籠屋は、耕作を業として敢えて是を心とせず、女を持たる者は、其品々に依て毎日銭の涌事有て富、美肴美酒に耽り遊楽成物成と雖ども、又消際の早き物なれば、所見と違い終りを能守る事少なし」とある。平旅籠とならぶ飯盛旅籠屋の出現がそれである。その家屋構造は、前者が表通りに表札をかけて、広い土間・板の間を見はらしにするのに対し、後者は表札がなくて土間が狭く、格子をした板の間の少し後に飯盛女を並べる見世（畳敷）を置く点に差異がある。

飯盛女は食売女・飯売下女などとも書き、公認ならざる黙認の売笑婦である。万治二年（一六五九）の東海道諸宿に対する遊女禁止令以降、宿駅において遊女にとって代わることになり、正徳年間（一七一一—一六）には毎戸四、五人に増え、享保三年の触書《ふれがき》で道中筋旅籠屋の飯盛女を各戸二人に規制するに至った。しかし宿駅によっては、旅人誘致策から、平旅籠をふくめた惣旅籠屋に二人ずつと解釈して、飯盛旅籠の抱人数をふくらませるところも多く、この対象者は外部の旅行者よりもしだいに宿内外、特に助郷諸村の農民などを対象にするようになっていった。このため、風紀をみだし淫蕩の俗をかもす傾向があるのを理由として、宿駅・助郷間の紛争に発展したところも少なくない。

飯盛女が泥水稼業の苦界《くがい》に身を沈めるのは、百姓や町人らが年貢課役の過重な負担や経済的窮迫などにより、娘その他を年季質入れの形式をとって事実上身売りさせたためであるが、その労働条件は昼夜を限らずいかようにも使うということで、仕事は水仕・出居・飯盛女のいずれでも、という内容であった（児玉前掲書）。飯盛女は、早くは五、六歳の幼女が牛馬のように売られて水仕などの手伝いに従事し、十四、五歳になると店を張るといって下女名目で客の相手をさせられた。こうした飯盛女の前途は、多くは博徒らの監視の下で、逃亡か心中・廃疾、そして暁天の星のような幸運の身請しかなく、たとい年季の期限がきても種々の名目で改年季させられ、いつまでも苦界から抜け出せぬ仕組みになっていた。この稼業を十年間つづけた飯盛女のうち、その過半が性病や過労による病気併発などで廃人化し、幕末・明治の交の統計によると、ほぼ二十五歳を上限として大部分が一生を終えたようである。近年には女性史研究の立場から、遊女・飯盛女などの生活を、自由意志と明るい生きざま、

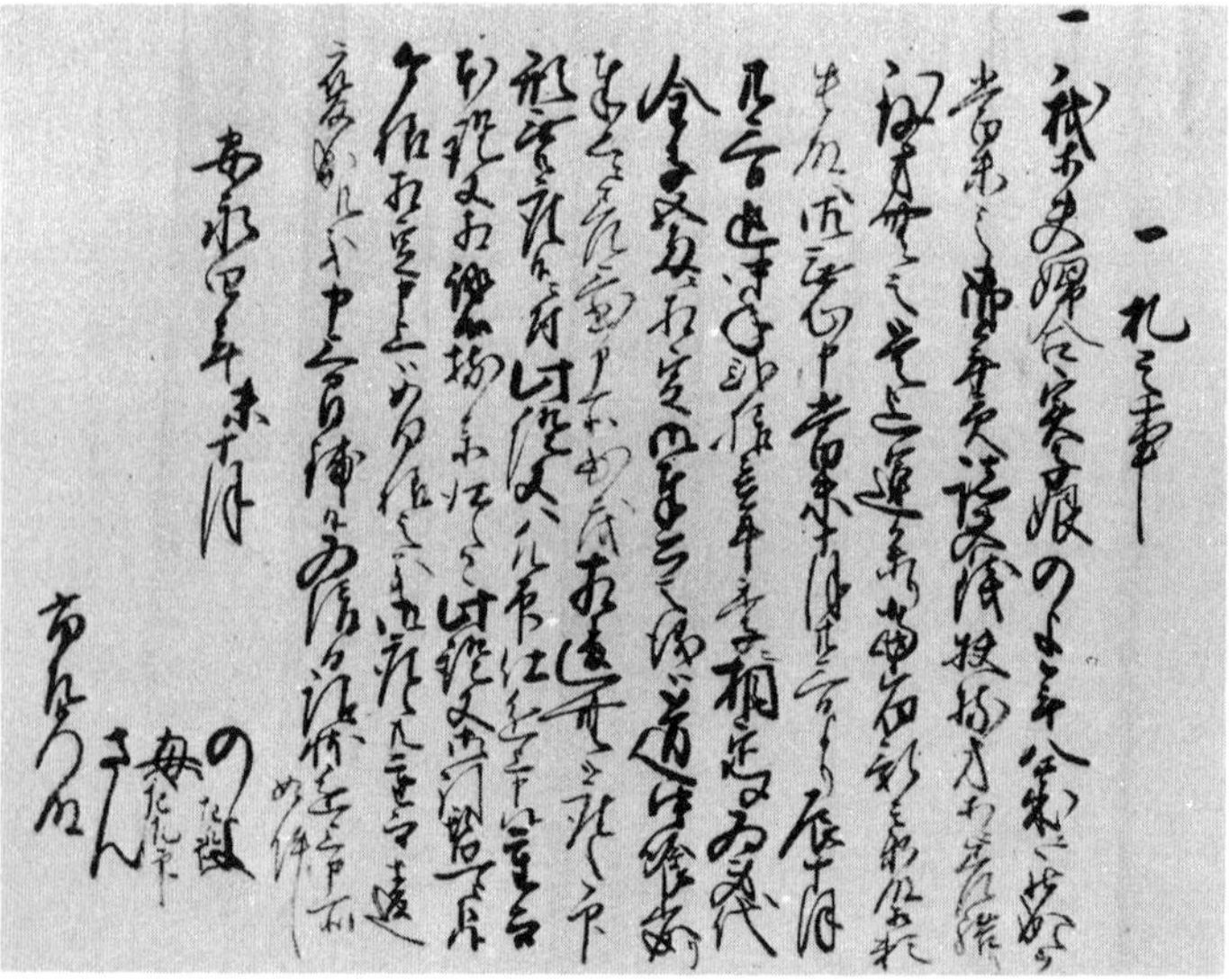

52　飯盛女（上）（英泉画「岐阻街道深谷之駅」）と身売証文（下）（「一札之事」長野県軽井沢町資料館蔵）

芸術哲学を体現する美の女神、などの視点で描写する傾向もみられるが（佐伯順子『遊女の文化史』他）、実態はまさに前述のようなものであった。特に、幕末期に機業マニュファクチュアが出現した地域では、宿駅の飯盛女が機織工女を兼ね、明治五年（一八七二）の娼妓解放令後は多く後者に転身して、いわゆる『女工哀史』を展開した例も少なくない（丸山『近世宿駅の基礎的研究』第一、庄司吉之助「飯盛女の労働とその解放条件」『福島史学研究』復刊一三号）。

茶屋・木賃宿その他の旅宿　茶屋の起源は、鎌倉時代中期以降、主に街道沿いの寺院等によって開設・経営された接待所（接待茶屋）に求められるが、その後は室町時代の守護大名が部下に接待所の代官職を与えて知行させるなどした。「七十一番職人尽歌合」や狂言「薩摩守」などに出る一服一銭の茶屋（一銭茶屋）など、これに連続するものであろうか。戦国大名は、その領国内に直営の御茶屋を設けて、鷹狩その他通行時の休泊に利用したが、そのなかには江戸時代の茶屋本陣に系譜をひくものもみられる。織豊時代には、社寺門前などに掛け茶屋・休み茶屋が出現したが、江戸時代には、江戸の茶屋地や各街道沿いに茶屋町が発生、売色をともなう一種の半私娼窟化したものも少なくない。

参勤交代の諸大名が本陣を避けて茶屋に「御駕籠立」などをし、一般旅行者も多く休憩するようになると、旅籠屋と歩調をあわせて繁昌の一途をたどったが、ことに宿外れの立場茶屋などでは、湯茶をはじめ一膳飯・水菓子・団子《だんご》、それに簡単な酒肴をつけた食膳もあって、街道往来の旅行者や交通業者などにも重宝な存在であった。しかし、茶屋があまりに繁昌すると、旅籠屋から苦情が出て、幕府は延宝六年（一六七八）従来の茶屋のほか、新規の営業を禁じた。そして、その給仕女は茶屋一軒

53　茶屋（安藤広重画「東海道五拾三次之内，丸子」）

に二人までとし、服装も布・木綿に制限するとともに、営業時間を定めて日暮れ以後に客を置くことを禁じた（児玉編『近世交通史料集』八・九）。これは茶屋の給仕女が売笑化し、飯盛旅籠屋まがいの行為をするのを制止したものであるが、実効はなかった。そのあげく、旅籠屋が飯盛女を宿端まで客引きに出すと、茶屋も給仕女を遠方へ進出させて客引き合戦をおこない、両者の営業も部分的に渾然化・競争化をきたして、紛争を繰り返したのである。

木賃宿は、木銭形式すなわち薪代を払って自炊する宿泊形態をとる宿屋であって、零細庶民の旅宿として、前代以来の典型的な形を最後までとどめた。江戸時代後期の木賃宿といえば、大道商人・助郷人足・雲助《くもすけ》・日雇稼・下等芸人・貧しい者などを対象とする旅宿を意味し、御安宿とか雲助宿・日雇宿と呼ばれることもあり、その経営者も旅籠屋とは違って富裕でなく、無高か零細所持高の者が多かった。

その家屋構造は、旅籠屋が二階であるのに対し地階のみで、非常に小規模であり、宿端近くで営業する傾向がある点に特徴がある。

旅籠屋が一夜泊りの旅人を主な対象としたのに対し、郷宿・商人宿や温泉宿は比較的長期の滞在者が多かった。郷宿は城下町・陣屋町など藩庁所在地にある領民の定宿で、訴訟等できた者が多く宿泊したので、公事宿とも呼んだ。水戸城下町では、これを控え宿というが、それ以外に支度宿・馳走宿などがあった。支度宿は、諸大名の使者などが登城支度をしたり、下城して旅装を整える宿、馳走宿は諸大名の使者を供応するための宿であるが、これは他藩での使者宿・客屋宿・外人宿などにあたる。なお、四国の諸藩には、巡礼等のための駅路寺や接待所などがあった。

3　助　郷

助郷の形成過程　助郷の起源については諸説があり、遠く鎌倉時代の文応二年（一二六一）執権北条氏が大番役別銭を停めて、田五町ごとに馬一疋・人夫二人を賦課したという『吾妻鏡』の記事にその濫觴を求める説（吉田十一『日本旅行史』）をはじめとして、織豊時代の天正八年（一五八〇）上杉景勝が越後田切の問屋に宛てた伝馬宿送り人足に関する朱印状、文禄三年（一五九四）豊臣秀吉が京都―尾張清須間に宿駅を定めて、宿送り人馬を過分に要する時は「此外に隣郷則可出候」と命じた政策に求める説（黒羽兵治郎『近世交通史研究』）などがある。江戸時代に入って、宿駅近傍の人馬を助役と定めた初見は、慶長八年（一六〇三）大久保長安が中山道御嵩宿に、大伝馬の時は「在郷幷かね山之馬」を使用せよと命じた定書であるが、同十六年北国街道の諸宿に「大伝馬之時ハ隣郷の人馬をつかひ」云々と記した、大久保長安も連署している伝馬宿書出などは早い方であろう。また、元和二年（一六一六）幕府が東海道宿駅に出した定書には「駄賃多入候時者、其町〳〵在々之馬をやとひ」云々とあるが、これなど人馬不足の時には宿駅が「在々之馬」を相対で雇傭して継ぎ送るよう命じたものである。

こうした在郷馬の雇傭の在り方に若干変化のきざしがみられるのは、寛永年中に入ってからであろう。すでに寛永元年（一六二四）幕府は中山道太田川渡船のために助船の郷村高を指定しているが（大島延次郎『日本交通史概論』）、これが在郷馬におよぼされたのが、同十四年制定の江戸—京都間（東海道・美濃路など）宿駅に対する助馬「定」である。そこでは、助馬を出す郷村は町同様に高役とし、助馬は往還衆の多い時や町馬不在の時に徴発する、助馬を出ても継立渋滞の際は御料・私領の助馬以外の「其所之近キ在郷馬」を提供させて駄賃をとらせ、助馬からは上前を刎《は》ねることなく宿駅の者と相対にする、というものである（『浜松市史』史料編一、他）。この助馬制は、その後、明暦二年（一六五六）から万治元年（一六五八）までの間に整備・充実したが、さらに寛文年中（一六六一—七二）そのなかに定助・大助の区分が生じて、元禄二年（一六八九）の幕府の助郷調査にもとづく、同七年の新たな助郷制度画定の前提になったということができる。そこでは、従来の定助・大助などが封境・国郡を限界としたのを改めて、領主のいかんをとわず各宿駅近傍の郷村を付属助郷に指定し、高百石につき二人・二疋の人馬役負担としている。

しかし、こうした助郷制度も、当時の交通量の増大を前にして破綻をきたさざるをえず、東海道では定助郷・大助郷、中山道などでは大助郷という構成が、享保十年（一七二五）以降は両者の区別廃止、定助郷への統一という形で改定されるに至った。この措置は、従来の定助郷の過大な人馬役負担を軽減、平均化するものといわれているが、実際には大助郷の負担を定助郷なみに引き上げる巧妙な政策だったといえるだろう。それは程なく右の定助郷に加えて、加助郷・増助郷など新名目の助郷が次々に設定されたことによく示されている。こうした助郷制度の形成・整備は、五街道のなかにも遅速の差があり、脇街道でもこれに準ずる性格の助郷が存在したことはいうまでもない。

助郷の区分　助郷のうち宿駅と最も緊密な関係にあるのが定助郷で、両者は距離的にも近接していて一種の生活共同圏を形成していた村々であった。交通量の増大、宿駅の人馬役負担能力の減退は直ちに定助郷に対する課役負担の増大となって現われるので、両者は人馬の触当・使用・賃銭配分の方法などをめぐって衝突したり、また対立関係を内包しながらも合理的慣行によって可能なかぎり矛盾の止揚に努めたりした。江戸時代後期に入ると、特に農間余業の少ない村民などの中には、人馬請負業者に雇傭されることによって生活の資を得ようとする貧農・半プロ的存在の者が多くなり、両者の関係には緊密かつ矛盾にみちた側面がみられた。

代助郷は、定助郷などの特定村が災害や疲弊等で助郷役の一部か全部を免除されたとき、その代替を指定されたものである。このほか、特別大通行の際、特定宿の定助郷などが他街道の宿駅に臨時に助郷役を命じられたとき、その空きの部分を補充するところのものも代助郷と称した。加助郷は、特定の大通行時に定助郷負担を軽減するため追加されたものである。それは享保十年（一七二五）の定助郷統一後に程なく出現した、従来の大助郷に比定さるべき新助郷の代表的なもので、定助郷との関係は緊密であり、後には「定加助郷」化していった。増助郷も、定助郷の負担軽減のため設けられた点では加助郷と異ならず、一時、加助郷とよぶ事例もみられるが、後には明確に区別されている。それは臨時の特別大通行などの一時的に徴発されるものと、一定年限、定助郷に付属するものとがあったためで、特に前者には日光社参時や和宮関東下向時に定助郷以外に百ヵ村以上が特定宿に徴発された事例などがあげられる。また、幕末期に多くみられるものに、当分助郷がある。これは正徳三年（一七一三）の日光社参時に、日光道中越谷宿に「当分助人馬出候村々」を定めたのが早い方で、享保十年代以降、各種助郷が新設されたのにともない、この頭に「当分」の字句を冠した形で出現し、幕末期には純然たる当分助郷が一般化したようである。

このほか、五街道や脇街道の宿駅には、それぞれ特定名称の助郷があった。東海道・中山道などの平助郷・惣助郷・永代助郷・内助郷・追差助郷など、さらに脇街道の定助・加助・大助あるいは加人馬その他の名称の助郷をみる。

助郷役の変質と村財政　五街道などでは、各村の村高に等しいか、これより若干少ない助郷勤高を基準に賦課されたが、それは個別的に家(軒)別に割り当てる方法から持高負担へと変化し、さらに後には貨幣納に移行した。このため、石高制下において賦役的性格をもつ助郷役負担は、それに耐えうる初期本百姓の系統をひく屋敷持百姓から、無屋敷の零細百姓をふくむ石高所持の全百姓へと転嫁され、全村民の問題と化した（伊藤好一「村役変質の意義」『封建村落』）。そこでは土地生産力の変化や商業活動により、石高所持に不均等な経済的有力者が出現して、役負担の不均等性を助長した側面もみられる。

助郷役の貨幣納化は、こうした役負担の性格を一変させ、直接人馬役に応じきれぬ農民または助郷村は、農繁期などには貨幣を提供して代勤してもらう傾向が生じた。それは代勤を引きうける宿駅・助郷村の人馬役専業者をうみ出すと同時に、零細農民を貨幣経済のなかに引きこみ、その自立化をもたらす契機となった（矢澤洋子「幕末期における助郷人足役について」『交通史研究』六号）。宿駅が代勤する場合、助郷人馬の不足分を買揚銭と称して受けとることに始まり、特定村と年季契約によったが、一般的には遠隔地の助郷村の分は定助郷の人馬役専業者がこれを請け負った。

助郷村の人馬賄役銭は、村民の持高に応じて徴収するが、その配分は直接人馬役の従事者に、その出役数に応じて渡され、また宰領手当・飯料その他にも一部充てられた。一般に助郷関係の諸経費は、人馬役従事者への足銭、加助郷願、寄合雑用、等々多岐にわたるが、これらは村入用から支出したようである。そして当初は、村入用のうちに占める助郷関係諸費は副次的なものが多かったが、しだいにその比重を増し、助郷賄役銭との累計は厖大なものとなっていった。なお、脇街道の諸藩などでは、人馬役に徴発した助郷村民の犠牲分を補塡すべく藩庫からの支出をよぎなくされ（藤沢前掲書）、藩財政の窮迫に拍車がかけられた例も少なくない。

宿・助郷の紛争と終焉　宿駅と助郷とは、人馬役負担・賃銭配分などをめぐり利害関係にあるから、平常は相互の共生関係の維持につとめて負担軽減等の合理的慣行をうみ出すが、その限界を越えたとき紛争を起こすのは必然であろう。それは封建権力と農民とのあいだの基本的矛盾というよりはむしろ副次的矛盾関係というべく、宿駅と定助郷との対立が定助郷以外の各種助郷の設定により一面緩和されながらも、他方では地域的な重層化を示しつつ複雑な現象を呈した。そして究極的には、宿駅問屋の権限等がしだいに無力化し、封建権力と農民とのあからさまな対立へと突きすすむのである。

宿駅・助郷間の矛盾が、幕府権力や宿駅問屋・名主・豪農らに対する広範な農民大衆の抵抗として爆発したのが、明和元年（一七六四）から翌二年にかけての、武蔵・上野・信濃および下野の一部にまたがり参加者二十万人にのぼる伝馬大騒動である。この直接の原因は、同元年二月の朝鮮通信使来朝にともなう過重な国役金賦課と、翌二年の日光東照宮百五十回忌のための増助郷賦課（高百石につき六人・三疋の人馬課役）にあるが、特に遠村のため直接出役できぬ村々から高百石につき金六両二分ずつを徴収し、これを宿駅問屋とむすぶ商業高利貸や豪農らの人馬請負いによっておこない、幕府も利潤吸収にあずかろうと企図したことへの反発は大きかった。そして農民は、各地で蜂起して江戸への強訴《ごうそ》をこころみ、途中から右の陰謀に加わった宿駅問屋や豪農など村落支配層に対する打ちこわしへと転じたのである（山田忠雄『一揆打毀しの運動構造』）。その後、宿駅と助郷とは、ただに交通上の問題にとどまらず、両者間の商品流通をめぐる主導権争い、豪農層と中農以下、半プロレタリートとの階層対立を内包しながら、多様で複雑な対立・抗争を繰りかえし、幕末期には訴願・強訴をふくめた広範な助郷反対闘争を展開したのであった。

この当時、道中奉行は累積した助郷役忌避の訴願を処理できず、新たな助郷を指定するに際して、地図上に椀を伏せて円形の線をひき、そのなかの村名すべてを指定する措置を講じたともいわれる（「椀伏助郷」）。幕府倒壊直前の関東農村などでは、宿駅・助郷村とも人馬役負担などを契機として世直し一揆を頻発させ、まさに爆発的な混乱状態に陥っていた。幕府は慶応三年（一八六七）諸街道宿駅の助郷・当分助郷を廃止したが、維新政府は翌明治元年（一八六八）海内一同に助郷を勤むべきことを布告し、さらに一般農村をも助郷に編入して、東海道の宿駅に七万石、中山道に三万五千石、脇街道に一万石ほどを付属させ、京都にも伝馬所を設けて助郷十三万石を付属させた。さらに、諸街道の助郷惣代などの名称を廃して、新たに伝馬所取締役をおいた。その後の組替えや改正などを経て、同五年には陸運会社が設置され、ここに諸街道の伝馬所と助郷は完全な終焉をみたのである。

（丸山　雍成）

四　関所と番所

1　関所・番所の成立

関東御要害体制　通行税の徴収を目的とした中世的な関所は、織豊政権のもとで否定された。しかし、近世初期の大名領国では、依然として武器類輸送や通行人・通信の検問が重要な意味を有し、徳川氏も全国統一以前から関所の整備・充実に努めていた。近世における関所には戦国期以来の関所（番所）が変化したものもあり、天正―慶長年間にその原型をみるものも少なくない。徳川氏の設定した関所は、すでに関ケ原の役に際して一定の効果を発揮しており、慶長十四年（一六〇九）には諸国の関所を掌握して女手形や人質の事務を管掌する大留守居として酒井忠利が補任している。

江戸幕府は全国的交通網の把握と円滑な運用を推進するため、寛永十二年（一六三五）以降の『武《ぶ》家《け》諸法度《しょはっと》』で「往来之停滞」と「私之関所、新法之津留」を禁じた（『御触書寛保集成』二・四〜七）。幕府が主要街道とその宿人馬の使用の優先権を有し、街道通行の貨客の検問所である関所の新規設立も幕府の独占事項であることを明記し、旧来の津留についてはその存在を認可したのである。

幕府が関所設置権を独占した主要な目的は、言うまでもなくその権力基盤である関東、特に江戸での反乱を未然に防止するためであった。

江戸を包囲する関所では、特に将軍の上洛・日光社参中は「関東御要害」体制と称し、その警備を厳重にした。同時に、平常時においても幕府への反乱に直結する可能性のある大量の武器類が江戸市中に搬入されることと、大小名からとっている人質が江戸から逃亡することを防止して、諸藩に対し政治的・軍事的優位性を保つことに努めた。

家康死後の「関東御要害」体制下にあった元和二年（一六一六）八月、幕府は利根川筋の関東十六渡津へ定船場法度を発令したが、それには以降の幕府による関所政策の基本が内包されている（『御触書寛保集成』五八）。続いて、寛永二年（一六二五）八月には諸国の関所に対し、次のような三箇条の制札文言を提示した（『徳川禁令考』前集四―二一六六）。

定

一往還之輩、番所之前ニ而笠・頭巾をぬかせ相通へき事、

一乗物にて通候者、乗物之戸をひらかせ相通すへし、女乗物ハ女ニ見せ通すへき事、

一公家・御門跡其外大名衆、前廉より其沙汰可有之候改るニ及へからず、但、不審之事あらハ、格別たるへき事、

右、此旨を相守へき者也、仍而執達如件、

寛永二年八月廿七日　　　　奉行

以降、これは一部の関所で若干の文言改定があっただけで、高札を掲げた関所のほとんどがその廃止まで同文言のまま使用し、高札のない関所でも最重要文書として大切に保管した。

関所は寛永期以降も新道開鑿・通路変更等によって新設されたり、あるいはその存在意義が変化した場合もあるが、幕府による関所政策の大要は基本的にこの時期までに決定したと言ってよい。すなわち、近世の関所は中世以来の交通遮断政策を引継いだもので、参勤交代の制度化に先行して整備・充実がはかられている点に注目する必要がある。

関所と番所　関所は交通の要所に配備され、交通の発展を阻害した存在であるが、実はそれらの関所数については定かでない。特に、脇道にある関所（番所）を関所の一類形と見るか、あるいは関所とは異なる口留番所《くちどめばんしょ》と見るかで論議が分れている。諸国の関所書上類を見ても、たとえば貞享三年（一六八六）の「諸国御関所付」には下田番所を含む五十三カ所（『五駅便覧』所収）、享保九年（一七二四）ごろの「諸国御関所覚書」には浦賀番所を含む五十四カ所（『新居町史』別巻所収）、宝暦十三年（一七六三）の『地方落穂集』には十五カ所、寛政六年（一七九四）の『地方凡例録《じかたはんれいろく》』には四十カ所が記してあり、その記録によってさまざまである。

これらの記録類に収載されている関所の他にも、幕府は特に広大な幕府領においてその出入口に（口留）番所を設定し、物資の流通統制とともに「人鉄砲《いりでっぽう》に出女《でおんな》」の検問を行っている。たとえば、甲斐国では武田氏設定の二十五カ所の関所（番所）を近世前期の藩領時代から宝永元年（一七〇四）の幕領化以降も存続させ、飛騨国では金森氏が天正十四年（一五八六）に設けた三十一カ所の関所（番所）を元禄五年（一六九二）の幕領化以降も存続させ、寛政二年（一七九〇）の番所統廃合でも十七カ所を残している。

大名領においては、『武家諸法度』の規定にもかかわらず交通の要所に新しく番所を構え、流通物資の統制とともに、幕府の関所と同じく「入り鉄砲に出女」を検閲している場合も多い。特に外様《とざま》大藩ではそれが顕著で、加賀藩が親不知《おやしらず》に設置した「境関所」のごときは幕府に対抗し、あえて「関所」と称している。これらの諸藩で設置した人改め番所（口留番所）を関所の一類型とみれば、近世における関所は膨大な数量になる。

こうした広義の関所の解釈に対し、幕府が『武家諸法度』で私関を禁止しているのであるから諸藩に関所が存在するはずがなく、幕府が設定したものでも関所と番所ではその規模の大小と機能・意義の軽重問題に関連し、しかも幕府法では関所破りと口留番所破りで刑罰に軽重があったという前提のもとに、関所と番所を区別して論ずるべきであるという考え方がある。こうして、一般的には幕府の設定した大規模なものを関所、その関所を補完する小規模なものや藩で設定したものを口留番所、あるいは単に番所と称している例が多い。

しかし本来、関所と番所の区分はそれぞれの実態に即して判断すべきであり、近世の関所を特徴づけている「入り鉄砲に出女」を検閲する幕府設定のものはすべて関所の範疇《はんちゅう》として捉え、関所のなかには小規模な（口留）番所もあり、また各藩が設定したものは法的根拠から（口留）番所とし、藩設定のものでも関所的なものもあったと言うべきであろう。なお、幕藩領主が河川交通を利用して番所

第8表　諸国関所一覧（⊚=最重・◎=重・○=軽）

関所名	所在地	管理者名	管理者身分	重軽
房川渡中田	武蔵国葛飾郡	小野田三郎右衛門	幕府代官	◎
金町・松戸	武蔵国葛飾郡	小野田三郎右衛門	幕府代官	◎
小岩・市川	武蔵国葛飾郡	小野田三郎右衛門	幕府代官	◎
小仏	武蔵国多摩郡	伊奈友之助	幕府代官	◎
新郷・川俣	武蔵国埼玉郡	阿部豊後守	忍城主	◎
上恩方	武蔵国多摩郡	伊奈友之助	幕府代官	○
上椚田	武蔵国多摩郡	伊奈友之助	幕府代官	○
桧原	武蔵国多摩郡	伊奈友之助	幕府代官	○
中川	武蔵国多摩郡	石川靱負ほか二名	中川勤番	○
箱根	相模国足柄下郡	大久保加賀守	小田原城主	⊚
根府川	相模国足柄下郡	大久保加賀守	小田原城主	◎
河村	相模国足柄下郡	大久保加賀守	小田原城主	○
谷峨村	相模国足柄上郡	大久保加賀守	小田原城主	○
仙石原	相模国足柄上郡	大久保加賀守	小田原城主	○
矢倉沢	相模国足柄上郡	大久保加賀守	小田原城主	○
鼠坂	相模国津久井郡	大貫次右衛門	幕府代官	○
青野原	相模国津久井郡	大貫次右衛門	幕府代官	○
関宿	下総国葛飾郡	久世大和守	関宿城主	◎
大戸	上野国吾妻郡	吉川栄左衛門	幕府代官	◎
大笹	上野国吾妻郡	吉川栄左衛門	幕府代官	◎
猿ケ京	上野国吾妻郡	吉川栄左衛門	幕府代官	◎
杢ケ橋	上野国群馬郡	松平右京亮	高崎城主	◎
五料	上野国那波郡	松平大和守	前橋城主	◎
碓氷	上野国碓氷郡	板倉伊予守	安中城主	◎
南牧	上野国甘楽郡	吉川栄左衛門	幕府代官	○
西牧	上野国甘楽郡	吉川栄左衛門	幕府代官	○
白井	上野国甘楽郡	吉川栄左衛門	幕府代官	○
狩宿	上野国甘楽郡	布施孫三郎	幕府代官	○
大渡	上野国群馬郡	松平大和守	前橋城主	○
真正	上野国群馬郡	松平大和守	前橋城主	○
福島	上野国那波郡	松平大和守	前橋城主	○
戸倉	上野国利根郡	吉川栄左衛門	幕府代官	○
木曾福島	信濃国筑摩郡	山村甚兵衛	尾張藩代官	⊚
清内路	信濃国伊那郡	堀幸之進	飯田城主	○
小野川	信濃国伊那郡	知久雄之助	幕府代官	○
波合	信濃国伊那郡	知久雄之助	幕府代官	○
心川	信濃国伊那郡	知久雄之助	幕府代官	○
帯川	信濃国伊那郡	知久雄之助	幕府代官	○
贄川	信濃国伊那郡	山村甚兵衛	尾張藩代官	◎
市振	越後国頸城郡	榊原式部大輔	高田城主	○
関川	越後国頸城郡	榊原式部大輔	高田城主	◎
鉢崎	越後国頸城郡	榊原式部大輔	高田城主	○
山口	越後国頸城郡	松平日向守	糸魚川城主	○
虫川	越後国頸城郡	松平日向守	糸魚川城主	○
今切	遠江国敷知郡	松平伊豆守	吉田城主	⊚
気賀	遠江国引佐郡	近藤石見守	交代寄合	◎
金指	遠江国引佐郡	近藤石見守	交代寄合	○
剱熊	近江国高島郡	松平甲斐守	郡山城主	◎
山中	近江国高島郡	朽木兵庫助	交代寄合	◎
柳ケ瀬	近江国伊香郡	井伊掃部頭	彦根城主	◎
鶴瀬	甲斐国山梨郡	小崎平右衛門	幕府代官	○
万沢	甲斐国巨摩郡	榊原小兵衛	幕府代官	○
本栖	甲斐国八代郡	榊原小兵衛	幕府代官	○

を設け、流通物資に対し分一運上を課すと同時に、その番所で「入り鉄砲に出女」を検閲していたところもあるが、この場合には主目的が運上徴収にあるから関所的機能をも併設していたと解釈した方がよい。幕府法でも基本的には関所の項のなかで関所と（口留）番所について説き、運上番所とは別扱いにしている。

関所の配備網　今、便宜的に「諸国御関所覚書」にある五十四カ所の関所（一般に番所と呼んでいる幕府設置の小規模な裏関所を含む、以下同じ）の所在地を国別にみると、関東の上野国十四、武蔵国九、相模国九、下総国一カ所、東海の遠江国に三カ所、甲信越の信濃国七、越後国五、甲斐国三カ所、京坂と北陸を結ぶ近江国に三カ所である。これを政治的な地域区分でみると、まず江戸を包囲する関東山地の峠には東海道箱根・甲州道中小仏・中山道碓井《うすい》関所、利根川筋の渡船場には日光御成道に川俣《かわまた》関所、日光・奥州道中に房川渡中田関所、江戸川との合流地点には関宿関所、江戸川筋の渡船場には水戸・佐倉道に金町や小岩に関所を配備し、その他の脇道・裏道にはこれを補完する裏関所がある。江戸湾入口の浦賀番所は、航海技術の改良や地廻り経済の展開に対応して享保六年（一七二一）に伊豆国下田から移転したもので、商品物資の流通統制と併せて陸上の関所と同様に武具類・女性の出入りをも監視した。

京坂と江戸を結ぶ交通路には東海道に今切《いまぎれ》関所、中山道には木曾福島関所があり、これにも脇道・裏道に裏関所を配備した。さらに、加賀藩の東西出入口を塞ぐように越後・近江国へ北陸道を中心として、その裏道をも網羅して関所を配備している。幕府は西国・九州の諸大名や加賀藩、あるいは京都の動向に注意し、東西交通に関しては完全に検閲の二重体制を敷いたのである。

2　関所の構成

今切関所の管理　幕府は関所を統括する役職として最初に大留守居を補任したが、寛永十二年（一六三五）ごろからは武具類の通行に関しては老中、女手形に関しては留守居、その諸施設普請費等に関しては勘定奉行が分掌するようになった。そして、関所の管理についてはは原則としてその所在地が幕府領の場合には幕府代官、私領の場合にはその領主に委ねたのである。例外として、近世前期の今切関所へは幕府が関所奉行を派遣し、木曾福島関所の場合には幕府代官の側面をも有する尾張藩代官の山村氏が管理している。

今切関所はその管理方法からみて、前半の約百年間とそれ以降に区分できる。前半は幕府が直接関所奉行を派遣し、以降は三河国吉田藩にその管理を委託した。関所奉行は約百年の間に十七名を数え、その禄高は千〜六千石、寛永元年以降の関所奉行を新居《あらい》奉行とも称して遠国奉行に準ずる扱いとし、寛文四年（一六六四）以降は千石の役料を付与した。関所奉行ははじめ、各自がその家来を関所役人に充てたが、慶安元年（一六四八）から幕府が二名の奉行に対してそれぞれ与力（百五十石）六騎・同心（二十俵二人扶持）二十名を配属し、元禄九年（一六九六）には二名の奉行への配属制を廃して計十五騎・四十名に増加している。これらの与力・同心は専属的な関所役人として、関所奉行が交代

54　明治10年ごろの今切関所（当時は小学校として使われていた）

しても原則的に世襲した。

　幕府は元禄十五年（一七〇二）閏八月に今切関所を同じ浜名湖西岸にあって同地から約五里の三河国吉田藩へ移管し、従来の関所奉行二名を寄合に配属して与力・同心も江戸の町奉行組下としたのである。幕府財政の悪化と併せ、関所の再編強化のために、他の多くの関所の管理と同様に近接する譜代大名に委ねたのである。それにともない、吉田藩では関所の運営のためにその所在地である新居町と周辺村々約五千石の地の吉田藩領化を願い出て承認された。

　こうして、今切関所は吉田藩によって管理されることになったが、その運営に関して全くの未経験者である藩士に委任することもできないから、同藩ではすでに町奉行組下に配属していた旧関所役人中より、特に関所運営に熟練した与力の五味六郎左衛門、および同心六名を貫請けて吉田藩士とし、この「貫請け役人」を中心として関所運営に当たった。この「貫請け役人」は以降、藩主の転封移動に関係なく代々世襲し、特に五味六郎左衛門は関所運営の事実上の最高責任者である者頭＝番頭として、同藩の家老に次ぐ重臣に位置した（幕末には奏者番格で二百五十石・役料二人扶持）。

今切関所を中心とする吉田藩の「新居付役人」の職掌分担については、まず関所役人として最高責任者である者頭＝番頭が二名（時に一名）おり、その配下として南北組の足軽各十名ずつ（小頭一名ずつを含む）を配属、この他に給人八〜九名と下改役六名、下改役の業務を補助する足軽二名、および足軽の母親・女房である改女が二名おり、目付との連絡役に賄役が一名いた。医師二名、徒格者三名が付属された時もある。次いで、関所業務とは直接的な関係はないが、その所在地である新居町奉行所（町役所）において町方の民政支配に当たる町奉行一名、同心十名、目付一人、支配下目付一人、さらに年貢収納をはじめとする「新居付村」の地方支配に当たる地方役人が若干名いた。すなわち、吉田藩管理下のもとでは今切関所詰めと新居町奉行所詰めを合わせると、常時数十名の役人が新居にいたのである。

関所役人の勤務　今切関所でのこれらの関所役人のうち、平日の勤務人数は関所奉行管理下では与力二騎・同心六名と加番として奉行の家来二名の計十名であったが、元禄九年以降は与力三騎・同心八名として加番を廃止した。吉田藩の管理に移行すると、番頭は交互に一名、三番交替で給人三名・下改二名・足軽六名ずつ、足軽小頭二名は毎日勤務した。

全関所のなかでも、役人規模からみて今切関所は最大規模に属した。しかし、これ以外の関所の役人構成についても、特に世襲の関所役人が実権を掌握している傾向は同様である。小田原藩が管理した箱根関所には、通常は番士四名、定番人三名、足軽十一名、中間二名を配属したが、世襲の定番人が関所運営の実権を掌握していた。安中藩の管理した碓氷《うすい》関所（宝永五年以前は横川関所と称す）へは同藩が最高責任者として番頭二名を派遣し、平番・中番・箱番を付属させたが、実質的には幕府直属家臣の由緒を有する定付同心が運営した。幕府代官の管理する甲州道中小仏関所は、世襲的に四人の定番人が地元村民を下番役にして運営し、その他の関東に所在する代官管理の関所定番人との血縁的交流も行っていた。

関所は明六ツに開門し、暮六ツには閉門して原則的に夜間の通行を禁止した。今切関所で例外的に夜間通行が許可されるのは、朱印状携帯者、京都所司代・京都町奉行・大坂城代・大坂城番・大坂町奉行・伏見奉行・奈良奉行・留守居衆の飛脚やその証文を携帯する家来、および急用理由の明確なその他の奉行等の証文を有する場合に限っていた。上野国に所在する降雪地域の関所では、住民の稼動時間の関係で若干閉門時間を遅らせたところもある。しかし、関所の通行時間は特にその役人の勤務状態に左右されて、極めて制限されていたと言える。

吉田藩への移管直後の今切関所での役人の出勤時間は、番頭が明六ツ半で、翌日の暁七ツまでを責任担当したが、夜間も関所に詰めていたわけではない。給人・下改・足軽は昼七ツに出勤し、一昼夜交替であった。番頭の不在中は女性の旅行者は通さないから、制度上より通行時間を制限されていたことになる。幕末の記録では、給人・下改が朝五ツ交替、足軽が暮六ツ前交替であるが、番頭は昼四ツ前が出勤時間で昼過ぎには役屋敷へ帰宅したとあるから（『新居町史』別巻）、貨客取調べの効率は極めて低かったと考えてよい。

建造物と諸施設　今切関所は元禄十五年（一七〇二）と宝永五年（一七〇八）の二度移転して規模が若干変遷しているが、幕末の絵図によれば敷地約一町歩、中央に関所役人の詰める面番所、左手に荷物改め所・船会所があり、街道・宿場とは大門・高札場で区切り、面番所の裏手に土蔵・女改め長屋がある。箱根関所では敷地内に牢屋を有し、要害山に遠見番所を設定して関所破りを監視した。碓氷関所では街道の峠に堂峯番所を設けて、二重の検閲体制を敷いている。

小規模な関所では高札を掲げていないが、木曾福島関所には高札はないから、その有無だけで関所の軽重を判断することはできない。外観だけで関所の軽重を判断するなら、一つの目安として門の構造を重視してよい。

関所では幕・鉄砲・三ツ道具等の飾り付道具、およびその他の武具や日常道具を常備し、通行人に対して畏怖の念を抱かせたが、関所によってその種類・数量に差異がある。関所を幕府の軍事施設と考えれば、その役人の数と併せ、これらの常備道具類は概して小規模で、想定しうる反幕府軍に対抗できるものではない。

このことから、関所の軍事的意義を否定し、強いては関所検閲の不徹底を指摘する説もあるが、幕府は関所所在地の大名や家臣・代官に軍役の一環としてその管理を委ねているのであり、それらの有する背後的軍事力が重要で、関所という単一機関による検閲機関が全てではなかった点に注意する必要がある。小田原藩では非常時に対する増員数として、箱根関所へ侍十五名、足軽四十名、根府川関所へは同じく九名、十五名、その他の四関所へは七名、十名ずつを確保している。

3　取り調べの実態

旅行の手続き　幕藩制社会は庶民の旅行に対して諸々の規制があったが、元禄期ごろより社寺への参詣風習が一層広まり、正規の手続きを経ない抜参《ぬけまい》りも流行した。しかし、抜参りでは旅行中の安全が保証されないから、一般には旅行に先立って武家の場合にはその領主の所轄役人、庶民の場合にはその主人から町・村役人へ届出て、旅行証明書とも言うべき往来手形や関所手形を受けた。

男性の旅行は特殊事情がない限り、その主人に届け、往来手形を持参するだけで旅立ちが可能であり、関所の通過にも原則として手形を必要としなかった。しかし、男性の場合でも多くは関所での取調べの煩わしさを避けるために発行者・書式等もさまざまな関所手形を持参し、身分・名前・旅の目的を聞かれる程度で関所を通過すると祝杯を上げたりした。

これに対して女性の旅行手続きは、その主人から町・村役人の許可を得て、町・村役人から領主へ届出る、領主から関所手形発行権者へその発行を依頼する、というように非常に繁雑であった。江戸の女性の場合は、当事者の主人↓名主↓年寄↓町奉行↓幕府留守居という経路をたどって女手形を入手する。奥羽地方の女性が江戸を通って関西に向かう場合には、江戸に入るための関所手形の他に、改めて幕府留守居よりそれを発行してもらう必要があった。西国方面から関東へ向かう場合は京都所司代、所司代が留守であれば京都町奉行から女手形を入手しなければならない。

鉄砲改め　関所手形は別名を証文・切手とも称し、通関許可証である。手形の種類には鉄砲・武具、女・乱心・手負・囚人・首・死骸等があり、特殊なものとしては書替・置手形がある。廻船湊の所在地でもある今切関所では、武具・女性等を乗船させていないことを誓約する入津・出船手形があった。

鉄砲・武具類は下りの「入鉄砲」だけが幕府老中の発行する手形を必要とし、上りの場合は自由に通過できた。しかし、武具類についてはすべての関所が同一基準というわけではなく、箱根関所では「武具・弓・鉄砲等、往来共改無之候」とあるように対象外であり、その裏関所の根府川《ねぶ》・矢倉沢では通過数量に制限があり、河村・谷蛾村・仙石原では全面的に禁じている（「諸国御関所覚書」）。鉄砲改めに付随して、その他の武具類や小道具・長持も関所の検閲対象となった。

鉄砲手形は種類・挺数・所有者や輸送起点と目的地を記載するのが普通であるが、書式の統一性には欠けている。特例として、幕府要職・大藩主が一旦江戸より持運んだ鉄砲を二年以内に江戸へ持帰る場合には、予め関所へ「置手形」を提出しておけばその帰路に無検閲で通過することができる制度もあった。

女手形　関所を通る女性を取調べることを女改めという。箱根関所が下りの女性通行に対して比較的容易に通行を許可したのに対し、今切関所では上り・下りとも女手形が必要であった。女手形には通行人数、乗物の有無とその挺数、出発地と目的地等の他、禅尼・尼・比丘尼《びくに》・髪切・小女の区別を明記しなければならない。天和元年（一六八一）十一月に讃岐国の井上通女が携帯した女手形に「女」

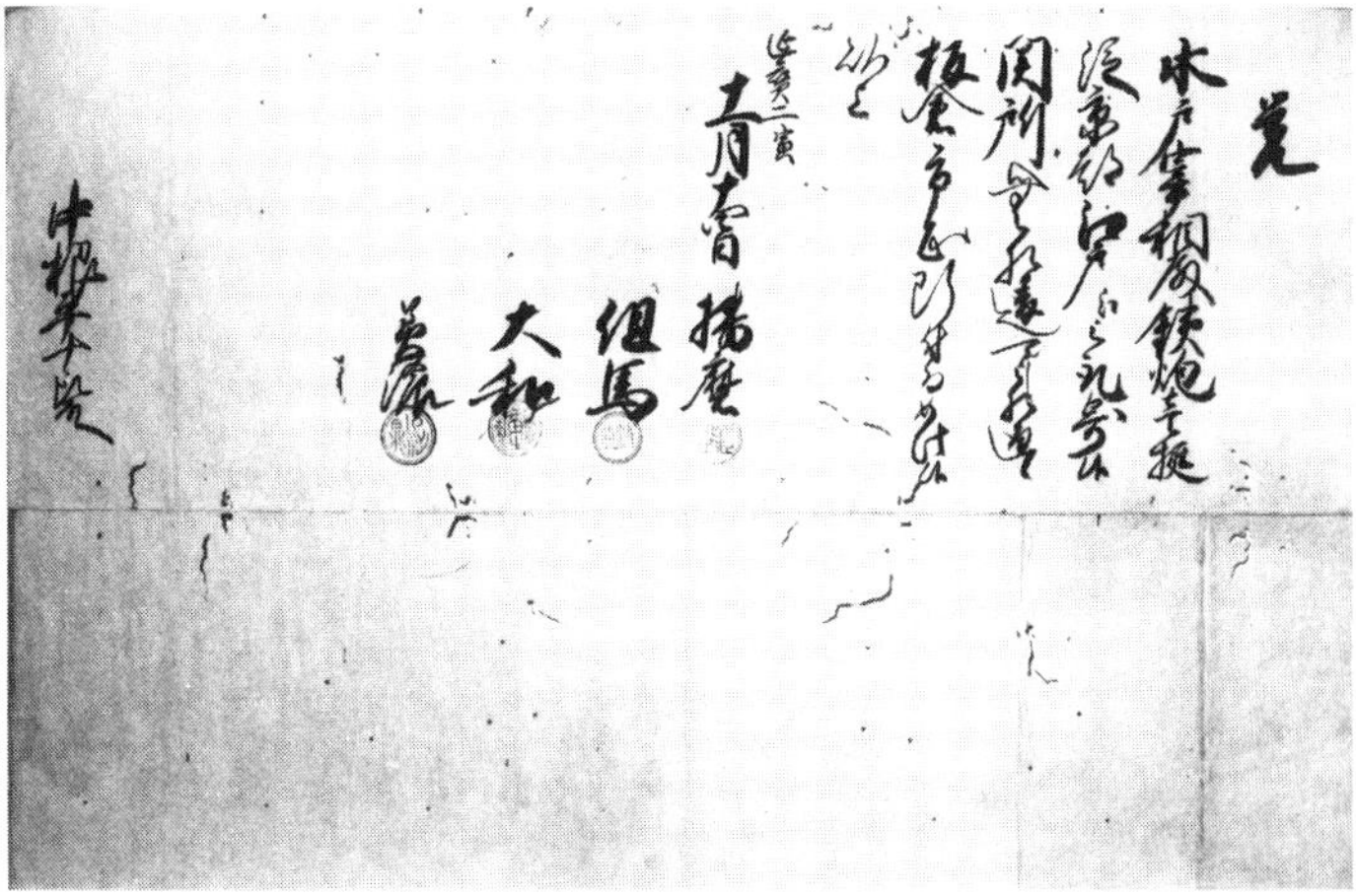

55　鉄砲手形（差出人は老中，宛名は関所奉行。ほとんどが折紙になっている）

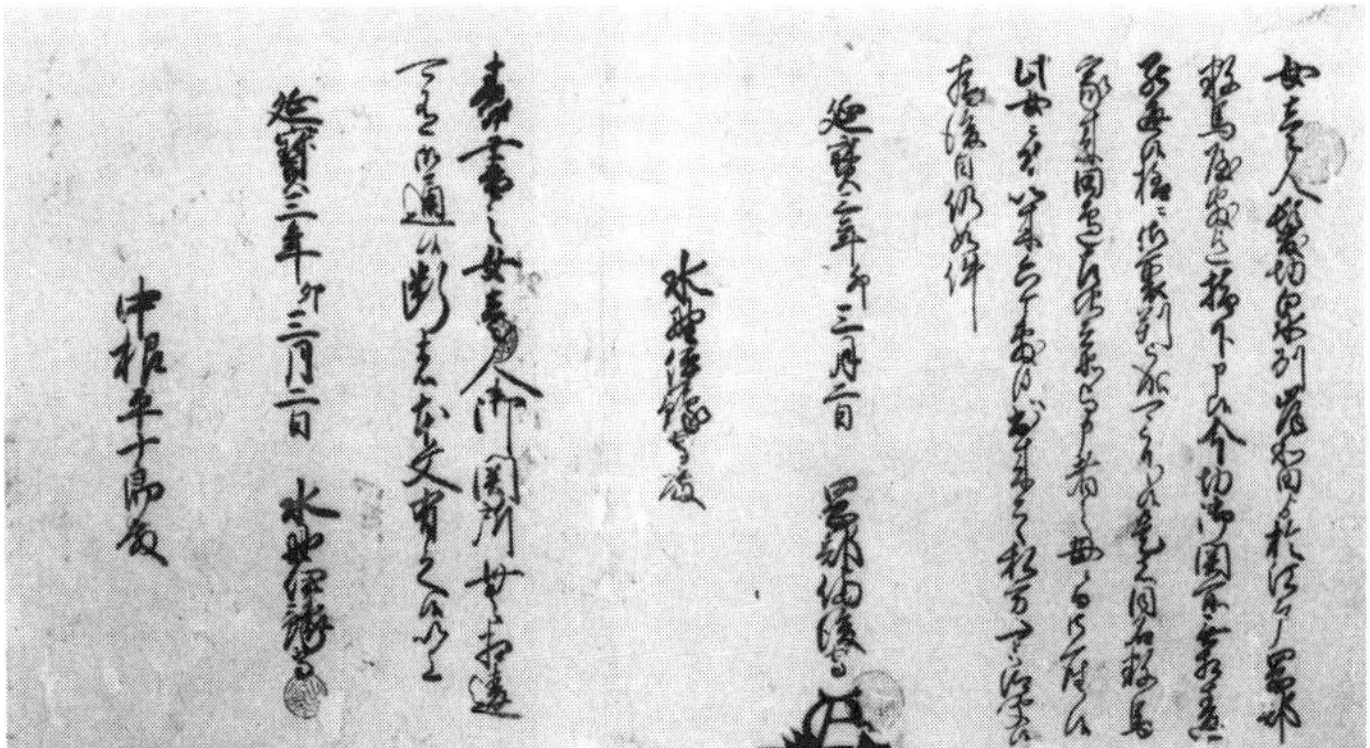

56　女手形（1）（前期の女手形は裏書が多い）

とあったために今切関所で通行を止められ、使者を大坂へ派遣して「小女」という記載に書改めてもらった事件は有名である。

乱心・手負《ておい》・囚人・首・死骸が関所を通過する場合には、男女ともその身分や乗物の状態、出発地と目的地を明記した手形が必要であった。これらは現体制を維持しようとする幕府にとって、反乱の危険性を有するものと考えられていたからである。

手形の有効期限は発行日の翌月晦日までその年内。文面の目的地に「江」とあれば帰路は手形を必要としないが、「迄」と記してある場合には帰路に改めて手形を入手しなければならない。

女手形の発行は幕府留守居や京都所司代、京都・伏見・駿府町奉行等の特定役職と、幕府が指定した一部の大名だけが担当し、手形の贋物《にせもの》を作成させないために手形発行者は印鑑証明とも言うべき判《はん》鑑《かがみ》（印鑑）を関所に置いていた。特に幕府留守居の発行する「出女」の手形は重視され、関所では六月・十二月の年二回にその枚数と通行人数を集計し、翌月に留守居へ手形の返却と併せてその結果を報告した。現在、留守居発行の「出女」手形がほとんど残っていないのはそのためである。

女改め　往来の女性が関所に到達すると、その女性を連れた人が女手形を持ち、地位や身分に応じて上番所、または下改番所に提出する。提出された女手形は、まず番頭へ渡され、次に当番の給人が一覧、再び番頭に返却して手形署名者の印判を調べ、さらに給人へ手渡して判鑑と女手形に押されている印判とを照合し、女手形の墨のかすれとか汚れなどを吟味する。乗物で到着した上級身分の女性の場合には面番所前の広場へ二名の足軽を出して乗物のまま番所下手に並ばせ、町駕籠や馬で来た一般の女性については下改め番所の板縁に腰をかけさせ、改女（改婆）が乗物から優先して改め、次いで板縁に待たせた女性の髪を解いて取調べる。

関所手形の発行者が違ったり、押してある印判が違ったり、あるいは記載事項が違っていれば、それぞれ出所違い・印鑑違い・記載違いとして手形を差し返し、通過を許可しない。今切関所には、こうしたことで通過を許可されなかった女性の例がしばしばある（『新居町史』五〜七巻）。その際、一般には新居宿から飛脚《ひきゃく》を雇って手形の再発行を願い出て、それが届くまでの間は町奉行所へ逗留願いを出して同宿へ滞在した。武具類の搬送も同様で、天保十二年（一八四一）閏正月に高島秋帆《しゅうはん》が携えた大筒四挺、小筒五挺は、手形の日付が年越であったため、改めて老中の手形が届くまで新居宿で待機した。

公家・大名の妻やその他の高い身分の女性については、関所へ到着する前に関所側に通達しておけば本陣改め・宿改めが適用された。今切関所ではこの通達を受けると、上番・下改め役の二名が羽織袴を着し、若党・草履取り・槍持ち等を従えてその宿所に出向き、そこで改女（改婆）の代理を宿所の本陣の妻母が勤めて女性を取調べた。天皇・摂関家の女性に対しては、特別に幕府老中の通達により「改め無し」が適用されたが、実例は少ない。

書替手形　京都から中山道経由で江戸へ向かう際や、北陸道から信越道を経由し関東・関西へ向かうには関所が二カ所あり、こうした場合には最初の関所で次の関所用のために書替手形を発行する便法もあったが、東海道では箱根関所が下り女に寛大な処置をとっていたから、今切関所では同所への書替手形を発行していない。江戸からの「出女」に対しては書替手形の制は適用されないのが原則で、通常は留守居発行の手形を二通必要とした。

しかし、今切関所でも伊勢参宮・仏詣・湯治の女性に対しては、その帰路のために書替手形を発行することもあった。同所で書替手形を発行する場合は、持参する女手形に「江」と記してある場合に限り、関所で参詣・湯治等とその目的を明記して、関所役人の質問にその期間を五十〜七十日以内と答えなければならない。帰路はその書替手形を見せるだけ、関所の通行を容易に許可された。

要害地の設定　関所の検閲体制を徹底し、その存在意義を確固としたものが裏関所の配備と要害地の設定である。箱根関所では周囲の山々を要害山とし、芦ノ湖とともに関所役人が定期的に巡回した。碓氷関所では縦五十町、横三十町の三カ村を「遠要害区域」とし、さらに関所裏を御林山に指定して、二重の要害制度を設けている。

今切関所では浜名湖の東西沿岸諸村に対し、海辺改めを行っている。同関所の海辺改めは確認される限りでは延宝六年（一六七八）が最初で、その後、関所奉行・吉田藩主の交代、前回の海辺改めより十年を経過した時期の二つの機会に実施し、浜名湖の東海辺二十七カ村、西海辺十七カ村を対象とした。海辺改めに際して対象の全宿村は、関所警備に対する協力を誓約した五カ条の手形、人口・船数等を示した宿村要覧の書上、漁業以外の夜間乗船の禁止を誓約した夜船手形、この三証文を提出した。渡船場・関所の所在地である新居宿ではこの他に、七カ条にわたって関所検閲への協力を誓約し、廻船・漁猟船・渡船の不法運用禁止を誓約する二通の証文が要求された。また、関所対岸の舞坂宿では前記三証文の他に海苔の採集に関する一札の提出義務があり、村櫛村では鴨猟に関する鳥浦証文を毎年提出し、交代寄合の大沢右京大夫領有十二カ村と旗本陣屋所在地の村々へは横越証文を提出させた。

浜名湖北岸の本坂通、通称「姫街道」は今切関所の迂回路で明和元年（一七六四）に道中奉行の管轄となった比較的重要な街道であり、気賀宿東端の都田川沿岸に関所を設定して交替寄合の近藤氏が管理した。気賀関所には今切関所の海辺改め制度とほとんど同様の性格を有する要害村制度があり、両関所による周辺諸村への取調べ協力強制により浜名湖の東西交通は完全に断たれたことになる。本坂通浜松・気賀宿間からは三河国鳳来寺《ほうらいじ》への抜道もあるが、ここへも金指村に裏関所を設置して近藤氏が管理した。さらに、浜名湖を大きく迂回して遠江国島田・掛川・浜松宿等から秋葉山を経て三河国御油《ごゆ》・吉田宿へ通ずる秋葉道があるが、途中の天龍川渡船場では「天龍川通信州境迄、処々渡場ニ而関処同意之処」と心得て「往来旅人改」めていた（『天龍市史』史料編三）。要するに、関所は単にそれだけで機能していたわけではなく、周辺村落への協力強制と併せてその地理的条件を最大限に活用し、さらに他の街道との関所とも密接な関連を有しつつ成立していたのである。

関所破りの刑罰　関所破りは主殺し・親殺しに次ぐ重刑に相当した。すでに、元和二年（一六一六）の定船場法度のなかで定船場以外には旅行者を通してはならないことを戒めており、寛永八年（一六三一）には関東の関所番人に対して関所破りの罰則規定と、不正行為者を捕らえた場合の褒賞規定を通達している（『近世交通史料集』八—一五九・一六〇）。この他、近世前期の関所破りの判例をみると、牢死した者以外はすべて牢舎の上、最終的に死罪としている。関所破りに対して厳刑を科した理由は、関所破りの未然防止を目指していたからでもあろう。

八代将軍吉宗は関所手形の発行について「請うままにあたふべし」とし、一般庶民の旅行に対しても「今より後、商人は町奉行の庁にうつたえ、農民は司隷の代官所にこひ申すべし」としたために交通の便がよくなり「万民よろこぶ事かぎりな」かったという（『徳川実紀』八編）。しかし、一方では元文五年（一七四〇）に謀書・謀判の罪の他に関所破りに対しても拷問を加えることを許可し、従前の慣例を整理して編纂した『公事方御定書』で関所破りを次のような刑罰に相当すると規定した（『徳川禁令考』後集二―二〇）。

関所を除山越いたし候もの、幷関所を忍通候御仕置之事

従前々之例

一関所難通類山越いたし候もの　於其所磔

但、男に被誘引山越いたし候女ハ奴

同

一同案内いたし候もの　於其所磔

同

一同忍通候もの　重キ追放

但、女ハ奴

同

一口留番所を女を連忍ひ通り候もの　　中追放

但、女ハ領主江可相渡

関所破りはその場所で磔、男性に誘われて関所破りを行った女性は奴《やっこ》、その案内者もその場所で磔、また関所を忍び通ったものは重追放、女性の場合には同じく奴とし、さらに口留番所を忍び通った男は中追放、女はその領主へ引き渡すと規定している。

この規定によって、前述した関所と（口留）番所の区別が可能になるはずであるが、現時点では（口留）番所の「山越」に関する判例は出羽国清川・信濃国波合の事例を確認できる程度に過ぎない。各地に残る関所破りの判例を探すことが重要であるが、関所や番所を管理する側としてはその格式の高いことを希求し、一方で違反者に対する処罰の軽いことを望むことがあるので、その点を注意する必要があろう。

関所破りの実例　今切関所では関所破りと、それに類する記録が二件残っている。大坂西高津新町の借屋に住む長崎屋利右衛門は借財に苦しみ、妻子を連れて江戸へ駆落ちの途中、東海道御油《ごゆ》宿から左に外《はず》れて遠州秋葉神社に参詣、それより脇道を通って再び東海道の島田宿へ出て江戸に向かった。その後、関所破りの嫌疑がかかり、大坂へ引き戻されて入牢となった。利右衛門は取調べ中、一貫して計画的な関所破りでないことを主張したが、認められないままに牢死した。幕府評定所では大坂町奉行所とも連絡をとって協議した結果、天明四年（一七八四）に重追放と判決したが、すでに本人が牢死していたために処罰は行わなかった（『徳川禁令考』後集二―一二〇）。

文政十二年（一八二九）十一月、長崎奉行の本多近江守正収は任地から江戸へ帰国の途についたのであるが、その途中で家来・足軽《あしがる》・中間《ちゅうげん》が大掛かりな関所破りを行った。まず、家来両名が長崎丸山の遊女二名を内密に連れ出し、関所を避けるためにその直前の新居宿で商人風の男に依頼して遊女を舟に乗せて遠州灘沖合を通り舞坂《まいさか》へ上陸、箱根関所では「旅籠屋断」によって通過し江戸へ着いた。また、三名の足軽はそれぞれ長崎で密通した素人女を江戸まで連れて帰る途中、やはり関所を避けて船で舞坂へ上陸させ、中間は密通した長崎の小間物商いの女性を二川宿から浜名湖北方を山越させた。

しかし、程なく今切での関所破りが発覚して、天保二年（一八三一）四月に家来両名は死罪、遊女二名は奴と裁決、また商人風の男についても追捕の探索書が出た。足軽三名はすでに病死したためにその女性だけをそれぞれ数日間の入牢、事情を知らないで足軽夫婦を召抱えた神事舞太夫は押込みとなった。中間は入牢となって牢死し、その女性が数日間の入牢となった。その他、本多正収は家来の監督不行届きで閉門、さらにその近習家来四名も押込み・過料、関所破りを知らないでその女性の預り人・店請人等となった町人八名にはそれぞれ過料三貫文ずつが科せられた。牢死した中間の死骸はその後、塩詰めで護送されて今切関所近くで磔に処せられた。こうして、この一連の関所破りにより、その関係者二十二名が処罰を受けたのである。

関所の存在意義　近世の関所が主に「入鉄砲に出女」を取調べる機関であったことは疑いないが、その本質論については治安・警察・軍事・行政、政治・社会的機関とさまざまな説がある。しかし、ここで注意しておきたい点はその創設から廃止までまったく同等の役割を担ったのではなく、武具類と女性の移動の検閲を主幹としながらも、本質的には軍事的緊張期、政治的安定期、社会的変動期等の諸段階に対応する性質を内包していたことである。

すなわち、近世初期の内戦時における関所の設置や反社会的不満分子の取締り、今切関所にみる由井正雪事件における関所の対応、日常的な女性通行に対する厳しい姿勢、一揆勢力の追捕、後述する幕末期の政情不安に対応した関門設置というようなさまざまな要素をも内包していたのであって、関所の表面的な一部分だけを捉えて単一的に判断してはならないのである。ただ、これらの諸要素が十分に発揮し得たのか否かについては、その他の封建的諸機関と併せて別に議論を深める必要があろう。

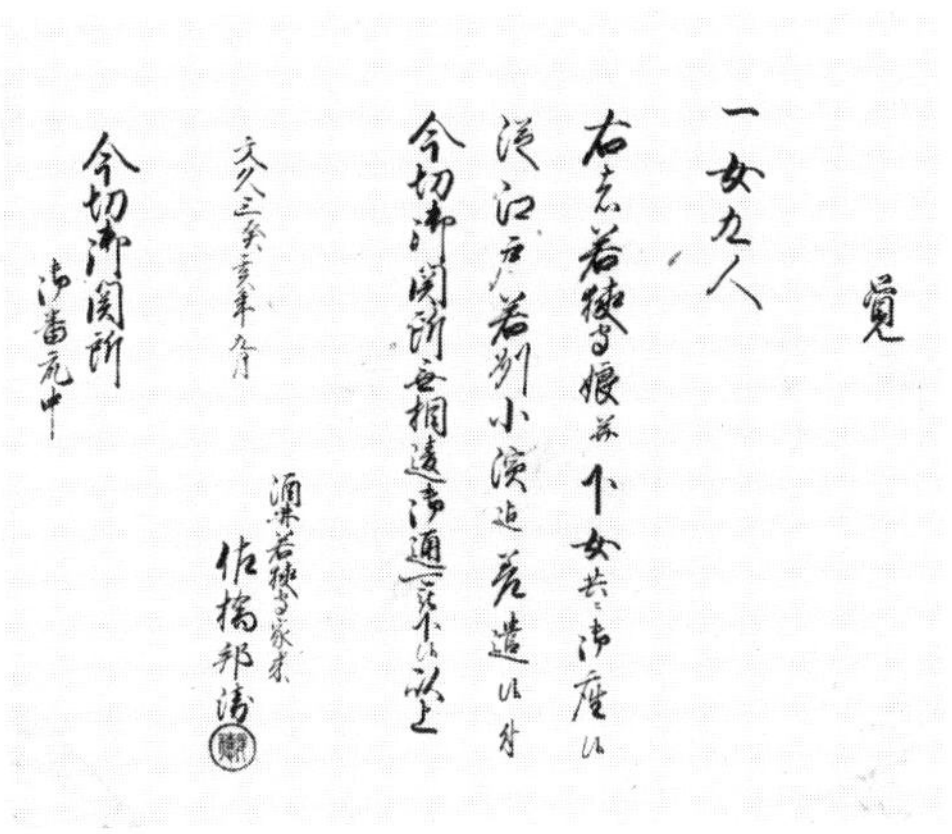

覚

一 女九人

右ハ若狭守様下女共ニ御座候

江戸より若州小浜迄差遣候間

今切御関所無相違御通可被下候以上

文久三癸亥年八月

酒井若狭守家来

佐橋邦清（印）

今切御関所

御番衆中

57　女手形（2）（参勤交代の緩和にともない江戸から帰国する女性）

　こうした諸要素のなかで、改めて検討の必要性を有するのが、その主要取調べ事項である「入鉄砲に出女」であろう。特に、女性の往来については大名からとっている人質の逃亡防止という理由だけに帰結されがちであるが、今切関所をはじめとする多くの関所で「出女」と併せて江戸方面へ向かう「下り女」も検閲対象としている事実は重要である。すなわち、領民の村緊縛を基本政策とした幕藩権力は、関所（番所）の存在によって特に女性の往来を制限し、領民の人口移動を極力押さえていたと考えることができるのである。その意味では、近世の関所は交通の発展を阻害する、まさに封建的産物であったと言えよう。

4　関所と番所の廃止

検閲体制の形骸化　関所（番所）の検閲体制は、まず商品輸送の発展によって弛緩の方向をみせた。相模川上流の荒川番所は寛文四年（一六六四）に創設された五分一運上番所で、通行人を取調べる奥畑番所を副えていたが、中期ごろより下流の上川尻村で新川岸を設立して大山参詣者を乗船させるようになって明和六年（一七六九）に紛争が生じ、天明七年（一七八七）四月に同村が荒川番所へ極印を提出することによって決着した。しかし、これによって幕府による貨客輸送の規制は極端に衰退し、やがて「抜荷」が横行して同番所と共存関係にあった近在の在郷市も衰退したのである。

今切関所では原則として浜名湖舟運に対し、三河国知多半島から遠州灘を迂回して入港する常滑《とこなめ》の焼物以外を禁止し、商品物資の輸送を東海道宿駅に限っていた。しかし、この周辺でも中期以降になると宿駅の独占を排除し、間道輸送が発達する傾向が顕著となった。明和八年三月には三河国二川宿から浜名湖舟運へと連絡する新所村の新興輸送商人が、東海道白須賀・新居・舞坂宿の問屋から輸送権限を巡って訴えられた。その結果、新所村が関所へ「紛敷荷物ニ候ハ、御指留可被成候」という一札を提出することにより、関所を通らない浜名湖の東西航路が認可されたのである（『湖西市史』資料編二）。これにより以降、浜名湖舟運が急速に発展して、対岸の舞坂宿での入出津荷物のほとんどが新興輸送業者の手によるようになった（『舞坂町史』史料編二）。

こうして、近世後期になると関所（番所）の機能は低下し、なかには事実上の関所破りも行われ出した。安政二年（一八五五）正月に出羽国を出発した清川八郎とその母は、北陸・中山道を経て四国金毘羅詣でを行い、帰路の同年七月に東海道赤坂宿旅籠屋で今切関所の存在を知って本坂通を迂回、夜間に三ケ日宿から漁船を雇って浜名湖を渡っている。その後、箱根関所では名前を告げるだけで通過できたという（『西遊草』小山松勝一郎編訳）。これは偶然、清川八郎の日記に記されていたために明らかになった事実であるが、漁船の船頭の仕馴れた対応から判断して、この時期にはこうした関所破りが比較的多かったことを推測できるのである。

関門の設置　近世の関所は中期以降、さまざまな矛盾を内包してその機能低下を招来したが、それでも表面的な検閲態勢は参勤交代制と並行してほとんど変化していない。それが幕末になると諸大名・尊攘派の圧力もあり、文久二年（一八六二）閏八月に幕府は参勤交代について、諸大名の参勤は三年一勤、溜間詰《たまりのまづめ》・同格以外はおよそ百日の江戸滞在とし、人質である大名の妻子の帰国を許可する、と改定したのである。そして、同年十一月には諸大名・交代寄合に対して妻子の帰国には留守居の手形を必要とした従来の制度を改変して今後はその人数を届けるだけでよいとし、関所に対しても前例にとらわれずに簡単に取調べて通行を許可するように命じたのである（『続徳川実紀』四）。

その後、元治元年（一八六四）十二月になると幕府は長州征伐を控えて参勤交代制の復旧令を発し、関所に対してもその検閲方法を元に戻すことを命じたのであるが（『日本財政経済史料』九巻）、諸大名の多くはこの復旧令に従わず、かえって幕府権力の弱体化を露呈する結果となった。そこで、単に関所の通行規則だけを従前の方法に復すこととしたのであるが、参勤交代制がすでに崩壊しているのであるから、それを補完する従来の関所（番所）の実質的意義もすでに喪失していたと言ってよい。

従来の関所が本来の役割を喪失した時期、幕府は当時の不穏な情勢に対応するために新たに江戸周辺をはじめ、各地に関門を設置してその危機に対処しようとした。文久三年十二月二十日、将軍家茂の再上洛を機会に従来の関所に対して治安維持の徹底を促すとともに、江戸端四宿の品川・内藤新宿・板橋・千住へ関門を設置して通行人の検閲をはかり、印刷＝手形の無携帯者の通過を禁止した。関門は当初、将軍上洛中だけ設置しておく計画であったが、将軍の帰国後には一層拡大され、元治元年には京都や長崎の主要都市をはじめ、各街道や脇往還にも設立した。

尊攘派浪士・無宿人の取締りや宿村の治安維持を目的として設置されたものであるこの関門は、慶応三年（一八六七）七月に一度廃止されたが、五カ月後の薩摩藩邸焼討ち事件直後にその残党や不穏分子を取締るために再設置された。しかし、すでに幕府にこれを運営する力量はなく、翌年には新政府にその運営と実権を渡すことになる。

関門・番所の廃止　幕府は慶応三年八月以降、街道筋の関所（関門）の取調べに当たり、女性と男性の差別を行わない、武具類は差添人の証書だけで通行を許可、急用の役人の夜間通行も許可することにして、その存在を実質的にほとんど否定した。慶応四年二月十二日、新政府軍から吉田藩に対し、今切関所の取扱いについて「遠江国荒井駅関門之儀者東海道要衝之地ニして敵我転倒之処、即今令破却、改而東兵為防禦造可有之」という通達が届いたが（『豊橋市史』史料編二）、同藩での対応が遅れて関所の破却までには至らず、新政府軍の関所通過後もその管理を引き続き委ねられた。

江戸を開城させた新政府は、慶応四年五月十七日の布告で「諸国街道ニ於テ私ニ関門、或番所等取建候儀被停止候事、但シ是迄被建置候諸関門廃止被仰出候事」と令して新たな関所の設置を禁止し、江戸端四宿の関門を廃止した（明治元年太政官布告三九六号）。次いで、明治二年（一八六九）正月二十日には「箱根始諸道関門廃止」を令し、従来の街道筋の関所も廃止と決まったのである（明治二年太政官布告二三号）。

この布告にもとづき、新政府行政官から正月二十二日付で吉田藩主へ、「今般大政更始、四海一家之御宏　被為立候ニ付、箱根始諸道関門廃止被仰出候間、為心得此段相達候事」という達書があった（『豊橋市史々料叢書』一）。吉田藩では廃止の決まった今切関所の当面の処置として関所番人に対し、関所が廃止と決まったから今後は番人が詰めて門の開閉を行う必要もなくなったが、次の決定があるまでは番人が新居に居残るように、すなわち表向きは廃止としながらも実際には守衛を続けるように命じた。こうして、今切関所では通行人の取調べを行うことなく、その建物の守衛だけを続けたのであるが、同年五月には関所の諸入用を出さないことが会計官で決定し、七月二十九日から八月二日の間に関所の建造物一式が新居町奉行・関所番頭兼帯の五味六郎左衛門から静岡藩郡方の鈴木幸一郎へ引き渡されたのである。

なお、諸国の海陸の運上番所の廃止については関所（関門）のそれより遅れた。そのため、関所機能をも併有した運上番所では明治二年の関所（関門）廃止によって通行人の検閲を中止すると同時に関所施設としての飾付け道具や武具類等を撤去し、運上徴収については従来通りとしているが、その運上機能も明治五年二月に陸口の分が廃止、翌六年一月には海口のそれも廃止となったのである（明治五年太政官布告四五号・明治六年太政官布告八号）。

（渡辺　和敏）

五　通信と飛脚

近世の通信制度　安政五年（一八五八）に来日したローレンス・オリファントは、『エルギン卿遣日使節録』（岡田章雄訳）に、日本人が読書好きであることを述べ、ついで「彼らはまた、まるで郵便制の楽しみにふけっているかのように、たがいに短い手紙を書くことが好きである。彼らはこの重要な創見はしていないけれども、手紙を王国の端から端まで運ぶ組織は、きわめて完全なものがある」。正規の配達夫は同伴者を連れて事故防止の対策としている。彼らは常に交替し、各自の行程を全速力で走る。「この人々の一人が小さな包を持って疾走して行くのに出会った。あまりの激しさに彼の用向きはどんなのだろうとたずねてみたくなったほどである。もっとも彼は一人だけだった。おそらく市中の配達夫は二人で走る必要はないと考えられているのであろう」とある。手紙とは幕府の公文書であり、前者は継飛脚《つぎひきやく》、後者は町飛脚の姿だろう。

継飛脚　幕府の地方行政組織は老中の下に、郡代、奉行、代官などが直轄領を支配した。彼らの勤務地である京都・大坂・伏見・堺・奈良・山田・長崎・駿府・甲府・浦賀・日光・新潟・佐渡などと江戸の間を公文書が往復した。東海道では江戸伝馬町人夫が品川まで持参し、以後宿の囲人足が宿継で運ぶ。各宿には寛永十年（一六三三）から継飛脚給米が下付されている。老中、京都所司代、大坂

58　富士山を背にして走る継飛脚
（「冨士百撰」より，郵政研究所附属資料館蔵）

59　定飛脚問屋の焼印札
（郵政研究所附属資料館蔵）

城代、駿府城代、勘定奉行などが利用する。御状箱宿継による江戸―京都は三二時―四五時、急行で四一時、無刻で二八―三〇時で一定していない。

文久元年（一八六一）にオールコックは『大君の都』（山口光朔訳）で「だれもみなかれのためにすぐ道をあけた。こういった点から見て、政府の公文書をもった早便だということが、わたしにはすぐわかった」と記している。街道では継飛脚は優先権を持っていた。

山陽道では、天下送りとして宿駅に家を指定して幕府公用の文書、荷物を逓送している。藤沢晋氏の研究によると、五街道では継飛脚宿は宿駅が兼ねているが、脇街道の山陽道では宿駅間の距離により、その間の村が継飛脚宿として配置されている。この継飛脚宿に対する補償は、岡山藩では城下は惣町中、郡方は郡中負担により、備中では領主からの町屋敷高地子免除による。広島藩では給米によっており、地域により異なっている。その他の街道については、今後研究したい。

大名飛脚　大名は国元と江戸の藩邸、大坂の蔵屋敷《くらやしき》の間の連絡が必要であった。尾州・紀州・水戸の七里飛脚が有名で、他に雲州、姫路などの七里も知られているが、各藩共に飛脚があったはずである。それらは足軽、中間《ちゆうげん》によるもので、藩内は夫役による。その他に宿人足によるものもあるだろう。彼らの姿を、元禄四年（一六九一）にオランダ商館長の参府に随行したケンペルは『江戸参府旅行日記』（斎藤信訳）で宿場には、「将軍や大名の手紙を運ぶためには、昼も夜もそれを持って走ってゆく男〔飛脚〕が待機している。この飛脚は、少しの遅れもなく休まず走り続け、次の宿駅まで手紙を持ってゆく。飛脚は手紙を差出人の定紋の付いた黒塗りの文箱に入れ、それを棒にしっかり結びつけ、肩にかついで運んでゆく。万一、一人の身に何かが起れば、もう一人がその役目を引継ぎ、文箱をかついで次の宿場まで急いでゆくことができるようになっている。彼が将軍の書状を運んでいるのであれば、誰でも、もちろん大名行列でさえも、彼が走るのを妨げないように道をあけてやらねばならない。だから彼は、いつも鈴を鳴らして遠くから走っていることを知らせるのである」。大名と幕府の飛脚の姿である。

尾州の七里飛脚　尾州藩の場合には、宿場との関係と足軽、中間《ちゆうげん》の仕事を、町の飛脚問屋または人足問屋が請負っていることが注目される。

街道には尾州役所と自称する七里部屋があり借屋である。中間二人が詰めており、一カ所一年宛で、四カ所勤めて五カ年目に引払う。中間全体の支配は中間頭である。時期により一定しないが大略中間は御状箱人足を宿の問屋方から出させて自身では持たない。問屋から御状箱人足賃銭を出し人足は出さない場合もある。この持人足と尾州藩との関係は明らかでない。

七里飛脚が廃止された場合には、尾州役所＝人足詰小屋＝七里之者は廃止されるが、用向状箱、その他は家老中添触として、役場の押切判のある人馬帳を宰領が持参し、各宿の判鑑《はんかがみ》と引合せて宿継している。その手当に品川宿から池鯉附宿まで各問屋に年銀五枚を渡している。池鯉附と名古屋の間は領内だから百姓夫役である。

この七里廃止を見附宿では、月並の飛脚と御七里が止んだとしている。とすればこの両者は一対のものだろう。月並飛脚は月並定飛脚とも称する。これは尾張名護屋月並定飛脚で、その宰領は名古屋の人足問屋水谷与左衛門、服部半左衛門の差配をうける。水谷氏の場合には慶長年間（一五九六―一六一四）から公儀への御用物御継役であり、寛文三年（一六六三）に人足問屋は定日飛脚所になる。家中の書状も取扱う。名古屋では江戸定日飛脚問屋、または江戸日雇飛脚問屋と称せられている。これが家老中添触による状箱を運んでいるわけである。前記の慶長以来とすれば、七里飛脚の場合にも取扱っていることになり、宿問屋場の人足との関係を研究しなければならない。

要するに中間と日雇人足問屋との関係が尾州藩の七里では問題である。道中の宿にとっては、この定飛脚月並宰領は名古屋では人足問屋の差配をうけ身分は軽い町人だが、道中では尾州御定紋附の竪絵府をさし、苗字帯刀《みょうじたいとう》しており、取扱う尾州家中荷物は実際は僅かで、大部分は呉服屋松坂屋の仕入物であるとみており、他に名古屋の商人の江戸宛荷物を相対で引請けているとしている。

この人足問屋の子孫である不倒《ふとう》水谷弓彦の思い出によると、寛永二十年（一六四三）に公儀奉書の御返書並ニ献上鮎鮨継役を命ぜられたのが、尾州家御用達の最初で、寛文年中（一六六一—一六七二）に人足問屋と江戸役返飛脚所（定日飛脚所）を命ぜられ家業となる。その職務は道中筋の伝達、通信を司ることである。人足問屋は他に服部氏があり、共に伝馬所の近くである。人足問屋は公儀の継立人足を養っておくところで、伝馬所とは別の組織だが、全体としては組織に加わる密接な関係である。伝馬所に定日会所がある。服部と一カ月交代で勤める。人足＝雲助《くもすけ》の溜りがあり八〜三十人位いる。伝馬所からの人足を帳場の手代が割出す。参勤交代などの諸色運搬御用に従事した。これ

60　北斎画「七里飛脚」
（郵政研究所附属資料館蔵）

ら人足から口銭をとって暮らしたとある。

人足問屋とは宿の問屋場と町の人夫頭との両性格を持っていたのではあるまいか。なお七里は参勤交代の世話をする。宿によっては通行前後に荷宰領と七里の者に祝儀を出し面倒をまぬかれようとしている。

姫路藩の七里　寛保元年（一七四一）に白河から松平明矩が入封し、寛延二年（一七四九）に朝矩が上野国前橋に移封となる。代って酒井忠恭が前橋から入封し幕末に及ぶ。寛保二年（一七四二）九月に姫路から江戸への七里継飛脚を道中奉行に届け出た。これは榊原氏の場合にすでに七里が行われていたのが前提になっているのではないかと推測される。

これに対する勘定奉行の姫路継飛脚についての返答は、先格がないからこちらからは何とも申し難いが、「追イ通シ飛脚」は御停止のため駄目としている。これが具体的に何かは明らかでない。道中から願い出ればよいが、それ以外に宿々に御家来を出しておいての継飛脚は勝手次第である。賃銭を払っても、こちらでは御家来を出し置かれたとみれば済むことであるとしている。

要するに先格がないから承認できないが、御手前で仰付けであれば、こちらは存じないから御勝手次第というわけである。このため藩側では、もし道中で御三家同様の七里継飛脚と答えると困るので、この点を徹底させるとしているから、七里飛脚でも種類があることがわかる。

飛脚は無紋の赤合羽を着し状箱を携えている。山崎通の摂津国嶋下郡郡山宿本陣梶家文書の「松平大和守継飛脚御判鏡」によると、姫路—江戸は往復共に一ツ判は日数八〜一二日、二ツ判は六〜七日、三ツ判は五日である。

幕末期には雲助頭《くもすけがしら》を小指と称し帯刀を免ぜられた。姫路の小指は久長町石田勘九郎、茶町戸田屋、加古川は川西友三郎である。この川西は人夫頭で参勤などの諸人夫、幕府宛献上品送達を請負い、八人扶持譜代並で川西姓を許された。尾州の例からみて、人夫頭と七里の関係を今後研究してみなければならない。

土佐藩の飛脚　『海南政典』によると、飛脚二十人があり足軽格とされている。職務の飛使は毎月東行西還二次となっている。東海道程四日法は江戸―大坂四九刻、大坂―岡山二一刻、岡山―高知二一刻、合計七日七刻であり、五日法は江戸―大坂六〇刻、大坂―岡山二六刻、岡山―高知二九刻、合計九日七刻である。七日法は江戸―大坂八四刻、大坂―岡山三六刻、岡山―高知三九刻、合計十三日三刻となっている。この他に星馳と称し江戸―高知を従者は駅馬を傭い、使者は駕籠に乗り、飛脚番がその逓送を弁ずるものがある。

領内については『憲章簿』によると、送番所が設置され、笹送《ささおくり》、臨時時付送、時付送、昼夜送、急送村送、諸役人向打の逓送が行われていた。

ついでに記すと、福知山藩の場合には江戸急飛脚御足軽・中間共に五～六日着は馬壱疋料、七日着は軽尻一疋分、旅籠銭は片道十分を下され、戻りは常の通りとなっている。大名飛脚については各藩の場合をみる必要がある。

町飛脚の成立　これは三都間の連絡、三都と各都市との連絡が背景としてある。寛延四年（一七五

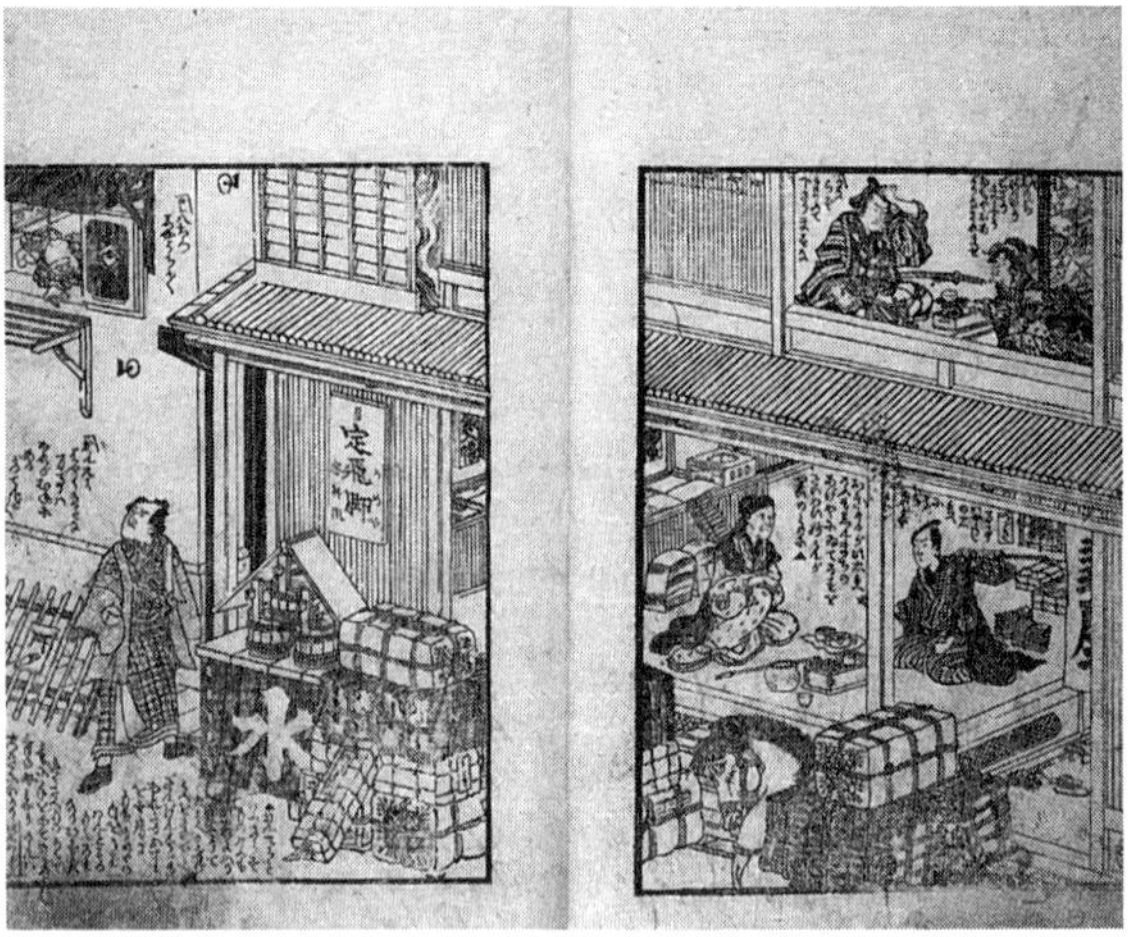

61　町飛脚問屋の店頭
（式亭三馬の合巻の挿絵より，国立国会図書館蔵）

一）序、藤堂高文編輯『宗国史外篇　国約志一』駅伝条に、寛永十九年（一六四二）六月七日付、（藤堂）兵左衛門宛、（加納）藤左衛門・（西野）佐右衛門書状がある。これは伊賀上野から江戸に出したもので、継飛脚による二日付御状と飛脚賃の書付を津奉行衆から送られたことを記し、ついで「去ル五月ゟ江戸京之町人申合、道中へ十里〳〵ニ飛脚宿を定、滞なく飛脚上下仕候、其飛脚ニ爰元へ御用之儀共被仰下候間」として、関地蔵の飛脚宿へ人を遣わし、同所から加太へ届け、そこから宿送りで伊賀上野に届く手筈になっているとしている。この書状も関地蔵迄遣わし次飛脚で送る。関地蔵から五日で到着する飛脚に遣わすとある。この書状によると寛永十九年（一六四二）五月に、江戸と京都の町人が申し合せて飛脚宿を設け上下する飛脚の営業をしていることがわかる。この飛脚を藤堂藩の継飛脚は利用している。十里毎の飛脚宿だから宿駅でない場所にもあったはずである。

年代が下がるが元禄七年（一六九四）五月十六日付、曾良《そら》宛、芭蕉書状に「三嶋新町ぬまづ屋九良兵へと申飛脚宿、能宿とり申候、今迄の一番にて御座候」とある。これは宿屋が飛脚を兼業していると考えられる。寛永期（一六二四―四三）も同様ではあるまいか。貞享四年（一六八七）正月二十日付、寂照宛、芭蕉書状は「其後戸田左門殿飛脚に遣し候」と、大垣藩の大名飛脚を利用している。この利用は一般に行われたことだろう。

宝永八年（一七一一）初演、近松門左衛門『忠兵衛梅川冥途の飛脚』は、大坂淡路町亀屋を舞台とし「飛脚宿のいそがしさ」、侍が「誰そ頼まう忠兵宿にゐやるか」と入ってくる。飛脚宿であるが、一方では文中で十八軒の飛脚宿、十八軒の飛脚屋、十七軒の飛脚問屋とあり、三者は同義語である。

つぎに年不詳、近藤篤『旅行須知』は岡山藩士の著作と推定されるが、独り道中で深夜に泊る所がない場合には飛脚宿に泊れとしている。飛脚宿は何時でも旅人を泊め、風呂が常に立っており、夜遅くても便利だとし、「宿ニも飛脚宿のある所ハ甚宜しき也」とする。その上に上下人数が少なくても泊めるとしている。

飛脚屋が専業化している場合も考えられるが、前記の飛脚宿は幕末まで続いているのだろう。

町飛脚の発展　初期の町飛脚は上方商人の江戸進出に伴って下ってきた。主要な顧客は酒問屋、木綿・太物問屋・糸問屋、呉服問屋などである。飛脚の最初は百姓の日雇稼で、江戸の取次店は八百屋、豆腐屋、茶碗屋などであり、次第に専業化したと考えられる。

大坂と京都が個別に進出したので、江戸の定飛脚には京都の順番飛脚の相仕《あいし》と、大坂の三度飛脚の相仕とがある。この三者は次第に相仕として一体化してゆく。三者の内には顧客である上方の問屋の手代が別家の形で飛脚問屋を営業している場合がある。糸問屋、呉服問屋の手代が飛脚を営業する時、上州の藤岡、奥州の福島などに支店ができるのはそのためである。生糸生産地域と西陣を結ぶ営業は、幕末の開港以前にもシルクロードができたことを示している。これらの地域では従来の地元の百姓による営業を、乗っ取りの形で進出する。

江戸の定飛脚問屋が仕法帳をめぐって十組《とくみ》問屋と文化三年（一八〇六）に紛争し、大坂屋茂兵衛が定飛脚側を代表して交渉する。十組側の対抗策は日本橋木原店《きはらだな》丹後屋佐七を請負人にして十組手飛脚を運用するとしている。これはおそらく後述する通日雇による飛脚であるが、結局定飛脚側が仕法立てはそのままだが、飛脚賃の引下げ割戻しの規定を加えて和談した。この手腕を見こまれ大坂屋茂兵衛は、砂糖問屋と十組仲間の紛争の仲裁を十組側から依頼される。ついで杉本茂十郎と改名して十組仲間の世話役になる。この大坂屋にしても、借財が嵩み材木に手を出し、繰綿や米の思惑も行ったが思わしくない。宇津氏の金匱救命丸大取次所でもある。他の飛脚問屋にしても似た状態だろう。したがって資金の貸付けなどで、諸問屋側からみれば飛脚問屋は出入の業者に過ぎない。

宰領と日雇頭　この項は試説であり今後研究すべきこととして記す。文化三年（一八〇六）の十組と定飛脚問屋との紛争で、定飛脚側はその飛脚宰領の使用をさせないことと、江戸附出し馬、品川宿買揚馬・大磯宿雇馬の使用禁止、冥加として架橋する駿河の潤井川橋の通行禁止を主張している。

これからすれば、定飛脚問屋の宰領は通日雇＝六組飛脚屋とは区別されている。この宰領と六組飛

62　東海道の荷物を運ぶ町飛脚宰領（「東海道名所図会」）

脚屋の小指との性質を研究しなければならない。

つぎに延享元年（一七四四）の備中松山町の「差出帳」によると、同町と大坂との飛脚問屋尾張屋七左衛門は飛脚仕立の他に日雇頭で酢座も営んでいる。この一例のみだが一般に飛脚問屋は日雇頭としての性格を持っているのではあるまいか。

文化十三年（一八一六）に草津宿追分に建立された道標の常夜燈は、播州日雇方、備前（日雇方）、江戸日雇方、京都順番会所・宰領、大坂定飛脚問屋・宰領中、尾州井ノ口半左衛門・宰領中・取次、岐阜定日宰領中・織屋中、加州宰領中、桑名宰領中、大垣宰領中、福井宰領中によるものである。この日雇方、問屋以外の宰領中の性格が研究されなければならない。

御免株と触流　三都の飛脚問屋は、大坂では安永三年（一七七四）に東奉行から三度飛脚問屋株御免になり、京都では宝暦元年（一七五一）以前に順番飛脚問屋申付となっており、江戸では天明二年（一七八二）に道中奉行から定飛脚問屋九軒が御免株になった。この天明二年の御免株について、文政十二年（一八二九）作成と推定される江戸の定飛脚問屋の『飛脚仲間惣満久理』は、「時なる哉、定飛脚問屋仲間九軒　御免株ニ相成、剰京都大坂同家業相仕の面々、同腹同躰の願なりけれとも、願人へ不相加、江戸表へ任せたれハ、是より両地配下となりけれとも、心付ものもなかりき」としている。これは三都一体として道中奉行に願出ることを江戸のみで実行したことから、京大坂に対して江戸の優越感を示している。しかしこれに伴う見世先掛看板によると、名目御免により上下《じょうげ》飛脚宿（六組飛脚屋）と紛れないための看板であり、免許前に町奉行が日雇方を召出し、上下飛脚宿で差障りがあるかを吟味している。

天明四年（一七八四）に京大坂飛脚問屋名前での触流願は、願人以外のことであり、支配違いとして拒まれている。これからすれば道中奉行による御免であっても、江戸と東海道の問題であり、定飛脚問屋の主観と客観情勢は別である。このような考え方をもたらした江戸の定飛脚問屋の勢力、京坂からの出店が独自の主張または交渉能力を持つに至る過程は明らかでない。

この御免許を願った目的が「街道筋通行滞候間敷、且者酒手銭尻尾《しっぽ》等も入間敷との見込、先は一同願済を相待ける」ためだから、定飛脚会府による通行が期待通りでない結果となれば、大名公家からの借会府を使用して処罰される業者が出てくるのは当然である。

営業地域　幕末期の江戸の定飛脚問屋京屋弥兵衛「大細見《だいさいけん》」で営業範囲をみると、㈠京大坂並道中筋としての東海道、㈡京都を中心とした大和、および丹後などの北国への継、㈢大坂を中心とした摂

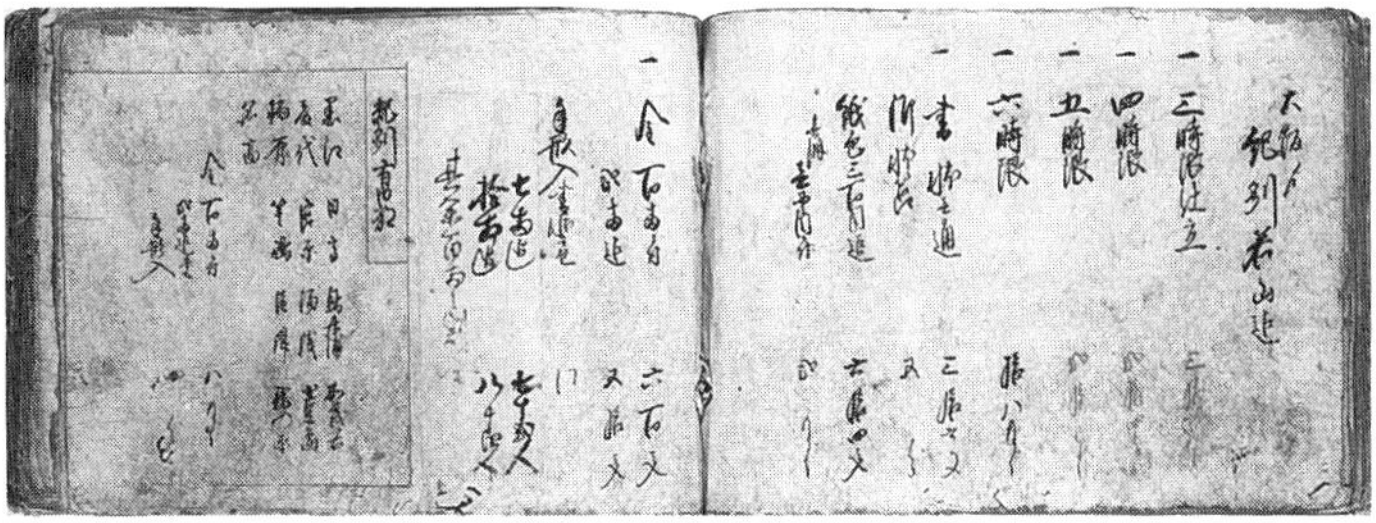

63　大細見（郵政研究所附属資料館蔵）

津・河内・和泉・播磨・大和・紀伊・因幡への継、㈣やはり大坂から長崎への継、その拡大と思われる西国筋、㈤神奈川と横浜、㈥奥伊勢とその周辺、㈦中山道とその途中の藤岡などを中心とした上州などへの継、㈧甲州街道を主として甲州への継、㈨奥州道中とその延長としての福島、仙台による継と二本松、㈩水戸浜街道とその仙台までの延長、(十一)箱館である。

記載地名は精粗がある。東海道には御用と町方の区別があり、大坂から長崎へは御用飛脚があるが、西国筋へは最初は堂嶋の堺屋喜兵衛による継で、後に直営になる。地域は播磨から瀬戸内側と美作・出雲の中国、讃岐、九州の豊前・肥前・肥後の街道町である。甲州街道には御代官御用と町方とある。二本松でも御用と代官用を勤めている。神奈川・横浜・箱館は開港の結果だろう。

つぎに大坂の三度飛脚問屋津国屋十右衛門の「飛脚問屋定書」により営業範囲をみる。これは嘉永六年（一八五三）ころのものと推定され、開港以前のものである。津国屋の相仕は江戸の定飛脚問屋嶋屋佐右衛門で、定書の内容は大坂津国屋と江戸嶋屋の両者を含む。

津国屋は㈠大坂仲間定法（江戸）、㈡大坂御城内御番方御間便、㈢摂州

一国郡村（一部への便有）、㈣別仕立（伊丹・池田・尼崎・西宮・魚崎・御影・兵庫・伝法・堺・佐野・貝塚・岸和田・富田・茨木・富田林・若山・糸我・鳥居浦・高野山・多武峯・初瀬・南都・今井・郡山・法隆寺・八木・田原本）が直営である。つぎに㈤長崎は中筋屋、大和屋、㈥西国筋早飛脚は堺屋、㈦米相場は美濃屋、㈧紀州は万屋、㈩姫路は津田屋、⑾播州三木は井上屋、⑿和州は大和屋、⒀高野山は紙屋、⒁摂州有馬は榎並屋、⒂雲州飛脚寄所は出雲屋、⒃備後尾道早便舟は一六屋、⒄舟便（下関、広島）は尼崎屋、⒅通日雇の上総屋、⒆井ノ口（恐らく名古屋）が業務協定している業者である。瀬戸内海の水運業者が注目される。

江戸の嶋屋は㈠江戸賃銀（京大坂、伊勢）が御屋敷之部と町方之部があり、㈡十組定賃、㈢江戸—福嶋、㈣江戸—福嶋—仙台、米沢、山形、㈤喜連川—馬頭、烏山、㈥太田原—馬頭、烏山、㈦江戸—仙台、㈧仙台—盛岡、青森、㈨仙台—水戸、㈩水戸—上町、枝川先、⑾江戸—会津通—越後水原、⑿水原—新潟、⒀江戸—上州、⒁江戸—八王寺通—甲府、これは京屋便、⒂山形—酒田、庄内、秋田、⒃江戸—越後善光寺通—新潟となっている。このほかにも記されているが、まだ完全に整理していない。

嶋屋は開港後は箱館で営業している。一般に西国と日本海側については、まだ具体的なことは不明である。近江商人が東国と近江八幡を連絡した八幡飛脚も今後研究しなければならない。

幕末期の飛脚　飛脚問屋の取扱種目は、書状、金子、荷物、為替、歩行荷物壱人持などであり、仕立便、幸便、並幸便などの区別がある。天保十三年（一八四二）には問屋仲間組合停止により問屋でなくなったが、嘉永五年（一八五二）には復活している。三都には周辺各都市と連絡する飛脚があったのは「飛脚問屋定書」に示したが、京都の場合、文久四年（一八六四）『都商職街風聞』によると、江戸順番仲間八軒、江戸早飛脚会所一、大坂順番仲間九、尾州飛脚一、紀州飛脚一、加州飛脚一、濃州岐阜飛脚一、濃州大垣飛脚一、因州飛脚一、泉州堺飛脚一、越前敦賀飛脚一、越前飛脚弁江州堅田飛脚一、播州姫路（不明）、勢州桑名亀山四日市白子神戸一、和州飛脚一、南都郡山木津飛脚一、江州彦根飛脚一、江州日野飛脚一、江州八幡飛脚一、江州八日市飛脚一、江州中郡飛脚一、江州草津守山飛脚一、西江州高嶋大溝二、西江州小松内一、山門飛脚一、丹波亀山さゝ山氷上一、丹波飛脚一、高野山飛脚一、伊勢飛脚一、馬借四、諸国通り雇請負仲間五となっている。

再びオールコックによると「江戸から長崎や箱館へゆくのに、嵐のために川や入り江を渡ることができないということがなければ、約三五〇里、すなわち八五〇マイルを九日間で走る。普通は遅れないし、信頼するに足る。わたしの知っているかぎりでは、ただいちどだけ、神奈川から江戸へ走らせていたわたしの飛脚が英文の手紙をもったまま姿を消したことがあった。これについては、政府から弁償してもらえなかったし、どうなったのか知ることもできなかった。ところで、このようにして長崎まで早便を送ると、費用は普通は小判二〇枚、すなわち六ポンドである」と飛脚の姿を記している。この他に荷物を送る宰領は各宿の問屋場の人夫頭に顔のきく者でなければ勤まらなかったろう。

通日雇　これまで上下飛脚屋、上下飛脚宿としるしてきたものである。明治十九年刊、平文（ヘボン）著『和英語林集成』に「DŌCHŪ-SHI ドウチウシ 道中者 n. Porters or coolies who carry burdens on the highway, a guide」とあり、道中師とも記す。天保二年（一八三一）花屋旧次郎刊『誹諧鑴』に深川恋稲が判者《はんじゃ》である高点句に「大たはに千両摑む道中師」とあるのは、参勤交代などの請負の儲を支払側からみたものである。芭蕉連句集である「牛流す（砂川）」に「元禄七後五月下旬洛参会の時」として次の連句がある。

茶どきの雨のめいわくな隙　諷竹
このごろの上下の衆のもどらるゝ　去来
腰に杖さす宿の気ちがひ　芭蕉

この上下の衆は通日雇の人足である。江戸では六組飛脚屋とも称するが、人宿を兼業している場合があり日雇頭である。伏見・京都・大坂にも仲間がある。各城下町の人夫頭も似た性格の者だろう。これら江戸などの仲間は各地の人夫頭、日雇頭の中心的存在で、福岡の日雇支配が大坂の通日雇の株を持っている場合がある。大名飛脚の人足問屋の役割を考えれば、通日雇が各宿の者と連絡して飛脚を営んだのは当然である。文化十四年（一八一七）に江戸で定飛脚問屋と六組飛脚屋で業務協定をして、前者が飛脚用向、後者が参勤交代御供と荷廻し飛脚と大別した意味を研究しなければならない。

64　大井神社の常夜燈
（通日雇の寄進）

幕府大名の軍事行動は彼らの参加がなければ、展開しにくい面があるのではないか。

町飛脚、文使、伝便　都市内の飛脚である。江戸では、「ちりんちりんの飛脚屋」と称し、地域別値段による営業である。奉公人口入が抱の者＝日雇を使用しての仕事で、幕末には増加したが、維新後は郵便開始により減少し、抱主は人力車渡世を開き、廻りの者が車夫になった。大坂でも町飛脚は奉公人口入所が営業している。他の都市でも同様だったろう。小倉では明治期に走使である伝便がある。これは町飛脚の後身だろう。これと遊廓の文使《ふみづかい》との関係も研究しなければならない。

65　近世義勇伝
（一英斎芳艶（2代）筆，国立国会図書館蔵，江戸市内の飛脚を描いた明治初年の錦絵）

町飛脚の姿は明治六年（一八七三）二代芳艶画「近世義勇伝　岡部三十郎」として井伊大老の首級を受取箱に入れて運んだ巷説《こうせつ》が画かれている。このように飛脚は幕末の政争にまきこまれた。幕府側は京都の順番飛脚問屋大黒屋庄次郎の場合のように一種の検閲下に入れており、勤皇方でも渋沢栄一のように飛脚問屋に托すのは危険だと考えた者もいた。

郵便の開始と飛脚　明治四年（一八七一）の郵便事業開始は、飛脚屋の最も利益をあげている書状が対象であるから、大きな影響を飛脚問屋はうけた。同五年東京の和泉屋内に陸運元会社が創立され、ついで内国通運会社となるが、これは従来の三都の定飛脚＝順番飛脚＝三度飛脚などの後身である。

（藤村潤一郎）

六　海上交通

1　初期海運の展開

江戸幕府の成立と海運　近世海運は日本列島の沿岸海運で、しかも、大坂と江戸を中心とする二元的海運系統の展開であったところにその特質がある。朱印船貿易・遣欧使節など近世初頭の海外との海上交通は東南アジアのほか新大陸にまでおよぶが、その後の江戸幕府の鎖国政策の結果、わが国船舶の海外進出は全く途絶えることとなった。これに対し、沿岸海運は石高《こくだか》制の成立、参勤交代制など幕府の集権的政策の実施にともなって、幕府城米《じょうまい》、諸藩蔵米《くらまい》等の大坂・江戸への海上輸送が全国的規模で展開するようになった。さらに、各地の城下町・港町と三都との間に商品流通のいわば全国的ネットワークが形成され、諸商品の海上輸送が盛んとなった。この海上輸送は前時代から発達した地域海運をふまえているが、質量ともに前時代に比較にならぬ規模での展開であり、全国的海運の発達をみるにいたるのである。

初期の海運体制は幕府および諸藩の主導で整えられた。すなわち、慶長九年（一六〇四）、幕府は江戸船手を設置し、水主《かこ》同心三十九人をおき江戸湾海運の管理・整備に着手した。開幕により全国から江戸に集まる海船を統制する機関であった。一方、同十四年、幕府は西国大名の所有する五百石積以上の大船を没収する措置をとり、同十九年からはこの政策の徹底をはかるため、幕府船手役人を四国・九州・中国の浦々に派遣し巡察させた。元和二年（一六一六）、幕府は江戸に出入りする廻船を査察する機関として伊豆国下田に海関を設け下田奉行を置いた。元和偃武《げんなえんぶ》によって江戸に出入りする船舶の増加が予想されることにともなう措置でもあった。下田奉行の支配に属する下田廻船問屋が江戸出入船の通行手形を改め、諸国廻船の査察にあたったのである。査察は諸大名船にもおよんだが、このようにして幕府は東海、上方および西国方面からの江戸出入船を掌握し海上交通を管理する機関をひとまず整えたのである。

幕府の海運支配は東海地方および瀬戸内海にもおよんだ。伊勢湾廻船は中世より江戸湾に出入りし、徳川氏が関東に入部することで一層緊密になっていた。一方、かつて海外進出の基地であった堺は慶長九年の大地震で壊滅的被災をうけ、瀬戸内海海運の拠点は大坂に移った。元和元年、幕府は大坂を直轄都市にし、翌年海運管理機関である大坂船手を設置した。そして、この大坂船手の下に瀬戸内海最大の船方衆集団である塩飽《しあく》島船方を幕府御用船方に編成した。塩飽諸島の船方はかつて塩飽海賊衆として知られたが、豊臣秀吉時代、小田原出陣あるいは朝鮮出兵に際しては軍輸送船の役務に従事し、恩賞として千二百五十石の朱印地を与えられている。江戸幕府もこの方針を踏襲し塩飽諸島船方の朱印地を知行高として認め御用船方としたのである。幕府成立時には西国の幕府城米を大坂に廻漕し、江戸城普請にあたっては上方から江戸への大瓦や木材の輸送に従事した。幕府の機構成立後は全国各地からの大坂・江戸への幕府城米の輸送にあたり、幕府役人の長崎往来時に御用船を務めるなど特権的地位にあった。

初期瀬戸内海海運と蔵米　幕府同様、諸藩も藩領から大坂・江戸への海運機構の整備にあたった。大名の将軍に対する諸軍役の遂行上、また、年貢米その他蔵物《くらもの》の中央市場での換金化を必須とする藩財政上からもそれぞれ藩海運の整備を必要としたのである。

九州の小倉細川藩では早くも慶長期に船手奉行の差配の下に藩手船を備え、さらに藩内外の廻船を雇い大量の藩米を大坂に海上輸送しその換金化につとめている。時には大廻りといって紀伊半島を迂回し江戸に直送することもあった。また、小倉藩の廻船はこの時期にすでに日本海沿岸に進出し、ときには出羽方面にまで進み北国の産物を西国に輸送していた。隣りの福岡藩もまた慶長期より上方および江戸への廻米を実施している。広範囲にわたる北九州廻船の活躍は他地域に比し著しく注目される。しかし、当時の大坂・江戸の米市場は、それを支える流通機構の未発達もあって米相場の変動が激しく、まだ安定的とはいえなかった。したがって、まだ、後にみるような商船による藩米の円滑な海上輸送は望めず、藩主導による中央への藩米の輸送体制の構築が不可欠であったのである。

瀬戸内海に面する岡山藩にも船手組織が置かれていた。この船手組織のもと藩は寛永十一年（一六三四）に手船大小三十五艘を新造した。つづいて、領内の岡山・金岡・西大寺・片上・北浦・小串・郡の七カ町村の浦を「加子浦」に指定し、各浦所属船を強制的に雇船とし、参勤交代の御用船や廻米船としたのであった。割当にあたっては各浦の舟数に按分し輸送を義務づけたのである。廻米量の多い年には胸上《むねあげ》・牛窓《うしまど》などの浦を新たに加子浦に加えた。岡山藩は主に大坂廻米であったが、大廻りで江戸に廻米することもしばしばみられた。元和五年（一六一九）安芸広島に入部した浅野氏も船奉行をおき藩内海運の統制を行った。奉行のもと大船頭・小船頭・万職人・定水主あわせて二百八十人を配置し、さらに領内浦々の廻船や浦水主の徴発を行い、参勤交代、幕府役人、他藩大名・役人、朝鮮通信使の航行に際しその輸送に従事させたほか、蔵米輸送にあたらせた。同藩竹原廻船は慶安二年（一六四九）以降藩の雇船となり賃積みで大坂廻米に従事した。蔵米輸送はどこの藩も幕府城米輸送と同様に手船・雇船のいずれであれ専用船が原則であった。

九州南端の鹿児島藩も瀬戸内海に面する諸藩と同様に海運組織を整備している。寛永九年、同藩山川港の大迫吉之丞は鹿児島より江戸への直送船に乗り往復し無事帰国した。藩はその後彼を江戸直送船の船頭に命じ、山川に居屋敷を与え加子役を免除した。同藩の鹿児島・江戸間の海運機構はこのような経過で他藩同様に組織されたが、文化期の船手組織にみると、御船頭二人、脇船頭三人、仮脇船頭三人、船頭二十一人、水主二百九人から編成され、城下の鹿児島と川内《せんだい》川河口の久見崎湊に分けて配置されていた。

初期北国海運　日本海の北国海運は津軽十三湊《とさみなと》安藤氏の活動をあげるまでもなく古くから発達した。近世初頭、畿内への中継地である敦賀《つるが》や小浜湊《おばまみなと》に船持豪商が輩出し、遠隔地間の商品輸送・販売を通して海運を支配していた。ところが統一権力・藩権力が成立しこれら権力が年貢米・産物等の遠隔地輸送を自己の支配下に置くようになると船持豪商を含めた北国廻船は次第に幕藩の賃積船となっていった。天正十九年（一五九一）、豊臣秀吉が奥羽仕置の一環として出羽秋田に蔵入地を設置し、同地年貢米を運上板搬出等の費用にあて運上板をこれら北国廻船に上方へ賃積輸送させた。寛永期の秋田藩は蔵米総量の約二五％、ほぼ八千五百石―一万石を上方廻米としたが、これらは藩手船および北国各地からの雇船で敦賀に廻漕され大津に廻米されていた。蔵米積廻船には責任者として藩の任命する下級藩士が上乗人として乗船し、廻米は彼らの裁量で大津米市場に販売された。

加賀藩も敦賀の豪商高島屋などの船で蔵米を敦賀に廻漕していたが、元和元年同藩は一部蔵米を大津廻米にし、大津に輸送された蔵米は同藩の御米奉行によって販売された。大津から京都・大坂方面に輸送販売されていたのである。しかし、このルートによる輸送では幾度も積み替える必要があり運賃も割高となった。こうした事情から日本海を西廻りで直接大坂米市場に廻米しようとする動きが出てくるのは当然であった。寛永十五年（一六三八）山陰の鳥取藩は一万五千石の藩蔵米を西廻りで大坂に廻漕し、その後年々大坂廻米を行うようになった。加賀藩も同年西廻りによる大坂廻米を試み、正

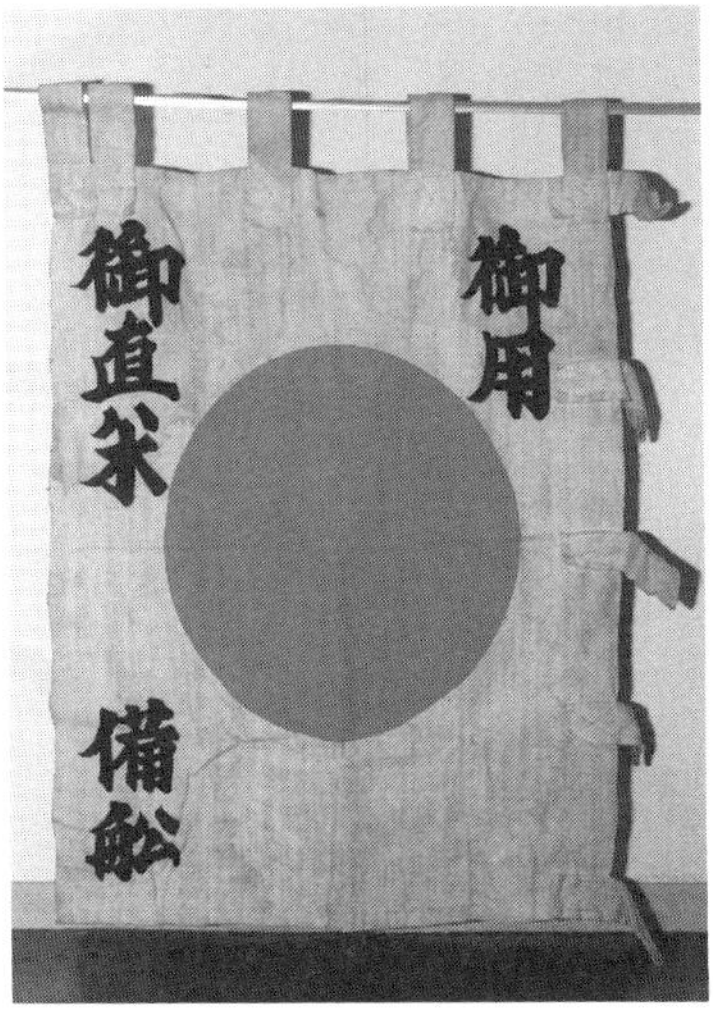

66　御城米船の旗印
（福井県三国町，みくに龍翔館〔三国町郷土資料館〕蔵）

保四年（一六四七）には藩が上方廻船を雇い本格的に大坂廻米を開始した。越後諸藩も明暦期には大坂廻米を始め、さらに万治二年（一六五九）からは出羽国幕領米が江戸商人正木半左衛門および伊勢屋孫左衛門の請負で西廻り航路を江戸に廻漕された。もっともこの時期に大坂・江戸廻米が西廻り海運により全面的に実施されたわけではなく、寛文八年（一六六八）の越後村上藩の上方廻米をみると六割が西廻りによる大坂廻米、四割が従来通りの敦賀・大津ルートによる廻米であった。

東北の太平洋沿岸の諸藩でも同様の動きがみられた。豊臣期仙台藩祖伊達政宗が上方に滞在中、藩内歌津浜から薪を上方に積み出しており、また、慶長十年（一六〇五）松島円福寺方丈の再建に際し、用材を紀州熊野から取り寄せた。海上輸送であろう。慶長末年になると南部藩沿岸から米が、元和初年には仙台藩領および相馬藩領から材木が江戸に船積み輸送されている。江戸廻米ははじめ江戸藩邸の台所米や江戸詰給人の飯米が主であったが、寛永期になると江戸米市場向けの大量廻米が始まる。仙台藩では北上川の改修を行い、河口の石巻港を江戸廻米積出港に定め、藩内の廻船を強制的に廻米積船に採用した。御穀（石）船と呼ばれた。南部藩も自領沿岸からの積出しを変更し北上川舟運を利用し石巻港から雇船で江戸廻米を行うように改めた。最北端の津軽藩は江戸廻米のため寛永二年（一六二五）青森を開港した。このころすでに石巻廻船は陸奥湾に進出しており、正保四年には千石船の大船が江戸から津軽に向かい、陸奥八戸藩の廻米船が寛文七年に、津軽藩の江戸廻米を請負った江戸商人三谷勘四郎船が同九年に江戸深川に着岸している。日本海沿岸から津軽海峡を経て太平洋を南下し房総半島を迂回して江戸に至る東廻り海運は近世初期から拓かれつつあったのである。

初期の商品流通と海運　初期海運は幕府の城米や諸藩の蔵米の輸送だけではなかったことはいうまでもない。こうした城米・蔵米の全国的規模での海上輸送は一般商品の海上輸送をも著しく促すこととなった。まず最初に日本海沿岸の北国海運であるが、敦賀湊の慶安—寛文前期における入津物の内容をみると、米五十二万俵余、大豆五万九千俵弱をはじめ、四十物《あいもの》（干塩魚）、塩物類が若狭・越前・能登・越中・越後の各国から移入され、奥羽からは紅花《べにばな》・青苧《あおそ》・材木などが主に入津していた。主な移出品は茶で、伊勢茶、美濃茶、近江茶などであった。米以外のこれら諸品物は一般商品として流通し、しかも地廻り海運の中小廻船によって海上輸送されることが多かった。このような分国内や近隣国の浦々を往来し商業活動を続ける北国の小廻り廻漕船は中世期より存在していたが、近世に入ると地廻り海運は飛躍的に発達し、その活動範囲も若狭・越前・加賀・能登・越中・越後・佐渡各国の沿岸一帯に拡大した。金山で栄えた佐渡には越後のほか越中や加賀の中小廻船が行き来し交易を展開していた。さらに、新潟湊の廻船業石井彦五郎の船が慶長期早々に松前交易を始め、能登船が松前で鷹、秋田で材木を買求めこれを敦賀湊に送り、さらには能登時国《ときくに》家の船が元和四年に松前で昆布を仕入れ、これを京都・大坂で販売するなど中小北国船の松前・北奥羽進出も活発になりつつあった。

しかしながら、地廻り廻船が藩内外を自由に交易できたわけではない。加賀藩は大豆・干鰯《ほしか》・蝋《ろう》・漆《うるし》・油・竹・紙などの物資の領外積出しを禁止し、米・塩を移入禁止していた。また、自藩の能登材木船が加能越三国内の湊に出入りするにも藩の船切手を必要とするなど藩の統制をうけていた。さらに地廻り海運には湊の荷揚げ・積出しに際し地船優先主義があった。寛文四年（一六六四）に敦賀船持と加賀・能登・越中の三国の荷主との間に起った一件はこれを端的に示している。敦賀船は従来より上方産の茶などの商荷物を敦賀湊から加賀・能登・越中の三国に積出す場合、他国船より優先的に積出す権利をもっていた。この敦賀船の優先権を三国の荷主は不当とし、三国船にも敦賀船と同等に敦賀湊からの積出しを認めるよう訴えた。商品の海上輸送の増大に伴い、中継港敦賀湊における地船優先体制が三国荷主に障害になったからにほかならない。両者協議の結果、相互に地船積荷第一主義を認め合うことでこの一件は落着した。すなわち、敦賀湊で空船の敦賀船がなく他国船が一旦積荷した後はこれまでのように敦賀船への積み替えを行わないこと。加賀など三国の湊で敦賀湊荷揚げの荷物を積む場合は地船についで敦賀船が積出し権をもつこととした。敦賀船の一定度の優先権は依然として残ったが、北国の地廻り海運は確実に変りつつあった。

消費都市江戸への日常消費物資の最大の供給地はいうまでもなく天下の台所大坂で、その輸送を担ったのが菱垣廻船《ひがきかいせん》・樽廻船である。菱垣廻船の起源は元和五年（一六一九）に泉州堺の商人が紀州富田浦から二百五十石積ほどの廻船を雇い、大坂で木綿・油・綿・酒などの荷物を積み入れ江戸に海上輸送したことにあるといわれる。以後、菱垣廻船は大坂・江戸間の大動脈の荷物輸送を定期的に行うようになる。当初同廻船は主体的に廻漕業を営んでいた。ところが、元禄七年（一六九四）に江戸十《と》組《くみ》問屋が結成され、ついで大坂に江戸買次問屋が結成されると菱垣廻船は両都市の特権的商品流通機構に組み入れられ大坂の廻船問屋の賃積船として調達されるようになった。江戸買次問屋が調達した江戸十組問屋の注文商品を海上輸送する定積船となったのである。この都市間の商品流通機構と海運の関係は江戸・大坂間に限定されるものではなく江戸と奥州仙台間でもみられた。仙台城下町には江戸奥積問屋経由で木綿・古手《ふるて》・絹布・小間物・繰綿・薬種の六種の重要商品を直仕入する六仲間と呼ばれる特権的商人仲間があった。この仕入商品は舟荷で各仲間商品の積み合せで移入された。寛文初年にはすでに海上輸送に伴う破損打荷の場合は仲間が共同でその損害を負担する体制ができていた。この体制のもとで仕入商品の輸送を担当したのが仙台藩から江戸に藩米を積み登った藩穀船で、その帰り荷として輸送することが半ば義務づけられていた。藩穀船は藩雇船であると同時に六仲間の定積船であったのである。

幕府の海運法令　江戸幕府は以上のような初期海運の展開に対応しつつ海運法令を制定した。近世初期の海運法令でまず注目されるのはいわゆる大船禁止令である。すなわち、慶長十四年（一六〇九）幕府は西国諸大名の所有する五百石積以上の大船を没収し、これを駿府および江戸に進達する措置をとった。この禁止令は直ぐに徹底しなかったようで九州方面ではその後も大船が建造されたとの噂があったほどである。寛永十二年（一六三五）の武家諸法度で再度五百石積以上の大船の建造を禁止した。この大船禁止令は、同十五年の法度でもわかるように、安宅船《あたけぶね》などの軍船を対象としたもので、荷（商）船は対象外であった。

海上輸送は海上が荒れる冬期を避けても自然との戦いであったことにはかわりなく、海運が盛んになるにしたがって海運事故も増加した。幕府が海運法令の制定にあたってまずこの海難事故に関する規定を定めたのもそのためである。元和七年（一六二一）幕府は、穀物を積む西国大名船が遭難したときの積荷の取扱方法、海難の際には近くの浦々が助船を出すこと、廻船破損の場合は廻船作法によって措置すべきこと、の三カ条の法令を定めた。第一条で西国大名船と特定したのは幕府の支配する江戸・大坂間や瀬戸内海で西国大名船による蔵米輸送が行われていたからであろう。第三条の廻船作法とは室町時代制定の廻船式目のことである。幕府がこの海事慣習法を海運法令に公認したわけで、その後の海運法令においても基本的に継承されているところである。寛永十三年（一六三六）八月幕府は新たに海運法令三カ条を制定しこれを浦高札として江戸・大坂間の浦々に建てた。その内容は、一、幕府船のほか諸廻船が遭難した時は助船を出し救助すべきこと、二、破損船積荷の配分について、三、積荷を刎ねた（海中に捨てた）遭難船は残荷の証明書を提出すること、積荷を盗み取った場合は船頭は死罪、浦の各家々には罰金を科す。慶安五年この三カ条は「廻船中御仕置」として船頭・水主《かこ》衆に周知された。

万治・寛文期になると迅速な海上輸送を求める規定などが追加される。万治二年（一六五九）正月、従来の浦高札に加え、大坂における江戸廻船の荷積契約、積船破損の補償負担、船頭・水主の過失に対する廻船問屋の賠償責任など菱垣廻船を調達する廻船問屋や運送契約などにかかわる商事規定が追加された。菱垣廻船という限られた商船による賃積みが幕府法令の下で行われるようになったことは注目される。さらに、寛文七年（一六六七）二月幕府は先の寛永十三年の浦高札につぎの三カ条を追加しこれを諸国湊の浦高札とした。一、湊に滞船せず日和次第出船すること、二、城米積船に古船を使わぬこと、日和の良い時の難破は船主・船頭の曲事《くせごと》とする、三、船乗衆の博奕《ばくち》その他賭勝負を禁止する。三カ条のうち第一条は迅速な海上輸送を求め規定したものである。そこには、各地からの幕府城米輸送が盛んに行われるようになったこと、江戸・大坂の米市場が発達し積船の遅速に強い関心が持たれるようになったことなどがある。次節で述べる寛文十一、同十二年における東廻り・西廻り海運の刷新によってこの点がより強化され、同十三年幕府は城米運送規定を定める。幕府城米の特権的な江戸廻漕体制が全国的な規模で確立したことに対応するものである。

2　東廻り・西廻り海運の成立

東廻り海運の成立　東廻り海運とは北日本の日本海沿岸を出帆し、津軽海峡を経て太平洋に出て南下し、房総半島を迂廻して江戸に達する海運のことである。この沿岸の海運は他地域の沿岸海運に比して開拓が遅いとはいえ古代・中世に全く開拓されていなかったわけではない。沿岸各地に伝わる伝承、関東・紀伊半島方面からの移住や文化伝播の事実は一定の海運の展開を示している。しかし、この地方から遠隔地への本格的海運となると近世初頭からであろう。その海運については先述の通りで、他地方と基本的には同じ海運の展開といえる。その後の東廻り海運に画期的な刷新を与えたのは寛文十一年の河村瑞賢《かわむらずいけん》の事業であった。

寛文十年（一六七〇）冬、幕府は江戸商人河村瑞賢に対し、陸奥国信達地方の幕府領米数万石を江戸に廻漕するよう命じた。これより先、同地が幕府領となって同地年貢米は江戸商人の請負で江戸に

67　絵馬「奥州石巻之図」（宮城県石巻市，鳥屋神社蔵）

廻漕されていた。瑞賢は幕命をうけると手代を現地調査に派遣しそれを基に廻漕計画を立て、幕府に建議した。建議の大要は次の通りであった。

一、廻漕船として「官船」を建造せず民間の廻船を雇う。各廻船に幕府の雇船であることを示す幟をたて、水夫は強健で航路に精通する者を雇う。「官丁」は徴用しない。

二、信夫・伊達郡の年貢米は夏（四月）に阿武隈《あぶくま》川舟運で下し、荒浜に運ぶ。荒浜湊で海船に積み替えて房総半島に向かい、浦賀水道を横切って相州三崎か伊豆の下田に着き、それから西南の風を待って江戸湾に入ることとする。

三、航路沿いの平潟・那珂湊《なかみなと》・銚子口・小湊等の浦に番所を設置し、船の遅速、水主の勤惰、海難の原因などの調査を行わせ、密米買入の取締り、沢手米《さわてまい》の地払いなどに当たらせ、さらに標幟を沿海の諸侯、代官に知らせ、緩急のときは救護にあたらせる。

瑞賢の廻米建議はほぼ以上のような内容で幕府の採用するところとなった。翌十一年春瑞賢はただちに江戸廻米の準備に入った。廻漕船として伊勢・尾張方面の廻船を雇った。同方面の廻船は江戸湾航路に慣れていたからであろう。さらに彼は現地に下り廻米作業を監督し、番所設置の港を巡視して江戸に帰った。七月に入るとあいついで廻漕船が江戸に着岸し、積米は少しの損傷もなく、また廻漕日数も費用も従来の請負方式に比して半減したという。

この河村瑞賢の廻米方式には幾つかの刷新策がみられる。第一は従来の商人請負による城米輸送を諸藩同様に雇船方式に改めたことである。その結果、幕府の主な負担は雇船の運賃となり商人請負料に比していちじるしく減額されることとなった。第二は阿武隈川の舟運機構と積出地荒浜港を整備したことである。とくに、荒浜の米宿武者家の屋敷に城米専用蔵を設け、蔵敷料を大幅に軽減した。第三は従来の江戸廻米が冬船で常陸那珂湊か銚子湊に廻漕し、それから利根川舟運を利用して行われていたのに対し、夏船による房総半島を迂回する航路、すなわち大廻りによって江戸に直送したことである。もちろん、房総半島を迂回する江戸廻米は瑞賢の事業に先立ってある程度奥羽諸藩によって実施されていたことは先述の通りであるが、夏船とし一旦三崎か下田に直行してから江戸湾に入る方式は海運技術的にも新しく巧みなことであった。大型船で沖合いを走り外海を直行する方式としたわけで、冬船から夏船になり江戸廻着が遅くなったが大量輸送が可能となり積み替えも少なくなった。以後、東廻りの諸藩の江戸廻米がその方式となったことでもわかるように刷新的な方式であった。もっとも、日本海沿岸からの東廻り輸送には津軽海峡などの難所があり、また積船の調達も円滑にいかなかった。

西廻り海運の成立　西廻り海運とは日本海沿岸を西南に廻り、赤間ケ関（下関）を経て瀬戸内海に入り、兵庫・大坂に至り、さらに紀伊半島を迂回して遠州灘を乗りきり、下田あるいは浦賀を経て江戸に至る海運のことである。この海運路には北国海運、瀬戸内海海運、江戸・大坂間海運、江戸・伊勢湾間海運などすでに相当発達した海運が展開し、日本海沿岸から江戸まで直漕する海運も先述の如くある程度開かれていたところである。

寛文十二年（一六七二）幕府は河村瑞賢に対し出羽国幕領米の江戸廻米を命じた。彼は前年同様計画の立案にあたり下調査を行い、備州・讃州などに人を遣わし、海路の利害、島嶼の状況、港湾の便などもくわしく調査させ廻漕実施案を幕府に建議した。

一、廻漕船には北国海運に慣れた塩飽島、備前日比浦、摂津伝法・河辺などの廻船を幕府直雇で用うべきこと。

二、城米を下す最上川川船の運賃は幕府の負担とし、出羽国酒田に専用の米倉を設け、積出費用も幕府の負担とする。

三、廻漕船に「官幟」をたてさせ、寄港地の入港税を免除させる。下関港には水先案内船を備え、志州鳥羽口の菅島には毎夜烽火をあげる。

四、寄港地は佐渡の小木、能州の福浦、但州の柴山、石州の温泉津《ゆのつ》、長州の下関、摂州の大坂、紀州の大島、勢州の方座、志州の畔（安）乗、豆州の下田とし、各地に番所を設け、沿道の諸侯・代官に廻漕船の保護にあたらせる。

この建議も前年の東廻りによる江戸廻米と基本的に同じ方式により江戸廻米を行うもので幕府の採用するところとなった。瑞賢は廻漕船として瀬戸内海廻船を調達しこれを酒田湊に下すとともに、子の伝十郎とともに酒田に下り江戸廻米の積出し等の指揮に当たった。城米廻漕船は五月二日に酒田を初出帆、七月には東廻り同様海難事故もなく順次江戸に到着した。

東廻り・西廻り海運の刷新は城米のみならず諸藩の蔵米輸送にも大きな影響を与えた。日本海側諸藩は、敦賀・大津ルートによる上方廻米を変更し大坂直漕とし、東廻り沿い諸藩も常陸那珂湊あるいは銚子湊を中継とする利根川利用の江戸廻米から房総半島を迂回して江戸に直漕する体制になった。この蔵米輸送の変化は瀬戸内海廻船の日本海への進出を一層促進し、また、伊勢・尾張・三河などの廻船が東廻り海運に進出する契機となった。城米・蔵米輸送は一般商品の輸送に比し厳しい輸送条件を伴ったが、運賃収入が確実で、廻漕業者の地位を確かなものにした。廻漕業者は数艘持ちから一艘持ちの直乗船頭まで種々であったが、塩飽廻船の丸屋五左衛門は内海の海上王といわれ、宝永二年（一七〇五）には九百石積以上八艘、三百石積以上四艘を持ち、総積石数は一万四百石に達していた。また、神戸浦の俵屋は明和八年（一七七一）に七百石から千石積みの廻船を十五艘所有し、江戸廻りと北国廻りに従事し、とくに秋田藩の蔵米は全部俵屋が担当し主に大坂に廻漕していた。

3　中・後期商品流通と海運

菱垣廻船と樽廻船　大坂より江戸への日用品輸送を目的として出発した菱垣廻船は江戸の膨張とともに輸送品は増大し、江戸・上方間の海運は一段と活発となった。菱垣廻船の積荷は、幕府城米などもあったが、酒・醤油・塩・木材・畳表などの荒荷が全体の八割前後を占めた。同廻船は菱垣廻船問屋の手船の場合もあったが、多くは同問屋が紀州や大坂周辺の船持衆から雇い入れた廻船で構成され、同問屋が海上輸送業者として積荷を差配し廻船仕建を行った。正保期ごろになると大坂の伝法船が酒荷を江戸に積み始め、寛文末年には酒荷のほか酢・木綿・紙などの荒荷をも積み合わせるようになった。仕建に時間がかからなかったから早目に江戸に出帆できた。この伝法船は三、四百石積ほどで小早と称されていた。下って天和二年（一六八二）には酒荷専用船の伝法船が登場し、酒荷の江戸輸送が盛んになった。

海運には海難事故がつきものであった。海難に際し問題となるのは、難破が故意でなかったのかどうか、海難にことよせての不正行為がなかったか、などで、また、沢手といって雨や海水で濡れた貨物の処理をめぐって、荷主側と廻船問屋・船頭側との間で紛争が絶えなかった。こうした不正や弊風をなくすため元禄七年江戸の問屋（荷主ら）は十組問屋仲間を結成した。塗物店組・内店組・通町組・菜種店組・釘店組・綿店組・表店組・川岸組・紙店組・酒店組の十組である。仲間は難破の際、難破荷物は船主と荷主側がともに負担する共同海損を原則とすること、菱垣廻船に極印《ごくいん》を打ち、過分の積荷を避け安全性を守ること、海難の残荷代金は荷主間で分配することなどを取り決めた。この結果、菱垣廻船は荷主側の結束の下に監視される立場に立たされることになったが、さらに、大坂の買次問屋もこの十組問屋の仲間結成に呼応し、十組問屋の注文に応じて商品を集荷し、これを菱垣廻船問屋に渡す江戸買次問屋仲間を結成した。この結果次第に海難による損害も減少し、従来の弊風も改まったという。

ところが、享保十五年（一七三〇）に酒問屋が十組問屋から脱退することとなった。脱退の理由は多々あるが、主な理由は、菱垣廻船はいろいろな荷物を積み合せてから出帆するため廻船仕建に日数がかかった。ところが酒専用船となると積荷から仕建まで日数が短く早く出帆できる。また、混積の菱垣廻船では酒荷は下積荷物で海難に遭い残荷となると共同海損をめぐって酒問屋と他組問屋が争うことが多かった。そこで、酒荷は樽廻船一方積、米・酢・醬油など七品は両廻船の両積み、その他は菱垣廻船の一方積みと決めた。ところがやがて樽廻船は積荷協定を破り、しばしば酒荷以外の荷物をも積むようになり、菱垣廻船との間に積荷をめぐり両者が対立をくり返すようになった。迅速性に劣る菱垣廻船は次第に衰え、享保期の百六十艘が文化五年（一八〇八）には三十八艘にまで衰微する有様であった。

この菱垣廻船の再興に尽力したのが杉本茂十郎である。幕府の保護のもと十組問屋仲間を改組して文化十年江戸問屋商人をほとんど網羅して菱垣廻船積問屋仲間に糾合することに成功した。この仲間の結束をもって菱垣廻船の再興にあたり、同廻船数の回復を計った。しかし、再興も一時的で菱垣廻船は樽廻船に対抗しえず、次第に衰退していった。天保十二年（一八四一）幕府の株仲間解散によって、両廻船間の積荷仕法も廃止され、両廻船とも荷主と相対のうえ荷を積むようになり、樽廻船は菱垣廻船を圧倒していった。嘉永四年（一八五一）の株仲間再興ののちも樽廻船の活躍は著しく、従来の菱垣廻船積仲間は「九店仲間」を結成するが、その積船を樽廻船に多く依存するというように、幕末にかけて両廻船の積荷はほとんど区別されなくなっていった。

北前船の活躍　河村瑞賢による西廻り海運の刷新は上方・西国船を日本海に進出させ、敦賀《つるが》・小浜《おばま》を廻着地としていた北国船の相対的な衰退を余儀なくさせた。しかし、近世中期以降の特産物の全国的流通を背景に再び勢力を盛り返し、蝦夷地産の海産物を蝦夷地より小浜・敦賀経由で上方に輸送する荷所船が活動し始めた。荷所船は蝦夷地に進出した近江商人団の荷物を専ら輸送した賃積船であった。その主体は主に加賀の橋立船、越前の河野船および敦賀船などから構成されていた。

ところが宝暦期以降、近江商人以外の商人が蝦夷地に進出し、近江商人の流通独占が崩れてくると、次第に北国船は独自で買積行為を行うようになった。またこうした気運の中で新たな買積船の進出もみられ、西廻りで蝦夷地と大坂を結ぶ海運で活躍するようになった。これがいわゆる北前船である。北前船の語源については諸説あるが、特定の船体構造をもつ船のことではなく、主な船型は享保期ごろより廻船の主力船となる弁才船で、松前・奥羽・北陸方面から西廻り航路を瀬戸内海・上方方面に入ってきた買積船を上方方面で北前船と呼んだのである。この北前船主は北陸方面の者が多く、船主が船頭でもある直乗船もあった。北前船の船頭たちは、初春北陸を発って陸路大坂に向かい、秋に船囲いしておいた船に荷を積んだ。荷物は主に酒・紙・煙草・木綿・砂糖・古着類などで、西廻り航路を下り蝦夷地に向かい、途中の寄港地で積荷を売買しあるいは新たに荷物を購入することもあった。五月下旬ごろ蝦夷地に到着し、積荷を売り、昆布・鰊・身欠《みがき》・白子・干鰯《ほしか》などの海産物を買い入れた。そして、十一月に大坂にもどり、荷を売りさばき船囲いして故郷に帰った。小浜地方第一の廻船業者である古河屋は、二百五十石積以上の廻船八艘前後を所有し、蝦夷地の海産物、秋田の米などを買積みする一方で、上方から反物類・古手などを運び秋田方面で販売していた。そのほか秋田藩蔵米の上方への賃積をも営んでいた。自己荷を輸送販売する買積船は、各地の小廻船にかなり広範囲にみられたが、全国的な海商として各地方に関係をもった点で北前船の存在は大きい。こうした買積船が西廻り航路に台頭してきた理由は一様ではない。ある程度の商品流通の展開が前提であることはいうまでもないが、西廻り海運の刷新によって大坂・江戸廻米が日本海に進出した瀬戸内海廻船によって賃積みで行われるようになったこと、敦賀・大津経由の上方廻米を担っていた北国船が城米・蔵米輸送の機会を失い、商品輸送・買積を主に行うようになったことがまず指摘できる。さらに大坂・江戸間の菱垣廻船や樽廻船とちがい、大坂・蝦夷両地の問屋間に、廻船を共同で差配するだけの共同の流通機構をつくりえなかったことがあげられる。

地域廻船の台頭　特産物流通・商品流通が盛んになるにしたがい、各地の地船による海上輸送が顕著になってきた。その代表的な廻船が瀬戸内海の塩廻船である。江戸に瀬戸内十州塩が流入したのは元和年間で、廻船下り塩問屋ができたのは寛永十年ごろである。江戸の塩問屋は自分で塩廻船を持ったほか、諸国廻船を雇い生産地から江戸に直送した。他地方販売の十州塩は生産地の塩問屋を介して塩廻船に販売されたが、塩廻船の船籍は大坂・阿波・紀伊・伊勢・尾張および北国におよんだ。さらに地元塩問屋で自船を持ち塩の輸送にたずさわる業者もあらわれた。その一人阿波国撫養斎田村の塩大問屋山西家は二十八艘の船を持ち、江戸への塩輸送を行い塩以外にも〆粕や干鰯などを取扱っていた。嘉永期前後、児島塩の流通を担当した廻船のうち、大坂に積み登ったのは多く地船であったが、そのほかに尾州船（野田・内海・常滑・富貴など）、勢州船（桑名・四日市など）、淡州船（都志・阿那賀など）、摂州船（大坂・神戸・尼崎など）、紀州船（加多・田辺・熊野など）をはじめ、越中・越前・加賀・讃州・泉州・備中（玉島・乙島など）などの廻船によって全国各地に移出されている。なかでも尾張国の廻船が有名で、讃岐坂出・伊予多喜浜・安芸竹原・備前野崎浜などに知多半島の野間船が頻繁に入津し塩の積み出しにあたっている。おそらく東海・江戸方面への輸送に従事したのであろう。このように十州塩の全国各地への輸送は塩廻船によったが、瀬戸内各地の廻船は当然として、伊勢湾周辺から関東地方、さらには日本海沿岸の北国地方の廻船までが瀬戸内海の各浜に出入し塩の輸送にあたっていたのである。

塩廻船としてみえる尾張の「内海船」は文政・天保期に急速に台頭した廻船である。瀬戸内海の浦々に進出し、もっぱら買積船として塩のほか米その他何によらず買積みを行い他国に積み廻して売捌いていた。大坂に輸送される荷物をも猥《みだり》に買取る行為を行い、大坂の市場を脅かすほどであった。

天保十三年（一八四二）一月、大坂町奉行阿部遠江守正蔵が株仲間解散令に反対する立場から「内海船」の活動にふれ、大坂の経済的地位を低下させる要因の一つに指摘している。「内海船」はおそらく瀬戸内海に進出した知多半島廻船の総称であろうが、近世後期の伊勢・尾張地方廻船の瀬戸内海への進出は著しいものがあった。

瀬戸内海は最も早くから海運の発達した地方で、地域外からの廻船の進出も盛んであった。九州地方廻船は大坂あるいは江戸への航路沿いでもあり早くからみられるが、紀州廻船もこれにつぎ瀬戸内海に進出し買積・賃積廻船として活躍している。四国三津浜《みつはま》（松山市）の文久四年（一八六四）の諸国入船状況をみると、伊予国各浜の廻船・漁船はもとより、隣国の讃州、対岸の防州・備中・備前・播州・芸州、九州の肥前・豊後・豊前、中国の石州と各国廻船が入津している。積荷は塩鰤《しおぶり》・生魚などの海産物から氷蒟蒻《こおりこんにゃく》・大根切干などの日用品にいたる種々雑多な荷物におよび、昆布など蝦夷地産物や石州の焼物もみられる。大坂市場を近くにひかえる瀬戸内海各浜の廻船は地元産物を積み大坂に向かったことは周知のことであるが、大坂以外の瀬戸内海各浜間の小交易もきわめて活発で、舟頭のほか加子一、二人の小廻船がこれらを担っていたことに留意する必要があろう。

こうした地廻り廻船の活躍は各地でみられたが、海運の発達がもっとも遅いとみられる北奥の八戸《はちのへ》湊《みなと》においても同様であった。同湊の出入船の動向を通してみると、三陸沿岸・松前との地廻り交易はすでに近世前期よりみられるところで、仙台藩の石巻廻船は寛永期にすでに陸奥湾に進出していた。松前船も南下し三陸各地との交易は日常化していた。東廻り海運の刷新後、江戸・伊豆・大坂・三河あるいは遠く筑前などの廻船も出入りするようになった。はじめは松前・津軽方面との交易を目的とする間掛船としての出入りであったが、次第に八戸湊での買積み、あるいは販売を行う廻船もみられるようになった。後期になると藩は手船・雇船を主体とする八戸廻船を組織し、地元商業資本を通して江戸交易に乗り出すようになった。

こうした全国的な規模での廻船の活躍は商品流通の展開に支えられるものであったが、城米・蔵米の全国各地からの大坂・江戸への廻米が順調に実施され、この廻米輸送で成長した廻漕業の展開によるところが大きい。八戸湊に多くみられる江戸・伊豆廻船は東廻り海運刷新後津軽藩・南部藩などの蔵米輸送で活躍し、また、江戸に入津した西国廻船が北奥行の雇船として調達されることもしばしばみられるようになっ

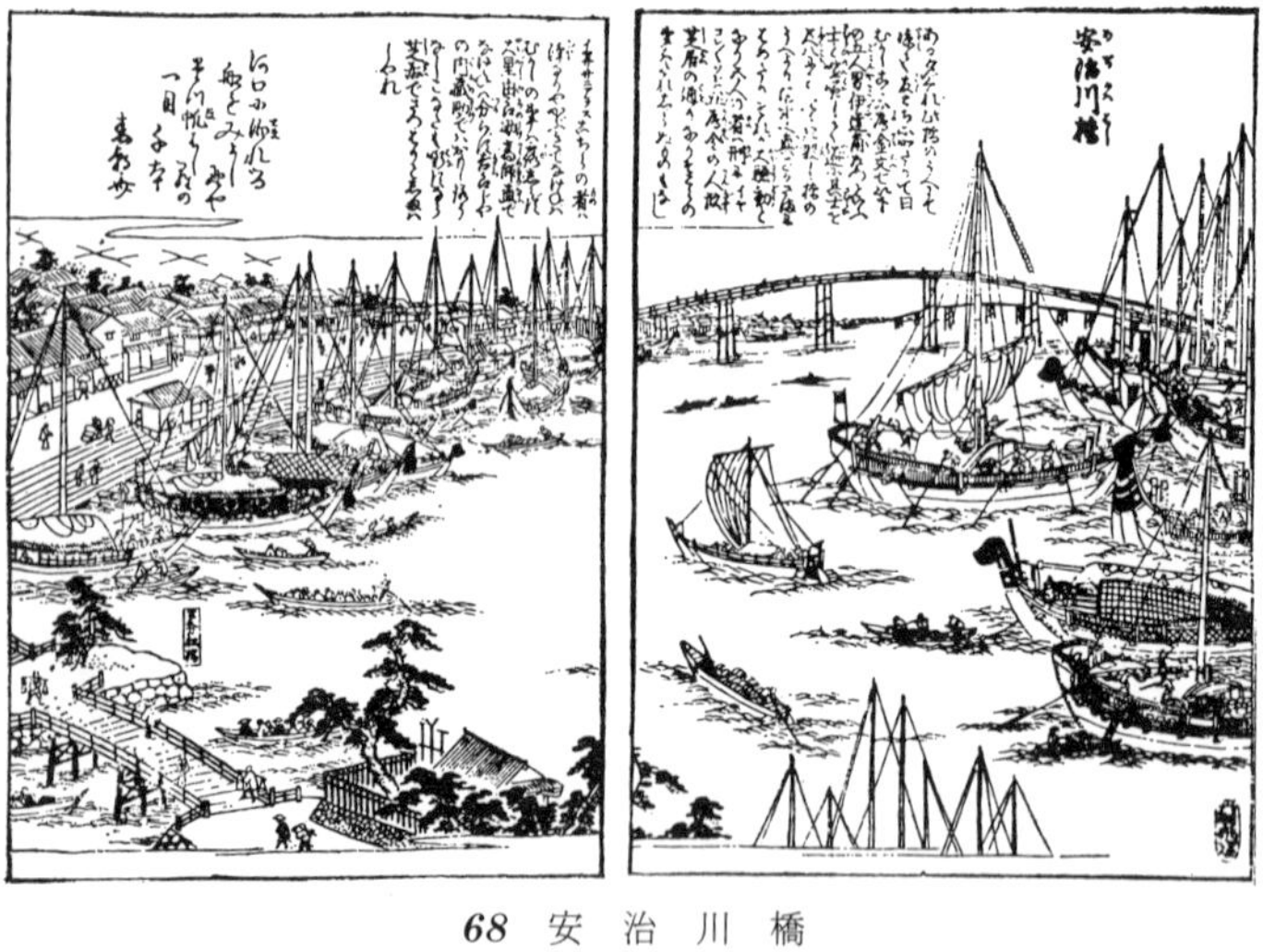

68 安治川橋

(「摂津名所図会」より，大坂湊の繁栄ぶりを示す)

た。しかし、同じ東廻り沿いの仙台藩は藩政期を通して買米制を実施し、石巻廻船による江戸廻米を行い、江戸からの下り荷も石巻廻船の輸送するところであったため他国廻船の出入りは少なかった。一方、日本海側の酒田湊の入津船の動向をみると松前・北奥・北国・山陰と日本海側の廻船が圧倒的に多く、これらの廻船は商船としての出入りであった。若狭国の川渡甚太夫は幕末期に北前船の直乗船頭として活躍し、一代記ともいうべき海上日記を残している。甚太夫は弘化五年（一八四八）春伊勢丸船頭として酒田に下り、敦賀湊まで度々往復し紅花を運んでいる。翌四月中ごろ、羽州幸生銅を積み大坂へ登った。大坂で四百石積みの廻船を百七十五両で買い、下り荷物を積み敦賀まで下りここで囲い、明けて嘉永四年春、酒田に下り荷揚げ、それから本庄↓新潟↓能代↓新潟↓能代↓新潟と、能代と新潟間を材木を運んで三往復している。

こうした地廻り廻船の活躍する中で、城米・蔵米船は定期的に酒田湊に入津している。西国船・江戸船の多くはこうした城米・蔵米の廻漕船で、大坂あるいは江戸で調達され酒田に入津した廻船であった。城米・蔵米輸送は幕末期まで専用船が原則であった。しかしながら、商品輸送が盛んになると蔵米・城米輸送を廻船が桎梏《しっこく》とするようになり、蔵米船確保の上から藩によっては蔵米と業者の商荷物との混載を認めざるを得なくなっている。このように城米・蔵米輸送体制に一部動揺がみられたが、近世期を通して基本的には、民間の商船の運賃体系その他も城米・蔵米輸送を基準とするところであった。それが近世において商船活動を通しての海運資本が大きく成長しなかった理由でもあった。

（渡辺　信夫）

七　河川交通

1　河川交通発達の要因

河川湖沼の水面を利用して人や物資を運送する河川水運発達の起源は、原始・古代までさかのぼるが、最も盛んになったのは江戸時代で、徳川家康が天下を統一し、江戸・大坂の二大都市を中心とする全国経済の形成・発展とあいまって幕府や諸藩の城米・年貢米、あるいは地方農村と都市間を流通する商品物資を極めて安い運賃で大量に運送することができた河川水運が全国的に発達したのである。

そこで全国の主要河川に就航していた川船を見ると、それぞれの河川水路に適応した構造の船を利用していたことがわかる。それらのうち最も大型の荷船は箱型で船底が平たい高瀬船とそれによく似た艜《ひらた》船で、両船共にかなり大量の物資を積んで帆走することができたのである。

たとえば、利根川下流に就航していた高瀬船の最大級のものは、船長およそ二六・九六メートル、船幅五・一メートル余りで、積載量では実に米千二百俵という記録もある。また、艜船の最大級のものは、船長およそ二四・四メートル、船幅四・二四メートルあまりで（69図参照）、米五百俵位の積載

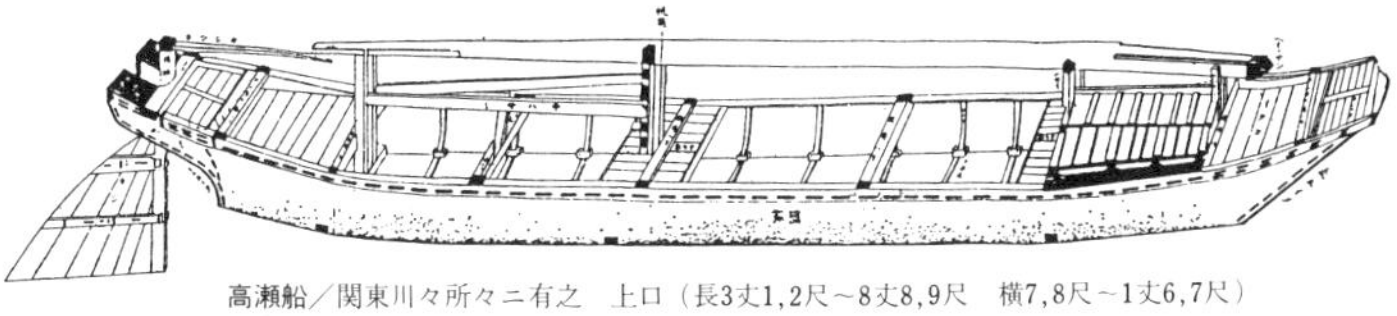

高瀬船／関東川々所々ニ有之　上口（長3丈1,2尺～8丈8,9尺　横7,8尺～1丈6,7尺）

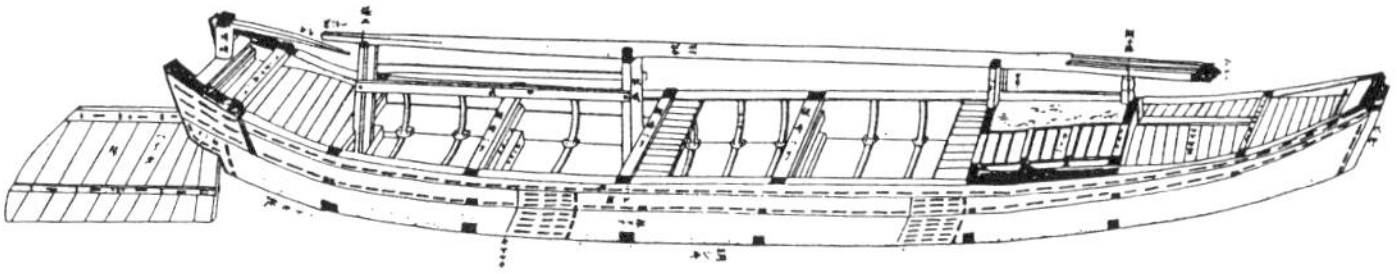

艜　船／俗ニ上州ヒラタ　上利根川通ニ有之　上口（長5丈1,2尺～8丈位　横1丈3,4尺位）

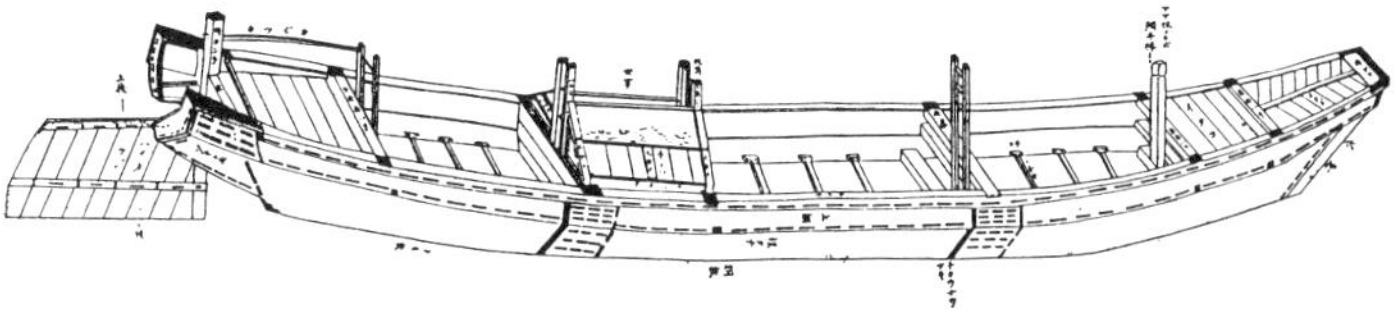

艜　船／俗ニ川越ヒラタ　荒川通ニ有之　上口（長5丈1,2尺～7丈7,8尺　横1丈位～1丈4,5尺位）

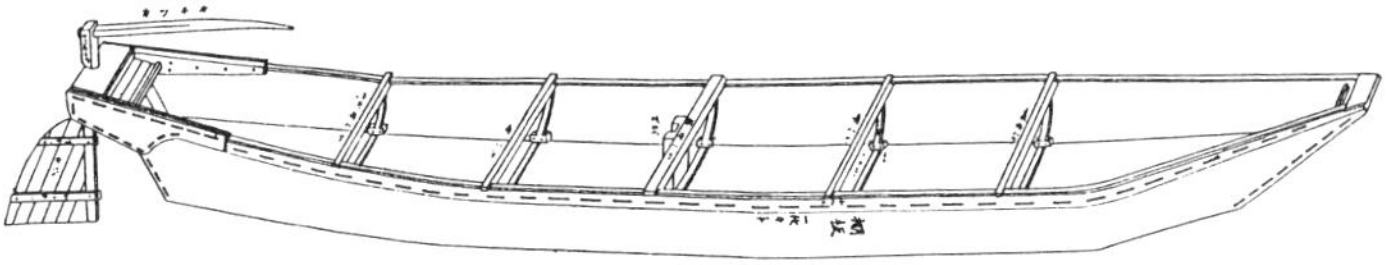

部賀船／巴波川・思川・渡良瀬川通ニ有之　上口（長4丈4,5尺　横8,9尺）

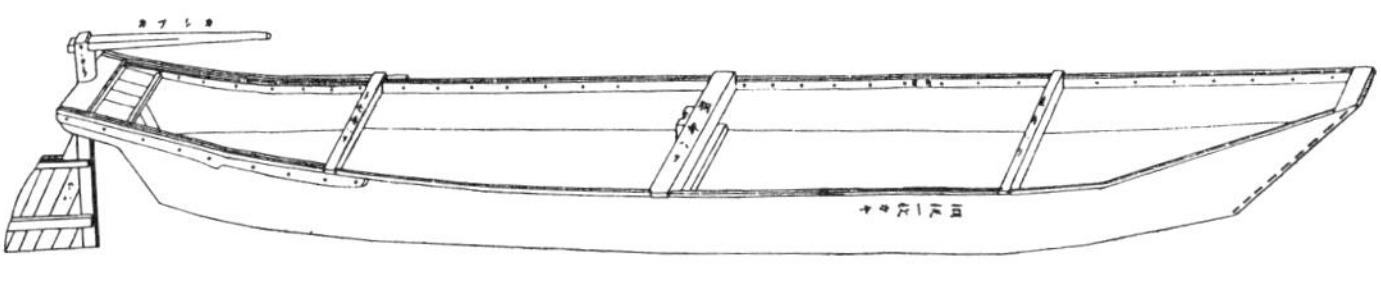

小鵜飼船／鬼怒川通ニ有之　上口（長4丈1,2尺　横7,8尺）

69　利根川・荒川の川船図（『府治類纂』舟車ノ部，東京都公文書館蔵）

量があった（『府治類纂』舟車ノ部、東京都公文書館所蔵。『水戸市史』中巻、六三一頁など）。
さらに、赤松宗旦の『利根川図志』によれば、舟子（船頭・水夫など）は五百〜六百俵積みの高瀬船で四人、八百〜九百俵積みのもので六人と記されている。渡良瀬《わたらせ》川・利根川中流でも高瀬船一艘に米四百〜五百俵近くも積んで、船乗り三人で運送していた記録がある（古河市井上滋家所蔵「川船御用留」）。

急流の鬼怒川や那珂川中流、最上川上流では百俵積み以下の軽い構造の小鵜飼《こうかい》船、巴波《うずま》川・思川・渡良瀬川ではそれよりもやや丈夫な部賀《べか》船なども使われていた。

なお、那珂川や信濃川上流では急流でも飛沫《しぶき》をかぶらないように考案された箱型で胴が高い胴高《どうたか》船、急端で岩石が多い富士川上流では細長く船底が薄い笹船なども利用されていた。そのほか利根川では茶船・房丁《ぼうちょう》高瀬船（高瀬船を小造りにしたもの）・房丁茶船・猪牙《ちょき》船・艀《はしけ》船なども使われ、淀川筋では上荷船・茶船・剣先《けんさき》船などさまざまな川船が就航していたのである。

これらの川船は、同じ名称でもそれぞれの河川により構造上に若干の相違がみられるが、共通の特徴をあげてみると浅瀬でも航行できるように吃水《きっすい》が浅く、海船に比べて船底が偏平で、舵の底辺も船底と同じ位か、それよりもわずかに低い程度であった。また、高瀬船や艜船など大型の荷船の中央部には帆柱を取り付ける装置があり、順風のときには帆柱を立て厚手の木綿帆を張って悠々と川をさかのぼることができた。たとえば、最上川・北上川・阿武隈《あぶくま》川・富士川・木曾川・遠賀《おんが》川では相当量の米を積んだ艜船が河口の港へと下った。また、中国地方の加古川・吉井川・高梁《たかはし》川・江《ごう》川をはじめ諸河川では塩を積んだ高瀬船が内陸部奥深くまで航行していたのである（富岡儀八『塩道と高瀬船』古今書院）。

それでは河川水運が陸上の駄賃に比べてどの位安かったのか、その事例を紹介してみよう。中利根川右岸の下総国布施河岸（現柏市）から江戸川上流左岸の加村・流山に至るおよそ一二キロメートルの陸路の駄賃が寛政四年（一七九二）の記録によると米一駄（二俵）につき口銭共百六十文であったが、加村から舟運でおよそ三二キロメートルの水路といわれる江戸までの船賃は蔵敷料も入れてわずかに一駄七十二文であった。また、同じく寛政四年の上利根筋一四河岸組合の協定運賃を見ると、航路一六〇キロメートル以上もある江戸までの商人米一駄の運賃はわずかに二百文位にすぎなかった。このように大量の物資を低廉な船賃で運送できることが河川舟運発達の要因であったと考えられる（丹治健蔵著『関東河川水運史の研究』法政大学出版局、一〇～一一頁）。

なお、東北の米代《よねしろ》川・雄物《おもの》川、関東の利根川・荒川、中部の木曾川・天龍川、畿内の大堰《おおい》川などの諸河川では材木の流送にも大いに利用されていたことを付け加えておきたい。

2　東日本の河川交通

(イ)　関　東

関東水上交通網の形成　天正十八年（一五九〇）八月一日、江戸へ入城した徳川家康は、関東郡代伊奈《い な》忠次《ただつぐ》らに命じて関東の河川大改修工事に着手した。以来、伊奈氏三代（忠次・忠政・忠治）にわたる改修工事の結果、これまで江戸湾にそそいでいた古利根川・太日《ふとひ》河と太平洋側に流入していた常陸川上流とを結びつけて利根本流を東流させ、銚子から太平洋にそそぐようにするとともに、寛永十八年（一六四一）には江戸川の開削という大改修工事を成し遂げたのである。

他方では、寛永六年（一六二九）伊奈忠治らは武州大里郡久下村（現熊谷市）地先の新川掘削によって、荒川本流を当時入間川の支川であった和田吉野川に結びつけ、おおむね現河道を経て江戸湾にそそぐようにしたのである。

このように江戸幕府の政治的・経済的基盤といわれる関東では、関東郡代伊奈氏を中心とする近世初頭の利根川・荒川の大改修工事によって江戸と関東・東北・上信越地方の農村とを結びつける河川水上交通網が形成され、河川水運発展の契機ともなったのである。

そこで、関東周辺に所領をもつ幕府や諸大名・旗本は城米・年貢米その他の物資を江戸へ回送するため、利根川、烏《からす》川・鬼怒川・渡良瀬《わたらせ》川・巴波《うずま》川・小貝《こかい》川、さらには江戸川・荒川などの流域にあいついで河岸場を開設した。

また、川越城主松平信綱も十七世紀の中ごろに江戸と川越を結ぶ武州新河岸川水運路を開設したので、それ以来、武州地方と江戸との商品流通を大いに促進する役割を果たした。

このようにして、元禄三年（一六九〇）になると城米・年貢米をはじめ多彩な商人荷物を江戸へ回送するための河岸場が関東だけでも八十八カ所以上にも及んでいる。そして、元禄年間以降も農民的商品流通の進展とあいまって新河岸や船積荷物を取り扱う河岸問屋が逐次増加してゆくのである。

下利根川水運　さて、ここで東北方面から東回り海運→利根川水運により廻米その他の物資を江戸へ輸送したコースについて紹介してみよう。

房総半島を回って、いったん伊豆の下田に寄港し、それから江戸湾に入る大回りのコースは航海技術の問題や航路の危険などの関係で、近世中期ごろまではあまり利用されず、むしろ内川回りの利根川・江戸川水運のコースが多く利用されたものと考えられる。

この内川回りも次の三コースに大別することができる。

(1)　那珂湊 ｛涸沼《ひぬま》──海老沢（陸送）──塔ケ崎──北浦
　　　　　　涸沼川──大貫（陸送）──鉾田《ほこた》──北浦｝利根川水運

(2)　銚子経由潮来《いたこ》（海船直行）─利根川水運

(3)　銚子湊──利根川水運

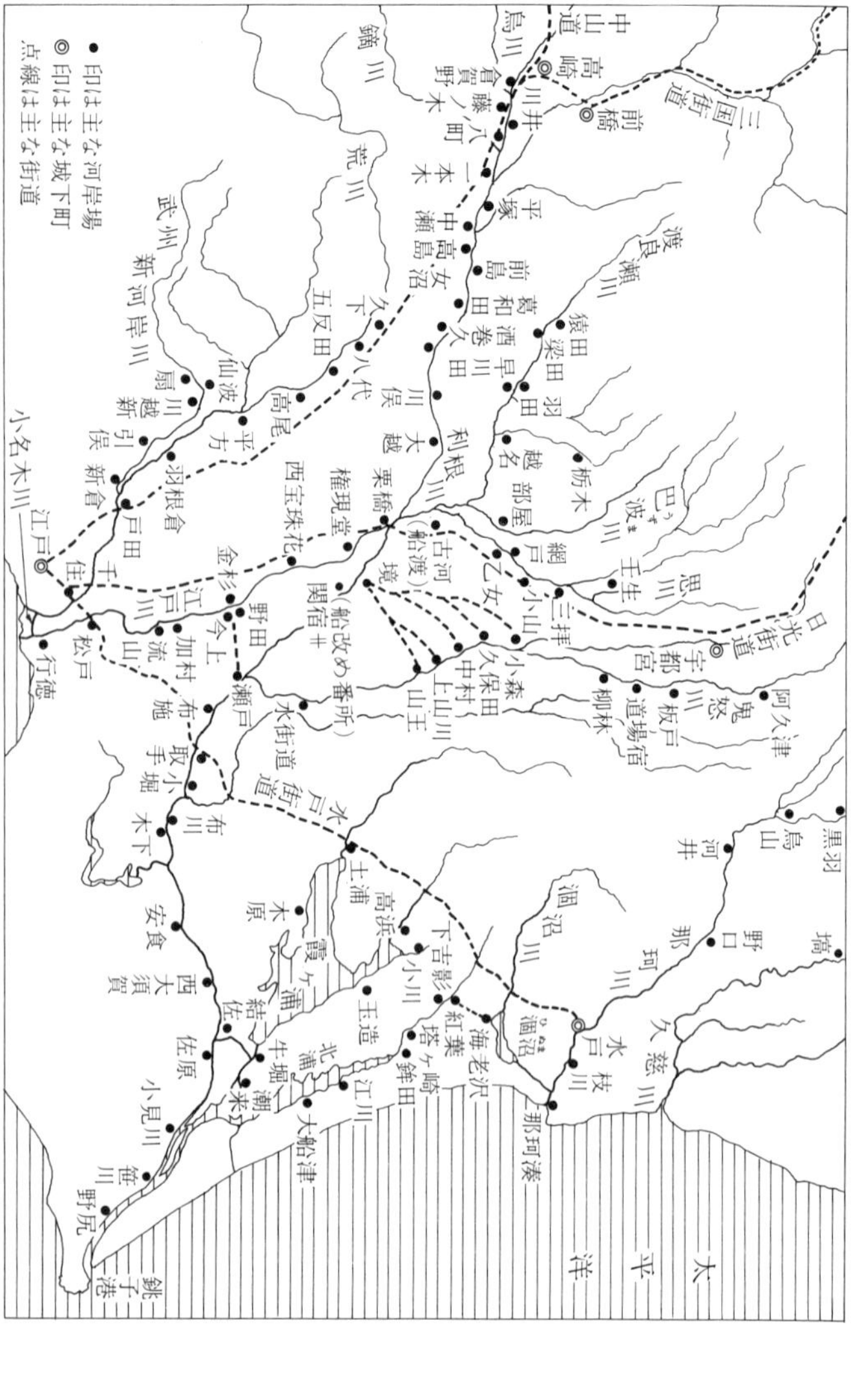
●印は主な河岸場
◎印は主な城下町
点線は主な街道
中山道
三国街道
日光街道
水戸街道
利根川
荒川
鏑川
渡良瀬川
思川
鬼怒川
小貝川
那珂川
久慈川
涸沼川
江戸川
小名木川
新河岸川
霞ヶ浦
北浦
太平洋
高崎
前橋
宇都宮
水戸
江戸
古河
関宿
境
銚子港
那珂湊
行徳
松戸
佐原
取手
布施
木下
野尻
大船津
潮来
牛堀
土浦
高浜
倉賀野
川井
平塚
五反田
栗橋
権現堂
関宿（船改め番所）
古河（船渡）
阿久津
板戸
道場宿
乙女
小山
部屋
栃木
網戸
壬生
三拝
黒羽
烏山
野口
河井
海老沢
紅葉
鉾田
塔ヶ崎

70　関東河川交通図

右のうち、(1)は寛永五年（一六二八）岩城平藩が江戸廻米にあたって那珂湊を経由しているので、十七世紀前半から東北諸藩の年貢米や商人荷物の安全な輸送コースとして利用されていたことがわかる。(2)の銚子・潮来《いたこ》経由のコースは、慶長十四年（一六〇九）幕命による米沢藩の銚子築港以来内回りの水運路も開拓され、さらに承応二年（一六五三）には北浦と霞ケ浦の接点にあたる潮来に仙台藩の米蔵が開設され、その後東北諸藩も米蔵などを設置しているので、やはり十七世紀前半から廻米ルートとして利用されていたことが明らかとなる。(3)の銚子湊・利根川水運のコースは、寛文十二年（一六七二）に南部藩が銚子に米蔵を建てているので、(1)・(2)のコースよりやや遅れて十七世紀後半から利用されるようになったものと考えられる（渡辺英夫「慶長十四年銚子築港問題」、『日本歴史』第五〇三号、同「東廻海運の初期段階」『北日本中世史の研究』吉川弘文館）。

ちなみに、近世中期に銚子湊から利根川水運を利用した東北諸大名の廻米量を見ると、延享年間（一七四四―四七）一カ年平均十六万一千九百十四俵、天明年間（一七八一―一八八）一カ年平均十八万百七十二俵を記録しているが、文化年間（一八〇四―一七）に入ると十万俵以下に減少している（渡部英三郎「利根川交通史物語」、『水利と土木』九―三号）。これは廻船の大型化と航海技術の進歩により東回り海運による江戸への直送が比較的安全になったためと、利根川・江戸川航路に浅瀬の障害が起こり、高瀬船・艜船など大型の川船の航行が困難になったからではないかと推測される。

ところで、那珂湊・銚子を経由して江戸や関東農村へ送られる物資をみると、米・大豆・煙草・木材などのほか、鰹節・塩物・干物・海藻などの海産物、それに鰯粕《いわしかす》・干鰯《ほしか》などの肥料が多かった。そのほか、銚子からは鮮魚が木下河岸や布佐村までなま船で運ばれ、それから陸揚げして江戸川の松戸河岸までの最短距離を陸送し、松戸から再び舟運で江戸へ送られていった。また、夏期には舟運で江戸へ直行する活船《いけぶね》も利用された（『松戸市史』史料編(二)、『利根川図志』）。

鬼怒川・中利根川水運　また、鬼怒川上流の阿久津《あくつ》（現栃木県塩谷郡）・板戸河岸などから船積みし、同川中流右岸の小森・中村・上山川・山王河岸においていったん陸揚げし、境六カ宿通りを馬付けにして、再び利根川右岸の総州境河岸から舟運で江戸へ送られていた東北・北関東諸地域の物資には米・大豆・青苧《あおそ》・紅花《べにばな》・紙・煙草・蠟《ろう》などのほか、近世中期ごろからは関東農村で生産された木綿・醬油・酒・煙草などのほか、蔬菜（蓮根《れんこん》・牛蒡《ごぼう》）類も多くなった（前掲、拙著、九五〜一一七頁）。しかし、全体的荷量は商品生産・流通経路などの変化によって絶えず増減していた。また、寛政年間（一七八九―一八〇一）になると、渡良瀬《わたらせ》川舟運によっても年貢米のほか、米・大豆・水油・油粕・醬油・石灰などが江戸へ送り出され、返り荷として瀬戸内産の赤穂塩、松永塩、四国産の斉田塩、尾張糠、干鰯・酒・酢・油・反物など多彩な商品物資が北関東農村地帯へ運び込まれていったのである（「古河市井上滋家所蔵文書」）。

上利根川水運　中山道とその脇道、あるいは三国街道筋からは上・信越地方諸大名の年貢米やその他の商人荷物を馬付けにして利根川・烏川上流の倉賀野・川井・八町・藤ノ木・平塚などの諸河岸に運びこまれ、舟運で江戸へ送られていった。

たとえば、享保十四年（一七二九）には烏川と神流《かんな》川の合流点に位置している武州藤ノ木河岸の取り扱い荷物をみると、江戸方面への下り荷物は大名廻米のほか、大麦・大豆・麻・多葉粉（煙草）・板・砥石《といし》などがあり、江戸方面からの登り荷物には塩・干鰯《ほしか》・茶・太物《ふともの》（綿織物、麻織物）・小間物・俵物などであった（『利根川水運』歴史の道調査報告書第十集、埼玉県教育委員会、三二頁）。

荒川水運　荒川では、奥秩父の御林《おんばやし》（幕府直轄林）から伐採した檜《ひのき》・槻《つき》などの御用材をはじめ商人材、あるいは筏の上積み荷物としての木炭などが江戸へ運ばれていった。また、下久下《しもくげ》河岸（現熊谷市）から下流には寛永年間（一六二四―四四）以降二十数ヵ所の河岸場が成立し、周辺村落の年貢米や農産物が舟運によって江戸へ輸送され、近世後期になると地酒や武州産の紅花《べにばな》なども江戸へ送られていった。下流の柴宮河岸（現和光市）からは近世初期から大根などの蔬菜類も江戸へ送られ、江戸からは肥船が遡上し、相当量の下肥、その他の商品物資が武州の農村地帯へ送り込まれていった。このようにして、利根川・荒川を中心とする水運は関東農村を商品貨幣経済の渦中へと誘い込んでいったのである（丹治健蔵「近世荒川水運の展開」㈠㈡、『交通史研究』二〇・二一号）。

㈺　東　北

近世に入ると東北の諸河川にも幕藩領主の城米・年貢米・材木、その他の商品物資を運送するための舟運が発達し、海上交通の発展とあいまって江戸・大坂を中心とする全国市場の形成に重要な役割を果たしていたのである。

北上川水運　北上川水運の起源は中世までさかのぼるが、仙台藩士川村孫兵衛重吉の近世初頭における北上川河口の大改修工事の成功によって本格的な発展をみるようになった。北上川の沿岸には、三十七カ所前後の河港（河岸）が開設され、盛岡（南部）藩や仙台藩の年貢米や商人荷物が河口の石巻から江戸方面へ積み出されていった。

上流域の盛岡藩が北上川舟運を利用するようになったのは慶長期（一五九六―一六一五）までさかのぼるといわれているが、一般的に利用されるようになったのは、寛永期（一六二四―四四）以降と考えられている。その廻米量を見ると天和二年（一六八二）四万七千三百四十二俵、明和二年（一七六五）には春の分だけでも七万八千九百六十三俵にも及んでいる。はじめ盛岡藩の江戸廻米は請負商人の調達する川船によって藩米の集積地黒沢尻（現北上市）から河口の石巻まで川下げされていたが、その後間もなく藩営で行われるようになった。なお、石巻・黒沢尻間の約一四八キロメートルには艜《ひらた》船（三百五十〜四百俵積位）が就航し、それより上流の盛岡まで五二キロメートルには小繰船《おぐりぶね》（百俵積位）が上下し、廻米のほか、木材・生糸・真綿・紅花・藍・煙草・鉄・大豆などを積み下し、帰り荷としては古手着物・食塩・海産物、その他の商品物資の運送に従事していた（石垣宏「北上川の舟運」『流域の地方史』雄山閣出版、『北上川の水運』北上市立博物館、『近世の北上川と水運』東北歴史資料館』）。

阿武隈川水運　阿武隈川は白河から福島までが上流、福島から河口の荒浜までが下流とされ、上流の二本松、福島間二十数キロメートルは不可航区間である。

下流の水運は江戸商人渡辺友以《とももち》によって寛文四年（一六六四）に開始されたといわれているが、本格的に舟運が発達したのは寛文十年（一六七〇）河村瑞賢《かわむらずいけん》が幕命により信夫《しのぶ》・伊達《だて》両郡の城米を江戸へ回送するために水路を開発してからと考えられる。

その後幕府城米のほか、米沢・仙台藩などの領主米も運送されるようになった。運送方法は、福島・桑折《こおり》（現福島県伊達郡）などの上流河岸から小鵜飼《こうかい》船に積んでいったん水沢（現宮城県伊具郡）または沼の上（同上）河岸まで運び出し、そこで艜船や高瀬船に積み換え、さらに河口の荒浜まで川下げするのが普通であった。

なお、近世後期になると商人荷物の運送も盛んになり、下流玉崎（現岩沼市）の問屋渡辺家文書によると文化四年（一八〇七）には油粕・菜種・油・大小豆・小麦・蒟蒻《こんにゃく》などの農産物が上流伊具郡の村々から出荷されていることがわかる。また、幕末になると養蚕業の発展にともない油粕や藍玉なども玉崎から信達地方へ送り出されるようになった（桜井伸孝「阿武隈川の水運」、大塚徳郎「阿武隈川下流の水運」、『東北水運史の研究』、巌南堂書店）。

最上川水運　最上川水運の起源は酒田湊が繁栄した中世までさかのぼるが、本格的に舟運が発達したのは、江戸時代に入って庄内地方が最上氏の領有するところとなり、上流と下流の船継ぎ場所が清水（現山形県北村山郡）からやや上流の大石田（同上、最上郡）へ移されてからであった。

最上川舟運の輸送物資は幕府城米や私領の年貢米が中心で、正徳三年（一七一三）の城米・私領米・雑穀の川下げ総量は二十一万一千六百八十七俵にも及んだ（横山昭男『近世河川水運史の研究』吉川弘文館、八七頁）。また、寛政元年（一七八九）の出羽国村上郡の城米川下げ量は十万八千八百七十五俵、雇船による新庄・上ノ山・松山・米沢藩などの川下げ量は二万六千七百九十七俵であった。これら米穀類の輸送を担っていたのは酒田船・大石田船・清水船とよばれる町船であった。これら最上川舟運に使われていた川船をみると河口の酒田から大石田までが艜船、それより上流には小鵜飼船が就航していた。

次に最上川を積み下した近世前期の商人荷物をみると、村山地方の特産物である紅花・青苧《あおそ》・真綿・蠟《ろう》・漆《うるし》などのほか荏油・紙・葉煙草などもあった。また、上方より酒田湊に入津した主要な物資としては、播磨の塩、大坂・堺・伊勢の木綿類、出雲の鉄、美濃茶、南部・津軽・秋田地方の木材、松前の肴類などをあげることができる（工藤定雄「最上川」『流域をたどる歴史』二、ぎょうせい）。

米代川と雄物川　奥羽山脈に源を発し、能代平野を貫流して日本海にそそぐ米代川《よねしろ》は、近世初頭から水運が発達し、材木の豊庫といわれる上流域から伐採する秋田杉や阿仁銅山から産出する銅を川下げ運送し、河口の能代湊（現能代市）を経て、材木は上方地方へ、銅は長崎へ回送されていたことが明らかとなっている。

また、奥羽山脈から流れ出て、横手盆地を北流し、秋田平野を貫流して日本海にそそいでいる雄物《おもの》川も、江戸時代に入ってから秋田藩や亀田藩の年貢米や材木を運び出し、土崎湊から上方地方へ送り出していた。他方では、塩・木綿その他の日常生活物資を上方地方から移入し、雄物川舟運を利用して流域の農村地帯に送り込んでいたのである。

たとえば、天保七年（一八三六）米代川河口の能代湊から輸出していた米穀総量が一万六千石であったのに比べ、土崎湊（現秋田市）から送り出していた米穀総量は十三万六千石にも及び、雄物川舟運が米穀輸送に果たしていた役割の大きさがうかがわれる。これら米穀輸送の中継地として栄えていた船場（河岸）を河口からさかのぼってみると刈和野、神宮寺、大保、角間川《かくま》などがある。

なお、角間川（現大曲市）までは一千〜一千二百俵積みの大型船が航行し、それより上流の鵜巣《うのす》（現秋田県雄勝郡羽後町）までは五百〜六百俵積みの中型船が就航し、さらに上流の院内（現秋田県雄勝郡）までは八十俵積み位の小船が使われていた（半田市太郎「雄物川通船をめぐる秋田・亀田両藩の確執」、前掲『東北水運史の研究』。古内龍夫「米代川と雄物川」『流域をたどる歴史』二）。

阿賀野川　源を猪苗代湖に発し、会津盆地を西流して越後平野を横断し、越後平野から日本海に流入していた阿賀野川にも近世初頭から会津藩によって舟運路が開発された。しかし、新潟から津川《つごう》（現新潟県東蒲原郡）までは常時通船が可能であったが、それより上流の会津盆地までは峡谷のため急流や難所が多く通船がすこぶる困難であった。そのため会津藩の廻米はいったん塩川（現福島県耶麻《やま》郡）の二つの廻米蔵に納められ、塩川・津川間の難所は陸揚げして運び、それから舟運により新潟湊まで運び出すのが通例となっていた。

これら藩米のほか会津の特産物などの商品物資も上方地方へ送り出されていった。また、西国産の塩なども水陸中継で会津地方へ運び込まれていった。これら阿賀野川舟運と商品流通を差配していたのは領主から特権を付与されていた「津川船道」とよばれる津川町の有力者八名を中心とする組織体であったといえる（丸井佳寿子「津川船道」・「会津藩と水運」『流域をたどる歴史』二、ぎょうせい。

『新潟県史』通史編3、近世一、七一七〜九頁)。

(八) 中　部

日本列島のほぼ中央部を占める中部地方には飛騨・木曾・赤石の山脈が南北につらなっている。これらの山岳に源を発し、日本海にそそぐ河川には、信濃川・黒部川・神通《じんずう》川・小矢部川・九頭龍《くずりゅう》川などがある。また、太平洋側の駿河湾にそそぐ河川には富士川・安倍川・大井川・天龍川などがあり、伊勢湾にそそぐ河川では木曾川・長良《ながら》川・揖斐《いび》川などが知られている。そこでまず、日本海側の信濃川から紹介してみよう。

信濃川　舟運の起源は、戦国期以前までさかのぼれるが、盛んになったのは江戸時代で、越後穀倉地帯の幕府城米や諸大名の年貢米、さらには商人荷物などが「船道」とよばれる通船組織を利用して新潟湊まで川下げされ、西回り海運によって上方地方へ運送されていった。たとえば、元禄十年(一六九七)新潟へ回送された蔵米は三十四万四千俵、町米は三十六万五千俵にも及ぶ多量なものであった。

そのほかに、大豆・小豆・大麦・小麦・蠟・漆・紙・紅花・煙草などの商品物資も新潟湊へ集荷され、海上輸送されていったのである(丹治健蔵『関東河川水運史の研究』法政大学出版局、三二八頁)。これらの運送に使われていた信濃川の川船をみると、上流の六日町(現新潟県南魚沼郡)から長岡船道までは急流に適した胴高《どうたか》船(約五十俵積み位)、下流の長岡から新潟までが艜《ひらた》船(二百〜五百俵積み位）であった（『新潟県史』通史編3、近世一、七一四頁）。

なお、上流の千曲川舟運が公許されたのは寛政二年（一七九〇）のことで、小船による物資の運送が盛んであったが、信濃川へは直接通航することはできず、西大滝（現飯山市）・福島（現須坂市）間のみ通船していたのである（勝山一男「近世千曲川水運の展開」、『信濃』二八―一一号）。

神通川　次に富山平野を北流して富山湾に入る神通《じんずう》川舟運についてみよう。同川舟運の担い手の中心になっていたのは富山木町の船方衆であった。木町船方衆の歴史は古く慶長三年（一五九八）にまでさかのぼる。

富山藩では年貢米を舟運により西岩瀬（現富山市）・四方《よかた》港（同上）まで積み下し、さらに西回り海運により上方地方へ回送した。その総量は年間およそ一万石〜一万五千石位であったといわれている。そこで富山木町の所有船数をみると、文化五年（一八〇八）には二十〜二十三石積み位の平太《ひらた》（艜）船が十五艘、二〜四石積みの「いくり船」が六十二艘であった。また、七間町（現富山市）では「いくり船」を十五艘、船頭町（同上）では三十四艘を所有していた（『富山県史』通史編Ⅳ近世下、四九六〜九八頁）。

小矢部川　小矢部《こやべ》川は急流が多い越中国では珍しく流れがゆるやかな河川である。明暦三年（一六五七）礪波《となみ》郡内には年貢米を河岸出しするための富山藩の米蔵が五カ所に設置され、相当量の年貢米が舟運により河口の伏木《ふしき》港（現新湊市・高岡市）へ運ばれていった。これら年貢米の回送には慶長十四年（一六〇九）の高岡築城以来、特権をもつ高岡木町の船方とその下に組み込まれていた小矢部船方によって行われていた。木町が所有していた「長舟」とよばれる大型の川船は水夫四人乗りで、一艘につき二十五石積みが定量とされていた。その船数の推移をみると、寛永十年（一六三三）十五艘にすぎなかったが、元禄四年（一六九一）には二百八十七艘にものぼっている。しかし、その後は漸減し、正徳三年（一七一三）には六十四艘にまで減少したが、享和二年（一八〇二）になると百四十七艘にまで増加するなど小矢部川舟運の消長を如実に示しているようである。

なお、運送物資には蔵米のほか、米・塩・鉛瓦・材木・炭・干鰯などの商人荷物があり、小矢部川には屎取船も就航していたことが知られる（『富山県史』通史編Ⅲ近世下、四八八～九四頁）。

富士川　富士川は、日本三大急流の一つといわれているが、その起源は慶長十二年（一六〇七）徳川家康の命により京都の豪商角倉了以《すみのくらりょうい》が水路を開発したときまでさかのぼる。

幕府城米や年貢米は、甲州三河岸といわれる鰍沢《かじかざわ》（現山梨県南巨摩郡）・青柳（同上）・黒沢（現山梨県西八代郡）から船一艘につき米約二十八～三十二俵ずつ積み込んで、笹船または高瀬船で河口の岩淵（現静岡県庵原郡）まで運び出し、それから海運の拠点蒲原（現静岡県庵原郡）浜へ陸送し、さらに清水湊まで海上輸送したうえ、約四百石積み位の廻船で江戸へ送られていった。そのほか、岩本（現富士市）河岸で陸揚げし、吉原宿を経由して江之浦（現清水市）湊から江戸へ海上輸送するというコースもあった。

近世中期、岩淵河岸で取り扱った廻米量は平均五万俵前後といわれている。また、安永九年（一七八〇）の『塩荷物運賃仕分』によると、当時の川船数は甲州商人持が二百四十艘、岩淵商人持が六十艘であった。なお、登り荷物の中心は塩で、文政二年（一八一九）清水湊に入港し、岩淵商人が買い入れた塩の総量は五万八千三百五十二俵にも及んだが、その取引値段は金一両につき、およそ十四俵の割合であった（青山靖『富士川水運史』鰍沢町役場、二三九〜四〇頁。細井淳四郎「富士川舟運」『流域をたどる歴史』四、ぎょうせい）。

天龍川　源を諏訪湖に発し、伊那谷を流れて遠州灘にそそぐ天龍川は「あばれ天龍」とよばれるほど水路が急峻であったが、戦国時代から今川義元や豊臣秀吉らが材木の流送路として利用していた。しかし、本格的に水運が発達したのは慶長十二年（一六〇七）六月二十日付で徳川家康が角倉了以に水路の開発を命じてからであろう。

以来、天龍川は信州・北遠地方の豊富で良質の材木の流送路として大いに利用されていたが河口の掛塚（現静岡県磐田郡）湊まで直送されたのではなく、管流《くだなが》し（材木を一本ずつ流すこと）された材木の中継地船明《ふなぎら》（現天龍市）の網場（流木を集める場所）でいったん水揚げし、ここで筏に組み立て、さらに掛塚（現静岡県磐田郡）まで川下げされていったのである。これら筏の流送にたずさわっていたのは「筏師」と呼ばれる乗り下げ人夫で、掛塚からは廻船問屋により江戸・大坂・駿府などへ海上輸送されていった。なお、近世中期・後期からは天龍川でも通船が行われるようになったのである（村瀬典章「近世天龍川水運の成立と発展」『史叢』三〇号。若林淳之「掛塚湊」『流域をたどる歴史』四）。

木曾川　源を木曾山脈の鳥居峠に発し、河口付近で長良川と揖斐《いび》川を入れ、さらにこれを分流して伊勢湾にそそぐ木曾川は、有名な木曾材運送の大動脈としての役割を果たしていたほか、江戸時代には舟運も発達し、沿岸要所には多くの河岸が成立し、年貢米や商品物資の運送にも利用されていた。

木曾川運材の歴史は古く中世までさかのぼるが、天下の覇権の確立した家康は、江戸城・駿府城・名古屋城などの建築資材を確保するため木曾義昌の旧臣山村甚兵衛良候《たかとき》（道佑）を登用して木曾材の伐採と運送の体制をととのえさせていった。以来、木曾川は材木や筏の流送路として重要な役割を果たすようになったのである。

これらの運材の方法をみると、木曾材の場合には美濃の錦織《にしきごおり》湊（現可児《かに》市）まで、飛騨材の場合には美濃の下麻生湊（現岐阜県加茂郡川辺町）まで、それぞれ管流しにより流送し、これら綱場《つなば》において筏に組み立て、下流の犬山（現犬山市）または円城寺《えんじょうじ》（現岐阜県羽島郡笠松町）の中継地を経て河口の桑名あるいは熱田まで川下げしたのである。

木曾川舟運は、これら運材の合間を利用して行われ、初めは年貢米をはじめ御用荷物が多かったが、近世中期以降になると農民的商品流通の進展に支えられて商品物資も多くなった。登り荷物をみると塩・干鰯《ほしか》・干魚・塩魚・古手《ふるて》（古着や古道具類）などがあり、下り荷物には白木・板・薪炭などの林産物が多く、茶・煙草・糸なども あった。これら物資の運送には十石積み程度の鵜飼《うかい》船が使われていた。

このほか太平洋側では豊川・矢作《やはぎ》川などにも舟運の発達がみられたことを付け加えておきたい（高牧實「近世における揖斐・長良・木曾川の舟運について」、『大垣女子短期大学研究紀要』創刊号。所三男「運材中継基地としての犬山」、徳川林制史研究所『研究紀要』昭和四十二年度）。

3　西日本の河川交通

(イ)　畿　内

淀川　近世日本の流通経済上きわめて枢要な地位を占めていた畿内の京都および大坂の二大都市を結び、同地方の河川交通網の幹線水路としての役割を果たしていた淀川は、琵琶湖を水源として初めは瀬田川または宇治川と呼ばれ、京都盆地に入っては保津川（大堰《おおい》川）や木津《きづ》川を合わせ、大坂平野を貫流して大坂湾に流入する全長七五キロメートルの大河である。その流域は近江・伊賀・丹波・山城・大和・河内・摂津の七カ国にまたがり、琵琶湖から淀川そして瀬戸内海と続く水脈は関東の利根川とならんでわが国最大の河川交通網を形成していたのである。

これら淀川水系には古代から水運が発達していたことは、『万葉集』や『六国史』あるいは『土佐日記』などの紀行文に淀津・山崎津・高槻《たかつき》津・難波《なにわ》津という船の発着場としての役割を果たしていた地名が記されていることによっても明らかである（松原弘宣『日本古代水上交通史の研究』吉川弘文館、二六七〜六八頁）。

中世に入ると、石清水八幡宮（現京都市綴喜《つづき》郡八幡町）の神人《じにん》として神役に奉仕していた淀二十石船は、淀之津・山崎之津などを根拠地として淀川水運を独占していた。そして、信長入京後は運上金を上納し、新しく出現した三十石船とともに営業を免許されたのである。次いで、慶長三年（一五九八）秀吉からも朱印状を交付された淀二十石船および三十石船は過書船《かしょぶね》と呼ばれ、船番所通航の際には関銭の徴収を免除された。

やがて天下を統一した家康は、淀川水運の重要性に着目し、慶長八年（一六〇三）十月二日付で運上銀二百枚の上納や運賃などに関する七カ条の制規を定めた。それによれば過書船の通航区域は大坂・伝法・尼ケ崎・伏見間を上下するものであった。元和元年（一六一五）になると運上銀を四百枚に増額する代償として過書株（一株一艘）と定めるともに、船数を勝手次第に増減できるように改めた。さらに、寛永二年（一六二五）十月には、運賃規定を決め、これを淀川の主要な河岸場である伏見・鳥羽・淀・枚方《ひらかた》・尼ケ崎・大坂の六カ所に制札を立てて公示した。

ところで、寛永三年（一六二六）淀二十石船改めの際の所有船数は二百三十艘であったが、数年後には五百艘にも達し、その盛況ぶりがうかがわれる。このように淀二十石船が繁栄した理由としては、淀二十石船が船体の軽妙さを利用して淀川本流はもちろんのこと、伏見・木津川・桂川・宇治川にわたって盛んに活動し、しかも川船支配の過書座が定めた運賃よりも安く輸送したからである。

これに対して同じ過書船仲間である三十石積み以上の大船方は、淀二十石船のために徐々に圧迫されてきたので、同じ過書船仲間でありながら大坂町奉行所に訴え出るなど、互いに抗争を繰り返していた。ところが、こうした紛争の最中に彼ら双方に一大衝撃を与えるような事態が起こったのである。

すなわち、伏見船の出現がそれである。

十七世紀末ごろから淀川筋の過書船仲間と荷物の運送上でもっとも競合関係にあったのは伏見船である。同船は伏見町人津国屋藤右衛門らが伏見町の繁栄のために、元禄十一年（一六九八）運上銀千二百枚を上納することを条件として、幕府から十五石積み二百艘の営業を免許され、淀川本・支流で荷物の運送に従事していた。

しかし、過書船仲間から営業を圧迫するとの訴えがあり、宝永七年（一七一〇）一時営業を停止されたが、その後の嘆願が功を奏し、享保七年（一七二二）になって再び営業が認められたのである。ちなみに、元禄十二年（一六九九）当時における過書船と伏見船の勢力を対比してみると、過書船六百六艘に対して伏見船が二百二艘で三対一という形勢であった。

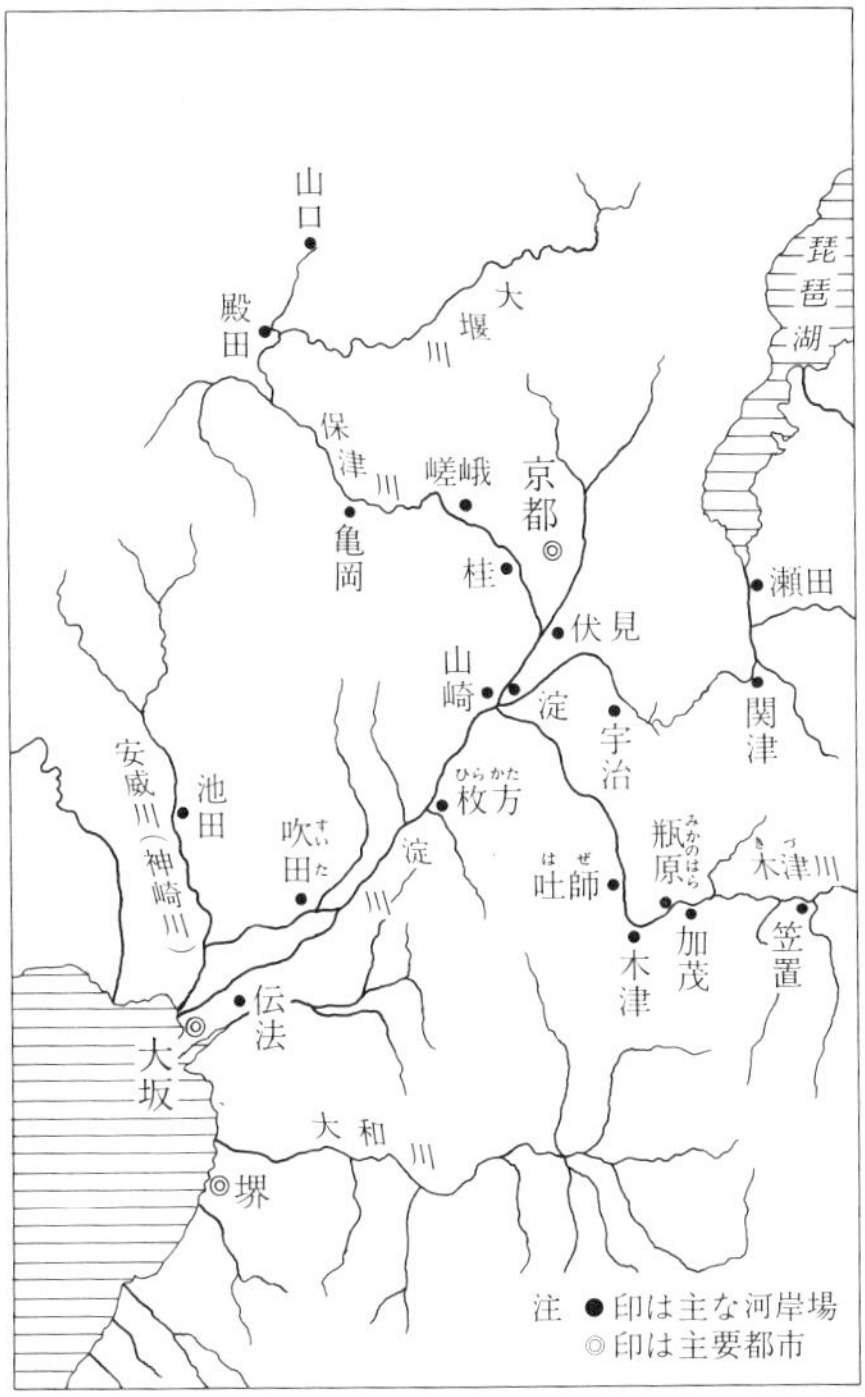

71　畿内河川交通図

次に大坂市内に縦横に発達

していた水路を利用し、物資の運送に活躍していた上荷船と茶船についてみよう。その起源は古く、すでに文禄年間（一五九二—九六）には上荷船・茶船と称して活動していたといわれている。その後、元和五年（一六一九）になって船に極印打ちを受け、大坂町奉行所から営業を免許されている。その当時の船数は七村上荷船が九百二十艘、新上荷船が六百七十二艘であった。

また、延宝元年（一六七三）には新規に出願する者があって新上荷船三百艘、新茶船二百艘が追加公認されたので、従来からの新上荷船は「中船上荷船」と改称された。これらの上荷船は淀川下流の市内川筋で主に活動していたのであるが、船底が深く、海・川ともに航行ができたので、河口から海船の上荷を積んで問屋へ運び、また問屋からの荷物を海船へ積み送るために、このような名称になったといわれている。

茶船も上荷船と同じような働きをしていたが、もと茶をたいて売っていた関係で、海船の構造でありながら浅い河川でも航行できたので運送船となった十石積み程度の小船であった。これらの上荷船・茶船は海上においては、尼ケ崎・兵庫・神戸・堺・岸和田・谷川までも航行し、諸廻船の荷物まで も運送したので、大坂市内における舟運の独占権を認められていたのである。

さらに、大坂湾へ東南から流入する大和川筋で活動していた剣先《けんさき》船は、正保三年（一六四六）上荷船・茶船の請願によって許可された船であるが、その沿岸が大坂周辺の棉作の一大中心地になっていたので、肥料に使われた干鰯や油糟などの積荷が棉作の発展とあいまって増大していったのである。

なお、大坂と近接する農村地帯とを結ぶ船としては、平野川をさかのぼって柏原村（現柏原市）にいたる柏原船《かしわら》がある。船七十艘を常備し、寛永年間（一六二四―四八）以降、大坂周辺の商品生産の進展とあいまって物資の運送に重要な役割を果たしていたのである。

このほか、こうした在方船《ざいかた》として特に注目されるのは、元禄年間（一六八八―一七〇四）ごろから安威川筋に登場した農村百姓の屎船である。屎船は従来からの特権的川船であった過書船や伏見船などの目をかすめるようにして大坂市内からの桶屎のほかに、干鰯・油糟・灰などの肥料を積み登せ、その返り荷として農民の副業物資である縄・莚《むしろ》などの藁工品や木綿織物などを積み下したので、淀川筋を上下する過書船や伏見船、さらには大坂市内で活動していた上荷船や茶船との間に近世中期ごろから紛争が多発するようになった（日野照正『畿内河川交通史研究』吉川弘文館、一六～九八頁）。

なお、丹波の国境に源を発し、亀岡盆地を貫流して淀川に合流する大堰川《おおい》（保津川）は、京都の豪商角倉了以によって慶長十一年（一六〇六）舟運路が開発され、丹波地方はもとより山陰地方から京坂地方への物資の輸送に大きな役割を果たしていたが、他方では商人材の流送も活発化し、宇津・世木・殿田・保津・山本などの中継地には筏問屋も成立し、丹波国を産地とする材木が盛んに京都方面へ送り出されていった（藤田叔民『近世木材流通史の研究』新生社）。

(ロ)　中国・四国

由良川　まず日本海側にそそぐ由良川《ゆら》からみることにしよう。由良川は源を滋賀県境の三国岳に発し、丹波高原北側の水流を集めて若狭湾にそそぐ日本海側屈指の大河で、中・下流の勾配がゆるやか

第9表　新見より下り船1艘の積荷量

年代	宝暦年間	明和2年	寛政2年		嘉永5年		
水量 / 品名	上水	上水	上水	下水	上水	中水	
米	4斗入 36俵	36俵	36俵	28俵			
大豆	40〃						
小豆	35〃						
たばこ	65斤入 36俵	36俵					
紙	30丸	30丸			660〜420貫	400〜240貫	230貫以下
荒苧	80〃	80〃					
乗人	30人	30人					
割鉄		55束					
漆実		500貫					
生棉		30丸					
荒荷物	600貫						

第10表　松山より下り船1艘の積荷量

水量 / 品名	上水	中水	渇水
米	60俵	45〜50俵	30俵
大豆	60〃	45〜50〃	30〃
小豆	55〃	35〜40〃	24〜25〃
種子	70〃	50〜60〃	40〃
たばこ	36丸	30〜35丸	20丸
紙	40〃	40〃	34〜35〃
木綿	45本	40本	34〜35本
綿実	40俵	35俵	22〜23俵

（注）　第9，第10表は藤沢晋「河川交通における領主的体制とその崩壊過程」（『交通文化』1-1）より転載した。

なために舟運の発展には好条件を備えていた。そのため、丹波・丹後地方の内陸部を西回り海運、さらには全国市場へ結びつける商品物資の輸送ルートとして極めて重要な役割を果たしていたのである。すなわち、十七世紀後半から中流域の綾部藩・福知山藩、下流域の田辺藩などのきびしい通船規制下にありながら、農民的商品流通の進展とあいまって多彩な商品物資を運送していたことが明らかとなっている。たとえば、下り荷物には米・蒟蒻《こんにゃく》玉・茶・煙草・桐実・漆実・櫨実《はぜのみ》・楮《こうぞ》・繰綿・木綿・串柿・薪炭・材木・竹類などがあり、登り荷物には米・塩・干鰯・菜種・同油糟・素麺《そば》・干物・鉄類などがあった。十八世紀前半には田辺藩領下の由良・神崎船（四十〜五十石積み位）は由良川下流域を通船範囲としていたが、十八世紀後半になると、百四十〜百五十石積み位に船が大型化し、若狭湾から周辺諸国にまで活動範囲を広げていった（真下八郎「丹波・丹後地方諸藩の由良川舟運政策について」『日本海水上交通史』第一巻、文献出版）。

高梁川　次に、瀬戸内海にそそぐ河川としては太田川とともに舟運がすこぶる発達していた高梁川《たかはし》についてみよう。

中国山地の二子山付近に源を発し、岡山平野を貫流して水島灘に入る高梁川の舟運の起源は室町末期ごろと考えられているが、近世に入ると上流の新見《にいみ》（現新見市）、あるいは一時的にではあるが、支流西川の新市（現岡山県神郷《こうしろ》町）・成羽川の東城（現広島県東城町）まで通船するようになった。

この高梁川運航上の特徴としては、第一に継船制をあげることができる。これは松山藩在籍の高瀬船百三艘が松山から下流の登り・下り荷物の輸送にあたり、これより上流の奥船が松山より下流に下ることを禁止し、松山で折り返し運航させるというものである。

このような継船制が実施された背景には、下流域の松山（現高梁市）・玉島（現倉敷市）間を開発し支配していた松山藩とそれより上流域の水路を開発した新見藩領問屋商人や船稼ぎに従事していた運輸業者との利害関係があったことが指摘されている。

なお、高梁川舟運に使われていた高瀬船一艘の積荷の品目および積荷の積載量についてみると第9、第10表のとおりである（藤沢晋「近世河川交通における継船制・番船制」、『岡山大学研究集録』、一号。『岡山県史』第七巻、近世II、六五六〜六一頁）。

太田川　中国山地に源を発し、蛇行を繰り返しながら広島湾にそそぐ太田川は流量豊富な河川として知られている。舟運の起源は平安末期ごろまでさかのぼり、荘園の年貢米を河口の倉敷まで川下げしたという記録もある。また、戦国大名毛利氏や福島氏も航路の開発を手がけている。元和五年（一六一九）広島藩主となった浅野氏は、藩財政の基礎となる年貢米輸送のため舟運の開発を積極的におし進めていった。その結果、寛永年間（一六二四—四四）には太田川上流域にまで広島城下の川船が航行できるようになった。しかし、上流域の農民が川船を所有して物資の輸送に従事するようになったのは承応三年（一六五四）以降のことである。

その後太田川舟運は急速に発展したものとみえ、享保年間（一七一六—三六）における広島藩認可の株船総数は四百六十七艘にも及んでいる。当時の御用荷物には年貢米のほか藩営鉄山からの鉄、藩有林からの材木などが多かった。また、商人荷物としては、鉄鋼・塩・干鰯《ほしか》・塩鰯などのほか、薪炭・山繭紬《まゆつむぎ》・煙草・和紙・畳などのたぐいであった（『広島県史』近世1、八六八〜八三頁。松岡久人「太田川」『流域をたどる歴史』六、ぎょうせい）。

吉野川と肱川　四国地方には紀伊水道にそそぐ吉野川、土佐湾にそそぐ物部川・仁淀川、そして太平洋に流入する四万十川《しまんと》、伊予灘に入る肱《ひじ》川などのほか中・小河川にも舟運の発達がみられたが、その代表的事例として吉野川舟運についてみよう。

吉野川の川船は、阿波西部の上流域から年貢の炭・煙草・楮《こうぞ》などを積み下し、河口からは斉田塩・肥料・日用雑貨品などを積んで航行していった（富岡儀八『日本の塩道』古今書院、四二二頁）。

また、肱川についてみると、本流の坂石・鳥首《とりくび》・大洲《おおず》・須合田《すごうだ》・長浜間に数多くの河岸が開設され、明治期に入っても二百艘以上もの川船が上下していた。これら肱川で活動していた川船は大洲藩が制定した「川艜掟《かわひらた》」によって規制され、城下の商人竹田屋と奈良屋が川船の取り締まりに重要な役割を果たしていたのである（『愛媛県史』近世下、二五三〜五四頁）。

(八) 九　州

九州には響灘にそそぐ遠賀《おんが》川、有明海に流入する筑後川・菊池川・緑川、八代海に入る球磨《くま》川などにも舟運の発達がみられた。また、太平洋側では別府湾にそそぐ大野川、日向灘に流入する五箇瀬《ごかせ》川・美々津《みみつ》川・大淀川などにも舟運航路の開発がみられたが、いずれも航路が短く、川船の規模もそれほど大きくはなかった。

遠賀川　江戸時代に入って領主や農民が積極的に水路の開発・維持に努めたので遠賀川水運はいちじるしい発展を遂げた。水運に従事していたのは領主の認可を受けた川艜仲間で、宝永年間（一七〇四―一一）には川船総数が三百九十三艘にものぼった。これら艜仲間は年貢米をはじめ商人荷物を独占的に運送する代償として領主への運上銀を義務付けられ、諸公役その他の負担を課せられた。

遠賀川舟運の積み下し荷物としては、筑前福岡藩・秋月藩、あるいは豊前小倉藩などの年貢米や石炭・櫨《はぜ》などの御用荷物が多く、そのほかに時代によって若干異なるが、大豆・麦・菜種・蠟《ろう》・蜜・醬油などの農産物とその加工品が主なものであった。

また、積み登せ荷物には綿・煙草・素麵《そば》・表・莚《むしろ》・鉄・油・鯨油・砂糖などがあった。

これらの輸送に使われていた艜《ひらた》船の大きさは長さ四丈三尺（約一三メートル）、幅八尺（約二・四メートル）、深さ一尺九寸（約五八センチメートル）で、その積載量は米七十五～百俵位であった。なお、上流ではそれより小型の川船が利用されていた。

ところで、江戸後期になると商品生産の発展と輸送量の増大にともない船頭株・船場株の成立もみられ、富裕商人層がこれらの株を売買によって入手し、水運機構を掌握するようになった。しかし、領主権力と結託したこれら商人層の水運機構の独占に対して、天保九年（一八三八）自由な商品生産と流通を望む農民層と結んだ船頭たちが、藩の水運政策に抵抗する動きもみられるようになった。さらに、幕末になると年貢米や石炭の輸送運賃増額を要求する運動もたかまってくるのである（野口喜久雄「江戸時代遠賀川の水運」、『史淵』九一号）。

筑後川　近世に入って筑後川の水運が本格的に発達したのは、正保三年（一六四六）年貢米の上方輸送のため久留米城下入口に河岸が開設されてからのことである。それ以来流域には荒瀬・恵利・片之瀬・瀬の下・住吉などに相次いで河岸が開設され、年貢米の輸送に利用されるようになった。

また、十八世紀半ばごろから農民的商品流通の進展とあいまって、上流域にも水運の開発が進められていった。その契機となったのは文政八年（一八二五）の日田《ひた》川・玖珠《くす》川の通船開始であった。当時の船数をみると中城河岸に二十六艘、竹田河岸（現行橋《ゆくはし》市）に二十六艘合わせて五十二艘であった。これらの船の所有者は通船開削に貢献した中城河岸（現福岡県嘉穂郡）の豪商広瀬久兵衛の十五艘をはじめ有力層が大半を占め、そのほかに農村の庄屋なども加わっている。

その後天保三年（一八三二）になると株数が定められ、年々冥加金を上納し、代官より鑑札が交付されて船稼ぎの営業独占が保障されるようになった。しかし、これら船株所有者に対しては上納米輸送の義務が負わされ、諸物資の運送についても代官の厳重な支配下におかれるようになったのである（勝目忍「近世における日田・玖珠川の舟運」、『人文地理』一一―四号）。

大淀川　日向灘にそそぐ大淀川の舟運は、寛政二年（一七九〇）三月都城藩主（鹿児島支藩）島津久倫の開発出願によって始まる。この通船事業にあたっては、球磨川水運技術を導入し、寛政四年二月になって観音瀬より河口の赤江湊（現宮崎市）までの通船に成功し、寛政五、六年ごろには通船工事が一応完成したのである。これにより川船輸送で大坂へ向け積み出されていった重要商品は胡麻《ごま》であった。たとえば、寛政六年十一月には黒胡麻百石（三百五十俵位）が集荷され、大坂表へ積み出されていった。また、文化五年（一八〇八）ごろには川船六艘で荷物の運送が行われていたが、その主な物資は都城から積み出された黒胡麻と椎茸《しいたけ》であった。しかし、莫大な費用を投入し、球磨川水運技術を導入して開発された大淀川舟運は、上流域の生産力発展の未成熟のためにやがて衰退するの止むなきに至ったのである。しかしながら、明治十七年（一八八四）脱稿の『日向地誌』には、下流域の総船数は百三十九艘で、明治前期のころまで、物資の輸送に川船が大いに利用されていたと記されている（川名登「日向・大淀川の水運について」、千葉経済短期大学『商経論集』二〇号）。

4　河川水運の統制

(イ)　幕府の舟運統制

関東水系　これまでも随時指摘してきたとおり、幕藩領主は河川舟運についても、さまざまな統制を加えていた。

関東では、寛永十年（一六三三）八月土屋忠次郎利常を川船奉行に補任し、城米・年貢米などの御用荷物、あるいは戦時における兵員や軍需物資輸送のための「役船」の動員体制を確立した。

さらに、延宝六年（一六七八）になると関東における農民的商品流通の進展に対応して活発な動きをみせはじめた関東諸河川などの商船に、極印を打って船年貢・役銀を徴収する体制を確立したのである。

その後、元禄年間（一六八八―一七〇四）に入ると、川船による商品物資の運送がますます盛んになってきたので、幕府は商船の掌握を徹底するため川船極印改めの強化を策したが、あまり効果があがらず、川船支配機構の矛盾とあいまって次第に無極印船の横行が目立つようになった。

そこで、享保五年（一七二〇）一月から十二月にかけて関東の川船に対して徹底した極印改めを実施するとともに、同年十二月には延宝六年に始めた川船奉行三人制を廃止し、町人身分の鶴武左衛門を「川船支配」という役職に登用し、船年貢・役銀の徴収を鶴氏の請負制にしたのである（丹治健蔵『関東河川水運史の研究』法政大学出版局、一九三～二四三頁）。

他方では、このような関東における川船統制とあいまって、元禄三年（一六九〇）関東八カ国および伊豆・駿河十カ国の城米・年貢米の津出し湊・河岸を指定し、江戸までの距離の遠近、水路の状況などを考慮して運賃を制定・統一するとともに幕府支出運賃の削減をはかった。このとき津出し河岸に指定された関東諸水系の河岸は八十八カ所にも及び、幕府の城米・年貢米の江戸への廻送機構がいちおう確立したものと考えられる。

その後、近世中期における農民的商品流通の進展と舟運の活発な展開に対処するため、勘定奉行石谷備後守清昌を中心とする幕府役人は、領主的河川運輸機構の一環として成立した河岸問屋のほか、元禄期以降の商品貨幣経済の発展の波に乗って成立した関東諸水系の新河岸・新問屋を掌握するため明和八年（一七七一）から安永三年（一七七四）にかけて大がかりな河岸吟味を前後二回にわたり実施し、河岸問屋の営業収益にふさわしい運上金額を査定し、決定するとともに、関東における河岸問屋株の設定・掌握にも成功した（川名登『近世日本水運史の研究』雄山閣出版、二〇八〜二二頁）。

こうした河岸支配体制の強化とあいまって、宝暦年間（一七五一―六四）ごろから農間船稼ぎの所働船や農業用の小船などに対しても、船年貢を徴収して鑑札を交付するなど川船の統制を強化し、関東における河川舟運の支配体制の強化を画策していたのである（丹治健蔵『関東河川水運史の研究』法政大学出版局、二四三〜三〇三頁）。


淀川水系　淀川筋では、慶長八年（一六〇三）十月二日付で大坂・伝法・尼ケ崎・山崎・伏見を上下する過書船に対し、運上金・役船・運賃・上わ米などに関する七カ条の制規を記した朱印状を河村与惣右衛門・木村宗右衛門ならびに過書中にあて交付している。

大坂落城後の元和元年（一六一五）には河村与惣右衛門に代わって角倉与一が過書奉行に任ぜられ、以来、木村・角倉両家が代々過書奉行を世襲し、淀川筋の川船から運上金を徴収したり、役船の徴発にあたっていたのである（日野照正『畿内河川交通史の研究』吉川弘文館、三六〜四九頁）。

また、川船を統制するため京都に過書会所を設置し、伏見・淀・橋本・枚方《ひらかた》・大坂・平田《へいだ》・吹田《すいた》浜《はま》・尼ケ崎には船番所を設置し、通行船舶の取り締まりにあたっていた（黒羽兵治郎『近世交通史研究』日本評論社、三六五〜七四頁）。

さらに、元和五年（一六一九）から元禄十一年（一六九八）ごろまでの間に、大坂地方の川筋で活動していた上荷船・茶船・柏原船・古土船・剣先《けんさき》船のほか伏見船などの各種川船に極印を打って年貢・役銀を徴収する体制を確立した（川名登『近世日本水運史の研究』雄山閣出版、二三九〜四〇頁）。

地方の河川　こうした幕府の河川水運統制策は関東や畿内の河川にとどまらず、地方の河川にまで及んでいったのである。

たとえば、最上川では享保八年（一七二三）商品流通の発展に対応し、川船輸送の円滑を期するため、上郷・酒田の有力商人を川船差配役人に登用し、最上川水運の統制にあたらせていたが、その後新興商人や船持層の台頭などによって再び混乱した通船秩序の回復と廻米輸送の円滑をはかるため、寛政四年（一七九二）幕府は「川船方役所」を大石田に設置し、最上川水運の統制にあたらせ、以後幕末にまで及んでいる（横山昭男『近世河川水運史の研究』吉川弘文館、一五三〜二二九頁）。

また、『越後国船々取締書』（国立国会図書館所蔵）によれば、文政二・三年（一八一九―二〇）になると天領《てんりょう》・私領が交錯する信濃川・阿賀野川にまで幕府の勘定所役人・川船改役などを派遣して川船から年貢・役銀を徴収するための調査を実施させていたことが明らかになってくる。

(ロ)　諸藩の舟運統制

こうした幕府の舟運支配政策とあいまって諸藩でも自領内の舟運の統制を画策していた。

関東では親藩の水戸藩が独自の川船極印制を実施し、船の大小に応じ船役金を徴収していた。たとえば、大高瀬船（千二百俵積み）の役金は金三分、大艜船《おおひらた》（五百俵積み）は金一分、中艜船は銭八百文であった。

また、明暦元年（一六五五）水陸交通の要地海老沢に津役所を新設して津役奉行を置き、領内の上り荷物一艘（四十俵積み）につき四十文ずつ、大名衆城米一俵につき一文ずつの津役銭を徴収していた。利根川・渡良瀬《わたらせ》川・思川・巴波《うずま》川の流域を領有する古河《こが》藩では、船方役所を設置し、御船奉行が領内四河岸の河岸問屋を支配し、年貢米や木炭など御用荷物の運送をはじめ舟運の統制にあたっていた。御船奉行は天明三年（一七八三）二名であったが、嘉永三年（一八五〇）には五名に増員された。

上利根川・烏川流域を領有する前橋藩では船方役所が領内の河岸問屋・川船などを統制し、河岸運上金の徴収および年貢米の江戸輸送や役船の徴発などにあたっていた（前掲丹治著、一六二〜六五頁）。

東北の仙台藩では阿武隈川の水沢（現福島県双葉郡）と荒浜に御番所を設置し、水沢番所が上流、荒浜番所が下流を管轄としていた。そして密石《みっこく》や脱石《だっこく》の監視にあたっていたのである。また、番所の支配下に水沢・沼上・玉崎（現いわき市）にそれぞれ艜肝入《ひらたきもいり》が任命され、艜船をはじめ各種川船から船税を徴収するなど川船の管理にあたっていた（大塚徳郎「阿武隈川下流の水運」『東北水運史の研究』巌南堂書店）。

北上川舟運を見ると、上流が盛岡藩、下流が仙台藩の統制下におかれていた。そのため盛岡藩領の川船は、下流の仙台藩領に入って番所を通行する際、「川通証文《かわどおし》」（通行許可証）を提示して、仙台藩の規制にしたがい航行しなければならなかった（『近世の北上川と水運』東北歴史資料館。『北上川の水運』北上市立博物館）。

そのほか、雄物川では秋田藩が通行船舶から船役を徴収していたことが明らかになっている（大塚徳郎「雄物川通船をめぐる秋田・亀田両藩の確執」『東北水運史の研究』巌南堂書店）。

畿内の丹波・丹後地方を流れて若狭湾にそそぐ由良川では、上流から綾部《あやべ》・福知山・田辺の諸藩がそれぞれ独自に領内の舟運を統制していた。綾部藩では領内の大嶋村（現綾部市）を唯一の船着場に指定し、同村庄屋を船問屋に指定し、穀物一駄につき銀二分の口銭を徴収させるなど、自領内移出入物資の監視と舟運の統制にあたらせていた。

また、由良川中流域の交通の要地に位置する福知山藩では享保二年（一七一七）から船渡運上の徴収を始めたが、元文二年（一七三七）になると城下町船持十七人に株仲間を組織して領内舟運の独占を認める代わりに運上銀十枚の上納と役船の提供を義務付けることにした。そして城下町の船着場も二カ所に限定するとともに、それぞれに番所を付設して町奉行に支配させた。なお、同藩では他領船に対しても厳重な通船規制を実施していたことに注目したい。

由良川の下流域を占める田辺藩では、近世初期から領内船舶を統制する機関として、二カ所に船番所を設置していたが、享保期になると藩内の由良川から他領船を排除して、同川舟運については自領内の由良・神崎船と有路船に委ねることにした。他方では、これらの船持から船体に対する運上を徴収したりした。そして安永期（一七七二―八一）になると、水戸銭という名称で船荷からも運上を徴収するようになった。

このような福知山・田辺両藩の舟運の統制強化に対しては、他領の村むらから反対運動がもちあがり、やがて商品流通の拡大とあいまって、福知山藩では舟運政策の変更を余儀なくさせられたのである（真下八郎「丹波・丹後地方諸藩の由良川舟運政策について」『日本海水上交通史』第一巻、文献出版）。

山陽の高梁川では上流の新見《にいみ》藩と下流の松山藩との境界で、荷物を積み換えさせる継船制が行われていた。そして、上流から新見藩の広瀬、松山藩の井高・辻巻・青木の四ヵ所に船番所を設置して船運上を徴収していた。そのうえ、松山藩では積荷運上まで賦課したので商品流通の発展がいちじるしく阻害されたのである。

このような下流の松山藩の継船制に対して、上流の新見藩では宝暦四年（一七五四）になって番船制の「定」を出している。それによると新見河岸の所属船に対して番号を付け、その順番にしたがって出船することにしたので、事実上は他所船、すなわち松山藩所属船を新見河岸から締め出すことにあったと考えられている（藤沢晋「河川交通における領主的体制とその崩壊過程」、『交通文化』一一一号）。

(ハ)　材木流送の統制

荒川とその支流赤平川の合流点には、幕府直轄の「間知場《けんち》」、すなわち材木改め所が設置され、秩父郡大淵村名主金室家ならびに同郡野巻村逸見家が代々奥秩父から江戸へ流送される材木の査検にあたっていた。その起源については慶長八年（一六〇三）という記録もあるが確かではない。設置の目的は幕府直轄林である御林または御巣鷹山から檜・槻などの禁制材木の流出を防止するために開設されたもので、商人材はもちろんのこと、たとえ、幕府の御用材や御三家の材木であってもきびしい取り調べの対象になっていたのである。近世中・後期になると商人材の流送も活発になったが、それらの流送については関東郡代または所轄代官所へ願い出て冥加金を上納し、許可を受ける必要があった（丹治健蔵「近世荒川水運の展開」、『交通史研究』二〇号㈠）。

右のほか、関東では相模川の荒川番所でも材木や林産物などの流送について査検し、分一銀の徴収にあたっている（渡辺和敏「相模川水運における荒川番所の性格」、『神奈川県史研究』三一号）。天龍川では、上流に大久保番所、下流に鹿島十分一番所があった。前者は高遠《たかとお》藩、後者は幕府によって設置・運営されていた。満島番所は遠山地方の年貢榑《くれき》木を中心に、高遠藩・飯田藩領など天龍川流域から伐り出される材木の改めが主であったが、近世中・後期になると通船が開始されたので、船荷の査検も行われるようになった。

木曾川を領有する尾張藩では、元和年間（一六一五―二四）以降無手形の船・筏の通行を禁じたが、とくに運材過程での「流木」の取り締まりは厳重をきわめた。また、寛文五年（一六六五）木曾山での伐木から木材の川下げにいたる営林事業を直営に改め、川並奉行五人を新任して錦織《にしきこおり》（現可児《かに》市）以下の要所に配置し、さらに四十カ所を越える川並番所を増設して、送り筏の手形と上り下りの船荷物を改め、材木役銀・船役銀の徴収と流木の取り締まりにあたらせていた（村瀬典章「天龍川水運における満島番所」『流域の地方史』雄山閣出版）。

5　渡船場

(イ)　五街道の渡船場

近世陸上交通における障害としては、関所とならんで河川湖海などに設けられた渡し場があったことは周知のとおりである。そこで、まず五街道の主な渡し場の形態をみると、東海道では六郷川・馬入川・富士川・天龍川・今切《いまぎり》渡し・桑名七里渡しが渡船で、酒匂《さかわ》川・興津《おきつ》川・安倍川・大井川が歩渡《かち》りとなっている。中山道では荒川・柳瀬川・太田川・河渡川・野洲《やす》川が渡船で、千曲《ちくま》川・碓氷《うすい》川が歩渡りとなっている。日光・奥州道中は利根川・鬼怒川が渡船、甲州道中では多摩川・早川などが渡船として知られている（第11表）。

このような渡し場の存在がいかなる理由によるものであるのか、なぜ架橋されなかったのかという問題については、明治以来交通史学者などによって論議されてきたところであるが、近年では江戸を防衛するという軍事的・政治的理由を主唱する説が有力となっている。しかし、そのほかに経済的理由を重視する説、当時の架橋技術水準の低さを指摘する説、さらには、これら幕府の渡船政策を政治的・経済的な変化や時代的推移の中で捉えようとする新しい見解などもあって必ずしも定説をみるまでにはいたっていないというのが現状である（丸山雍成「近世の渡場に関する若干の考察」『日本近世

第11表　五街道渡船場一覧

	河川名	河川所在地	渡船管理宿村	備考
東海道	六郷川	品川～川崎	川崎宿	馬船8　歩行船6
	馬入川	藤沢～平塚	馬入村・萩岡村・下町屋村・今宿村・松屋町	定渡船3
	富士川	吉原～蒲原	岩淵村・岩本村	定渡船6(外乗船18)
	大天龍川	見付～浜松	池田村	早船2
	小天龍川	〃	池田村・船越村	往還渡船2
	今切	舞坂～新居	新居宿	定船84
	吉田川(豊川)	吉田～御油		＊
	(渡海)	熱田～桑名	熱田宿	75(外小渡船42)
		熱田～桑名	桑名宿	48
	町屋川	桑名～四日市		＊
	横田川			Ⓐ10月～2月土橋
中山道	荒川	板橋～蕨	下戸田村	
	柳瀬川	新町～倉賀野	新町宿・倉賀野宿	
	太田川	伏見～太田	太田宿	
	河渡川	加納～河渡	河渡宿	
	呂久川	美江寺～赤坂	呂久村	
	横関川	武佐～守山	東横関村・西横関村	平水の時船橋
	野洲川	武佐～守山	野洲村	
甲州道中	玉川	府中～日野	府中宿	Ⓑ馬船2　小船1
	笛吹川	石和～甲府	石和宿	Ⓒ渡船1
日光道中	中川	千住～越ケ谷		
	房川	栗橋～中田	栗橋宿・中田宿	馬船2(外茶船5)
	渡良瀬川	古河～野木	古河宿	渡船1
	姿川	小山～飯塚(壬生道)		
奥州道中	鬼怒川	白沢～氏家	白沢宿・上阿久津村	Ⓑ渡船1
	荒川	喜連川宿地内		＊
	内川	喜連川宿地内		＊
	帚川	佐久山宿地内		＊渡船2
	蛇尾川	太田原宿地内		＊
	中川	鍋掛宿地内		＊

備考　本表は山本光正「渡し船」(『歴史公論』第3巻2号)および『宿村大概帳』などにより作成した。表中備考欄の渡船数は平常渡船数を表わし，＊印は橋梁・破損・流失時のみ渡船を使用したことを示し，Ⓐ印は3月～9月，Ⓑ印は3月～10月，Ⓒ印は4月～11月というように期間を限って渡船を使用していたことを示すものである。

史の地方的展開』吉川弘文館。渡辺和敏「江戸幕府の渡船政策に関する基礎考察」、『法政史論』二号)。

本項では、これらの問題を追求するための手がかりを提供するという意味で、本街道ならびに脇往還渡船場のうち、江戸に近接する渡船場を二、三取り上げ、その管理・運営がどのように行われていたのか、さらには渡船場をめぐる紛争のあらましについても紹介してみたい。

六郷川渡船場　天正十八年(一五九〇)八月一日江戸に入城した家康は、慶長五年(一六〇〇)七月になると東海道・六郷川に架橋させた。この大橋はその長さ百二十間(約二一七メートル)に及び、当時日本一の規模を誇っていたが、たびたびの補修工事に多大の出費を必要としたので、貞享五年(一六八八)の大洪水により大橋が流失すると、幕府は遂に架橋を廃止し、渡船に切り替えることにした。そして、一時的に近接する羽田村や江戸町人などに渡船業務を行わせていたが、宝永六年(一七〇九)三月川崎宿の問屋田中兵庫(のち代官田中丘隅)の進言を入れ、宿駅助成策の一環として川崎宿に渡船場の管理・運営権を委ねることにしたのである。

その主要条文の一カ条には「往還人多き時ハ、よせ船(寄船)を出し、人馬・荷物等滞なく渡すへし、奉公人の他、船賃出す輩より壱人拾文、荷物壱駄拾五文、乗掛荷ハ拾弐文是を取へし、此定之他賃銭多く取へからさること」とあって、本街道の渡船場が道中奉行の管掌下にあったことが明らかとなる。

次いで、元文三年(一七三八)になると幕府は渡船場の管理運営を品川宿と川崎宿の隔年交代制にすることにしたが、川崎宿側が宿場の困窮を訴え出たため、翌年三月再び川崎宿に渡船場の管理運営権を与えることにしたのである。

第12表　安永4年，戸田渡船場　舟賃

	常　川（平水）	川五合迄（中水）	五合ゟ一升迄（出水）	留り川前後	大満水長渡し
旅人1人	3文	6文	12文	(16文)	32文
軽尻1疋	6(8)	9(12)	18	(24)	64
本馬1疋	12	18	24		132
駕籠1挺	12	18	24		132

注　本表は『蕨市史』第1巻（596頁）および戸田市下戸田武内啓助家所蔵文書により作成したものである。なお，カッコ内の数字は天保・弘化年間の旅人および「馬1疋」の渡賃を示す。

それでは川崎宿が六郷川の渡船によってどの位の収益をあげていたのであろうか。時代は下るが、文政三年（一八二〇）十二月「六郷川渡船収支勘定帳」によると船賃収入・大名拝領金・雇船代などを合わせ金八百七十八両余りの収入があり、差し引きでは金二両余りの不足が生じている。しかし、渡船場支出金のうち、金五百七十三両もの大金を御伝馬役金として川崎宿へ差し出していたことがわかる。

また、天保九年（一八三八）十一月には川崎宿五兵衛・池上新田名主直蔵・川中島村百姓三左衛門らと七年間の請け負い契約を結んでいるが、それによると敷金二百両のほかに、契約から五カ月間の差し出し分として金三百六十八両と銭三十二貫文を受け取っている。これらを考え合わせると川崎宿では渡船場経営によって相当の収益をあげ、それらを宿場の助成にあてていたと考えられる（三輪修三「六郷川渡船の成立」、『国学院雑誌』七六―五号。村上直「六郷の渡し」、『歴史公論』二号）。

荒川・戸田渡船場　次に、中山道の戸田渡船場についてみよう。渡船場の構成者は足立郡下戸田村の名主・年寄とその差配下にあった組頭・船役人（船頭・下役・川頭・肝煎《きもいり》）、小揚げ人足などであった。天保十一年（一八四〇）の渡船場船数をみると馬船三艘、平田《ひらた》（艜）船・伝馬船各一艘、小伝馬船八艘合わせて十三艘であった。しかし、大名などの大通行の際には近接する下笹目村（現戸田市）、浮間村（同上）両村から馬船三艘を定助船として徴発するのが通例となっていた。

渡船場収入についてみると、基本収入となる一般通行人の人馬賃銭は第12表のとおりで、水量の増減により上下したが、これらの船賃は陸上運賃と同様に正徳元年（一七一一）の元賃銭と同額であったことが明らかとなる。

そのほかに大名など特権者通行の場合には相当の拝領金があり、それらを合わせるとかなりの収益金があったものと推定される（丸山雍成『近世宿駅の基礎的研究』第一、吉川弘文館、四二一～五〇二頁）。

(ロ)　脇往還の渡船場

利根川・七里ケ渡し　まず、常州笠間・下妻方面へ通ずる水戸街道の脇道的な役割を果たしていた下総国相馬郡布施村（現柏市）・戸頭村（現取手市）間の下利根川・七里ケ渡しをみよう。この渡船場は元和二年（一六一六）八月幕府が利根川水系に設置した関東筋一六定船場の一カ所で、女人・手負い・不審なるものなどの通行人を検閲するための関所的な役割を担っていたことがわかる。

その後、貞享三年（一六八六）十一月の一札を見ると、近所耕作用の渡船であるとしているが、一般通行者にも利用させていたことが明らかとなる。しかし、女人や不審な通行人に対しては、相変らず、従来通りの取り調べを行っていたことが判明する。

次いで、渡船場の維持・運営についてみると布施村と戸頭村の百姓から資金を集めて渡船を建造し、船頭も両村から昼夜四人あて差し出している。船賃は一人につき五文、馬一疋一駄につき十文ずつ徴収する規定になっていたが、武家に対しては特に催促がましいことはしないという申し合わせになっていた。このように七里ケ渡しの渡船場では布施・戸頭両村の名主を中心とする村請け形式で渡船の維持・運営を行っていたのである（『柏市史』史料編六）。

鬼怒川・中島村渡船場　次に、奥州道中小山宿から分かれ結城を経て真岡《もおか》・烏山方面へ抜ける脇往還の中島村（現小山市）渡船場についてみよう。

文政九年（一八二六）の渡船場法度四カ条には、(1)前々よりの「法度」を守ること、(2)公用武家の通行は大切に勤めること、(3)船賃は定めの賃銭のとおり受け取ること、(4)渡船場は一夜交代で勤めることなどが規定されている。

しかし、これらの法度を守らない渡船居番もいたものとみえ、天保十一年（一八四〇）には船持一同が議定書をつくり、渡船場の円滑な運営をはかっていた。ちなみに、この渡船場には長さ六間五尺（約一二・三七メートル）の馬渡し船が一艘、同四間半（約八・一四メートル）の小船が一艘あり、名主を中心として百姓二十四名が渡船の維持・運営にあたり、そのほかに二十六名の船持階層もいたのである。なお、天保期の船賃は一般通行者一人につき十二文、馬一疋につき二十四文であった（磯島康「中島村渡船場について」、『小山市史研究』一号）。

以上、本街道ならびに脇往還の渡船場について二、三の事例を中心として維持・運営の実態について紹介してきたのであるが、これを要約してみると、基本的には幕府あるいは支配領主の管掌下に置かれていたと考えられる。しかしながら、脇往還渡船場の維持・運営については船賃の決定などある程度まで渡船場業務を受け持っていた町や村の自由裁量を認容していたものと考えてもよいであろう。

(八)　渡船場紛争

渡船場をめぐる紛争は本街道・脇往還を問わずしばしば巻き起こった。

荒川の戸田渡船場では、渡船場の差配・運営権をめぐって下戸田村と中山道蕨宿《わらびしゅく》との間に寛保三年（一七四三）、寛政九年（一七九七）の二度にわたって起こっている。訴え出たのは蕨宿側で、戸田渡船場の収益に着目し、渡船権を獲得して宿場財政の維持・強化をはかろうとしたのであるが、いずれもその目的を達成することができなかった（丸山雍成『近世宿駅の基礎的研究』第一、吉川弘文館、五〇七〜二一一頁）。

また、利根川支流の烏川・柳瀬渡船場は中山道倉賀野宿と新町宿の共同で維持・運営されていたが、倉賀野河岸から中山道通行の社寺参詣人や湯治客など下りの旅行者を船で利根川を下し江戸へ輸送しているとして、文化二年（一八〇五）八月新町宿側が通行人の減少を理由に倉賀野宿の問屋・年寄を相手取って訴え出たのである。しかし、これもその目的を果たすことができずに敗訴という結末に終っている（五十嵐富夫「近世渡船の存在形態」、『信濃』二二—五号）。

さらに、脇往還渡船場についてみよう。中山道の熊谷・深谷宿の途中から北上して新田郡世良田方面に進む街道にある利根川・中瀬渡船場では中瀬村（現深谷市）と同村に隣接する高嶋村との間に宝永八年（一七一一）の出入りをはじめとして、渡船権など経済的利害にもとづく争いがしばしば起こっている。

そのほか、鬼怒川の中島村（現小山市）渡船場では文政四年（一八二一）に渡船場の位置替えをめぐって対岸の下江連村（現茨城県真壁郡）地主との間に争いが起こったが、双方の示談が成立し妥結している（磯島康「中島村渡船場について」『小山市史研究』一号）。

なお、甲州道中日野の渡し場でも渡船道の変更や渡船収入をめぐる争いが、日野宿と周辺村落との間に巻き起こっている（柳田和久「近世後期における渡船場について」、『交通史研究』三号）。

（丹治　健蔵）

八　大名および武士・庶民の旅

大御所・将軍の旅　天正十八年（一五九〇）豊臣秀吉は、相模小田原城の後北条氏を討滅させると、その翌月には駿河・甲斐など五カ国を領した徳川家康を関東に封じた。家康は、かつて太田道灌が築いた江戸城に入ったが、その後の家康の関東経営で興味深いのは、周辺地域の諸大名の動向察知や自領内の土豪・農民の撫順《ぶじゅん》、そして武芸鍛練を兼ねた鷹狩名目の各地巡遊である。慶長八年（一六〇三）征夷大将軍に就任した二年後、その職を子の秀忠にゆずり、さらに駿府城を修築して、ここで大御所として天下の政治を後見するようになってからも、死去前年の元和元年（一六一五）まで、駿府周辺や関東各地でほぼ例年鷹狩をした。

家康は、駿府を発って関東各地を旅行するのに先だち、その宿泊予定の月日、地名をメモしたが、そのメモを「道中宿付」（「泊次書」・「宿割書」）と呼んでいる。これは予定であり途中変更もあるので、実際の旅程と必ずしも一致するわけではないが、彼は通常駿府から伊豆・相模の諸国を経て江戸城に入ると、そこから武蔵・房総方面まで足を伸ばした後、駿府城へもどり、稀には江戸城で年越しすることもあった。

こうした鷹狩は、当時、徳川直轄領や旗本などの知行地が分散し複雑に入り組んで配置されていた

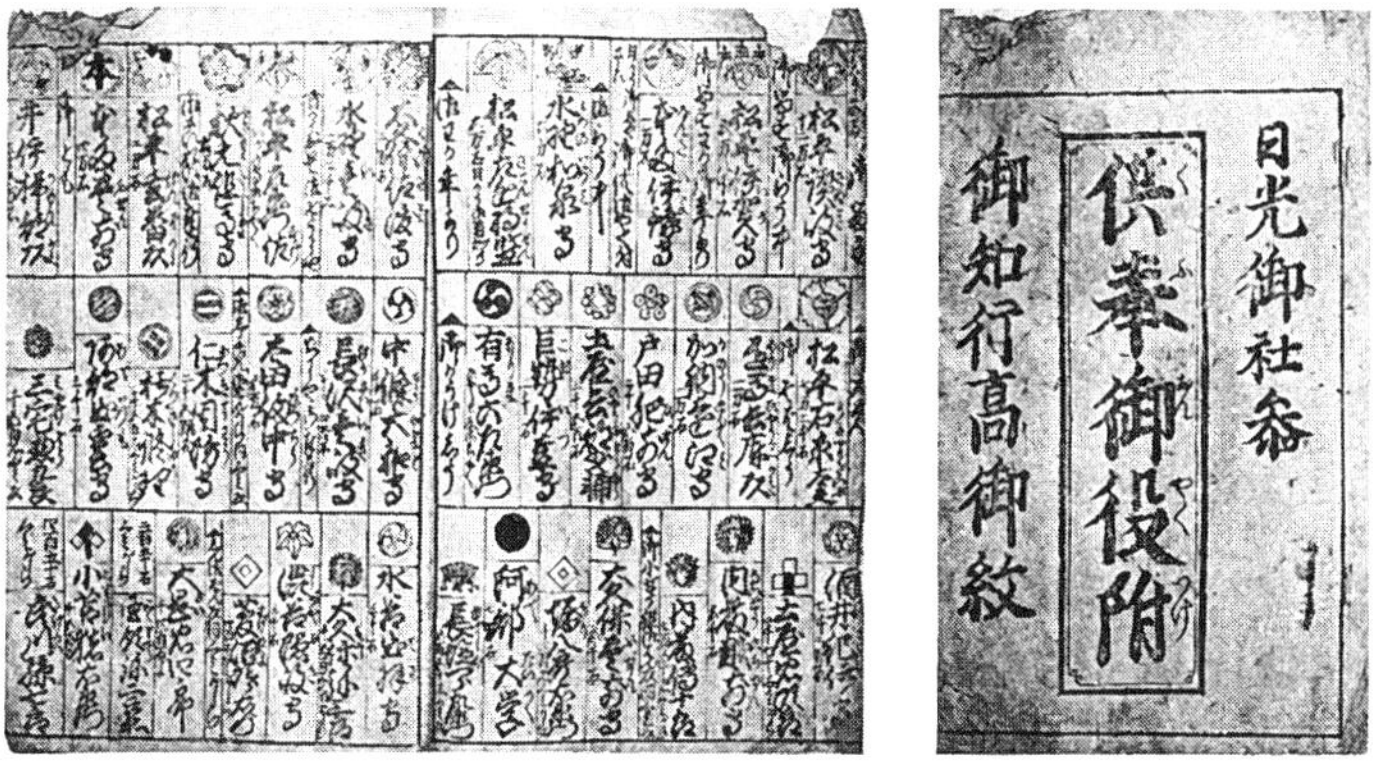

72　享保12年「日光御社参供奉御役附」（郵政研究所附属資料館蔵）

関係上、領主権力の在地土豪や農民に対する直接支配が不徹底であるのを克服するためでもあった。彼は関東各地を巡遊しながら、民情視察・聴訴あるいは功臣やその遺子の取立てなどのほか、身体鍛練・軍法調練などを併せおこなっている。これは大坂城の豊臣政権とその支持勢力が存続する段階において、大御所家康みずから江戸へ出むいて将軍政治の補完をもせねばならぬという、関東農村の支配の在りようや全国政情の不安定さも関係しているだろう。

一方、慶長五年の関ケ原の戦後、家康らは京都二条城や伏見城での豊臣勢力牽制や天下の執政のため上洛を繰りかえし、それは秀忠の子家光による寛永十年代の幕府体制の確立期までつづいた。特に、慶長十六年家康父子が豊臣秀頼をして二条城で謁見させた時は、関東の大小名等十万を率いて駿府を発し上洛したが、寛永十一年（一六三四）の家光上洛時には随行者三十万七千余人にのぼり、ほかに五畿内や四国・九州の大小名も京都に集まって、その様は「前代未聞の見物」といわれたほどである。もっとも、その後の将軍の上洛は幕末期の文久三年（一八六三）家茂の二条城入城、参内まで長く中断したままであった。

この間、頻度は小さいが意外に盛んだったのが、将軍の日光社参である。これは元和三年（一六一七）駿河久能山《くのうざん》にあった家康の霊柩を日光廟に遷座したことにより始まったが、二代秀忠より十二代家慶の天保十四年（一八四三）まで十九回におよんでいる。この日光社参も一種の政治力の誇示であり、諸大名ら随行者十数万人、徴発人足二十数万人にのぼったこともある。これらが東海道・中山道や日光道中その他の諸街道の宿駅・助郷諸村にあたえた影響は、一時的とはいえ厖大な人馬の徴発等による疲弊など、計り知れないものがあった（大島延次郎『日本交通史論叢』、山口啓二「日光社参寄人馬についての一考察」『中世・近世の国家と社会』）。

大名の旅　こうした大御所・将軍の旅への随行者は、その多くが江戸などに参勤中か国許より馳せ参じた諸国の大小名であった。近世は、幕藩体制とよばれる政治・社会制度が典型的に発達した時代であるが、これを特徴づけたものの一つに参勤交代制がある。その源流は古代末期ないし中世初頭にまでさかのぼるが、近世初頭の豊臣秀吉の時代には、諸大名が京都・大坂などに例年のぼって秀吉に拝謁する上洛参勤が主流であった。関ケ原の戦後、慶長八年・同十年に家康・秀忠があいついで征夷大将軍になると、家康は諸大名に江戸参勤を強制するようになった。

当時、豊臣系大名のなかには大坂の豊臣秀頼、そして伏見・駿府・江戸の徳川家康・秀忠の両方に参勤するものが多かった。大名としては、徳川・豊臣両氏のいずれをも敵としたくなく、二股かけていたのである。しかし、元和元年（一六一五）大坂夏の陣で豊臣氏が滅亡すると、直ちに「武家《ぶけ》諸法《しょはっ》度《と》」が発布され、「諸大名参勤作法之事」という規定にもとづき、同二、三年以降ほぼ隔年ごとの参勤交代が定着した。そして、寛永十二年の「武家諸法度」は江戸参勤を明記し、同十九年には外様大名に限られていたのを譜代大名にまでおよぼし、ここに参勤交代制はようやく確立する。この場合、外様大名は東西に衆を分け、毎年四月両衆を交代させて在江戸・在国各一年とし、譜代大名は交代を六、八月に分けて在府・在国各一年、うち関東にあるものは各半年で二、八月の交代である。御三家のうち水戸藩主や、老中・若年寄・奉行など幕府重職者は原則として江戸に定住して国許に帰らず（定府《じょうふ》）、また、大名のなかには封地の状況や遠近、辺境の防備などを斟酌されて短期間在府するなど、定制を異にする例もみられた。

大名の参勤交代は、主君の御恩（恩賞や所領安堵）に対する奉公（軍役奉仕など）の一環としておこなわれる関係上、その行列は行軍形式をとり、随行者や諸道具の内容・数量は、禄高・格式などによって一定の区別があった。元和元年の「武家諸法度」は、禄高による騎乗数の限定をおこなっているが、享保六年（一七二一）の諸大名参勤道中の供人数制限令によると、二十万石以上は馬上十〜二十騎、足軽百二十〜百三十人、中間人足百四十〜百五十人で、十万石・五万石・一万石以上と、各段階ごとに数値が逓減する。しかし、実際の供人数は当初は超過することが多かったようで、加賀金沢藩など多いときは二千五百人にものぼり、一宿駅を通過するのに三日を要したともいう。諸街道を通行する大名行列は、百五十人から三百人程度が最も多いが、なかには江戸府内と国許の城下だけ町人その他を雇って定足数をみたし（「本御行列」）、郊外に出ると半減させる（「御道中御行列」）方法をとる大名も少なくなかった。

大名は江戸参勤の数カ月前、幕府の老中に参勤伺いをし、出発間近になると、随行の家臣などに「道中法度」を示して違反行為のないよう訓戒したり、また、領内の主要社寺に藩主自身か代参者をもって参詣し、旅中の安全と領内の平穏を祈願した。そして近親者や一族、在国の家臣らの謁見をうけ、一同に見送られて発駕《はつが》する。その旅行は、中世の軍旅の名残りからか、一行の食糧から膳椀・調度品・寝具・風呂桶まで小荷駄として持ち運ぶ。大名は、行列のほぼ中央部で乗物（大名用の高級駕籠）のなかに座っているが、山坂などの難路や平地でも乗物から降りて徒歩でいくことも少なくない。乗物の天井や壁面には花鳥なども描かれて綺麗だが、長時間の座居は退屈千万で、足腰の脆弱化や痔疾などを防ぐためか、努めて歩くことにしたのであった。

九州・四国地方、また中国地方でも瀬戸内海沿岸の大名は、当初は自領の港から船出して大坂に到着、淀川の河口で川船に乗りかえて伏見で上陸し、後は東海道など陸路をとったが、後年には瀬戸内海の船旅から中国路（山陽道）の陸行に転換するものが多くなった。海上の船隊では、大名の御座船が最大規模で、その船頭らが御船唄をうたうが、大名自身の作詞、船頭の作曲という例もある。一行の船隊が停泊した港では、飲料水や野菜などを補給し、その地の領主に挨拶の使者を出し、また先方の使者の接待をうけ、双方で贈答品のやりとりなどがあった。なお、蝦夷地の松前藩主の場合、陸奥三厩《みんまや》まで渡海すると、それ以後は江戸まで松前街道・奥州街道二十数日の陸上の旅となる（『松前町史』通史編一巻）。

73　御大名御参勤御登り品川之図（歌川豊春画，本間美術館蔵）

宿駅では、大名と近侍の者が本陣に宿泊し、その他の随行者は下宿すなわち旅籠屋以下の一般民家に分宿する。大名の休泊時には、本陣の前や宿端に関札（宿札）を立てて止宿を表示し、本陣門前には大名の定紋入りの幕を張り、警備の番士が配置された。本陣での大名の食事は、多くは随行の料理人による自身賄いであるが、稀に本陣亭主が食事を料理する本陣賄い方式もみられ、概して小大名が後者であった。食事は意外とつましく、肥前五島の福江《ふくえ》藩主のように、みずから道中の自分の朝・夕食を「御一汁或御一菜」とし、随行者を半減するよう提言した例もある。随行の家臣の昼食は、握り飯に新香程度が普通であった。それでも一行は道中経費に苦しみ、本途中で国許からの送金がおくれて立往生したり、本陣前や江戸藩邸に借金返済を求める町人たちが大勢押しかけて大声で叫ぶなど、大名一行を困惑させることも少なくなかった。

こうしたことから、大名一行は、通行量の多い殷賑《いんしん》な東海道を避けて、中山道などを利用したり、本陣での経費節減に努めるなど、種々苦心した。幕府は、正徳四年（一七一四）東海道通行の大名にして中山道を利用するものに注意を発し、安永四年（一七七五）中国・四国・九州の諸大名が参勤交代に脇道にあたる山崎道を通行するのを戒め、また文政八年（一八二五）諸大名が本陣に休まず宿端の茶屋などに小休するのをやめさせたことなど、その端的な表現でもある。これは単に西国方面だけでなく、東北・北陸方面の諸大名にも共通する事柄であった。

大名が参勤のため江戸に到着して、その旨を幕府に報告すると、折りかえし参勤御礼言上の日どりの老中奉書がくる。江戸藩邸では、家臣一同が拝謁して恐悦を申しあげ、藩主は参勤御礼に登城することになるが、このとき将軍へ献上の金品を納めるのが慣例であった。それはしだいに禄高・家格等によって一定化し、幕府も明暦三年（一六五七）には向こう三カ年の参勤進物について定め、また享保十八年（一七三三）にも十万石以上、以下の大名に分けて、それぞれが将軍・西丸御簾中《ごれんじゅう》へ献上すべき参勤進物（年頭祝儀）と、ほかに端午《たんご》・重陽《ちょうよう》・歳暮の献上進物を規定した。この献上金品は一般に『武鑑《ぶかん》』に明記されているが、他にも時献上（正月・二月・四月・暑中・六月・在御礼・九月・寒中）と吉凶献上（将軍宣下・御代替・若君誕生の各祝儀、破魔弓進上・御中陰伺・中陰明の各献上など）がある。なお、各大名は毎月朔望と二十八日、そして大礼の日には将軍に拝謁するのが通例で、これを御礼といい、柳営《りゅうえい》に詣でることを登城といって、平日は江戸城諸門の警衛・防火・辻番などを担当した。また、将軍が上野の寛永寺、芝の増上《ぞうじょう》寺に参詣する時は、行列に加わって市街の警衛にあたり、勅使の江戸下向時には接待や饗応をつかさどり、また溜詰の者は京都大礼・日光法会の時に将軍の名代を務めたりする。

こうした在府中の任務を終えると、大名は一年後は御暇をもらって帰国の途につく。その際は本国発駕と似た手順で、江戸藩邸で行事をし、出立後は藩邸の家老より幕府老中へ発駕の報告をする。そして国許に到着すると、帰城（在着）御礼の使者を江戸城へ派遣し、老中らを通じて使礼、献上品の伺目録を提出し、老中・若年寄に廻勤させるのである。なお、帰途の大名は、参府中の役務をおえた安堵感からか、参府時とは違った気分での旅となり、特に経済的余裕さえあれば、東海道では熱海・箱根温泉、中山道では寝覚床《ねざめのとこ》、さらには伊勢神宮や有馬温泉といった観光・保養を兼ねることもできたが、それも稀でしかなく、多くは急ぎ旅の連続であった。藩主が帰国すると、領内各地より大勢の者が慶賀に来、また入国歓迎の能の興行、諸社寺への自身または代参者派遣による神仏の加護への感謝行事がおこなわれた。

参勤交代の費用は、往復の旅費に加えて特に在府中の諸経費が膨張し、藩の財政を圧迫した。将軍・幕閣への献上・進物はもちろん、諸大名との交際贈答、江戸詰藩士への諸手当など、うなぎ上りに増加の一途をたどり、海保青陵《かいほせいりょう》が『経済談』で「諸大名共に国用の半は江戸入用なるものと、江戸にても言ふもの也」と指摘するように、外様・譜代の諸藩とも江戸経費が半分以上、なかには七、八割にもおよぶ例さえみられた。伊達研次氏は、諸藩の江戸経費を、一万石につき年平均約二千四百両と算定、三百諸侯全体として約四千五百万両（経常費）とみ、これ以外に勤番士その他の分を加えると約一千万両にのぼると推定している（伊達研次「江戸に於ける諸侯の消費生活について」㈠・㈡『歴史学研究』四巻四号・六巻五号）。江戸時代後期には、藩財政の破綻は全国共通で、大名は貸金返済の方策が尽きて豪商らの前に頭があがらぬ状態がつづいたが、これでは参勤交代忌避の動きが出てくるのは当然であろう。天保十二年（一八四一）幕府が「参勤ノ面々病気ニテ定例参勤時節ヨリ延引、且御暇被下候モ病気之由ヲ以テ滞府ノ衆多候ニ付」と注意を喚起しているのは、その一例である（三浦菊太郎『日本法制史』）。こうした傾向をいっそう助長したのが、黒船来航後の国内政局の混迷と、諸藩の財政窮乏の破局化であり、外圧に対抗して国防の充実をはかるには参勤交代制の改革、ひいてはその廃止以外に途はなかった。このとき、幕藩制国家の終焉は用意されていたのである。

武士の旅　大名にかぎらず旗本の中にも参勤交代をする者がいた。交代寄合がそれである。旗本は家禄一万石未満の将軍に謁見を許された幕臣で、江戸時代後期には五千人内外を数える。高家・寄合および普通の旗本からなるが、このうち寄合は交代寄合と寄合をもって構成される。交代寄合は、大名に準じて江戸城中の帝鑑間《ていかんのま》や柳間に詰め、老中支配となったものをいう。貞享年中の『譜牒余録《ふちょうよろく》』では、交代寄合は十八家を数え、その後増加して、幕末期には表御礼衆二十家・那須衆(下野)四家・美濃衆三家・信濃衆三家・三河衆二家、それに岩松（上野新田、百二十石）・米良（肥後米良、無高）両家をふくめて三十三家にのぼったが、このうち那須衆から米良家まで五年一勤の参勤交代をおこなっている。

このほか、寛永十九年（一六四二）将軍家光は、大番・書院・小姓組の番頭、小十人頭・旗奉行・

鎗奉行・先手頭を召して、当人はもちろん、その番士も交代で封地へ出むくよう命じたが、その後も幕府は慶安・寛文間しばしば役人に封地への暇をあたえている。このように旗本のうち交代寄合以外でも就封・参勤する例が認められるが、これは彼らが地方に知行地を与えられていたからである。

将軍家への参勤交代以外に、特に辺境の外様大藩などでは、戦国時代の遺制を引きついだ、本藩主のもとへの支藩主あるいは知行主などの参勤交代がある。仙台藩では、「伊達四十八館」と呼ばれる強固な在城制や地方知行制にもとづき、藩主の江戸参勤、大知行主の仙台参勤と在郷（「館」）居住という方式が定例化し、また長州藩や佐賀藩などでも、支藩主・大知行主の本城参勤という形態が幕末期まで残っている。こうしたところでは、下級給人は支藩主・大知行主の「館」へ伺候するとともに、支藩主らの「本城」参勤に随行し、さらには藩主の「江戸」参勤交代の一翼を担う支藩主・大知行主の一行に加わったりする。この参勤供には、旅費規定にもとづく多少の費用弁償があるが、それでも随行者は自己負担分の増加により経済的窮乏にあえいだ。それは参勤交代が本来、軍役（旅役）であり、そして諸藩の武士が都会の消費生活に充分対応できなかったためである。こうした旅では、随行の藩士は道中の名所旧跡・風景その他を観賞するなどの余裕は、ほとんどなかった。なお、藩士の公的旅行には、このほか大坂などの蔵屋敷《くらやしき》や領内行政のための農山漁村への出張がある。この時も諸手当の給付があったが、藩財政の窮迫により半減された例など少なくない。

次に、大名や藩士とちがい、旗本が公用で地方へ出張する例としては、畿内では京都の二条城番・町奉行、大坂城番・町奉行、伏見・堺・奈良の各奉行、東海道では駿府城番・町奉行、山田・浦賀・

下田の各奉行、甲州道中では甲府勤番、ほかに長崎・日光・佐渡の各奉行、それに天領を支配する郡代・代官があげられる（田村栄太郎『江戸時代の交通』）。また、特殊なものに、日光火の番や江戸火消、後には蝦夷地・横浜警備にあたった八王子千人同心などがある（村上直『江戸幕府八王子千人同心』）。諸奉行の行列形式は、参勤交代の大名行列の小型化したものであるが、勤番衆のそれは番頭・番衆が隊列をなして多くは毎年四、五月ごろ勤番交代の旅をする。その旅行は、特権的通行者の悪しき典型ともいうべきもので、特に後者の不法行為、横暴きわまる振舞いは、問屋場の宿役人や馬士・人足、本陣・旅籠屋などに非常な迷惑と経済的犠牲を強いた。その状況は、東海道川崎宿の本陣田中丘隅《きゅうぐ》の『民間省要』にくわしく描かれている。幕府も彼らの不法行為を抑制すべく、しばしば法令を発布しているが、その弊風はながく改まらなかった。一方、郡代・代官の役所は、江戸と支配地にあって、そこでの勤務を江戸詰、陣屋詰といい、彼らは江戸と各陣屋間を往返《おうへん》した。代官等の赴任の際は、家族手当はもちろん出されるが、手代・書役以下の属吏の引越し、支配地廻村の経費も身分に応じて支給されている（田村前掲書）。こうした旅では、先触れを出して宿々の人馬・宿所を予約するので、途中での名所旧跡の見物、社寺参詣などのための旅程変更は容易にはできなかった。

武士の旅行も、一人旅のときは経済的・時間的余裕があるかぎり、物見遊山の旅を楽しむことができた。一例を示すと、万延元年（一八六〇）の暮れ、肥後熊本を発って江戸参府した同藩士井上五郎兵衛（禄高百石）は、翌々年（文久二）三月、江戸藩邸白金屋敷を出て東海道経由、帰国の途についた。まず、高輪の成田屋で酒一盃飲み、よい気分のまま品川宿の駿河屋でまた飲み、前後不覚に酔い、川崎宿泊りという初日であった。翌日は藤沢宿で遊行《ゆぎょう》寺参詣、小栗判官の古跡をたずね、馬上安全のお守札を求め、食事時に一盃飲んで入湯、早寝する。三日目は大磯宿で名高い虎ガ石などを見物、四日目は小田原宿を出ると箱根湯元で入湯、同所の細工物を少々買い求め、沼津宿では松坂屋に宿泊、飯盛女が来る、といった具合である。京都では、五条橋道端の大文字屋に止宿、ここを拠点に、大仏殿・三十三間堂・大仏の鐘・清水寺・知恩院・祇園社・八坂《やさか》・黒谷・真如《しんにょ》堂・吉田・御所内・六角堂・平野社・金閣寺・北野天満宮・龍安《りょうあん》寺・御室・妙心寺・壬生《みぶ》寺・嶋原・六孫・東寺・東西本願寺・二条城・所司代屋敷などの名所見物をしている（『道中弁詰中日記』）。

これより先、安政二年（一八五五）三月、幕末の志士清河八郎は出羽清川を発ち、鶴岡・新潟・善光寺・名古屋を経て伊勢参詣、さらに京坂巡遊、四国から安芸の厳島、丹後の天の橋立などを見物した後、日光東照宮に参詣し、白河・郡山・山形を経て清川に帰った。その行程は三千里、月数七ヵ月におよぶが、彼の紀行文『西遊草』には、名所旧跡・神社仏閣・都邑《とゆう》・物産などはもちろん、馬子・駕籠《かご》舁《かき》の話などまで興味深く記されており、当時の郷士・浪士層の旅の姿が知られる（深井甚三「近世中期以降の女旅・女抜け参りの旅の展開と具体相」『国史談話会雑誌』三〇号、他）。このほか、文人墨客などが三都をはじめ日本各地を巡遊、また異国の文化や科学に憧れて長崎に遊学する武士も少なくなかった。なお、諸藩において地誌編纂や本草《ほんぞう》採集を命じられた藩士など、藩領内をくまなく巡回し、地元の旧家・古老を訪ねたりして、郷土の旅を楽しんだようである。

庶民の旅

近世の人口は、二千万から三千万のあいだで、その内訳は武士・農民・町人がほぼ一・

八・一の割合だといわれている。このうち、武士の旅行は、参勤交代の大名に随行するとか、特定地へ公務出張するなどが多く、右のような文武修業や遊楽の旅などはきわめて限られていた。一方、町人は商用などで比較的遠隔地へ出むくほか、近世初期から社寺参詣などを繰りかえしたが、その財富の多くは都市の劇場や遊里の世界で消費したということができる。これに対して、圧倒的多数の農民が、過酷な農作業や年貢諸役の重課の隙間をかいくぐって、現実生活からの一時的逃避・解放感を求め、信仰に名をかりた物見遊山の旅をしたといってよい。

近世に入ると、中世以降の熊野権現に代わって、伊勢神宮が全国的な社寺参詣の中心として登場、全国民の総氏神ともいうべき伊勢神宮に対して一生に一度は必ず参詣すべきだとの意識が民衆を社寺参詣へと駆りたてた。そして、参詣者層の下降現象とともに、参詣の性格も従来の敬虔な信仰行為から、奈良・京都・大坂など畿内地方への観光・遊楽の旅へと変質していったのである（新城常三『新稿社寺参詣の社会経済史的研究』）。

伊勢参詣は、遠隔地の者には長期の大旅行で経費もかさむため、「講」（伊勢講）を結んで、その代表者を出すことが多かった（「本参り」）。これは、ほと

74　御蔭群参之図（神宮徴古館農業館蔵）

んどが地域共同体の基本構成員である家父長に限られていた。これに対して、妻子は概して長旅には縁遠い存在であった。それは幕藩領主や家父長制的通念の下、一定程度抑制されていたためである。さらに、武家・商家・農家の下男・下女・丁稚《でっち》らの奉公人、農村の名子《なご》・被官・水呑《みずのみ》・小作人、都市の小職人や棒手振《ぼてふり》なども、主家に緊縛され、経済的に貧困であったため、ほとんど旅とは疎外された状況下におかれた。こうした人びとが伊勢参詣を実現するためには、領主の禁制を無視し、主人の許可なく家をとび出る以外に方法がなかったのである（「抜参り」）（新城「抜参り考」『政治経済史学』一六三号）。こうした社会風潮を背景として、慶安・宝永・明和・文政・慶応の五回、ほぼ五十〜六十年周期で数百万人にのぼる都市・農村の厖大な民衆が伊勢参詣をした。それは、伊勢神宮の御祓や大麻が天空から降下したといった噂を契機として、二、三カ月から半年の短期間に大神宮へ殺到するもので、特に未成年者や婦女のほか、被雇傭人・零細民などが沿道住民の接待・旅行などのお蔭を蒙りながら参宮したのであった（「御蔭参り」）。この施行の内容は、時と場所によって異なるが、米・握飯・粥・漬物・香之物・菅笠・手拭・股引・提灯・団扇《うちわ》・半紙・草履・わらじ・ござ・駕籠・宿・船など多様であって、これをあてにして何度も参宮を繰りかえし、蓄銭に励む者もいたという（新城『庶民と旅の歴史』、児玉『宿場と街道』）。

伊勢参詣では、多く奈良・京都の名所旧跡、大坂の芝居見物を併せおこなうが、関東・東北地方の者の場合、往路が東海道なら帰路は中山道をとり、信濃善光寺などを参詣するのが普通である。なかには京坂から特に足を延ばして、瀬戸内海を渡り、讃岐の金毘羅宮《こんぴらぐう》参詣の後、四国巡礼札所の一部に立寄り松山の道後《どうご》温泉へ、さらに安芸の宮島（厳島神社）・岩国（錦帯橋）まで巡回する者もいた（小野寺淳「道中日記にみる伊勢参宮ルートの変遷」『人文地理学研究』一四）。伊勢参詣に次ぐのが、右の善光寺・金毘羅宮、それに下総成田山（新勝寺）や江戸などの参詣・見物である。また、西国・板東・秩父・四国の各霊場や、出雲大社などの巡礼、越中立山・加賀白山・出羽三山（湯殿・月・羽黒の各山）・富士山・豊前彦山など霊山への登山も盛んであり、また近傍への湯治の旅も多くみられた。四国遍路などの巡礼では沿道住民による食料・宿所の接待もおこなわれたが、そこには事実上乞食に身をやつした極貧層の人びとや、不治の病（癩病・肺病など）その他の事情で世を忍ぶ悲しい旅人の姿がみられた。

最後に、近世の女性の旅の実態面について見てみよう。先に幕藩領主や家父長制的な社会通念の下、妻子の自由な旅行は抑制されたと述べたが、これは中下層の百姓・町人についていえることで、豪商・富商などの妻子は意外なほど、近在地での物見遊山や湯治はもちろん、かなりの遠隔地へ長旅に出かけている。たとえば、越後塩沢の鈴木牧之《ぼくし》の母や妻・姉妹は、安永七年（一七七八）以降すべてが長旅を経験しているが、同家は大規模に縮《ちぢみ》商売をおこなう富商であった（深井前掲論文）。また、筑前芦屋や底井野宿の富商の妻女四人は、天保十二年（一八四一）伊勢参詣の旅に出て、京坂・吉野を巡遊、さらに日光まで足を延ばし、江戸見物の後は東海道の箱根・新居両関所を避けるコース（甲州道中の脇道から大迂回して東海道岡崎で合流）をとるなどして、五カ月後帰郷した（前田淑「旅日記の女性」『人物日本の女性史』）。

女性の長旅には、普通は男の供連れがつくが、なかには女性だけの旅もある。武蔵中奈良村の名主野中彦兵衛の文政十一年（一八二八）『西国指南道中記』には、伊賀阿保町の女性六人と寺脇村の女性四人の二組に出会い、同行を頼まれたことが記されている。これより先、伊予小松藩（一万石）の村々では、女性の伊勢参詣は総数の三％以下であるのに対し、四国遍路になると一挙に三〇％にのぼるという（新城前掲書）、後者の場合、嫁入り前の女性が世間見聞をかねて団体で出かけることも少なくなかった。なお、前記の抜け参りなどの場合、関所手形などを携帯していないので、関所や口留番所を通過できずに追い返されたり、最大の危険を冒して関所抜けをするほかなかった。それだけ、女性の旅行には制約があり、また、中下層の者は、家事労働や経済面から自由な長旅の機会には比較的めぐまれていなかったということができる。

（丸山　雍成）

参考文献

1 古代

〔著書〕

坂本太郎『上代駅制の研究』至文堂 一九二八年
大島延次郎『日本交通史概論』吉川弘文館 一九六四年
田名網宏『古代の交通』(日本歴史叢書) 吉川弘文館 一九六九年
豊田武・児玉幸多編『交通史』(体系日本史叢書、二四) 山川出版社 一九七〇年
杉山宏『日本古代海運史の研究』法政大学出版局 一九七八年
松原弘宣『日本古代水上交通史の研究』吉川弘文館 一九八五年
坂本太郎『古代の駅と道』(『坂本太郎著作集』第八巻) 吉川弘文館 一九八九年
黒坂周平『東山道の実証的研究』吉川弘文館 一九九二年

〔論文〕

横井時冬「王朝の貿易」(『史学雑誌』三―三一・三二) 一八九二年
藤田関山「上古の東海道」(『歴史地理』四―三・四) 一九〇二年
黒板勝美「駅馬と伝馬との相違」(『歴史地理』八―六) 一九〇六年

山地　純一「駅制について」(『歴史地理』一二―五)　一九〇八年
西村　真次「日本船舶史の曙」(『歴史と地理』四―一)　一九一九年
住田　正一「古　代　の　船」(『国民経済雑誌』三七―六)　一九二四年
樋畑　雪湖「再び駅鈴の研究に就いて」(『歴史地理』五一―五)　一九二八年
上田　三平「先史時代の交通」(『歴史地理』五七―四)　一九三一年
喜田　貞吉「上　代　の　交　通」(『歴史地理』五七―四・五)　一九三一年
喜田　新六「上代の関の研究」(『歴史地理』五七―四)　一九三一年
芦田　伊人「平安時代に於ける日本海海上交通路の概観」(『歴史地理』五七―四)　一九三一年
坂本　太郎「上代道路制度の一考察」(『歴史地理』五七―四)　一九三一年
松平　年一「奈良時代の運脚と糧食」(『日本歴史』一三)　一九四八年
井　上　薫「行基の布施屋と貢調運脚史」(『日本歴史』八二)　一九五五年
坂本　太郎「上代交通史料雑考」(『歴史教育』五―九)　一九五七年
滝川政次郎「過　　書　　考」(『日本歴史』一一八～一二〇)　一九五八年
田名網　宏「古代の駅の財政について」(『日本歴史』二一五)　一九六六年
岡　田　登「正税帳よりみた伝馬の設置状況」(『皇学館大学紀要』一八)　一九八〇年
荒木　敏夫「三河古代の駅制」(『岡崎市史研究』二)　一九八〇年
黒髪　和裕「律令制下における国司の往来について」(『国学院雑誌』八一―三)　一九八〇年
館野　和己「律令制下の交通と人民支配」(『日本史研究』二一一)　一九八〇年
近藤　義雄「上野国府をめぐる古代交通路」(『信濃』三三―二)　一九八一年

木下　良「敦賀・湖北間の古代交通路に関する三つの問題」(『敦賀市史研究』二)　一九八一年
錦織　勤「平安時代における山陰地方の海運について」(『研究報告鳥取大・教育・人文・社会三二』)　一九八二年
原　秀三郎「郡　家　小　考」(『日本政治社会史研究』中)　塙　書　房　一九八四年
舘野　和己「日本古代の交通政策」(『日本政治社会史研究』中)　塙　書　房　一九八四年
佐々木虔一「律令駅伝制の再検討」(『律令制と古代社会』上)　東　京　堂　一九八四年
渡部　育子「律令制下の海上交通と出羽」(『日本海地域史研究』七)　一九八五年
大日方克己「律令国家の交通制度の構造」(『日本史研究』二六九)　一九八五年
大日方克己「平安時代の御馬逓送」(『交通史研究』一九)　一九八八年
杉山　宏「太政官符『応聴自草野国崎坂門等津往還公私船事』について」(『海事史研究』四五)　一九八八年
木下　良「日本古代道の道幅と構造」(『交通史研究』二四)　一九九〇年

2　中　世

〔著　書〕

徳田　釼一『増補中世における水運の発達』(一九六六年)　巌　南　堂　一九三六年
相田　二郎『中　世　の　関　所』(吉川弘文館、一九八三年再刊)　畝　傍　書　房　一九四三年
新城　常三『戦国時代の交通』　畝　傍　書　房　一九四三年
森　克己『日宋貿易の研究』　国　立　書　院　一九四八年

新城常三『鎌倉時代の交通』 吉川弘文館 一九六七年

新城常三『新稿社寺参詣の社会経済的研究』 塙書房 一九八二年

豊田武『中世の商人と交通』(「豊田武著作集」第三巻) 吉川弘文館 一九八三年

村井章介『アジアのなかの中世日本』 校倉書房 一九八八年

網野善彦『増補無縁・公界・楽』(増補一九八七年) 平凡社 一九七八年

網野善彦・石井進編『中世の都市と墳墓 一の谷遺跡をめぐって』 日本エディタースクール出版部 一九八八年

大島延次郎『日本交通史論叢』 法政大学出版局 一九六九年

藤岡謙二郎編『日本歴史地理総説』全五冊 吉川弘文館 一九七五年～一九七七年

豊田武・児玉幸多編『交通史』(体系日本史叢書、二四) 山川出版社 一九七〇年

佐藤進一・池内義資編『中世法制史料集』第一巻・第二巻 岩波書店 一九五五・一九五七年

鎌倉市史編纂委員会編『鎌倉市史 総説編』 鎌倉市 一九五九年

埼玉県教育委員会編『鎌倉街道上道』(歴史の道調査報告書第一集) 埼玉県 一九八三年

芳賀善次郎『旧鎌倉街道 探索の旅』上道編・中道編・下道編・山の道編 さきたま出版会 一九七八～八八年

林屋辰三郎編『兵庫北関入船納帳』 中央公論美術出版 一九八一年

〔論文〕

小林保夫「南北朝・室町期の過所発給について」(『名古屋大学日本史論集』上) 吉川弘文館 一九七五年

徳仁親王「『兵庫北関入船納帳』の一考察」(『交通史研究』八) 一九八二年

井原今朝男「信濃国伴野荘の交通と商業」(『信濃』三五―九) 一九八三年
今谷 明「兵庫関雑船納帳について」(『兵庫史学』七〇) 一九八四年
脇田晴子「中世の交通・運輸」(『交通・運輸』〈講座日本技術の社会史8〉) 一九八四年
柴辻俊六「戦国期武田領の交通政策と商品流通」(『甲府盆地』) 一九八四年
今谷 明「室町時代の伝馬について」(『東国の社会と文化』梓書房) 一九八五年
小林保夫「兵庫北関銭小考」(『紀要』堺女短大二〇) 一九八五年
脇田晴子「山城国一揆と自由通行」(『山城国一揆』東大出版会) 一九八六年
村井章介「中世における東アジア諸地域との交通」(日本の社会史 第1巻『列島内外の交通と国家』) 岩波書店 一九八七年
川添昭二編『東アジアの国際都市 博多』(よみがえる中世1) 平凡社 一九八八年
菊地徹夫・福田豊彦『北の中世 津軽・北海道』(よみがえる中世4) 平凡社 一九八九年
小林保夫「淀津の形成と展開」(『年報 中世史研究』九) 一九八四年
藤田明良「中世志摩国についての一考察」(『年報 中世史研究』) 一九八四年
石井 進「中世六浦の歴史」(『三浦古文化』四〇) 一九八六年
盛本昌広「走湯山燈油料船と神崎関」(『千葉史学』一三) 一九八八年
岡田清一「鎌倉幕府と伊豆走湯山」(『鎌倉』五九) 一九八九年
綿貫友子「「武蔵国品河湊船帳」をめぐって」(『史艸』三〇) 一九八九年
綿貫友子「中世東国と太平洋海運」(『大浦文化研究』二) 一九九〇年
網野善彦「中世前期の水上交通について」(『茨城県史研究』四三) 一九七九年

網野　善彦　「中世の旅人たち」（日本民俗文化史大系　第六巻『漂泊と定着』）　小学館　一九八四年
網野　善彦　「文永以後新関停止令について」（『年報　中世史研究』九）　一九八四年
網野　善彦　「金沢氏・称名寺と海上交通」（『三浦古文化』四四）　一九八八年
網野　善彦　「北陸の日吉神人」（楠瀬勝編『日本の前近代と北陸社会』）　思文閣出版　一九八九年
佐藤　進一　「室町幕府論」（旧版岩波講座『日本歴史』中世3、のち『日本中世史論集』所収）　岩波書店　一九六三年
新城　常三　「荘園年貢の海上輸送」（『日本歴史』三四四）　一九七七年
新城　常三　「沿海荘園年貢の海上輸送」（『海事史研究』二九）　一九七七年
新城　常三　「中世国衙領の年貢輸送」（『交通史研究』二三）　一九九〇年
新城　常三　「鎌倉時代の関所」（『交通史研究』一四）　一九八五年
新城　常三　「南北朝期の関所」（『社会経済史学』五四—四）　一九八六年
新城　常三　「室町前期の関所」（『史学雑誌』九五—六）　一九八六年
新城　常三　「室町中期の関所」（『成城大学民俗学研究所紀要』一一）　一九八七年
新城　常三　「室町後期の関所」（『年報中世史研究』一四）　一九八九年
新城　常三　「交通史上より見たる中世と近世」（『交通史研究』三）　一九七八年
脇田　晴子　「中世の交通・運輸」（講座日本『技術の社会史8　交通・運輸』）　現代評論社　一九八五年
奥野　中彦　「中世末交通の特質について—修験の道の意義—」（『日本近世交通史論集』所収）　吉川弘文館　一九八六年
鍛代　敏雄　「戦国末期本願寺の交通対策」（『日本史研究』二九四）　一九八七年

徳仁　親王　「室町前中期の兵庫関の二、三の問題」(『中世日本の諸相』下巻)　吉川弘文館　一九八九年

3 近　世

〔著　書〕

本庄栄治郎編　『日本交通史の研究』　改造社　一九二九年
樋畑　雪湖　『江戸時代の交通文化』(一九七四年、臨川書店復刊)　刀江書院　一九三一年
田村栄太郎　『近世日本交通史』　清和書店　一九三五年
大島延次郎　『日本交通史論叢』　国際交通文化協会　一九三九年
大山敷太郎　『近世交通経済史論』(一九六七年、柏書房復刊)　国際交通文化協会　一九四一年
大熊　喜邦　『東海道宿駅と其の本陣の研究』　丸善株式会社　一九四二年
黒羽兵治郎　『近世交通史研究』　日本評論社　一九四三年
喜多村俊夫　『近江経済史論攷』　大雅堂　一九四六年
古島　敏雄　『江戸時代の商品流通と交通』　御茶の水書房　一九五一年
大島延次郎　『本陣の研究』　吉川弘文館　一九五五年
大島延次郎　『日本交通史論叢』続編　吉川弘文館　一九五七年
児玉　幸多　『近世宿駅制度の研究』　吉川弘文館　一九五七年
児玉　幸多　『宿　駅』　至文堂　一九六〇年
新城　常三　『庶民と旅の歴史』　日本放送出版協会　一九七一年
丸山　雍成　『近世宿駅の基礎的研究』　吉川弘文館　一九七四年

藤沢　晋『近世封建交通史の構造的研究』福武書店　一九七七年
芳賀　登『宿　場　町』柳原書店　一九七七年
児玉幸多先生古稀記念会編『日本近世交通史研究』吉川弘文館　一九七九年
児玉　幸多『近世交通史の研究』筑摩書房　一九八六年
児玉　幸多『宿場と街道―五街道入門』東京美術　一九八六年
交通史研究会編『日本近世交通史論集』吉川弘文館　一九八六年
丸山　雍成『日本近世交通史の研究』吉川弘文館　一九八九年
渡辺　和敏『近世交通制度の研究』吉川弘文館　一九九一年
深井　甚三『幕藩制下陸上交通の研究』吉川弘文館　一九九四年
土田　良一『近世宿駅の歴史地理学的研究』吉川弘文館　一九九四年
家高荒次郎『木曽福島関所』信濃教育会木曽部会　一九三四年
大島延次郎『関　　所』人物往来社　一九六四年
大山敷太郎『近世交通経済史論』柏　書　房　一九六七年
近藤　恒次『東海道新居関所の研究』橋良文庫　一九六九年
五十嵐富夫『近世関所制度の研究』有峰書店　一九七五年
水　島　茂『加賀藩・富山藩の社会経済史研究』文献出版　一九八二年
渡辺　和敏『改定街道と関所』新居町教育委員会　一九八三年
五十嵐富夫『近世関所の基礎的研究』多賀出版　一九八六年
村松　七九『江　戸　三　度』村松七九　一九一七年

西沢善七編『内国通運株式会社史』 西沢善七 一九一八年
樋畑雪湖『江戸時代の交通文化』(一九七四年、臨川書店復刊) 刀江書院 一九三一年
中野金次郎『国際通運株式会社史』 中野金次郎 一九三八年
徳川義親『七里飛脚』 国際交通文化協会 一九四〇年
原　文助『家業五代記』 一隅社 一九五七年
広岡治哉『通運史料江戸定飛脚問屋』 通運業研究会 一九五八年
平原直・野口亮『通運史料佐々木荘助篇』 通運業研究会 一九五八年
土屋喬雄監修『社史』 日本通運株式会社 一九六二年
香宗我部秀雄『土佐の村送り切手』上・下(郵趣新書112 113) 日本郵趣協会 一九七〇・七一年
藪内吉彦『日本郵便創業史』 雄山閣出版 一九七五年
渡辺信夫『幕藩制確立期の商品流通』 柏書房 一九六六年
高瀬　保『加賀藩海運史の研究』 雄山閣出版 一九七九年
柚木　学『近世海運史の研究』 法政大学出版局 一九七九年
村瀬正章『近世伊勢湾海運史の研究』 法政大学出版局 一九八〇年
上村雅洋『近世日本海運史の研究』 吉川弘文館 一九九四年
柚木学編『日本水上交通史論集第一巻 日本海水上交通史』 文献出版 一九八六年
柚木学編『日本水上交通史論集第二巻 続日本海水上交通史』 文献出版 一九八七年
柚木学編『日本水上交通史論集第三巻 瀬戸内海水上交通史』 文献出版 一九八九年
柚木学編『日本水上交通史論集第四巻 江戸・上方間の水上交通史』 文献出版 一九九一年

横山　昭男『近世河川水運史の研究』　吉川弘文館　一九八〇年
丹治　健蔵『関東河川水運史の研究』　法政大学出版局　一九八四年
川名　登『近世日本水運史の研究』　雄山閣出版　一九八六年
日野　照正『畿内河川交通史の研究』　吉川弘文館　一九八六年
東北史学会編『東北水運史の研究』　巌南堂書店　一九六六年
奥田　久『内陸水路の歴史地理的研究』　大明堂　一九七七年
古島　敏雄『江戸時代の商品流通と交通』　御茶の水書房　一九五一年
青山　靖『富士川水運史』　鰍沢町役場　一九五九年
富岡　儀八『塩道と高瀬船』　古今書院　一九七三年
富岡　儀八『日本の塩道』　古今書院　一九七八年
小野寺　淳『近世河川絵図の研究』　古今書院　一九九一年
豊田武・藤岡謙二郎・大藤時彦『流域をたどる歴史』（全七巻）　ぎょうせい　一九七八〜七九年
青江　秀編『大日本帝国駅逓志稿・同考証』（同編『大日本交通史』（原名『駅逓志稿』、朝陽会）　一八八二年

〔史料集〕

三井高陽監修『日本交通史料集成』三輯　国際交通文化協会　一九三九年
児玉幸多校訂『近世交通史料集』（全一〇冊）　吉川弘文館　一九六七〜八〇年
波田野富信編『中山道交通史料集』（全三冊）　吉川弘文館　一九八二〜八五年
日野　照正『近世淀川水運史料集』　同朋舎　一九八二年

執筆者紹介〔執筆順〕

田名網　宏（たなあみ　ひろし）　一九〇九年生まれ（一九九九年没）　元東京都立大学教授

網野善彦（あみの　よしひこ）　一九二八年生まれ（二〇〇四年没）　元神奈川大学教授

小林保夫（こばやし　やすお）　一九四七年生まれ　元堺女子短期大学教授

菊池紳一（きくち　しんいち）　一九四八年生まれ　元財団法人前田育徳会　尊経閣文庫主幹

福島正義（ふくしま　まさよし）　一九二五年生まれ　埼玉大学名誉教授

丸山雍成（まるやま　やすなり）　一九三三年生まれ　九州大学名誉教授

渡辺和敏（わたなべ　かずとし）　一九四六年生まれ　愛知大学教授

藤村潤一郎（ふじむら　じゅんいちろう）　一九二九年生まれ　創価大学教授

渡辺信夫（わたなべ　のぶお）　一九三二年生まれ（二〇〇一年没）　元東北大学教授

丹治健蔵（たんじ　けんぞう）　一九二七年生まれ　交通史研究会監事

編者略歴

一九〇九年、長野県に生まれる
一九三二年、東京帝国大学文学部国史学科卒業
第七高等学校造士館教授、学習院大学教授を歴任
二〇〇七年没

主要編著書

『近世農村社会の研究』（一九五三年、吉川弘文館）
『近世宿駅制度の研究』（一九五七年、吉川弘文館）
『近世農民生活史』（一九五七年、吉川弘文館）
『佐倉惣五郎』（人物叢書、一九五八年、吉川弘文館）
『宿駅』（日本歴史新書、一九六〇年、至文堂）
『元禄時代』（日本の歴史16、一九六六年、中央公論社）
『近世交通史の研究』（一九八六年、筑摩書房）
『宿場と街道』（一九九一年、東京美術）
『近世農政史料集』（一九六六〜一九七二年、吉川弘文館）
『近世交通史料集』（一九六七〜一九八〇年、吉川弘文館）

日本交通史〈新装版〉

一九九二年（平成四）十一月二十日　第一版第一刷発行
二〇一九年（平成三十一）一月一日　新装版第一刷発行

編　者　児《こ》玉《だま》幸《こう》多《た》
発行者　吉川道郎
発行所　株式会社　吉川弘文館
東京都文京区本郷七丁目二番八号
郵便番号一一三―〇〇三三
電話〇三―三八一三―九一五一〈代表〉
振替口座〇〇一〇〇―五―二四四
印刷＝株式会社　精興社
製本＝誠製本株式会社
装幀＝清水良洋・陳湘婷

ISBN978-4-642-08347-8